北京市一流专业建设系列成果

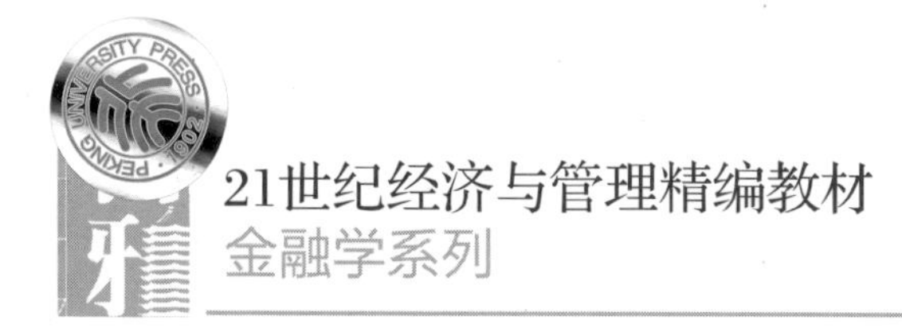

衍生金融工具

Financial Derivatives

王德河◎编著

图书在版编目（CIP）数据

衍生金融工具 / 王德河编著. —北京：北京大学出版社，2019.11
21世纪经济与管理精编教材. 金融学系列
ISBN 978-7-301-30876-9

Ⅰ. ①衍… Ⅱ. ①王… Ⅲ. ①衍生金融工具—高等学校—教材 Ⅳ. ①F830.95

中国版本图书馆CIP数据核字(2019)第232311号

书　　名	衍生金融工具 YANSHENG JINRONG GONGJU
著作责任者	王德河 编著
责任编辑	裴　蕾
标准书号	ISBN 978-7-301-30876-9
出版发行	北京大学出版社
地　　址	北京市海淀区成府路205号　100871
网　　址	http://www.pup.cn
微信公众号	北京大学经管书苑（pupembook）
电子信箱	em@pup.cn　QQ:552063295
新浪微博	@北京大学出版社　@北京大学出版社经管图书
电　　话	邮购部010-62752015　发行部010-62750672　编辑部010-62752926
印 刷 者	北京市科星印刷有限责任公司
经 销 者	新华书店
	730毫米×1020毫米　16开本　24.25印张　543千字 2019年11月第1版　2019年11月第1次印刷
定　　价	56.00元

序

波澜壮阔的改革开放改变了中国，也影响了世界。在四十年改革开放的伟大历程中，金融作为实体经济的血脉，实现了从大一统的计划金融体制到现代金融体系的“凤凰涅槃”，初步建成了与国际先进标准接轨、与我国经济社会实际契合的中国特色社会主义金融发展路径。

经过四十年努力，我们不断改革完善金融服务实体经济的理论体系和实践路径。持续优化完善传统信贷市场，为服务实体企业改革发展持续注入金融活水；建立健全以股票、债券等金融工具为代表的资本市场，畅通实体企业直接融资渠道，增强其可持续发展能力；推动低效产能有序退出市场、临时困难但前景良好的企业平稳度过难关、优质企业科学稳健发展，鼎力支撑我国企业从无到有、从小到大、从弱到强，逐步从低端加工制造向高附加值迈进。

经过四十年努力，我们基本构建了居民家庭金融服务模式。不仅借鉴西方现代金融实践，支持家庭部门熨平收入波动，实现跨期消费效用最大化；而且充分利用我国银行业分支机构延伸到乡、镇，互联网全面覆盖到村落等良好基础设施，逐步实现基础金融服务不出村，促使我国普惠金融走在了世界前列；同时，积极构建与精准扶贫相配套的金融服务体系，发挥金融在扶贫攻坚中优化资源配置的杠杆作用，为人民对美好生活的向往提供金融动力。

经过四十年努力，我们探索了从国民经济循环流转大局增强金融和财政合力的有效方式。在改革开放过程中，我们不断优化财政支持与金融服务的配套机制，运用金融工具缓解财政资金使用碎片化问题和解决财政资金跨期配置问题，增进财政政策促进经济结构调整和金融政策促进经济总量优化的协调性，持续提升国民经济宏观调控能力和水平，既避免金融阻碍发展，又防止过度集聚金融风险。

2008年，美国次贷危机引发的全球金融海啸引发了人们对金融理论和金融实践的深刻反思。金融理论是否滞后于金融实践，缺乏对金融实践有效的指引？金融实践是否已过度复杂化，致使金融风险难以识别、度量和分散？近年来，随着互联网、大数据、人工智能、区块链等技术的出现，科技发展在极大提高金融业服务水平的同时，也对传统金融业带来了冲击。金融业态正在发生重大变化，金融风险出现新的特征。在新的背景下，如何处理金融改革、发展、创新与风险监管的关系，如何守住不发生系统性金融风险的底线，已经成为世界性重大课题。在这个伟大的时代，对上述方面进行理论创新和实践探索的任务非常艰巨，使命非常光荣。为完成这一伟大历史使命，需要建设好一流金融学科和金融专业，大规模培养高素质金融人才，形成能力素质和知识结构与时代要求相匹配的金融人才队伍。北京正在建设“全国政治中心、文化中心、国际交往中心、科技创新中心”，加强金融学科建设和金融人才培养正当其时。

欣闻首都经济贸易大学金融学成功入选北京市一流专业，正在组织出版“北京市一流专业建设系列成果”，这为打造高素质金融人才培养基地迈出了重要步伐，将对我国金融学科和金融专业的建设起到积极的推动作用，为促进我国金融高质量发展并建成现代金融体系作出应有贡献，为实现中华民族伟大复兴的中国梦提供有益助力。

尚福林

前　言

本人原本学习物理专业，2000年以后进入金融学的学习、教学和研究。自从事金融学科的教学以来，本人倾心教学，也热心于教材的编著。本人曾与同事合作主编《金融学》教材，该教材获评北京市精品教材；三年前与同事合作编著《衍生金融工具》教材，入选中国金融出版社“21世纪高等学校金融学系列教材”。在当前的专业评价体系下，编著教材本不是一件讨巧的事情。但是，本人始终认为，自许“传道授业解惑”的教师的使命是神圣的，须当倾心尽力为之。而一本好的教材对于学生的学习、对于教师的教学都具有基础性的作用。教师因之有所本，学生援之有所依。因此，作者不惮烦琐，不惜费时费力，乐此不疲地做着教材的编著工作。其实，先哲孔子就最先为我们树立了典范，其演斯文、别真伪、删六经，就是编教材。夫子述而不作，而其作亦在其中矣。

三年前编著的《衍生金融工具》教材，本人当然也倾注了大量精力，教材本身也得到了相当的肯定。但是，作者自己清楚，当时的编著时间确属短促了些，因此也就留下了很多的缺憾和不足。作者早有对那本教材进行修订的想法，恰逢与其所隶属的大学同样遐迩闻名的北京大学出版社有出版高质量的衍生金融产品教材的计划，作者的设想有幸被选中。这样，作者就下决心重写了《衍生金融工具》教材。

本教材的写成和出版正值我国衍生金融产品市场经历2015年股灾受到不断限制之后，又逐渐恢复生机，走上正常发展轨道之时。2018年3月26日，我国首个国际化期货品种——原油期货正式在上海国际能源交易中心挂牌交易。从此，我国商品期货交易品种更加丰富。从2017年开始，我国几大商品交易所先后推出豆粕期权、铜期权等商品期货期权，中国金融期货交易所的股指期权也已经过几年的仿真交易，目前正等待时机，蓄势待发。可以说，目前我国的金融衍生品市场已经种类齐全。随着市场经济改革的进一步深化，我国金融衍生品市场的繁荣发展指日可待。然而，与金融衍生品市场不可阻遏的发展趋势相比，我国的广大投资者以及工商、管理等各个领域的微观经济个体对金融衍生品的认知还相当有限，这也是金融衍生品市场对我国经济发展不能发挥其应有的作用，包括管理部门在内，人们对金融衍生品爱恨交加，最终导致我国金融衍生品市场欲进还退、走走停停的主要原因。也正是基于此，中国金融期货交易所已经连续开展七届金融衍生品知识大赛，其他相关部门也通过各种途径加强金融衍生品知识宣传和普及。对于大学专业教育而言，衍生金融工具课程是整个金融学科不可或缺的重要一环的观点，已成为业内同行的共识。而且，衍生金融工具课程在中国的金融专业教育中也已历经多年。但是，我国自己的衍生金融工具教材还并不尽如人意：引进教材居多，而自编教材也与如火如荼的中国市场联系薄弱，教学与实践脱节。这些仍然是当前我国大学衍生金融工具教材的主要问题。

鉴于我国金融衍生产品市场的发展现状，以及当今国际市场金融衍生产品的基本情况和发展趋势，本人认为，作为国内大学教育使用的衍生金融工具教材最好具备以下几个特点：第一，教材要有一个较完整的理论体系和知识框架，全面介绍衍生金融工具的基本原理、基本概念、基本技能和方法。这样，才能给学生一个比较完整的知识结构，使学生学完这门课程之后，能够整体把握衍生金融工具。这并不是说教材要包含有关衍生金融工具的各种知识和技术细节，而是要在大的框架上或者说大的纲目上尽可能保持完整。因此，本教材在详细介绍传统的远期、期货、期权、互换等衍生金融工具的同时，也介绍了发展迅速的奇异期权、信用衍生品等知识，使学生对学科整体情况有一个大致的了解。当他们在今后的工作或研究中需要时，可以随时深入下去，不致感到措手不及。第二，教材应尽可能与中国市场的实际相结合。金融衍生工具是舶来品，我们固然应该了解国际衍生金融工具市场的规则、惯例等情况，但是，如果能够更多地使用中国自己的案例，则一来可以给学生以切身的感受，增加学生的感性认识；二来使他们更容易理论联系实际，学以致用，举一反三。出于这样的考虑，在本教材的编写中，本人继续加强了对本国案例的使用。当然，也并未偏废对国际市场的介绍。第三，教材要对衍生金融工具理论和技术方法的最新成果和发展趋势有所涉猎。这样可以给学生一个前瞻性的方向，让学生对这一领域的未来发展趋势有所了解和思考，从而帮助学生在这一领域进一步发展。第四，衍生金融工具是金融领域比较艰深的一部分，衍生产品的各种交易规则、组合策略、定价方法等内容，都是比较艰涩难懂的，其经济含义也并非一目了然。因此，教材最好能采用深入浅出的叙述方式，用浅显易懂的方法，让学生容易接受、容易理解。本教材在这方面力求用简单明了的数学方法、畅晓易懂的语言，把各种公式、模型讲清楚，把它们的经济意义说明白。比如，在讲解布莱克－斯科尔斯期权定价模型时，本教材就采用了考克斯、罗斯和鲁宾斯坦的推导方法。这一方法避开了求解偏微分方程的问题，学生只需具有微积分知识就可以理解，而其经济含义也可以自然地呈现出来。

总之，教材的编写体现了本人对教学规律的体会以及衍生金融工具专业知识的认识。虽不一定恰当，总可以说是“仁者见之谓之仁，智者见之谓之智”吧。而本人的出发点则是要为国内的衍生金融工具的大学教育提供一本好的教材。是否做到了这点，就有待于公评了。

本教材的编写得到北京大学出版社裴蕾编辑的大力帮助。裴编辑是北大数学专业毕业的高材生，学养深厚。在整个过程中她提出了很多很好的建议，而且审稿认真严谨，保证了本教材的高品质。当然，书中的错漏与不足，自有作者自负。作者欣赏一句对联，“板凳要坐十年冷，文章不写半句空”。当下空空如也的文章不计其数，粗制滥造的教材泛滥课堂。作者希望自己的这本教材不在其列。当然，鉴于作者之浅学，不当之处在所难免，希望广大同人与读者不吝指正，以便作者进一步修改和完善。

王德河
2019 年 4 月

目 录

第一编 总论

第二编 金融远期合约与期货

第三编　互换与期权

第一编

总　论

第一章　衍生金融工具概论

1.1　什么是衍生金融工具

现代经济的发展高度依赖于金融业，这已是人所共知的事实。而金融业在经济发展中发挥的作用正是融通资金、配置资源，也就是调剂经济体中资金或者资源分布上的不平衡，使闲置资金有偿地流向有生产能力而缺乏资金的部门，从而使资金得到有效利用。资金使用者通过生产经营活动创造出社会需要的产品，增加社会的整体福利，在自身盈利的同时，还使资金出借者避免了资金闲置，增加了收入。金融业发展得越好，其所发挥的作用就越大，社会资源的配置就越合理、使用就越有效率，社会经济发展的速度就越快、质量就越高。金融业职能的发挥需要借助各种金融工具的使用。我们所熟悉的，如银行通过吸收存款积聚资金，然后通过贷款为工商企业提供融资，属于间接融资的范畴，其所使用的金融工具是存贷款合同。经济个体也可以通过发行股票或发行债券的方式筹集资金。股票、债券就是直接融资或投资工具。不管是银行的存贷款合同，还是股票、债券这样的直接投融资工具，都属于原生金融工具，在资金的借贷者之间都会形成债权债务关系，或所有权关系。银行吸收存款，银行是债务人、存款者是债权人；银行发放贷款，银行是债权人，借款部门是债务人。债券的发行者是债务人，债券的购买者为债权人。而股票的购买者则成为发行股票的股份公司的所有人（当然，所有权的大小与其持有股份的多少成正比）。

原生金融工具固然可以实现资金融通的目的，但是，仅有这些工具还不够。如果债券发行人经营失败导致破产，债券的投资者就可能遭受重大经济损失，甚至血本无归；经济波动导致的股票或债券价格的大幅涨跌也可能给投资者带来重大损失。这就需要使用各种有针对性的手段来规避不同的投资风险。现实中各种现代契约、信用等制度安排就是规避风险最有用的手段。除此之外，还可以通过设计一些其他的市场工具或手段来实现某些避险目的，金融衍生工具就是其中之一。当然，规避金融风险的工具或手段并非仅有一种途径，但是，金融衍生工具的使用被证明是规避相应金融风险的极有针对性的方法之一。

由于任何事物都有两面性，甚至多面性，金融衍生工具固然被有些人视为防范金融风险的有效工具，同时它自产生以来也被广泛用于市场投机，这样反而增大了市场的风险。因此，对衍生金融工具的评价从其产生之日起就充满争议，在实务界如此，在理论界如此，在普通市场参与者之间如此，在著名的学者和投资家之间也是如此。比如，1990年诺贝尔经济学奖获得者莫顿·米勒，对衍生金融工具就评价甚高。而为金融界所熟知的世界著名投资商——“股神”沃伦·巴菲特则更强调衍生金融工具的破坏性。莫顿·米勒在其《论衍生金融工具》一书中写到：“衍生金融工具革命使世界更加安全，而不是更加危险。衍生金融工具使各个机构能够有效地处理困扰自己几十年，甚至上百年的风险。”而沃伦·巴菲特2002年在写给其执掌的伯克希尔-哈撒韦公司的股东信中，却把衍生金融工具比作定时炸弹，甚至大规模杀伤性武器。到了2015年，在一次访谈中，沃伦·巴菲特仍然坚持他原来的观点，并且说，在某种意义上，衍生工具可能引起大的麻烦。毋庸讳言，在每次金融风暴和危机中，衍生金融工具几乎都逃脱不了被横加指责的命运。在美国次贷危机导致全球性金融危机的时候，很多人就认为衍生金融工具是引起危机的罪魁祸首。在我国2015年6月开始的股市暴跌中，监管部门一再加大对股指期货、中证50期货和上证500期货的限制，从提高期货交易的保证金到直接限制期货交易的开仓数量，也说明我国的监管部门实际上把这些衍生品交易看成助长股灾的一个重要因素。总之，认为衍生金融工具具有极大的负面作用，是金融市场动荡不安的核心因素的观点极具市场。另一方面，从20世纪70年代以来，很多金融机构，甚至非金融机构很喜欢，甚至热衷于使用各种各样的衍生金融工具，这使得衍生金融工具获得了飞速发展，衍生金融工具的种类和交易规模都呈爆炸式增长，衍生金融工具市场呈现出空前繁荣的景像。衍生金融工具有不可替代的巨大作用的观点也得到了很多人的赞同。那么，衍生金融工具到底是一种什么样的工具呢？它包括哪些种类，有什么特点？怎样趋利避害，善用衍生金融工具提高经营效益，推动经济发展呢？

衍生金融工具（derivatives），又称派生金融工具、金融衍生工具、金融衍生产品等。顾名思义，衍生金融工具是在原生金融工具（诸如即期交易的商品、债券、股票、外汇）的基础上派生出来的，是价值依赖于其他更基本资产价值的各类合约的总称。美国财务会计准则委员会（Financial Accounting Standards Board，FASB）颁布的一系列公告将其定义为：价值衍生于一个或多个标的资产的业务或合约。根据巴塞尔银行监管委员会的定义，衍生金融工具是“一种合约，该合约的价值取决于一项或多项标的资产或指数的价值”。国际互换和衍生工具协会（International Swaps and Derivatives Association，ISDA）将衍生金融工具描述为：旨在为交易者转移风险的双边合约。合约到期时，交易者所欠对方的金额由基础商品、证券或指数的价格决定。

由上面的定义可以看出，虽然不同机构对衍生金融工具的具体描述不尽相同，但是其基本含义却是清楚的，也就是衍生金融工具是由其所依附的标的物的特定变量所决定的合约。随着世界经济金融的快速发展，衍生金融工具所依附的标的物也在不断扩充，目前为止，衍生金融工具标的物可以是包括股票、债券在内的传统基础证券，可以是外汇、黄金、白银，可以是小麦、大豆、棉花等农产品，可以是石油、钢材，甚至可以是气温、天气、污染指数等无形物。因此，衍生金融工具是其价值决定于特定标的物的标的变量的合约。

1.2 衍生金融工具的产生和发展

衍生金融工具的使用最早源自人类对未来风险规避的需要，以及利用未来的不确定性，审时度势，获取超额利益的想法。《圣经·创世纪》中记载了这样一段文字：一个埃及法老梦见 7 头健康的牛被 7 头生病的牛吞噬，7 穗健康的玉米被 7 穗生病的玉米吞噬。法老对这个梦感到困惑，于是请约瑟来释梦。约瑟对法老说，这个梦预示着 7 个丰年之后是 7 年饥荒。法老问约瑟有何办法，约瑟提出的对策是让埃及人在 7 年丰收之时囤积粮食以避免之后的 7 年饥荒。我国很多史料中也有古代商人提前签订买卖合约，囤积居奇，牟取超额收益的记载。这种做法的基本思路就类似于现代的远期合约。

具有现代意义的期货交易开始于 1848 年的美国。19 世纪初期，芝加哥是美国最大的谷物集散地。随着谷物交易的不断集中和远期交易方式的发展，1848 年，由 82 位谷物交易商发起组建了芝加哥期货交易所（Chicago Board of Trade，CBOT）。交易所成立之初，采用远期交易方式，其特点是实买实卖，交易者利用交易所场所集中的优点更方便地寻找交易对手。交易的参与者主要是生产者、经销商和加工商。后来一些非谷物经销商看到转手倒卖谷物合同可以盈利，便进入交易所买卖远期合约赚钱，这就是早期的投机商。为了规范交易，芝加哥期货交易所于 1865 年推出了标准化期货合约，这是现代意义上期货交易产生的第一个里程碑。同年，芝加哥期货交易所又开始实行保证金交易制度，为交易者买卖合约的履约提供更强有力的担保。这是期货交易产生过程中的第二个里程碑。1883 年，为了处理日趋复杂的结算业务，交易所成立结算协会，专门对会员的交易进行结算。至此，现代期货交易机制趋于完善。

20 世纪 70 年代利率期货、外汇期货、股票期权、互换等衍生金融工具相继产生，这使得衍生金融交易的范围扩展到金融交易领域。这一扩展顺应了当时世界经济、金融形势的发展，也将衍生金融工具的发展推向了新的高峰。衍生金融工具之所以在这一时期迅速发展起来，是因为世界经济发展到这一时期提出了对此类金融工具的迫切需求并为衍生金融工具的发展提供了前所未有的客观条件。

首先，20 世纪 70 年代，世界经济环境和各国的经济政策都发生了巨大的变化。利率、汇率、物价等都陷入动荡不安的状态，要求有更多的避险工具满足市场的需要。从物价来看，欧佩克（OPEC，石油输出国组织）的成立及大规模上调的石油价格，使以石油为主要原材料的西方主要工业国家的生产成本大幅上涨，这些国家开始经历较为严重的通货膨胀，物价迅速上升且极不稳定。通货膨胀的发生伴随着利率的上升，加之 20 世纪 60 年代西方经济学说货币学派的兴起，并在 70 年代后期为美国、英国等主要西方经济体的领导人接受，进而上升为国家的经济政策。西方国家普遍放松对利率的管制，从而使利率开始变动不居。

从汇率来看，1973 年布雷顿森林体系崩溃之后，以美元为核心的固定汇率制度解体，各国开始实行浮动汇率制度。这使得自第二次世界大战结束之后相对稳定的世界汇率开始剧烈波动。这些都在客观上增加了对新的避险方式的需求，也迫使西方主要经济国家一再放松金融管制，为金融创新创造了一个更加宽松的环境。

其次，20 世纪后半叶经济和金融理论获得了重大突破和飞速发展。20 世纪 50 年代，马科维茨资产组合理论的提出开启了现代金融学的时代，量化分析成功地进入金融领域。随后，资本资产定价模型、套利定价理论、期权定价模型相继被提出或推导出来。区别于以往主要以定性分析为主的传统金融理论，以精确的数量化分析为基础的现代金融理论的框架开始形成并逐步完善。这些理论上的重大突破为各种现代化金融工具的开发和使用奠定了坚实的理论基础。

再次，20 世纪后半叶，特别是 20 世纪 80 年代以后，现代信息技术获得了突飞猛进的发展。计算机编程、建模和计算能力有了质的飞跃。原来靠人工难以处理的复杂问题靠计算机已可轻松解决。互联网技术的发展，使信息的传递更加迅速和便捷，把全球连接成了一个整体。这为各种金融创新的开发和利用奠定了坚实的物质基础。这些因素综合作用，使得金融领域的创新日新月异。各种新型的金融工具得以不断开发出来。而金融衍生工具的不断发展也正是在这种适宜的土壤上蓬勃发展起来的。

在期货方面，1972 年，芝加哥期货交易所成立了国际货币市场（International Monetary Market，IMM），专门交易外汇期货合约。1975 年 10 月，芝加哥期货交易所推出第一个利率期货合约。1982 年 2 月，堪萨斯期货交易所（Kansas City Board of Trade，KCBT）开始交易第一个股指期货合约——价值线股指期货。紧随其后，1982 年 4 月，芝加哥商业交易所（Chicago Mercantile Exchange，CME）推出了著名的标准普尔 500（S&P 500）股票指数期货。

现代期权合约早在 17 世纪荷兰郁金香热的时候已经出现。19 世纪中期，美国开始以订单驱动方式进行场外期权交易。1973 年 4 月，芝加哥期权交易所（Chicago Board Options Exchange，CBOE）成立，并随之推出 16 只股票的看涨期权，这一般被认为是现代期权市场的发端。1980 年，位于荷兰阿姆斯特丹的欧洲期权交易所推出荷兰盾债券期权，这是第一笔利率期权在有组织的市场中交易。

互换交易的历史较短。1981 年，美国所罗门兄弟公司（Solomon Brothers Co.）成功为美国商用机器公司（IBM）和世界银行进行了美元与德国马克和瑞士法郎之间的货币互换。这是世界上第一个规范的互换合约。同一年，美国花旗银行（CitiBank）和伊利诺斯大陆银行（Continental Illinois National Bank）又创造了第一笔利率互换交易。

至此，最基本的几种衍生金融工具都已出现，衍生金融工具繁荣发展的大幕正式开启。20 世纪 80 年代后期，各种衍生品工具相互结合，衍生出更为复杂和灵活的衍生工具。同时，信用衍生工具，如债务抵押债券（CDO）、信用违约互换（CDS）等也被开发和迅速发展起来。市场参与者队伍不断扩大，衍生金融工具的品种数量不断增多，无论是场内市场还是场外市场的深度和广度都获得了迅速的发展。

21 世纪以后，不论是传统的发达市场经济国家，还是新兴市场经济国家，衍生金融工具市场都保持着迅猛的发展势头。根据国际清算银行的统计，截至 2013 年 6 月底，全球场外市场未平仓衍生金融工具名义本金为 693 万亿美元，相当于全球 GDP 总量的近十倍。而在 2000 年 6 月底，这一数字仅为 100 万亿美元左右。现在，在国际金融市场中的金融衍生工具的品种超过 2 000 种，全世界共有 50 多个交易所可以进行衍生金融工具交易。

1.3 衍生金融工具的种类

正如上一节所说，目前衍生金融工具的品种非常丰富，而且新的衍生金融工具还在不断地产生和扩展中。但是，最基本的衍生金融工具则是远期合约、期货合约、期权合约和互换合约四种。各种复杂多变的衍生金融工具都是在它们的基础上，通过对不同的标的资产、对上述四种基本衍生金融工具属性进行不同形式的组合而构造出来的。

1.3.1 远期合约

远期合约（forward contract，简称“远期”）是指交易双方约定在未来的某一确定时间，按确定的价格买卖一定数量的某种资产的合约。远期合约交易与即期交易的区别在于，在即期交易中，交易双方就交易的资产的价格和数量达成一致后，一般立即或在约定的几天内进行款项和资产的交割。而远期合约交易则是交易双方事先签订一份协议，按照协议，双方在未来某一特定的时间按照事先确定的价格买入或卖出特定数量的某种资产。远期合约属于场外交易（OTC）产品，由交易双方自由协商签订。在当今的远期市场上，一些流行的、供求量较大的远期产品，通常有做市商（market maker）对其双向报价，如银行常常是外汇远期的做市商。

1.3.2 期货合约

期货合约（futures contracts，简称“期货”）是在远期的基础上发展起来的，是标准化的远期。由于远期合约在场外市场交易，由双方自由协商签订，因而寻找合适的交易对手会比较困难，合约的成交效率相对较低。另外，在合约签订之后随着市场的变化，可能会使一方因而获利，而使另一方受损。这样，在合约只涉及双方，而没有其他约束的情况下，就可能因受损一方的信用问题导致违约。为了解决这些问题，就逐渐发展出在固定场所——期货交易所，有更多合理化约束与标准化规定的远期交易形式，这就是期货合约。期货合约是指协议双方同意在约定的将来某个日期按约定的条件（包括价格、交割地点、交割方式等）买入或卖出一定标准数量的某种资产的标准化协议。期货合约是期货交易所根据市场的需求设计出来的标准化合约，除价格之外包括每笔合约的交易规模、到期时间、交易方式、终止方式、到期资产的交割方式都有明确的规定。期货合约比远期合约有更高的交易效率和更强的履约担保。

1.3.3 期权合约

与远期合约和期货合约不同，期权合约（option contracts，简称“期权”）买卖的不是标的资产，而是以特定条件买卖标的资产的权利。这种权利包含两个方面，一是在未来特定的时间（可以是规定的到期日，可以是规定的特定时间段）以事先确定的价格买进特定数量某种资产的权利；二是在未来特定的时间（可以是规定的到期日，可以是规定的特定时间段）以事先确定的价格卖出特定数量某种资产的权利。前者称为买权（call option），或认购期权、看涨期权；后者称为卖权（put option），或认沽期权、看跌期权。无论是买权还是卖权，既然是买方花钱买下的，就有权选择在合约规定的时间行使权利或放弃权利。即期权的买方在合约对己方有利时可以要求对方履约，在特定时间、以特定价格买进或卖出特定数量的特定资产；而期权的卖方则有义务配合买方，执行或放弃合约，卖出或买进相关资产。

1.3.4 互换合约

互换合约（swap contracts，简称“互换”）是一种交易双方约定在未来的一段时间内多次交换现金流的合约。在合约中，双方必须事先约定好现金流交换发生的时间以及现金流的计算方法。像远期合约一样，互换合约也是在场外市场交易的衍生金融工具，是由交易双方自由协商签订的合约。从理论上讲，只要交易双方能达成一致，任何形式的两个现金流序列都可以进行交换，因此，互换合约可以非常灵活。当今市场上，交易量最大、最常用的互换合约是利率互换和货币互换，二者都有大型金融机构充当双向报价的做市商。1984 年，一些主要的互换银行开始推动互换协议标准化的工作。1985 年，这些银行成立了国际互换商协会（International Swaps Dealers Association，ISDA）并主持制订了互换交易的行业标准、协议范本和定义文件等。因此，互换虽然是场外交易工具，但是，其规范化和标准化程度很高。这也使互换市场成为近些年来成长最快的金融产品市场之一。目前，互换市场的交易规模很大。

衍生金融工具都是供未来一定的时期进行交易的合约，因此，都具有远期交易的性质。远期交易与即期交易的最大不同就是需要面对未来的各种不确定性，因此，衍生金融工具最大的特点就是需面对较大的市场风险和信用风险。而参与衍生金融工具的交易，需要擅用衍生金融工具的特点，规避风险，或者审时度势，把握市场的变化，博取更大的收益。

1.4 衍生金融工具市场及市场参与者

1.4.1 场内市场与场外市场

前已提到，有些衍生金融工具属于场外市场工具，而有些属于场内市场工具。当然，有些衍生金融工具既在场外市场交易，又在场内市场交易。实际上，不仅衍生金融工具市场如此，整个金融市场都可分为场内市场与场外市场两大类。

场内市场也称为交易所市场（exchange market），是指通过交易所进行衍生金融工具交易的市场。期货属于场内交易产品，而期权既有场内交易，又有场外交易。这些提供衍生金融工具交易的交易所中既有专门从事期货和期权交易的交易所，如美国芝加哥商品交易所、美国芝加哥期权交易所、欧洲期货交易所、中国金融期货交易所、上海期货交易所等，也有传统的证券交易所，如美国的纽约证券交易所。美国证券交易所都有期权交易业务，我国的上海证券交易所也开展了上证 50 ETF 基金、中证 500 ETF 基金的期权交易。在场内交易中，交易所提供固定的交易场所与交易时间，负责制订包括具体条款、交易机制、履约方式、交割规定等在内的标准化的衍生工具合约。交易所作为衍生金融工具交易的组织者，本身并不参与交易，只是为交易双方创造条件，集中办理符合规定的衍生金融工具的上市、成交、结算、交割，监管交易行为，担保合约履约。传统的场内市场竞价交易方式是公开喊价系统（open-outcry-system），而目前世界各地的交易所都逐渐采用电子化交易系统。各交易者的交易指令通过各自经纪商与交易所结算机构联网的计算机网络输入结算机构的主机系统进行集中竞价。

场外市场又称 OTC 市场，是一个由电话和互联网将交易者联系起来的网络系统。场外市场的参与者主要是机构交易者，包括各种金融机构、企业、投资基金等。其中金融机构往往会成为某些流行交易品的做市商。它们会对做市的交易品进行双向报价，即同时报出买入价（bid price，即做市商买入交易品的价格，其他希望卖出的交易者可按此价格卖给做市商）和卖出价（offer price，即做市商卖出交易品的价格，其他希望买入的交易者可按此价格向做市商购买交易品）。卖出价高于买入价，其价差（spread）作为做市商的交易收益。

场内市场与场外市场各有优缺点。

首先，场内市场交易场所集中，通过公开集中竞价达成交易。交易信息集中、透明，竞价公开、公平、公正，市场效率高。相比之下，场外交易则是通过面对面商谈、电话、互联网，或通过经纪人的中介分散地协商成交。因此，信息传递不够畅通，常发生信息不对称现象。对手搜寻成本常常较高，因而市场效率较低。但是，应该看到，随着当代通信网络技术的发展，以及场外交易标准化程度的提高，场外交易的这一弱点正在被迅速改善。

其次，场内市场交易的对象是标准化的衍生品合约，包括合约标的、合约规模、报价单位和方式、最小变动单位、有无涨跌停板、合约到期月份、交割地点、交割方式、保证金规定，等等，都是交易所事先设计好的标准化内容。只有成交价格由市场竞争得到。这一做法极大地增加了合约的流动性，进一步增加了市场效率。但是，标准化的合约，同时也限制了交易者的选择范围，往往不能满足交易者个性化的需求。场外市场则是由交易双方自由协商达成的协议，这就使得合约的签订具有极大的灵活性，能够最大限度地满足交易双方特定的需求。随着科学技术的进步和市场交易方式的发展，场内市场和场外市场都在不断地创新，吸收对方的优点，场内市场的交易在变得越来越灵活，而场外市场交易产品的标准化程度则在不断提高。

再次，场内市场有一套完整的交易和结算机制，有许多规则要求和比较完善的风险控制制度和措施，且只有交易所会员才能参与交易，非交易所会员只能通过交易所会员代理交易。这就为合约的最终履约提供了保障。虽然理论上不能绝对杜绝违约的发生，但是，场内交易的违约风险非常小。而场外交易属于较少管制的私下的市场，它的准则就是商业基本的诚实守信，交易双方需承担对手的违约风险。因此，场外市场信用风险较大。

场外市场与场内市场各有优缺点，近年来二者的交易规模都得到了稳定的扩大。比较而言，场外市场由于其合约品种灵活多样、对交易者限制较少、能满足交易者个性化需求的特点，其交易规模始终大于场内市场。图 1-1 是国际清算银行对场外交易市场与场内交易市场 2001 年 6 月至 2015 年 6 月交易规模的统计结果。

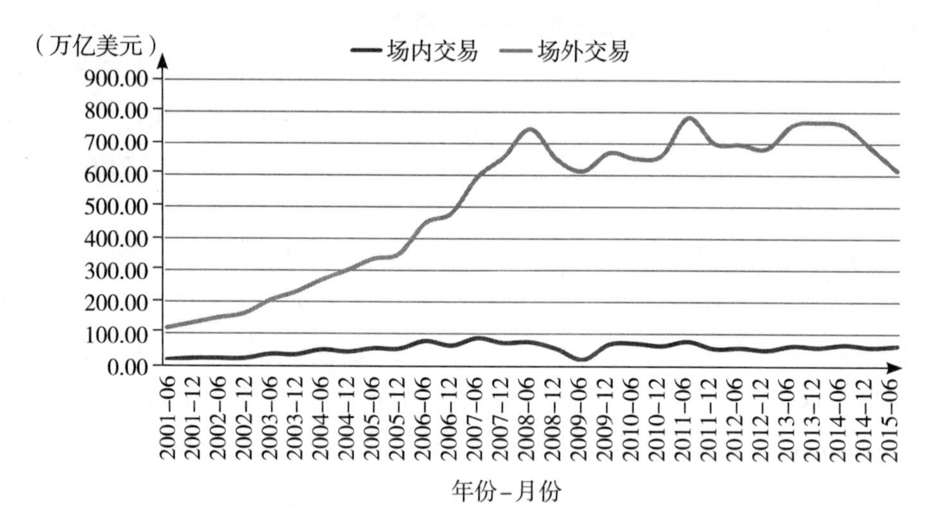

图 1-1 场外交易与场内交易规模

资料来源：www.bis.org

1.4.2 衍生金融工具市场的作用

如本章开头说的那样，衍生金融工具几乎从产生就毁誉参半。批评者认为衍生金融工具杠杆过高，设计越来越复杂，越来越难以理解，因而风险过大。而拥护者则认为衍生金融工具可以优化金融市场，提高市场效率，可以起到原生金融工具不可替代的作用。不管怎样，我们看到的现实是，衍生金融工具市场规模越来越大，衍生金融工具的使用者越来越多，衍生金融工具市场对全球经济的影响越来越大。之所以如此，是因为衍生金融工具的确有其独特的经济功能。

（1）对冲风险

衍生金融工具的首要功能，是它为经济主体提供了一种有效的风险管理手段。衍生金融工具产生的最基本原因，就是它具有对冲风险的功能。

我们以期货交易为例来说明对冲风险的过程。在我国广大的中原地区，小麦每年秋季开始播种，到第二年的夏初收获，有多半年的生长期。小麦价格受市场供求变化影响，经常发生波动，价格下跌给生产者带来损失的可能性是客观存在的。如果小麦生产者预计在收获期小麦价格可能会下降，为了规避价格风险，他可以在播种时就在期货市场卖出交割月份在第二年6月、7月的与预计小麦产量相近的小麦期货合约。如果小麦价格在收割期果然出现下跌，尽管他在现货市场上以低价格出售承担了一定的损失，但他可以在期货市场上将原来卖出的合约进行对冲平仓来获得相应收益，期货市场的收益可以弥补现货市场的亏损。如果生产者判断错误，小麦收割期价格不仅未跌反而上涨，那么对生产者来说，对冲操作的结果是用现货市场上的盈利去弥补期货市场上的亏损。总之，不管是用期货市场盈利来弥补现货市场亏损，或用现货市场盈利来弥补期货市场亏损，对冲策略是在这两个市场之间建立盈亏冲抵机制。如果生产者根据预期不做风险对冲，在预测正确时，毫无疑问，获得的收益要高于采取对冲措施的情况，但是一旦预测错误，则要承担较大的风险。商品生产经营者作为“风险厌恶者”，使风险对冲成为在现代市场经济条件下的回避风险的有力工具。

与期货一样，其他衍生金融工具都可以用作对冲风险的工具。由于衍生金融工具一般采用保证金交易的方式，交易成本比现货交易要小得多，而且用这种方式对冲风险，极具针对性，因此，往往能起到很好的效果。对于股票、债券、外汇等金融资产，由于当今的市场波动越来越多，交易规模也不断扩张，如果不采取一定的风险对冲策略，市场参与者在极短的时间就可能遭受重大的损失。因此，以金融资产为标的的衍生金融工具更显其在风险管理中的重要性。

（2）价格发现

金融衍生工具的另一个主要作用是其具有价格发现功能，即金融衍生工具具有提供未来价格信息的能力。衍生金融工具具有远期交易性质，反映交易者对未来资产供需情况的判断。场内交易的衍生金融工具在这方面的作用尤其明显。各交易所都有明确的交易规则，交易价格等相关信息集中且能及时传递给所有交易者以及对相关价格有兴趣的有关各方。而且所有交易者的交易信息都被及时地传递到交易所的交易系统，竞价过程公开透明。这种集中竞价的结果反映了市场整体对未来价格的预期，具有一定的权威性。一般说来，建立在每一标的资产之上的期货、期权合约都有多个到期时间同时交易，这样，就有未来一段时间的多个价格呈现在市场上。衍生金融工具的价格发现功能尤其以期货最显著，这可从以下两个方面来理解：

首先，现货交易通常是交易双方根据当时当地的供需状况确定价格来进行的。相对于很多在期货市场上交易的资产来说，现货市场是庞大且各自独立的。黄金、石油、其他的大宗商品在不同地点、不同时间进行交易。每类商品又有不同的种类和质量等级。因此，存在许多可作为标的资产的现货价格。期货市场的存在为现货价格的确定起到两个方面的作用。一方面，期货市场将从各个方面获得的信息汇聚到市场上，期货价格成为现货市场交易的有益参考，例如伦敦金属交易所的金属期货价格在过去相当长的一段时间内成为全球基础金属交易的参考价，纽约商业交易所及洲际交易所的石油期货价格也成为影响全球石油价格的最重要的参考。另一方面，衍生金融工具与现货价格之间如果出现不合理的偏差就会出现套利机会，市场因而就会出现套利行为。这种套利行为为确立合理的现货价格提供了依据。

其次，衍生金融工具还反映了人们对未来价格的整体预期。而且由于拥有相同标的资产不同到期日的衍生金融工具在同时交易，人们能够更加准确地预测标的资产未来的供需状况。现货价格当然也包含人们对未来供需状况的预期。但是相对于现货市场，期货、期权等衍生金融工具市场更加活跃，因此，从衍生金融工具市场得到的信息常被认为更加可靠。但是，不能把远期或期货价格看做未来现货价格的预期，本书后面的内容会告诉我们，远期或期货价格反映的是市场参与者现在锁定的不需要承担未来不确定性的价格。

（3）完善市场

有效的市场能够使资产价格更精确地反映其内在的经济价值，能够使市场调控的资源配置更加合理，能够促进整个经济的健康发展，进而增加社会整体的经济福利。在金融市场不是完全有效的情况下，市场总是存在着一定的套利机会。套利机会的存在说明有些资产在一定时期偏离了其正常的价值。衍生金融工具的存在和丰富，在给市场参与者有效而丰富的风险管理工具的同时，也提供了更便捷、成本更低的套利工具。这有助于资产价格的合理回归，有利于资源的优化。因此，衍生金融工具的存在和发展对于使市场更加完善、使资源配置更加优化具有重要的意义。

1.4.3 衍生金融工具市场的主要参与者

衍生金融工具市场的主要参与者有三类：套期保值者（hedger）、套利者（arbitrageur）和投机者（speculator）。

套期保值或对冲风险是衍生金融工具市场最基本的功能。套期保值者是指以回避现货风险为目的的衍生金融工具交易策略。在现实经济活动中，生产者或经销商在现货市场上，无论是产品的出售还是原料的购置都要面对市场价格波动的风险，对外企业还要面对汇率波动的风险。这时，他们在现货市场上买进或卖出大量现货商品的同时，在期货市场上再持有相同品种和数量的相反头寸的期货合约，就可以以一个市场的盈利弥补另一个市场的亏损，从而达到降低经营风险的目的。

期权、互换等衍生品都可以用作套期保值。例如，某投资者以每股 1.9570 元买入 100 000 股上证 50 ETF 基金。如果担心未来市场走低，基金价格下跌带来损失，他可以买入该基金的认沽期权。假设他买入执行价格为 2.000 元，一个月后到期，价格为 0.0451 元的上述标的资产的期权 100 000 股。若一个月后，该基金的价格下跌至 1.5000 元，该投资者行权，这相当于他以每股 1.9549 元的价格卖出基金。

套利是针对两个或两个以上、彼此价格高度相关的资产在不同市场，或不同时段上的价差的不合理性，做相反头寸的交易，获取价差收益的行为。套利可以在现货和衍生品之间进行，也可以在不同期限的同类衍生品之间进行。举一个简单的例子说明如下。

【例 1-1】

2月10日，某交易者在国际货币市场买入100手6月期欧元期货合约，价格为1.3606美元/欧元，同时卖出100手9月期欧元期货合约，价格为1.3466美元/欧元。5月10日，该交易者分别以1.3526美元/欧元和1.2691美元/欧元的价格将手中合约对冲平仓。其交易过程如表1-1。

表 1-1　外汇期货跨月套利交易

时间	6月期欧元	9月期欧元
2月10日	买入100手6月期欧元期货合约（开仓） 价格：1.3606美元/欧元 总价值：17 007 500美元	卖出100手9月期欧元期货合约（开仓） 价格：1.3466美元/欧元 总价值：16 832 500美元
5月10日	卖出100手6月期欧元期货合约（平仓） 价格：1.3526美元/欧元 总价值：16 907 500美元	买入100手9月期欧元期货合约（平仓） 价格：1.2691美元/欧元 总价值：15 863 750美元
	结果 损失100 000美元	结果 盈利968 750美元

该交易者在6月期欧元期货交易中损失100 000美元，在9月期欧元期货交易中盈利968 750美元，通过跨月份套利交易净盈利868 750美元。

通过例1-1不难发现，6月到期的欧元期货价格相对于9月到期的欧元期货价格市场估值偏低。那么，套利者买入估值偏低的合约，同时卖出估值偏高的合约，待价差趋向合理时作相反的交易平仓，就可以获得盈利。

投机交易是通过预测衍生金融工具价格的未来变动趋势，在价格较低的时候买入，等到价格上涨后卖出；或者在价格较高时卖空，在价格较低时再买入平仓，以获得价差收益的交易策略。与套期保值者和套利者都不同，投机者不是同时做相反头寸的操作，而是只做一个头寸方向的操作。如果投机者预测准确，低价买入，高价卖出，就会盈利；相反，则会发生亏损。用衍生金融工具进行投机交易，具有现货市场投机不可比拟的优势。这表现在：第一，衍生金融工具市场具有杠杆效应，这会大幅提高投机者的盈利水平。例如某投资者现有资金100 000元，用于做投机交易。如果买某只价格为25元的股票，可以买4 000股。假如股票的价格上涨到30元，则其盈利为20 000元，收益率为20%。假如市场上有以该股票为标的资产的看涨期权，期权的执行价格25元，期权的价格为2元。则其可以买该看涨期权50 000股。股票价格涨到30元时，该投资者行权。则其每股盈利3元，总盈利15万元，收益率为150%，大大高于现货投机的收益率。第二，衍生金融工具市场流动性高，成本低廉，交易便捷。根据对美国期货市场研究的相关文献，期货市场的平均单边交易成本仅为0.0004%～0.033%（Locke and Venkatesh，1997）。随着电子交易的日益发达，交易成本会进一步降低。

1.5 衍生金融工具在中国

前已述及，我国远期交易在历史文献中有很多记载，时间可以追溯到春秋时期。但是中国现代化的衍生品交易开始于改革开放后的20世纪80年代。目前，期货市场，尤其是商品期货市场是我国发展最好的市场之一。

1.5.1 期货市场

改革开放后，我国期货市场的发展过程大体经历了下面的过程：

（1）初创阶段（1990—1993年）

1990年10月12日，经国务院批准，郑州粮食批发市场以现货交易为基础，引入期货交易机制，作为我国第一个商品期货市场开始起步。1991年6月10日，深圳有色金属交易所宣告成立，并于1992年1月18日正式开业。同年5月28日，上海金属交易所开业。1992年9月，我国第一家期货经纪公司——广东万通期货经纪公司成立。

到1993年，由于人们在认识上存在偏差，尤其是受部门和地方利益驱动，在缺乏统一管理的情况下，各地各部门纷纷创办各种各样的期货交易所。到1993年下半年，全国各类期货交易所达50多家，期货经纪机构近千家。由于对期货市场的功能、风险认识不足，法规监管严重滞后，期货市场一度陷入了一种无序状态，多次酿成期货市场风险，直接影响到期货市场的功能发挥。

（2）治理整顿阶段（1993—2000年）

1993年11月，国务院发布《关于制止期货市场盲目发展的通知》，提出了“规范起步、加强立法、一切经过试验和从严控制”的原则，标志着第一轮治理整顿的开始。在治理整顿中，首当其冲的是对期货交易所的清理，15家交易所作为试点被保留下来。1998年8月，国务院发布《关于进一步整顿和规范期货市场的通知》，开始了第二轮治理整顿。1999年期货交易所数量再次精简合并为3家，分别是郑州商品交易所、大连商品交易所和上海期货交易所，期货品种也由35个降至12个。同时，对期货代理机构进行清理整顿。1995年年底，330家期货经纪公司经重新审核获得《期货经纪业务许可证》，期货代理机构的数量大大减少。

1999 年，期货经纪公司最低注册资本金提高到 3 000 万元人民币。中国期货交易所和期货品种的治理整顿见表 1-2 所列。

表 1-2　中国期货交易所和期货品种的治理整顿

<table>
<tr><th>项目</th><th>第一次清理整顿</th><th colspan="2">第二次清理整顿</th></tr>
<tr><td rowspan="3">期货交易所</td><td rowspan="3">由清理整顿前的 50 多家缩减为 15 家，对期货交易所进行会员制改造</td><td rowspan="3">由 15 家合并为 3 家</td><td>上海期货交易所（SHFE）</td></tr>
<tr><td>大连商品交易所（DCE）</td></tr>
<tr><td>郑州商品交易所（CZCE）</td></tr>
<tr><td rowspan="3">期货品种</td><td rowspan="3">期货品种缩减为 35 种</td><td rowspan="3">期货品种缩减为 12 种</td><td>SHFE：铜、铝、胶合板、天然橡胶、籼米</td></tr>
<tr><td>DCE：大豆、豆粕、啤酒大麦</td></tr>
<tr><td>CZCE：小麦、绿豆、红小豆、花生仁</td></tr>
</table>

为了规范期货市场行为，国务院及有关政府部门先后颁布了一系列法规，对期货市场的监管力度不断加强。1999 年 6 月，国务院颁布《期货交易管理暂行条例》，与之配套的《期货交易所管理办法》《期货经纪公司管理办法》《期货经纪公司高级管理人员任职资格管理办法》和《期货从业人员资格管理办法》相继发布实施。2000 年 12 月，中国期货业协会成立，标志着中国期货行业自律管理组织的诞生，从而将新的自律机制引入监管体系。

（3）规范发展阶段（2000—2014 年）

进入 21 世纪以来，“稳步发展”成为中国衍生金融市场的主题。在这一阶段，中国期货市场走向法制化和规范化，监管体制和法规体系不断完善，新的期货品种不断推出，期货交易量实现恢复性增长后连创新高，积累了服务产业及国民经济发展的初步经验，具备了在更高层次服务国民经济发展的能力。

中国期货保证金监控中心于 2006 年 5 月成立，作为期货保证金安全存管机构，保证金监控中心为有效降低保证金被挪用的风险、保证期货交易资金安全以及维护投资者利益发挥了重要作用。中国金融期货交易所于 2006 年 9 月在上海挂牌成立，并于 2010 年 4 月推出了沪深 300 股票指数期货，对于丰富金融产品，为投资者开辟更多的投资渠道，完善资本市场体系，发挥资本市场功能，以及深化金融体制改革具有重要意义。同时，也标志着中国期货市场进入了商品期货与金融期货共同发展的新阶段。

（4）创新发展阶段（2014 年至今）

2014 年 5 月国务院出台了《关于进一步促进资本市场健康发展的若干意见》（简称新国九条）。作为资本市场全面深化改革的纲领性意见，新国九条对资本市场改革发展进行了顶层设计和战略规划，对我国金融衍生品给予了充分肯定和高度重视，对于凝聚改革共识，明确发展方向，共同推进以期货为代表的衍生金融工具市场更好地服务实体经济具有深远影响，标志着我国不仅是期货，而是整个衍生金融工具市场都进入了一个创新发展的阶段。在期货市场方面，各种新的期货品种不断出现，期货立法等工作开始起步。期货公司等机构的风险管理、资产管理等业务创新也都更加活跃。

1.5.2 远期、互换与期权市场

我国的衍生产品市场以标的资产为汇率的衍生品最为齐全。我国的汇率衍生品包括人民币外汇远期、人民币外汇掉期、人民币对外汇期权、人民币外汇货币互换。在外汇远期方面，1997 年中国银行开始进行远期结售汇试点，2003 年四大国有商业银行全面展开远期结售汇业务。在亚洲金融危机后，离岸市场出现了人民币 NDF。由于我国资本管制，境内人民币远期市场迟迟得不到发展，直到 2005 年人民币汇率机制改革之后，中国人民银行才正式建立人民币远期市场。而人民币远期利率协议直到 2007 年才正式推出。

此外，受 2008 年金融危机影响，世界各国纷纷将场外业务纳入场内结算，实行中央对手结算体系，中国也适时建立上海清算所，为场外市场提供结算服务。目前，上海清算所已推出了外汇远期、人民币远期运费协议等远期合约。

我国互换市场起步较晚。2005 年 11 月 25 日，中国人民银行在银行间外汇市场与包括 4 家国有银行在内的 10 家商业银行首次进行了美元与人民币 1 年期货币掉期（中国人民银行一般称货币互换为货币掉期）业务操作，宣告中国人民银行与商业银行之间的货币掉期业务正式展开。自此，货币互换参与机构不断增加，业务不断丰富。2007 年商业银行之间可以两两进行交易；2011 年允许外汇指定银行对客户开展人民币外汇货币掉期业务；2012 年汇丰银行在外汇市场上达成了首笔无本金交换人民币外汇货币掉期业务。现阶段银行间远期外汇市场已开展了美元、欧元、日元、港币、英镑、澳元兑人民币 6 个货币对货币的掉期业务。

利率互换则是伴随着我国利率市场化逐渐兴起的。2004 年中国人民银行扩大金融机构贷款利率浮动区间；2006 年开展了利率互换试点；国家开发银行与光大银行进行了第一笔利率互换交易。经过两年试点，2008 年人民币利率互换交易开始正式全面推进。自 2010 年之后，利率互换市场发展尤为迅速，成交量不断增加。

此外，股票互换也获得了较大突破，2013 年 1 月，中国证监会批准光大证券以场外交易形式开展金融衍生品交易。

在期权方面，我国在 20 世纪 90 年代曾尝试发展权证市场，先后在深圳证券交易所和上海证券交易所推出飞乐权证、保安权证、金杯权证等。由于当时定价和机制设计上的不合理以及投资者的认识不足，大多数权证市场反应平淡。1996 年证监会终止了权证交易。到了 2005 年股权分置改革的时候，权证卷土重来，为股权分置改革的完成发挥了重要作用。这些权证虽不是严格意义上的期权，但具备期权的基本性质和特征。

我国的外汇期权，作为场外交易的期权发展较好。2002 年 12 月 12 日，中国银行上海分行在中国人民银行的批准下，宣布推出个人外汇期权交易“两得宝”，打响了中国期权

交易的第一枪。初期的外汇期权业务交易的品种为普通欧式期权，客户只能办理买入外汇看涨或看跌期权业务。2011 年 11 月外汇管理局规定客户可以同时买入或卖出期权，形成外汇看跌期权风险逆转期权组合和外汇看涨风险逆转期权组合。

我国的场内期权也取得了突破性的发展。2015 年 2 月 9 日，上证 50 ETF 期权正式在上海期权交易所上市交易，标志着我国场内交易期权已经正式拉开帷幕。目前，上海证券交易所、深圳期权交易所、中国金融期货交易所，以及其他商品期货交易所都有其他品种的仿真期权交易。这说明我国期权的发展也进入了高速发展的时期。

总之金融衍生工具是市场不可或缺的一个重要部分。随着我国市场化改革的进一步深化，衍生金融工具必将迎来大的发展和繁荣。

本章小结

1. 衍生金融工具，又称派生金融工具、金融衍生工具、金融衍生产品等，是在原生金融工具（诸如即期交易的商品、债券、股票、外汇）的基础上派生出来的，是价值依赖于其他更基本的资产的价值的各类合约的总称。换言之，衍生金融工具是其价值决定于特定标的物的标的变量的合约。

2. 基础衍生金融工具包括远期合约、期货合约、期权合约与互换合约。以上述金融工具为基础，现实世界中衍生金融工具种类繁多，新型衍生金融工具层出不穷。有了基础的衍生金融工具，金融产品只受限于人类的想象力。

3. 衍生金融工具的思想在中外古已有之。现代化的期货交易起源于 19 世纪中期成立的芝加哥期货交易所。期权市场始于 17 世纪荷兰郁金香泡沫。20 世纪 70 年代初成立的芝加哥期权交易所标志着大规模、规范的期权市场的出现。互换市场历史较短，只有几十年的历史，但发展迅速。

4. 衍生金融工具市场分场外市场与场内市场。远期和互换属场外市场交易工具；期货属场内市场交易工具；期权既有场内市场交易又有场外市场交易。

5. 衍生金融工具市场具有对冲风险、价格发现、完善金融市场的功能。市场的主要参与者包括套期保值者、套利者以及投机者。

6. 我国衍生金融市场发展较晚。目前商品期货市场比较成熟，金融期货、金融期权都有了一定的发展和影响力。我国的互换市场也有了较快的发展。

习 题

1. 中国的期货交易所有哪些？各交易所交易的期货品种有哪些？主要市场参与者是谁？期货对这些参与者的用途如何？

2. 试着解释对冲、套利、投机三类交易之间的异同，并举例说明。

3. 请列举日常生活中带有衍生金融工具特征的事例。

4. 简述场内市场与场外市场的区别。

5. 衍生金融工具在经济中的主要作用是什么?

6. 有人说:“进行套期保值交易并不总是给交易者带来收益,有时,不进行套期保值交易的结果更有利,因此没必要进行套期保值。”你怎样评价这句话?

7. 根据你对衍生金融工具的理解,分析衍生金融工具市场迅猛发展的原因。

8. 衍生金融工具可以规避风险,为什么又说衍生金融工具市场具有高风险性呢?

9. 举例说明衍生金融工具的价格发现功能。

10. 在市场波动频繁时,投机者的存在会助长市场的不稳定性。那么为什么不禁止投机交易呢?

第二编

金融远期合约与期货

第二章　远期合约

2.1　远期合约概述

2.1.1　远期合约的概念

远期合约是交易双方签订的在未来某一确定的时间以确定的价格买入或卖出确定数量的某种资产的合约。远期合约的实质是通过商业合约的形式将双方未来交易的权利和义务确定下来。在未来确定的时间，无论利弊盈亏，双方都有按合约完成交易的权利与义务。与远期合约相对应的是即期交易，也就是我们所熟悉的钱货两清的交易模式，双方成交后即刻或在规定的几天内完成钱物交割的交易，相应的价格称为即期价格（spot price）。

与远期合约有关的要素和术如下：

标的资产。

合约中约定未来买卖的资产，称为合约的标的资产（underlying asset）。远期合约的标的资产多种多样，可以是石油、农产品、金属等实物资产，也可以是股票、债券、外汇等金融资产。前者称为商品远期（commodity forward contract），后者称为金融远期（financial forward contract）。

多头与空头。

远期合约中未来将买入标的资产的一方称为多头（long position），未来将卖出标的资产的一方称为空头（short position）。

交割价格、远期价值与远期价格。

交割价格（delivery price）是远期合约中规定的未来买卖标的资产的价格。在合约签订时，如果市场透明，双方信息对称，双方确定的交割价格必须是对双方都合理的，这时确定的交割价格应该使合约本身的价值为零。否则，对任何一方有利都不能达成一致。因此，无须成本即可成为远期合约的多头方与空头方。但是，一旦达成协议，合约的交割价格将不再变化。这时，随着标的资产市场价格的变化，随着市场环境，如市场利率等的变化，有一方合约的持有者就会因而获利，而另一方则会因而受损。这样，合约的价值将不再为零，而是对一方表现为正价值，对另一方表现为负价值。合约本身的价值称为远期价值（forward value），它对一方为正时，对另一方为负。而远期价格（forward price）则是另外一个概念。远期价格是远期合约的理论交割价格，也就是使得当时远期合约价值为零的交割价格。远期价格常称为资产的远期价格，而远期价值则称为合约的价值。这样，在合约签订时，远期价格就等于当时确定的未来交割价格，合约的远期价值自然为零；在这之后，资产的远期价格就可能不等于早已确定的合约的交割价格了，而是使这时的远期合约价值为零的理论交割价格。也就是说，任何时刻资产一定时期的远期价格都是在该时刻使得到该时期结束进行交割的远期合约价值为零的理论交割价格。

远期升水与远期贴水。

这两个概念反映的是资产的远期价格与资产的即期价格之间的关系。显然，资产的远期价格通常不等于其即期价格。如果远期价格高于即期价格，称为远期升水（forward premium）；相反，则称为远期贴水（forward discount）；平价则是远期价格等于即期价格的情况。远期价格与即期价格的关系可表示为：

$$\text{远期价格} = \text{即期价格} \pm \text{远期升贴水} \tag{2.1}$$

到期日。

远期合约中所确定的交割时间即为到期日（maturity date）。到期日可以是一个确定的日期，也可以是约定的一段时间。但是，在规定的到期日结束后，双方即进入交割环节，多方付款给空方，接受空方交付的标的资产。

2.1.2 远期合约的损益

假设 K 是远期合约的交割价格，S_T 为合约到期时标的资产的市场价格，T 为到期时间。则远期合约每单位资产到期损益为 S_T-K。当 $S_T>K$ 时，多头获得正收益；当 $S_T<K$ 时，空头获得正收益。因为到期时，多头方有权力与义务以价格 K 购买价值为 S_T 的标的资产。图 2-1 表示的是远期合约到期时多头方和空头方的损益状况。

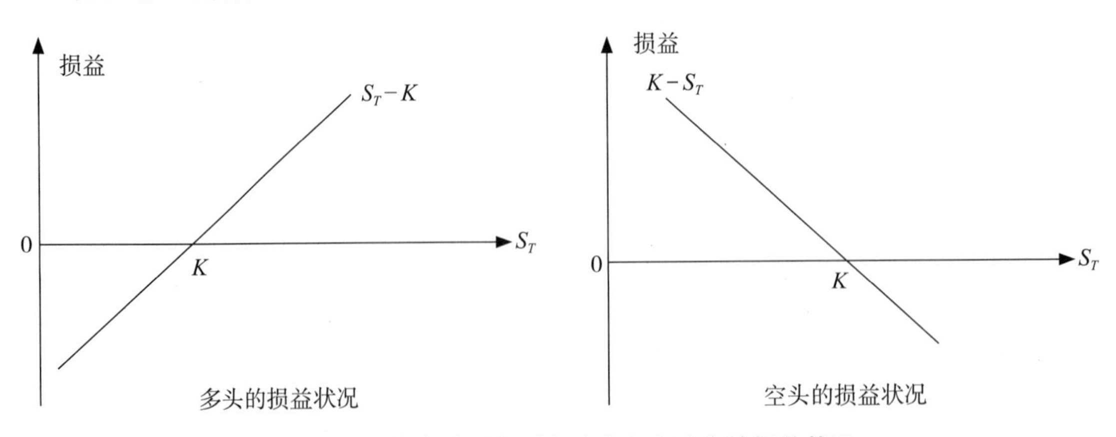

图 2-1 远期合约到期时多头方和空头方的损益状况

从图2-1中可以看出，一方的盈利就是另一方的亏损，一个合约产生的净损益始终为零。因此，远期合约是零和博弈。

2.1.3 远期合约交易的特点

远期交易是最古老的简单衍生品交易，虽然经过不断发展，现在的远期交易已经有了很大的进步，但是仍然保留了以下特点。

（1）远期交易属于场外市场交易

远期交易是在场外市场交易的。场外市场是一个分散的市场，交易双方通过谈判签订远期合约，合约内容是非标准化的。在合约签订时，双方根据彼此的需求，通过协商来确定到期时间、交割价格，交易数量等合约条款，具有很大的灵活性，能够更好地满足双方个性化的需要。

（2）远期合约通常采用实物交割方式

远期合约的买方和卖方了结合约的方式，通常是在合约规定的结算时间，通过支付交割款项，并转移特定数量和特定品质的标的资产的方式了结合约。实物交割是远期合约最常见的交割方式。随着远期交易的不断发展和进步，目前也有一些远期合约采用现金交割的方式，即通过计算到期的盈亏，以亏损方支付盈利方与盈亏数额相等的现金额的方式结清交易。还有提前转手持有的合约或类似平仓的结清合约的方式。但是，实物交割始终是远期合约交割的主要形式之一。

（3）远期合约的流动性较差

场外交易的灵活性大是其优点，同时也是其缺陷。一旦远期交易的一方希望把合约转手第三方而提前终止合约，将很难找到刚好需要同样标的资产、同样数量、同样到期期限等各种条款都符合已存合约的转让对手，而且原来的交易对手也有可能不同意改变交易对手。因此，远期合约流动性一般较差，提前终止合约通常较难。

（4）远期合约的违约风险较大

远期合约交易双方均面临违约风险。由于场外市场原本只涉及交易双方，只要双方合意，达成一致，即可进行交易。合约能否按期履约，基本上只取决于双方的信用状况。对场外交易，宏观监管一直都较少。这样，在履约担保较少的情况下，一旦市场价格的变动对一方不利，其违约的可能性就会上升。因此远期合约信用风险较高。

实体经济中，因管理风险或其他目的需要进行远期交易的经济主体由于交易数量、交易时间、对手信用状况等方面的要求，寻找满足自己需要的交易对手非常困难，这实质上构成了经济学意义上的市场摩擦。在这种背景下，以银行为代表的金融机构往往作为一些大宗交易的做市商参与其中。这样，这些金融机构像传统的存贷款业务一样，承担了远期交易的信用中介，减少了市场摩擦，增加了市场效率，同时他们也因此扩展了业务范围，增加了盈利点。这样一来，上述远期交易的某些其他缺陷，如流动性差、违约风险高等也都有了很大的改善。时至今日，利率远期、汇率远期等远期交易都有大的金融机构承担做市商，交易效率较高，违约风险较小。

2.2 套利与衍生金融工具的定价方法

2.2.1 无套利原理与一价定律

在第一章中曾经提到，衍生金融工具市场的主要参与者之一是套利者。如果同一资产在不同的市场上具有不同的价格，套利者就可以在低价市场上买入，同时在高价市场上卖出，从而获取无风险的利润。如果现货市场价格与相应标的资产的衍生品价差不合理，也可以通过相反头寸的操作获取无风险或低风险的利润。如果市场存在套利机会，可以想见，会有大量的交易者参与到套利活动中。因此，套利机会的存在意味着市场处于非均衡的状态。市场处于非均衡状态时，投资者的套利操作将使价格被高估的资产价格降低，而价格被低估的资产价格升高，推动市场重建均衡，使套利机会消失。因此，资产的合理价格是市场均衡的价格，或者说是无套利的价格。

但是，在现实的市场上，即便理论上存在套利机会，套利可能也并不具有可操作性。因为现实的市场总有市场摩擦。比如一般商品有不同的市场价格，可能是因为质量有差异，也可能是人们对不同的品牌有不同的偏好；人们进行各种投资，可能所得收益要交税、交易有佣金、市场存在垄断行为等。因此，现实一般的市场往往虽然看上去有套利机会，实际上却很难实现。在所有的市场中，应该说金融市场是摩擦最小的市场，这一方面是因为金融市场交易的对象都是无差异的财富代表——货币；另一方面，在科学技术高度发达的今天，金融交易的达成极其便利。在西方比较成熟的金融市场上，买空、卖空等各种交易方式都是允许的，数额巨大的金融交易的达成只是瞬间的事情。因此，通常把金融市场看做无摩擦的有效市场，起码是弱有效市场。如果市场是无摩擦的，市场均衡时就不存在套利机会。这时标的资产的现货价格与其衍生品的价格就存在确定的关系。衍生金融工具的定价正是从无套利的假设出发的。在无套利的前提下，有一价定律成立。所谓一价定律是说，具有同样收益的投资，其投资成本必须相同，否则就有套利的机会。

无摩擦市场隐含以下假设：

① 市场上没有交易成本、没有佣金要求、没有买卖差价、没有保证金要求；

② 不需考虑税收因素；

③ 没有信用风险；

④ 市场完全竞争；

⑤ 市场上存在唯一的无风险利率；

⑥ 市场没有卖空及交易头寸的限制。

例 2-1 是一个简单的无套利定价的例子。

【例 2-1】

假如有两个一年期的投资项目 A 和 B。两个项目一年后的收益都要视当时的经济状态而定。而第二年可能有两种可能的经济状态。两个投资项目的情况如图 2-2 所示：

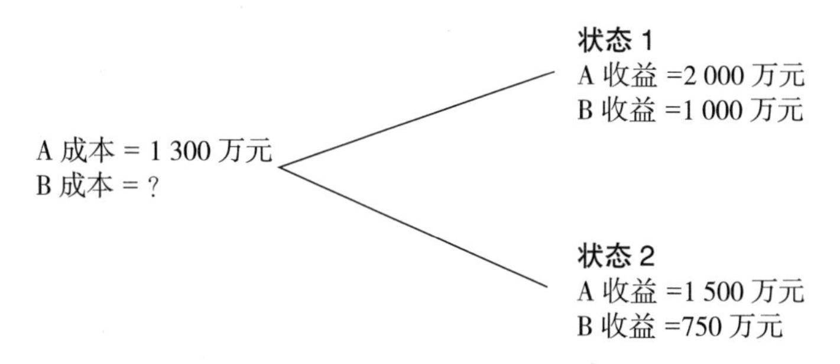

图 2-2　一年后两个投资项目的情况

如图 2-2 所示，在两个状态下，A 项目的收益都是 B 项目的两倍，因此 B 项目当前的成本在无套利假设下自然应该等于 A 项目的一半，即 650 万元。如果不是这样，比如 B 项目的成本是 600 万元，投资者则可做空一个 A 项目，用获得的 1 300 万元资金中的 1 200 万元投资两个 B 项目。这时，投资者有 100 万元的现金流进账。而在到期时，不管哪种状态出现他都可以用两个 B 项目获得的两倍收益补偿做空 A 项目的金额。这一操作是无风险的投资，当然会引来投资者的加入。套利的增加，就会降低 A 项目的成本，增加B 项目的成本，直到二者呈两倍关系为止。这是作者设计的一个简单案例。金融市场中，通过资产组合寻找套利机会，当然比这复杂得多。但是，一价定律说明，收益相等的金融工具组合价格必须是唯一的。而这正是我们为多数衍生金融工具定价的基本方法。

2.2.2　复利率与连续复利率

利率是包括衍生金融工具在内的所有金融工具定价的一个基本金融变量。利息的计算是以一定的时间单位为基础的。实际计算利息的时间间隔被称为计息期。在一个单位时间内可以计息一次，即计息期等于选定的时间单位，也可以计息多次，甚至不间断地连续计息。对于时间单位的选择，金融实践已形成约定俗成的惯例，即如不特别说明，一般以年作为计息的时间单位。计息的方式有两种：一种是只对开始投入的本金计息，而经过一个计息期得到的利息，并不加入本金参与随后计息期的利息计算，这种利率被称为单利率；另外一种计息方式是经过一个计息期后，所获利息加入本金参与下一个计息期的利息计算，这种利率被称为复利率。

假设一笔资金的现值为 P，如果每年计息一次，经过 n 年，用单利与复利计算的终值

FV 分别为：

$$\text{单利 } FV = P(1+nr) \tag{2.2}$$

$$\text{复利 } FV = P(1+r)^n \tag{2.3}$$

复利率更符合经济学的基本原理。因此在经济决策及理论分析中，得到更多使用的是复利率。我们后面用到的利率都是复利率，因此，今后说到利率都是指复利率。

在利用复利率计算一笔资金的终值或经过一段时间获得的利息时，除了知道它是复利之外，还有一个重要的因素就是前面说的一个时间单位内的计息次数，或者说一个时间单位内有多少个计息期。式（2.3）是每年计息一次，计算终值的公式。不管每年计息几次，一般的金融机构报出的利率都是名义年利率。每个计息期的实际利率是用名义年利率除以年计息频率得到的。因此，如果利率报价为 r，每年计息 m 次，则每个计息期的实际利率为 $\frac{r}{m}$。这里名义利率 r 也称为年百分率（annual percent rate，APR）。当考虑到每年有 m 次计息后，计算终值的式（2.3）变为：

$$AFV = P\left(1+\frac{r}{m}\right)^{mn} \tag{2.4}$$

不间断地连续计息，称为连续复利。连续复利情况下的年百分率一般称为连续复利率，设其为 r_c，则计算终值的公式为：

$$FV = Pe^{nr_c} \tag{2.5}$$

显然，计息频率不同，同样名义利率下，实际的利率高低不同。因此，要比较不同计息频率的利率的高低，需要把它们折算到同样的计息频率基础上。一般的做法是把不同计息频率的利率折算到一年计息一次的情况。我们称这样折算的结果为该利率的有效利率（efficient interest rate）。有效利率的公式为：

$$r_{eff} = \left(1+\frac{r}{m}\right)^m - 1 \tag{2.6}$$

连续复利率的有效利率的计算公式为：

$$r_{eff} = e^{r_c} - 1 \tag{2.7}$$

我们还可以得到，与连续复利率 r_c 相当的每年计息 m 次的名义年利率 r_m 为：

$$r_c = m\ln\left(1+\frac{r_m}{m}\right) \tag{2.8}$$

2.2.3 远期合约定价的一般原理

根据无套利原理或一价定律，在无摩擦的均衡市场上，未来有同样财务结果的交易决策必然有同样的交易成本。基于此，假设市场参与者希望在 t 时间之后拥有一个单位的某种资产，在既有该资产的即期交易，又有其远期交易的情况下，以下两种交易策略均可达到目的：

① 当前以资产的市场价格 CP 买进该资产并持有到时间 t；

② 签署一份期限为 t 的远期合约，到期以约定交割价格 K 买进资产。

两种交易策略的现金流如图 2-3 所示。这两种策略最后的结果都是到时间 t 当事人拥有一个单位的资产，因此其成本在一价定律下是相同的。我们来分析这两种策略各自的成本情况。

图 2-3　两种交易策略现金流

对于第一种策略，首先，买进资产占用了自己价值为 CP 的资金直到 t，当事人在这段时间内不能用这一资金投资获利，这是资金占用的机会成本。成本大小以公允的价值计算，是在这段时间内资金若不被占有，可以进行无风险投资而获得的无风险利息。其次，市场参与者提前买进了资产，可能需要储存成本。比如，如果是买进黄金等贵金属，可能需要租用银行的保险柜进行保管，还可能需要为资产买一份保险。一项资产有没有储存成本、储存成本有多大，取决于资产的性质。上面所举的黄金就是有储存成本的例子。一般实物资产多具有储存成本，比如大豆、小麦等粮食商品，都需要有仓库储存，还可能需要购买一定的保险；原油、橡胶、螺纹钢等产品也是这样。而股票、债券等金融资产大多没有储存成本。再次，资产在持有期间可能给持有者带来收益。比如，债券可能会分配利息，股票可能会发放红利。在这方面金融资产多需考虑这一问题，实物资产多不需考虑。最后，对于实物资产，持有资产可能给持有者带来便利。比如，对于一家航空公司，总是要有一些航油的库存，否则航油供应紧张时，就可能给公司的正常经营带来非常不利的影响。这可以看做持有具有使用价值的资产所具有的便利而带来的收益，可以作必要的折算并统一称作便利收益。总结第一种策略的成本情况，我们看到，这种立即买进、持有到期的策略需要承担相应的成本。我们将其统一归为持有成本（cost-of-carry）：

$$持有成本 = 资产市场价格 + 无风险利息成本 + 储存成本 - 资产收益 - 资产便利收益$$

当然，对于不同的资产，持有成本中所包含的项目并不相同，这一点前面已经提到。这样，采用第一种策略，总的成本即是资产持有成本。如果规定如下符号表示上面的各个成本项目：

CC——从 0 到 t 期间资产的持有成本；

CP——资产的当前价格；

R——0 到 t 期间的无风险利率；

G——单位资产持有 t 时间的储存成本；

Y——单位资产持有 t 时间的便利收益。

则有：

$$CC = CP + CP \times R + G - Y \tag{2.9}$$

再看第二种策略。这一策略不持有资产，到期以事先确定的交割价格买入资产就可以了。因此，其成本就是到期的交割价格 K。这样，在签订远期合约时，使得合约价值为 0 的公平合理的交割价格，也就是开始时资产的远期价格，就应当等于第一种策略的持有成本。如以 FP 表示资产的远期价格，则有：

$$FP = CC = CP + CP \times R + G - Y \tag{2.10}$$

上面所讲是在无摩擦的有效市场签署一份远期合约时的情况。我们看到，这时资产的远期价格等于所签合约的交割价格，合约价值为 0。对于一个已存在的远期合约，比如图 2-3 中，合约签署后过去一段时间，从 0 时刻到了 t' 时刻，合约的交割价格不再变化而仍然为 K。但是这时的市场利率应该用 t' 到 t 这一段时间的利率 R'，资产的市场价格也变成了 CP'。这时的合约价值可能就不再为 0 了。但是，资产的远期价格仍是使这时的远期合约价值为 0 的未来交割价格。因此，式（2.10）对于求资产的远期价格仍然有效，各成本项当然均需用 t' 时刻的值。远期合约多头方的合约价值应用式（2.11）计算：

$$V = \frac{FP' - K}{1 + R'} = \frac{CP' + CP' \times R' + G' - Y' - K}{1 + R'} = CP' + \frac{G' - Y' - K}{1 + R'} \tag{2.11}$$

其中，

CP'——资产的当前价格；

R'——t' 至 t 期间的无风险利率；

G'——单位资产从 t' 持有到 t 的储存成本；

Y'——单位资产从 t' 持有到 t 的便利收益。

其实，合约价值就是资产远期价格高于早已确定的交割价格而少付出的金额的现值，或者是资产的持有成本的现值减去合约的交割价格的现值。

这里，我们所用的利率很简单，就是 0 到 t 期间的简单利率。如果用一年复利若干次的复利率，或者连续复利率，则需根据前面有关利率的讨论做相应修改。

对于合约空头方，合约价值正好与上式符号相反。

2.3 商品远期合约

2.3.1 商品远期合约的概念

商品远期合约是以特定商品作为标的物的远期合约。商品远期交易是最早出现的远期交易。这种交易因其在规避商品价格风险、发现商品价格，以及商品价格投机、套利等方面的特殊功能，至今仍在金融市场上发挥着重要的作用。

2.3.2 商品的远期价格

根据前文介绍的远期合约定价的基本原理，当前买入商品持有到期，与当前进入远期合约的多头，到期履约购入商品，所费成本应该相同。买入商品并持有到期的持有成本包括商品的储存成本、因买入商品占用与商品价值等额的资金的机会成本，同时持有现货还有作为成本减项的便利收益。因此，市场均衡时，商品的远期价格与即期价格的关系为：

$$FP_{t,T}=CP_t+CP_t\times R_{t,T}\times\frac{T-t}{365}+G_{t,T}-Y_{t,T} \tag{2.12}$$

其中，

$FP_{t,T}$——t时刻到期时间为T的远期价格；

CP_t——商品在t时刻的价格；

$R_{t,T}$——时间为$T-t$的无风险名义年利率；

$G_{t,T}$——单位商品持有$T-t$时间的储存成本；

$Y_{t,T}$——单位商品持有$T-t$时间的便利收益。

【例 2-2】

10 月初，玉米现货价格为 1 710 元 / 吨。粮食经销商为储存玉米而建有粮仓，粮仓的看管、维护等方面的成本为每年 10 元 / 吨。根据经验，持有足够的粮食现货，可以在维护客户、应对市场意外变化方面使粮食经销商有更多的回旋余地，从而可看做便利收益。根据多年的统计，这一便利收益为每年 1 元 / 吨。假设 3 个月期市场无风险的利率为 4%，期限为 3 个月的玉米的远期价格是多少？

本例中 $CP_t=1\ 710$，$R_{t,T}=4\%$，$G_{t,T}=10$，$Y_{t,T}=1$。

因此，$FP_{t,T}=CP_t+CP_t\times R_{t,T}\times\dfrac{T-t}{365}+G_{t,T}-Y_{t,T}$

$$=1710+1710\times4\%\times\frac{1}{4}+10\times\frac{1}{4}-1\times\frac{1}{4}=1729.35\text{（元 / 吨）}$$

2.4 远期外汇合约

2.4.1 远期外汇合约的构成要素

远期交易中，交易最活跃的品种之一是远期外汇合约（forward exchange agreement,

FEA），其是以外汇作为标的资产的远期合约。远期外汇合约主要包含以下内容：

① 对将来交割的外汇的币种、数额的规定；

② 对将来交割外汇的日期、地点或方式的规定；

③ 对交割的远期汇率的规定，即是合约的交割价格。

外汇远期交易一般由商业银行作为做市商中介。现实中，外汇远期的期限结构非常丰富，一般银行都有从 1 周到 1 年，甚至更长期限的外汇远期交易同时进行。

2.4.2 汇率及标价方法

（1）即期汇率

即期汇率是外汇现货市场的汇率。对即期汇率有两种基本的标价方法：直接标价法与间接标价法。直接标价法是以单位的外汇货币为标准来计算应付出多少单位的本国货币；间接标价法是以单位的本国货币为标准来计算应收取多少单位的外国货币。包括中国在内的大多数国家都采用直接标价法；美元、欧元、英镑、澳元则采用间接标价法。

银行对外汇汇率的报价分为买入价（buying rate）、卖出价（selling rate）和中间价（middle rate）。买入价是银行从客户或同业那里买入外汇时使用的汇率；卖出价是银行向客户或同业卖出外汇时使用的汇率；中间价即买入价与卖出价的平均值，常见于报刊或经济分析报告中。买入价与卖出价之间的差额即是银行买卖外汇的利润收入。因此，直接标价法中，买入价低于卖出价；而间接标价法中较低的价格是卖出价，较高的价格是买入价。表 2-1 是 2019 年 1 月 29 日人民币外汇的即期报价。

表 2-1　人民币外汇即期报价（2019 年 1 月 29 日）

货币对	买报价	卖报价	中间价
USD/CNY	6.5759	6.5770	6.5516
EUR/CNY	7.1745	7.1765	7.1700
100JPY/CN	5.4406	5.4422	5.5205
HKD/CNY	0.84425	0.84432	0.84091
GBP/CNY	9.4239	9.4262	9.4209
AUD/CNY	4.6552	4.6568	4.6491
NZD/CNY	4.2788	4.2790	4.2500
SGD/CNY	4.6179	4.6194	4.5984

资料来源：www.chinamoney.com.cn

（2）远期汇率

远期汇率也称期汇率，是外汇远期合约的交割汇率。远期汇率的报价方法也有两种：第一种方法是直接标价法。

这种方法是直接标出不同期限的远期外汇的实际买入价和卖出价。因为即期汇率不断波动，所以要不断调整远期汇率的报价，这样对报价银行就比较麻烦。因此，这种报价现在很少使用。表 2-2 是用直接标价法报出的 2014 年 1 月 10 日人民币远期汇率。

表 2-2　人民币远期汇率直接标价报价（2014 年 1 月 10 日）

期限	项目	美元	欧元	日元	港元	英镑	瑞郎	澳元	加元
一周	买入	603.44	819.40	5.7405	77.70	993.07	664.30	535.24	555.42
	卖出	607.33	827.98	5.8063	78.44	1001.97	670.51	541.43	560.76
1 月	买入	603.79	819.87	5.7453	77.74	993.36	664.62	534.57	555.29
	卖出	607.89	828.63	5.8109	78.51	1002.75	671.36	541.20	561.04
3 月	买入	604.48	820.91	5.7535	77.86	994.24	665.77	533.13	555.21
	卖出	608.62	829.53	5.8200	78.61	1003.45	672.44	539.72	560.87
6 月	买入	605.16	822.23	5.7664	78.00	995.15	667.39	530.77	554.89
	卖出	609.80	860.74	5.8316	78.73	1004.25	673.98	537.21	560.44
9 月	买入	605.75	823.43	5.7794	78.11	995.71	668.96	528.16	554.38
	卖出	610.89	832.05	5.8443	78.85	1004.95	675.70	534.72	560.07
一年	买入	606.10	824.36	5.7912	78.18	995.73	670.38	525.29	553.77
	卖出	611.54	832.98	5.8558	78.92	1004.96	977.72	531.81	559.39
汇利宝	买入	604.93	822.78	—	78.02	—	—	—	—
	卖出	605.73	824.46	—	78.12	—	—	—	—

注：每 100 外币兑换人民币。

资料来源：www.boc.cn

第二种方法是远期差价报价法。

远期差价指的是某一时点远期汇率与即期汇率的差价，又叫掉期率。在远期差价报价法中，银行给出升水（at premium）或贴水（at discount）的基点数（BP，每点为 0.0001），即期汇率加减升贴水就得到远期汇率。远期汇率等于即期汇率为远期平价（at par）；远期汇率高于即期汇率是升水；远期汇率低于即期汇率是贴水。即期汇率的标价方法不同，计算远期汇率的原则也不同。在直接标价法下，升水的远期汇率等于即期汇率加上升水数字；贴水的远期汇率等于即期汇率减去贴水数字。而在间接标价法下，升水的远期汇率等于即期汇率减去升水数字；贴水的远期汇率等于即期汇率加上贴水数字。

如果标价中将买卖价格全部列出，只要按照下面的规则就可正确计算远期汇率：若远期汇率的报价大数在前，小数在后，表示单位货币远期贴水，计算远期汇率时用即期汇率减去所报点数；相反，若远期汇率的报价小数在前，大数在后，表示单位货币远期升水，计算远期汇率时用即期汇率加上所报点数。表 2-3 是使用差价报价法报出的 2019 年 1 月 29 日人民币远期汇率。

表 2-3　人民币远期汇率差价报价（2019 年 1 月 29 日）

单位：BP

货币对	1 周	1 月	3 月	6 月	9 月	1 年
USD/CNY	63.0 / 66.0	128.0 / 129.0	355.0 / 359.0	605.0 / 610.0	815.0 / 817.50	1 020.0 / 1 020.0
EUR/CNY	90.77 / 83.04	187.37 / 180.14	559.38 / 577.61	1 061.51 / 1 061.87	1 532.01 / 1 548.07	2 043.43 / 2 056.97
100JPY / CNY	65.08 / 60.92	138.95 / 138.95	434.66 / 434.66	801.46 / 801.46	1 161.09 / 1 167.93	1 568.85 / 1 568.85
HKD/CNY	8.46 / 9.18	16.57 / 17.63	43.77 / 47.55	69.82 / 71.39	82.15 / 86.32	85.09 / 96.83
GBP/CNY	90.09 / 94.59	173.88 / 201.04	526.03 / 534.45	918.41 / 932.38	1 277.53 / 1 289.89	1659.0 / 1668.45
AUD/CNY	28.82 / 17.12	24.54 / 28.98	52.03 / 56.56	38.15 / 53.71	7.28 / 26.01	−4.10 / 8.44
NZD/CNY	−1.54 / 8.68	−4.13 / 16.68	−9.19 / 19.34	−58.14 / −29.53	−150.55 / 97.71	−211.04 / −166.59
SGD/CNY	39.87 / 44.79	63.07 / 71.35	151.73 / 170.16	236.48 / 255.16	271.97 / 299.52	302.28 / 356.24
CHF/CNY	93.73 / 89.19	194.55 / 200.48	592.69 / 614.57	1 143.33 / 1 166.60	1 677.39 / 1707.77	2 240.86 / 2 284.68
CAD/CNY	44.84 / 47.31	90.89 / 92.64	256.18 / 261.03	449.59 / 459.40	625.82 / 635.47	804.21 / 826.68
CNY/MYR	−2.55 / 2.19	0.70 / 1.52	4.77 / 6.58	12.83 / 16.18	18.66 / 22.46	20.42 / 24.67
CNY/RUB	105.08 / 119.42	672.71 / 697.34	2 219.28 / 2 317.53	4 484.38 / 4 644.98	6 958.44 / 6 958.25	9 191.53 / 9 493.07

资料来源：www.chinamoney.com.cn

根据表 2-1，2019 年 1 月 29 日，人民币与美元的即期汇率为 6.5759/6.5770。根据表 2-3，月期人民币汇率差价为 128.0/129.0，由此可以计算出人民币对美元相关期限的远期汇率，1 月期人民币对美元的远期汇率为：

$$买入价 = 6.5759 + 128.0 \times 0.0001 = 6.5887$$

$$卖出价 = 6.5770 + 129.0 \times 0.0001 = 6.5899$$

2.4.3　远期汇率定价

远期汇率与即期汇率的关系也是通过无套利原理来得到。做以下假设：

S——直接标价法下外汇当前的汇率；

t——当前时刻；

T——未来时刻；

r——期限为 $T-t$ 的本币利率；

r_f——期限为 $T-t$ 的外汇利率；

F——期限为 $T-t$ 的远期汇率。

假如企业 T 时刻需要外汇，可以有两种方式：

① 当前以即期汇率 S 买入外汇，持有到 T 时刻；

② 签订一份远期外汇合约，T 时刻以远期汇率 F 买入外汇。

在无套利的情况下，这两种方式至 T 时刻以本币表示的价值应该是相等的。

方式①下，T时刻外币的数量变为$1+r_f$，换算成本币的价值为$F(1+r_f)$；

方式②下，S单位的本币的终值为$S(1+r)$，因此，$F(1+r_f)=S(1+r)$。所以有：

$$F=S\frac{1+r_f}{1+r} \tag{2.13}$$

如果是连续复利，则有：

$$F=S\mathrm{e}^{(r-r_f)(T-t)} \tag{2.14}$$

2.5 远期利率协议

2.5.1 远期利率协议的相关概念

远期利率协议（forward rate age，FRA）是除远期外汇合约之外另一个运用广泛、交易规模巨大的远期交易，是以利率为标的金融变量的远期合约。

【例 2-3】

某公司计划在 3 个月后向银行借款 5 000 万元人民币，为期 6 个月。因担心未来利率上升，融资成本增加，公司与其开户行达成协议：3 个月后银行向公司发放 6 月期贷款 5 000 万元，贷款利率为 6.2%。这就是一个典型的远期利率协议。

假设 3 个月后市场 6 个月期银行贷款利率为 6.48%。原则上，3 个月后，公司可以有两种做法：

（1）履行协议，从银行以 6.2% 的利率获得 6 个月期贷款 5 000 万元人民币。

（2）与银行以现金交割的方式履行协议，即计算出以协议利率借款的利息与以市场利率借款的利息之间的差额，双方结清，了结协议。然后，如果公司仍需要贷款，则直接以市场利率贷款。这种方式下，公司借款利率为 6.48%，但是银行远期利率协议要支付给公司 $5000\times\frac{6.48\%-6.2\%}{2}\times\frac{1}{1+\frac{6.48\%}{2}}=6.7803$（万元）。

从例 2-3 看，远期利率协议可以锁定未来的利率，规避未来利率波动的风险。现实中，远期利率协议的使用者正是利用它的这一功能。因此，在实践中，远期利率协议的结算都采用第二种方式，以现金结算。这样，远期利率协议虽可看做以固定利率授予的一笔远期贷款，但现实中并无实际的贷款义务。协议确定的本金不过是用于计算的名义金额，并不发生本金的实际交割活动。也正是由于这个原因，远期利率协议无需纳入资产负债表，从而为金融机构提供了一种有效地对冲利率风险的表外工具，而不受资本充足要求的约束。

远期利率协议是重要的衍生金融工具，国际市场上美元、英镑、欧元、日元等货币的远期利率协议交易都很活跃。为便于交易的进行，早在1985年英国银行家协会就制定了远期利率协议的规范条款文本，简称FRABBA条款。FRABBA是一种场外合约母本，单次交易在母本条款的基础上进行各种条款的设定。虽然FRABBA对远期利率协议市场的参与者并不具有强制力，但远期利率协议市场的参与方基本都接受这一条款，在全球远期利率协议市场上，除非事先声明采用其他条款规范或完全自定条款，所有的交易都是按FRABBA的条款来进行。当然，国际远期利率协议市场上还有国际互换交易商协会（ISDA）制定的ISDAFRA以及加拿大部分银行采用的FRACAD条款。

FRABBA的主要条款有：对交易的定义、报价标准、建议条款、交易文件样式。而其中的建议条款又包括：代理、确认、结算、取消、协定利率、参照利率等数十条详细的条款标准。规定的重要术语如下：

协议本金：名义上的本金额；

协议货币：协议金额的货币币种；

交易日：协议成交的日期；

结算日：协议借贷开始的日期，也就是协议中规定的借贷款的起息日，是交易双方计算并交付利息差额的日期；

确定日：确定参照利率的日期；

到期日：名义借贷到期的日期；

参照利率：在协议中确定的某种市场利率，用以在确定日确定结算金额，国际市场上通常为LIBOR或其他货币市场主要利率；

结算金：在结算日根据协议利率与参照利率的差额计算出来，由交易一方付给另一方的金额；

PA：per annum，以年率方式表达的利率。

远期利率协议的表示方法是$N\times M$，M表示远期合约到结算日的期限，$N-M$表示协议的贷款时间，单位均为月。远期利率协议如图2-4所示。

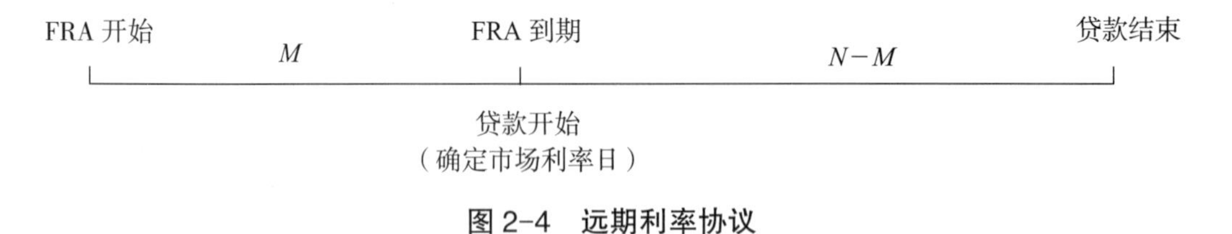

图2-4　远期利率协议

2.5.2　远期利率协议的报价与定价

银行常作为远期利率协议的做市商同时报出远期利率协议的买卖价格。远期利率协议的报价以远期利率为基础，这种利率包含了现货市场收益率和利率期货价格因素。实际交易价格由银行决定。表 2-4 是一份兴业银行报出的 FRA 市场价格。

表 2-4　一份兴业银行 FRA 市场报价

期限	3M SHIBOR	
	Bid（%）	Ask（%）
1M × 4M	4.5055	4.6055
2M × 5M	4.4655	4.6655
3M × 6M	4.4255	4.7255
4M × 7M	4.4588	4.7255
5M × 8M	4.4922	4.7255
6M × 9M	4.5255	4.7255
9M × 12M	4.5655	4.7655

资料来源：www.chinamoney.com.cn

远期利率的确定有两种具体的做法：一种是从现货市场的收益率曲线求得；另一种是从利率期货市场求得。

（1）远期利率协议的收益率曲线定价法

远期利率可以从市场上现实的收益率曲线中求出，前提是该收益率曲线反映了各个期限的投资收益，并且市场如我们一贯的假设，是无摩擦的市场。在这种情况下，根据无套利原理，现实的收益率曲线就隐含了远期利率。

用 t 表示现在时刻，T 和 $T^*(T^*>T)$ 是两个未来的时刻，r 表示 T 时刻到期的即期利率，r^* 表示 T^* 时刻到期的即期利率，$\hat{r}$ 表示现在时刻 t 签订的 T 到 T^* 期间的远期利率。根据无套利原理，一笔资金一次性投资 2 年与投资 1 年后再按照远期利率投资 1 年，这两种投资方式最终的结果应该相同。因此有：

$$(1+r)^T(1+\hat{r})^{T^*-T}=(1+r^*)^{T^*} \tag{2.15}$$

例如，1 年期即期利率为 8%，2 年前即期利率为 9%，那么 1 年到 2 年的远期利率为：

$$(1+\hat{r})^{T^*-T}=\frac{(1+r^*)^{T^*}}{(1+r)^T}=1+\hat{r}=\frac{(1+9\%)^2}{(1+8\%)}$$

可求出 $\hat{r}\approx 10\%$。

这里的例子当然是以每年计息一次的利率计算的，如果每年计息若干次，则需作相应的变换。如果是连续复利，这时的公式反而变得更加简单了。远期利率与即期利率的关系为：

$$\hat{r}=\frac{r^*T^*-rT}{T^*-T} \tag{2.16}$$

在得出 1M × 4M，3M × 6M 等各未来区间的远期利率后，远期利率协议的报价就是在该水平上进行调节，让买价略低于该远期利率，而卖价略高于该远期利率，而买卖差价的大小又取决于各家银行利用现货交易市场或利率期货交易对远期利率协议头寸进行套期保值的能力和对利润的要求。当然，具体的远期利率协议报价还要依据银行当时对未来利率走势的预测以及头寸情况进行调节。

（2）远期利率协议的短期利率期货定价法

远期利率还可以通过利率期货的价格求出。利率期货本身具有价格发现功能，因此一般认为利率期货所反映的利率水平是对远期利率较准确的估计。

观察各国货币市场的发展情况可以看出，在国债和国债期货市场非常发达的国家，如美国，有各种期限的国债期货价格，这一价格反映了未来一段时间的利率高低，因此，债券市场本身有其现成的远期利率价格。这一价格在市场高度发达、摩擦较小的情况下，比较灵敏地反映了远期利率的价格水平，可以作为远期利率协议的主要参考。实证研究也发现，美国的同业拆借市场与国债期货市场对两年期以内的远期利率的估计基本上趋同。而在国债及其期货市场不甚发达的欧洲和亚洲，金融机构更倾向于选择同业拆借市场的收益率曲线来对远期利率协议进行定价。

2.6 远期外汇综合协议

2.6.1 远期外汇综合协议的定义

远期外汇交易涉及本金的实际流动，交易双方都需要相应的保证金，受到准备金的约束。20 世纪 80 年代末发展起来的远期外汇综合协议（synthetic agreement for forward exchange，SAFE）就克服了这一缺陷，成为不需本金流动，而能针对未来两种货币的利差和汇差变化，进行套期保值和投机的表外工具。

远期外汇综合协议是指双方约定买方在结算日按照合同中规定的结算日直接远期汇率用二级货币（secondary currency）向卖方买入一定名义金额的原货币（primary currency），然后在到期日再按合同中规定的到期日直接远期汇率把一定名义金额的原货币出售给卖方的协议。

在 SAFE 中，双方实质上进行的是名义上的远期对远期的货币互换。在以后的结算日，这两种货币进行第一次名义上的兑换，并进行差额支付；在合同到期日，再进行相反方向的名义上的兑换。一般在这两次名义兑换中，原货币的金额是相同的。原货币在结算日的购入方和到期日的卖出方是 SAFE 的买方，其对手方是 SAFE 的卖方。

概括来说，SAFE 具有以下特点：

① 双方同意进行一次名义上的远期对远期互换；

② 互换交易在原货币和二级货币之间进行；

③ 特定的本金、执行日期和互换汇率；

④ 买方先购进后卖出原货币，而卖方则相反。

2.6.2 远期汇率综合协议的相关概念

（1）重要术语

英国银行家协会编有远期外汇综合协议的交易条件和规范术语，其中较重要的如下：

A1：合约规定的在结算日将兑换的原货币的名义金额；

A2：合约规定的在到期日将兑换的原货币的名义金额；

CR（合约汇率，contract rate）：合约规定的交割日的直接汇率；

SR（结算汇率，settlement rate）：基准日决定的交割日的直接汇率；

CS（合约汇差，contract spread）：协定交割日与到期日的汇差；

SS（结算汇差，settlement spread）：基准日决定的到期日与交割日的汇差；

CR + CS：合约原先规定的到期日直接汇率；

SR + SS：基准日决定的到期日直接汇率；

i：第二货币利率；

D：合约期限天数；

B：第二货币天数计算惯例。

（2）结算日和到期日

这两个概念与远期利率协议是一致的。例如“1 × 4”表示起算日至结算日的时间为 1 个月，起算日至到期日的时间为 4 个月，结算日至到期日的时间为 3 个月。

（3）交易日

在交易日，交易双方主要完成两个任务：一是确定结算日和到期日两个时点兑换的原货币的本金金额；二是确定两次货币兑换的汇率。

结算日汇率：CR；

到期日汇率：CR + CS。

（4）基准日（确定日）

基准日的主要任务是确定两次兑换日使用的市场利率。

结算日汇率：SR；

到期日汇率：SR + SS。

2.6.3 汇差点数与远期外汇综合协议的报价

汇差是不同期限外汇的汇率差额。根据远期汇率的计算公式可以计算不同期限的远期与即期、远期与远期的汇率差。

假设采用实际天数/360的天数计算惯例，根据远期汇率计算式（2.13），期限为 D，原货币利率为 $y\%$，第二货币利率为 $x\%$ 的第二货币表示的原货币的汇率为：

$$F=\frac{S\times\left(1+x\%\times\dfrac{D}{360}\right)}{1+y\%\times\dfrac{D}{360}} \tag{2.17}$$

期现汇差为：

$$F-S=\frac{S\times(x\%-y\%)\times\dfrac{D}{360}}{1+y\%\times\dfrac{D}{360}} \tag{2.18}$$

如果期限很短，也可以把式（2.18）中的分母去掉。前面曾经提到，远期外汇合约常用的报价方法就是报出即期汇率，然后用期限汇差的基点数（BP）表示期汇汇率。远期外汇综合协议的报价是在这一基础上，用远期汇差报价的。

例如，银行对“3×6”美元对人民币远期外汇综合协议的报价如表2-5所示。

表2-5 “3×6”远期外汇综合协议的报价

项目	报价（人民币/美元）
即期汇率	6.5795/6.5797
3月期	337/338
6月期	565/570
“3×6”远期汇差	227/233

“3×6”远期汇差的计算方法为：

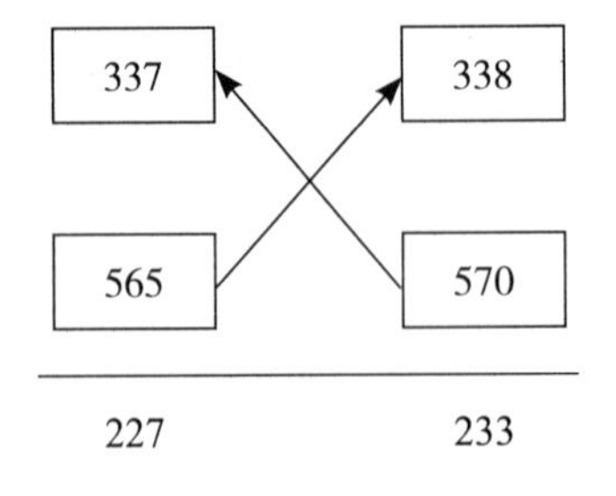

“3×6”美元对人民币远期外汇综合协议的报价即为“227/233”。值得注意的是，在SAFE中原货币在结算日的购入方和到期日的卖出方是SAFE的买方，其对手方是SAFE的

卖方。因此这里的报价是“卖价 / 买价”的形式，而与一般的“买价 / 卖价”不同。还可以看出，SAFE 的标价与即期汇率没有直接的关系，只与远期升水或贴水，或者说只与远期汇差有关。

2.6.4 远期外汇综合协议的结算及分类

远期外汇综合协议有两种重要的结算形式，因此分为两大主要品种——汇率协议（exchange rate agreement，ERA）与远期外汇协议（forward exchange agreement，FXA）。这两种产品仅在结算方式上不同，但却巧妙地改变了功能和性质。前者仅涵盖成交后结算日至到期日外汇汇差的变化，而后者不仅与汇差的变化有关，还与绝对汇率水平的变动有关。这就使得市场参与者在对未来汇率的变化有不同的预期或者对市场汇率关注的角度不同时，可以从二者中选择适用于自己的产品。ERA 与 FXA 的结算公式如下：

$$\text{ERA}=A_2\times\frac{\text{CS}-\text{SS}}{1+\left(i\times\frac{D}{B}\right)} \tag{2.19}$$

$$\text{XA}=A_2\times\frac{(\text{CR}+\text{CS})-(\text{SR}+\text{SS})}{1+\left(i\times\frac{D}{B}\right)} \tag{2.20}$$

【例 2-4】

假设现行市场上的利率和汇率水平如表 2-6 所示。

表 2-6 现行市场上的利率和汇率水平

项目	即期汇率	3 月期	6 月期	3×6 远期汇差（利率）
人民币 / 美元	6.5795	327/329	552/554	223/227
人民币利率		3.00%	3.25%	3.50%
美元利率		1.00%	1.25%	1.50%

假设某投资者预期人民币和美元的远期利差会缩小，于是买入名义本金为 100 000 美元的人民币对美元远期外汇综合协议。3 个月后不同情况下的 ERA 与 FXA 价格如下。

（1）汇率不变，两货币利差缩小，3 个月后市场上的利率和汇率水平如表 2-7 所示。

表 2-7 3 个月后市场上的利率和汇率水平

项目	即期汇率	3 月期
人民币 / 美元	6.5795	163/165
人民币利率		3.00%
美元利率		2.00%

虽然汇率水平没有变化，但是3月期两国货币利差缩小到了1%，远期外汇综合协议的汇差从原来的223点（先买入）减小到165点（后卖出）。如果投资者的预期是正确的，获利机会是显而易见的。

$$\text{ERA}=100000\times\frac{0.0223-0.0165}{1+3.00\%\times\frac{90}{360}}=575.68\text{（元）}$$

$$\text{FXA}=100000\times\frac{6.6351-6.5962}{1+3.00\%\times\frac{90}{360}}-100000\times(6.6122-6.5795)=591.04\text{（元）}$$

其中：6.5797＋0.0554＝6.6351，6.5797＋0.0165＝6.5962，6.5795＋0.0327＝6.6122。

由计算结果可以看出，无论是ERA还是FXA，两者的结算金额均为正值。这就是说，SAFE的买方可以获得结算金。因此，投资者买入SAFE可以获利。至于采用哪一个类型更有利，从计算结果看，ERA和FXA的结果很接近，两者可以任选一种。

（2）汇率变化，利差缩小。假设在利差缩小的同时，汇率也发生了变化，3个月后市场上利率和汇率水平如表2-8所示。

表2-8　3个月后市场上的利率和汇率水平

项目	即期汇率	3月期
人民币/美元	6.9795	187/189
人民币利率		3.00%
美元利率		2.00%

这时，有：

$$\text{ERA}=100000\times\frac{0.0223-0.0189}{1+3.000\%\times\frac{90}{360}}=337.47\text{（元）}$$

$$\text{FXA}=100000\times\frac{6.6351-6.9986}{1+3.00\%\times\frac{90}{360}}-100000\times(6.6122-6.9795)=650.60\text{（元）}$$

其中，6.5797＋0.0554＝6.6351，6.9797＋0.0189＝6.9986，6.5795＋0.0327＝6.6122。

可见，在两种货币的利差发生变化导致汇差变化的同时，如果汇率水平也发生了变化，譬如发生了有利于投资者的变化，则采用FXA的效果要优于ERA。

本章小结

1. 远期合约是交易双方签订的在未来某一确定的时间以确定的价格买入或卖出确定数量的某种资产的合约。在未来确定的时间，无论利弊盈亏，双方都有按合约完成交易的权利与义务。

2. 远期交易是与即期交易相对应的。即期交易也就是钱货两清的交易模式，双方成交后即刻或在规定的几天内完成钱物交割的交易，相应的价格称为即期价格。

3. 与远期合约有关的要素和术语有：标的资产、多头与空头、交割价格、合约价值、资产远期价格、远期升水与远期贴水、到期日等。

4. 远期交易属于场外市场交易，通常采用实物交割方式，流动性较差，违约风险较大。

5. 金融市场常被假定为无套利的市场。在无套利假设下，存在一价定律。金融工具的理论价格是无套利的价格。包括远期价格在内的衍生金融工具价格大多是在无套利假设下，用一价定律得出的。

6. 主要的远期合约包括商品远期合约、远期外汇合约、远期利率协议和远期外汇综合协议。

习 题

1. 课外查阅资料，概述中国远期交易和远期市场的发展情况。

2. 简述远期合约的构成要素及合约的损益状况。

3. 远期合约有哪些主要特点?

4. 商品远期合约的价格主要取决于那些因素?

5. 假设某日美元对人民币的即期汇率为 6.2706 元 / 美元，人民币一个月上海银行间同业拆借利率（SHIBOR）为 5.066%，美元一个月伦敦同业银行拆借利率（LIBOR）为 0.1727，试计算 1 个月期美元对人民币远期汇率。

6. 假设第 5 题中的利率为连续复利，重新计算 1 个月期美元对人民币的远期汇率。

7. 某年 2 月 3 日，某内地进口商与美国客户签订总价为 300 万美元的汽车进口合同，付款期为 3 个月。为防美元升值，导致进口成本增加，该进口商决定利用美元远期进行套期保值。当天与银行签订 3 个月期价值 300 万美元的远期美元合约，美元即期汇率报价为 6.5795/6.5800，各期限的远期报价如下：

货币对	1 周	1 月	3 月	6 月	9 月	1 年
USD/CNY	54.0/55.0	123.0/124.0	335.0/337.0	565.0/565.0	765.0/770.0	960.0/970.0

假如 3 个月后美元即期利率的报价为 6.7295/6.7300，计算进口商因套期保值节省了多少进口成本?

8. 下表为某日美元的 LIBOR 数据。

期限	1月	3月	6月	9月	1年
LIBOR（%）	0.43	0.62	0.86	1.05	1.14

假如是连续复利，计算美元的 3×6 与 6×9 远期利率。

9. 试述远期外汇综合协议与远期利率协议的关系。

10. 试述远期外汇综合协议与远期外汇协议的关系。

11. 辨别 ERA 与 FXA 的区别与联系。

第三章 期货合约与期货市场

远期合约作为最早的衍生工具，在发展的早期对于帮助交易者规避市场风险、争取经营的主动权发挥了重要的作用。可以说，即使到现在，远期合约因不断与时俱进地创新和发展，仍保持了其勃勃的生机。但是，人们在使用远期合约的过程中，也始终受困于其固有的缺陷和局限性。作为场外交易的产品，交易成本高、效率低、流动性差、信用风险大是始终与远期合约相伴的缺陷。随着经济的快速发展和市场交易规模的迅速扩大，交易者迫切需要能够克服远期合约的这些缺陷或局限性的金融衍生工具。这样，有集中交易场所的、标准化的远期交易——期货交易应运而生了。

3.1 期货合约及其主要条款

期货交易就是远期交易的集中化、标准化。期货合约是由期货交易所设计开发的，规定交易双方在未来特定的时间和地点按照合约规定的特定价格交割特定数量和质量的实物商品或金融资产，并经特定监督管理部门许可在交易所上市交易的标准化合约。

3.1.1 期货合约的种类

与远期合约一样，根据合约交易标的资产的不同，期货合约也可以分为两大类：商品期货与金融期货。前者是以具体商品为标的资产的期货；后者是以金融工具为标的资产的期货。在当今的市场上，比较活跃的期货交易品种主要包括如下几种。

（1）商品期货

农产品期货。

农产品期货是最早出现的期货品种，它诞生于1848年的芝加哥期货交易所（CBOT）。标的物主要有：小麦、大豆、玉米等谷物；棉花、咖啡、可可等经济作物；木材、天然橡胶等林产品。截至2018年8月中国期货市场共有包括玉米、小麦、大豆、棉花、鸡蛋等在内的22个农产品期货品种在大连商品交易所和郑州商品交易所交易。

金属期货。

最早出现的金属期货是伦敦金属交易所（LME）的铜期货。目前已发展成为以铜、铝、铅、锌、镍为代表的有色金属期货和黄金、白银等贵金属期货两类。我国期货市场上也有包括铜、锌、金、银在内的十余个期货品种。

能源期货。

20 世纪 70 年代发生的石油危机直接导致了石油等能源期货的产生。目前市场上主要的能源期货有原油、汽油、取暖油、丙烷等产品。中国期货市场的能源、化工类期货包括燃料油、焦炭、天然橡胶等。2018 年 3 月 26 日，上海期货交易所开始上市交易原油期货。

（2）金融期货

外汇期货。

外汇期货合约最早于 1972 年在美国芝加哥诞生。目前，国际外汇市场上，交易量最大的外汇期货品种主要有美元、欧元、日元、英镑、瑞士法郎、加拿大元等。早在 2006 年芝加哥商业交易所就推出了人民币对美元、人民币对欧元、人民币对日元的期货交易。截至 2015 年 8 月，全球已有八地上市人民币外汇期货。

利率期货。

最早的利率期货是 1975 年 10 月芝加哥期货交易所上市的美国政府国民抵押协会抵押凭证合约。利率期货主要分为短期利率期货与长期利率期货。中国金融期货交易所分别在 2013 年和 2015 年上市交易 5 年期国债期货与 10 年期国债期货，2018 年 8 月又推出 2 年期国债期货。

股指期货。

股指期货是当今交易量最大的金融期货之一，几乎所有的重要股票市场指数都有相应的期货交易。目前，我国中国金融期货交易所有沪深 300 股指期货、上证 50 指数期货及中证 500 指数期货的交易。

3.1.2　期货合约的关键特征

期货合约的关键特征有以下四点：

场内交易。

期货合约是典型的场内交易，是在交易所的组织下交易的，成交有法律的保障，而成交价格不论是交易所内的交易池公开喊价成交还是电子交易系统成交，都是公开竞价产生的。

标准化合约。

合约的标的资产品种、质量、规模、等级、交割时间、交割地点等都是既定的，是标准化的。

保证金交易。

期货交易实行保证金交易，交易只需按期货合约交易规模的一定百分比缴纳少量资金作为履约的财力保证，便可参与期货合约的买卖，并视价格变动情况确定是否追加或可取出保证金。这样的交易用少量资金就可进行大规模的交易，因而具有杠杆效应。

当日无负债结算制度。

期货交易由专门的期货结算机构对期货交易的盈亏逐日结算。结算部门在每日闭市后计算期货交易保证金账户当天的盈亏状况，并根据计算结果进行资金划转。当交易发生亏损，进而导致保证金账户不足时，则要求必须在结算机构规定的时间内向账户中追加保证金，以做到“当日无负债”。

3.1.3 期货合约的主要条款

一般说来，一份期货合约应该包括以下条款：

合约名称。

合约名称注明了该合约的品种名称及其上市交易所名称。以上海期货交易所铜合约为例，合约名称为“上海期货交易所阴极铜期货合约”。

交易单位与合约价值。

交易单位是指在期货交易所交易的每手期货合约代表的标的物的数量。合约价值是指每手期货合约代表的标的物的价值。如美国芝加哥期货交易所规定小麦期货合约的交易单位是 5 000 蒲式耳。中国金融期货交易所沪深 300 指数期货的合约价值为“300 元 × 沪深 300 指数期货点数”（其中“300 元”为沪深 300 指数期货的合约乘数，表示每个指数点代表 300 元的价值）。在进行期货交易时，只能以交易单位（合约价值）的整数倍进行买卖。

对于商品期货来说，确定期货合约交易单位的大小，主要应当考虑合约标的物的市场规模、交易者的资金规模、期货交易所的会员结构、该商品的现货交易习惯等因素。一般来说，若某种商品的市场规模较大，交易者的资金规模较大，期货交易所中愿意参与该期货交易的会员单位较多，则该合约的交易单位就可以设计得大一些，反之则小一些。

报价单位与最小变动价位。

报价单位是指在公开竞价过程中对期货合约报价所使用的单位，即每计量单位的货币价格。例如，国内阴极铜、铝、小麦、大豆等期货合约的报价单位以元（人民币）/ 吨表示。

最小变动价位是指在期货交易所的公开竞价过程中，对合约每计量单位报价的最小变动数值。在期货交易中，每次报价的变动数值必须是最小变动价位的整数倍。最小变动价位乘以交易单位，就是该合约价值的最小变动值。例如，上海期货交易所锌期货合约的最小变动价位是 5 元 / 吨，即每手合约的最小变动值是 5 元 / 吨 ×5 吨 =25 元。

最小变动价位的设置是为了保证市场有适度的流动性。一般而言，较小的最小变动价位有利于市场流动性的增加，但过小的最小变动价位将会增加交易协商成本；较大的最小变动价位，则可能减少交易量，影响市场的活跃程度，不利于交易者进行交易。

每日价格最大波动限制。

每日价格最大波动限制规定了期货合约在一个交易日中的交易价格波动不得高于或者低于规定的涨跌幅度。每日价格最大波动限制一般是以合约上一交易日的结算价为基准确定的。期货合约上一交易日的结算价加上允许的最大涨幅构成当日价格上涨的上限，称为涨停板。而该合约上一交易日的结算价减去允许的最大跌幅则构成当日价格下跌的下限，称为跌停板。在我国期货市场，每日价格最大波动限制设定为合约上一交易日结算价的一定百分比。

每日价格最大波动限制的确定主要取决于该种标的物市场价格波动的频繁程度和波幅的大小。一般来说，标的物价格波动越频繁、越剧烈，该商品期货合约允许的每日价格最大波动幅度就应设置得越大一些。

最后交易日。

最后交易日是指期货合约进行交易的最后一个交易日，过了这个期限的未平仓期货合约，必须按规定进行实物交割或现金交割。期货交易所根据不同期货合约标的物的现货交易特点等因素确定其最后交易日。

交割期条款。

交割期条款包括交割月份、交割日期。每个期货合约都有固定的交割月份。交割日期是交割月份中期货交易双方通过钱物交换、转移合约标的物所有权、进行实物交割的方式，或者通过计算各自的盈亏、收付盈亏金额、进行现金交割的方式了结未平仓合约的日期。交易所对于期货最后的交割程序有一定的规定。进入交割月份之后，交易者是否选择交割、如何交割、具体交割日期为何时，交易所都有明确规定。

交割等级。

商品期货规定了准许在交易所上市交易的合约标的物的统一的、标准化的质量等级。期货交易所在制定合约标的物的质量等级时，常常采用国内或国际贸易中最通用的或交易量较大的标准品的质量等级为标准交割等级。在进行期货交易时，交易双方无须对标的物的质量等级进行协商，发生实物交割时，按交易所期货合约规定的质量等级进行交割。

一般来说，为了保证期货交易顺利进行，许多期货交易所都允许在实物交割时，实际交割的标的物的质量等级与期货合约规定的标准交割等级有所差别，即允许用与标准品有一定等级差别的商品作替代交割品。期货交易所统一规定替代品的质量等级和品种。交货人用期货交易所认可的替代品代替标准品进行实物交割时，收货人不能拒收。用替代品进行实物交割时，价格有相应的升贴水。交易所根据市场情况统一规定和适时调整替代品与标准品之间的升贴水标准。

交割地点。

交割地点是由期货交易所统一规定的进行实物交割的指定地点。

商品期货交易大多涉及大宗实物商品的买卖，因此，统一指定交割仓库可以保证卖方交付的商品符合期货合约规定的数量与质量等级，保证买方收到符合期货合约规定的商品。期货交易所在指定交割仓库时主要考虑的因素是：指定交割仓库所在地区的生产或消费集中程度，指定交割仓库的储存条件、运输条件和质检条件等。

金融期货交易没有交割仓库，但交易所会指定交割银行。负责金融期货交割的指定银行，必须具有良好的金融资信、较强的进行大额资金结算的业务能力，以及先进、高效的结算手段和设备。

交易手续费。

交易手续费是期货交易所按成交合约金额的一定比例或按成交合约手数收取的费用。交易手续费的高低对市场流动性有一定影响，交易手续费过高会增加期货市场的交易成本，扩大无套利区间，降低市场的交易量，不利于市场的活跃。但从相反的方面来说，交易手续费也可起到抑制过度投机的作用。

交割方式。

期货交易的交割方式分为实物交割和现金交割两种。商品期货、股票期货、外汇期货、中长期利率期货通常采取实物交割的方式；股票指数期货和短期利率期货通常采用现金交割的方式。

交易代码。

为便于交易，交易所对每一期货品种都规定了交易代码。如中国金融期货交易所沪深300指数期货的交易代码为IF、郑州商品交易所白糖期货为SR、大连商品交易所豆油期货交易代码为Y、上海期货交易所铜期货的交易代码为CU。

保证金。

每种期货都设有最低保证金要求。因采用每日盯市结算制度，交易账户的保证金处在不断变化之中。但是，保证金的数量必须在最低保证金要求之上，一旦少于这一要求，客户就要按规定及时追加保证金。

3.2 期货市场组织机构与期货交易者

期货市场由期货交易所、期货结算机构、期货中介与服务机构、投资者、期货监督管理与行业自律机构组成。其中，中介与服务机构包括期货公司、介绍经纪商、保证金安全存管银行、交割仓库等。

3.2.1 期货交易所

期货交易所在期货交易中居于核心地位。期货交易所为期货交易提供场所、设施、相关服务和交易规则，本身并不参与期货交易。期货交易所的组织形式最初以会员制为多，目前，西方国家很多交易所都改成了公司制。期货交易所的主要作用包括以下五项。

一是提供交易的场所、设施和服务。

期货交易实行场内交易，即所有买卖指令必须在交易所内进行集中竞价成交。因此，期货交易所必须为期货交易提供交易的场所、必要的设施、先进的通信设备、现代化的信息传递和显示设备等一整套硬件设施，再辅之以完备、周到的配套服务，以保证集中公开的期货交易能够有序运行。

二是设计合约、安排合约上市。

制订标准化合约、及时安排合约上市是期货交易所的主要职能之一。期货交易所总是结合市场需求开发期货品种，设计并选择合适的时间安排新的期货合约上市，增强期货市场服务国民经济的功能。同时，期货交易所需要科学合理地设计合约的具体条款，满足交易者的投资需求，并安排合约的市场推广。

三是制定并实施期货市场制度与交易规则。

期货交易所制定有关期货交易的各种道德和财务标准，制定并实施期货交易的各种运行规则，建立并执行期货交易的各种交易制度，从市场的各个环节控制市场风险，保障期货市场的平稳、有序运行，以增进和保障期货交易有关各方的利益。

四是组织并监督期货交易，监控市场风险。

在制定相关期货市场制度与交易规则的基础上，期货交易所组织并监督期货交易，通过实时监控、违规处理、市场异常情况处理等措施，保障相关期货市场制度和交易规则的有效执行，动态监控市场的风险状况并及时化解与防范市场风险。

五是发布市场信息。

期货交易所需要及时把本交易所内形成的期货价格和相关信息向会员、投资者及公众公布，以保证信息的公开透明。

3.2.2 期货结算机构

每一个期货交易所都有专门的期货结算机构（clearing house）对交易所内交易的期货合约进行统一结算。这种结算机构计算会员的交易盈亏，通过保证金账户划转盈亏资金，监控保证金账户的余额不低于最低要求的水平，控制结算风险。结算机构可以是交易所的内部机构，仅为特定的交易所提供结算服务；也可以是独立的结算公司，为一家或多家交易所提供结算服务。

国际上，期货结算机构通常采用分级结算制度，即只有结算机构的会员才能直接得到结算机构提供的结算服务，非结算会员只能由结算会员提供结算服务。这种分级结算制度实际上使得期货结算大致分为三个层次。第一个层次是由结算机构对结算会员进行结算，结算会员是交易所会员中资金雄厚、信誉良好的期货公司或金融机构；第二个层次是结算会员与非结算会员或者结算会员与结算会员所代理的客户之间的结算；第三个层次是非结算会员对非结算会员所代理的客户的结算。

这种“金字塔”型的分级结算制度通过建立多层次的会员结构，逐级承担化解期货交易的风险，形成多层次的风险控制体系，提高了结算机构整体的抗风险能力，保证期货交易的安全性。因此，这种分级结算制度有利于建立期货市场风险防范的防火墙。

我国境内的四家期货交易所的结算机构均是交易所的内部机构，期货结算制度分为全员结算制度与会员分级结算制度。郑州商品交易所、大连商品交易所和上海期货交易所实行的是全员结算制度，而中国金融期货交易所实行的是国际上通行的分级结算制度。全员结算制度是指期货交易所会员均具有与期货交易所进行结算的资格，期货交易所的会员均既是交易会员，也是结算会员，不做结算会员与非结算会员之分。在全员结算制度下，期货交易所对会员进行结算，会员对其受托的客户进行结算。

在中国金融期货交易所，按照业务范围，会员分为交易会员、交易结算会员、全面结算会员和特别结算会员四种类型。其中，交易会员不具有与交易所进行结算的资格，它属于非结算会员。交易结算会员、全面结算会员和特别结算会员均属于结算会员。结算会员具有与交易所进行结算的资格。交易结算会员只能为其受托客户办理结算、交割业务。全面结算会员既可以为其受托客户也可以为与其签订结算协议的交易会员办理结算、交割业务。特别结算会员只能为与其签订结算协议的交易会员办理结算、交割业务。结算会员权限不同，交易所对其资本金、盈利状况、经营合法性等方面的要求也不相同。结算权限越大，相应的资信要求就越高。

就期货结算机构发挥的作用来看，首先，结算机构的结算会员每个交易日都要向相应的结算机构详细报告当天的交易情况，结算机构把买卖头寸进行配对，每天对交易头寸进行调节。结算机构充当每个期货合约的买方，也是每个期货合约的卖方。这对担保期货的履约起到了关键性的作用。其次，期货结算机构每天休市后对会员的盈亏进行计算，向会员提供结算数据资料，根据各账户的盈亏，划转账户资金，并动态监控各保证金账户情况。当出现保证金账户已达不到最低限额要求时，则向会员发出追加保证金通知，限期补足。否则，则采取强行平仓等措施，控制市场风险。

自 2008 年美国金融危机发生之后，交易所为场外衍生品交易提供结算服务，成为结算发展的新趋势。

3.2.3 期货中介与服务机构

从广义上讲，期货交易所和期货结算机构都是期货交易的中介与服务机构。除此之外，一些其他的期货中介与服务机构对期货的交易也发挥着重要作用。其主要包括如下几类：

第一类是期货公司。

只有期货交易所的会员才能在交易所进行期货交易，因此，一般交易者必须由中介机构代理交易。正如证券公司代理客户从事证券交易一样，期货公司代理客户进行期货交易。一般的期货交易者必须在期货公司开立交易账户，向期货公司下达交易指令。期货公司再通过交易所完成交易，并计算和管理交易者的保证金。期货公司作为场外期货交易者与期货交易所之间的桥梁和纽带，属于非银行金融服务机构。其主要职能包括：根据客户指令代理买卖期货合约、办理结算和交割手续；对客户账户进行管理，控制客户交易风险；为客户提供期货市场信息，进行期货交易咨询，充当客户的交易顾问等。

在国外，充当期货公司作用的机构称为期货佣金商（futures commission merchant，FCM）。

第二类是介绍经纪商。

期货投资者还可通过介绍经纪商（introducing broker，IB）协助开立期货账户。介绍经纪商这一提法源于美国，在国际上既可以是机构也可以是个人，但一般都以机构的形式存在。IB 是指机构或个人接受期货经纪商委托，介绍客户给期货经纪商并收取一定佣金的业务。

在我国，为期货公司提供中间介绍业务的证券公司就是介绍经纪商。证券公司受期货公司委托，可以将客户介绍给期货公司，并为客户开展期货交易提供一定的服务，期货公司因此向证券公司支付一定的佣金。这种为期货公司提供中间介绍业务的证券公司就是券商 IB。

第三类是其他期货中介与服务机构。

期货市场上还有保证金存管银行、交割仓库、期货信息咨询机构等。

保证金存管银行（简称存管银行），是由交易所指定，协助交易所办理期货交易结算业务的银行。经交易所同意成为存管银行后，存管银行须与交易所签订相应协议，明确双方的权利和义务，以规范相关业务行为。交易所有权对存管银行的期货结算业务进行监督。

商品期货有交割仓库的规定。交割仓库是期货品种进入实物交割环节提供交割服务和生成标准仓单必经的期货服务机构。在我国，交割仓库，也称指定交割仓库，是指由期货交易所指定的、为期货合约履行实物交割的交割地点。期货交易的交割，由期货交易所统一组织进行。期货交易所不得限制实物交割总量，并应当与交割仓库签订协议，明确双方的权利和义务。

期货信息资讯机构主要提供期货行情软件、交易系统及相关信息资讯服务，是投资者进行期货交易时不可或缺的环节，也是网上交易的重要工具，其系统的稳定性、价格传输的速度对于投资者获取投资收益发挥重要的作用。现在，期货信息资讯机构正通过差异化信息服务和稳定、快捷的交易系统达到吸引客户的目的。

除了上述期货中介与服务机构外，会计师事务所、律师事务所、资产评估机构等服务机构向期货交易所和期货公司等市场相关参与者提供相关服务时，应当遵守期货法律、行政法规以及国家有关规定，并按照国务院期货监督管理机构的要求提供相关资料。

3.2.4 期货交易者

从交易目的上看，与所有衍生金融工具的交易一样，期货合约的交易者也有套期保值者、套利者和投机者三类。个人投资者参与期货交易，投机者较多。工商企业则更多从生产经营的角度出发，通过期货交易实现降低风险暴露、套期保值的目的。而养老金、共同基金等大型基金的管理者参与期货市场，则有时是利用期货交易的杠杆效应及交易便利实现其资产组合的目的。

从投资者是自然人还是法人划分，期货交易者可分为个人投资者和机构投资者。与机构投资者相比，个人投资者的经济实力一般较弱，专业投资能力和风险承受能力都不如后者。期货市场上还是以机构投资者为主。出于市场健康运营以及保护投资者的角度考虑，我国对个人投资者与机构投资者的管理上也有所不同。

参与期货交易的自然人就称为个人投资者。为保障市场平稳、规范、健康运行，防范风险，保护投资者的合法权益，在我国的金融期货市场上，个人投资者参与交易受到一定的制约。

根据《金融期货投资者适当性制度实施办法》，个人投资者在申请开立金融期货交易编码前，需先由期货公司会员对投资者的基础知识、财务状况、期货投资经历和诚信状况等方面进行综合评估，达到一定的条件，方可开户进行金融期货交易。

在我国金融期货市场上，将机构投资者区分为特殊单位客户和一般单位客户。特殊单位客户是指证券公司、基金管理公司、信托公司、银行和其他金融机构，以及社会保障类公司、合格境外机构投资者等法律、行政法规和规章规定的需要资产分户管理的单位客户，以及交易所认定的其他单位客户。一般单位客户系指特殊单位客户以外的单位客户。一般单位客户在金融市场开立交易编码前，也需根据《金融期货投资者适当性制度实施办法》的规定，由期货公司会员对一般单位客户的基本情况、相关投资经历、财务状况、诚信状况和相关制度等进行综合评估。特殊单位客户符合投资者适当性制度的有关规定，不用进行综合评估就可为其交易申请开立交易编码。

在国际期货市场上，对冲基金和商品投资基金已成为期货合约非常重要的机构投资者。其中，对冲基金将期货投资作为投资组合的组成部分，而商品投资基金则是以期货投资为主的基金类型。

3.3 期货交易流程

一般而言，客户进行期货交易可能涉及以下几个环节：开户、下单、竞价、结算、交割了结。

由于能够直接进入期货交易所进行交易的只能是期货交易所的会员，所以，普通投资者在进入期货市场交易之前，应首先选择一个具备合法代理资格、信誉好、资金安全、运作规范和收费比较合理的期货经纪机构作为期货交易的代理，在国外是期货佣金商，在我国是期货公司。有些期货经纪公司本身也不是交易所会员，那么这些公司就需在其他会员公司处开立账户，由会员公司完成自己客户的交易。客户在期货经纪机构完成开户，并按规定足额缴纳开户保证金后，即可开始委托下单，进行期货交易。

期货公司等经纪机构接到客户的订单后，在公开喊价的情况下通过在交易所交易池内的交易员公开喊价竞争成交；在电子交易的情况下，通过与交易所连接的计算机交易系统竞价成交。成交后，客户会及时得到经纪机构反馈的成交信息。

成交后，期货结算机构根据成交价格对交易结果及时进行结算并通过保证金账户进行资金的划转。每日休市后，结算机构还要计算会员的当日盈亏，划拨资金。如果某会员保证金账户出现短缺，则会发出追缴保证金通知，限期补足。而各会员单位则对其客户做类似的结算和行动。图 3-1 是期货初始交易流程。整个流程看似复杂，其实在目前通信高度发达的情况下，正如买卖股票那样，完成一笔期货交易也是瞬间的事情。

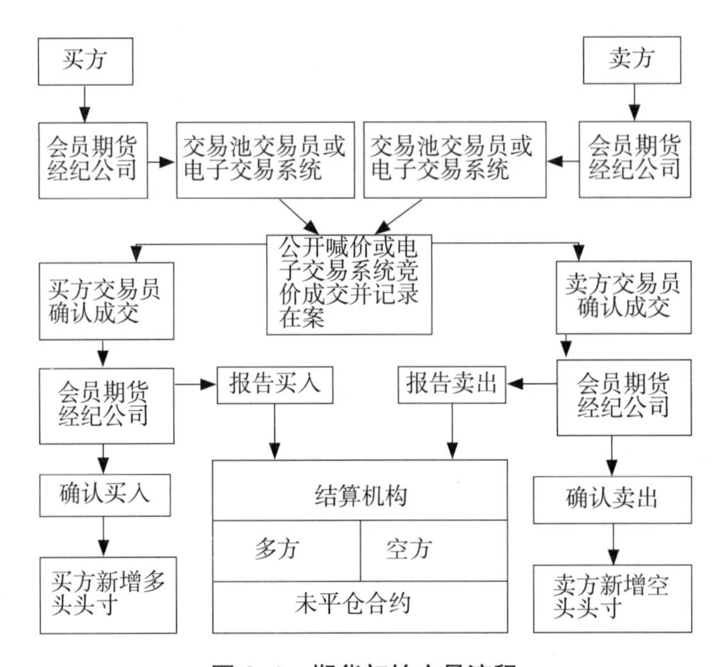

图 3-1　期货初始交易流程

交易者建立期货头寸之后，就有义务遵守期货条款的规定，在规定的时间交收特定的标的资产。但是在实际操作中，持有期货到期并实物交割标的资产只是了结期货合约的一种方式，而且是很少使用的一种方式，更常用的方式是对冲平仓。期转现是了结合约的另外一种方式。期货合约的交割我们放在专门的一节中去处理。

3.4　理解期货交易信息

进行期货交易需了解期货行情，熟练了解期货信息。以下是期货市场的一些重要术语。

多头与空头：在期货合约中负有未来买进标的资产义务的合约持有者称为期货合约的多头方，或买方。进行这样的期货交易也叫买入期货合约。相应的，在期货合约中负有未来卖出标的资产义务的合约持有者称为期货合约的空头方，或卖方。进行这样的期货交易也叫卖出期货合约。

多头头寸与空头头寸：建立期货头寸后，在没有了结合约前，称为持仓，持仓也叫未平仓合约或未平仓头寸。买入期货合约后持有的头寸称为多头头寸，简称“多头”；卖出期货合约后持有的头寸称为空头头寸，简称“空头”。

市场未平仓头寸：市场上所有交易者持有的某种期货合约未平仓头寸的总和，称为该合约的未平仓头寸，等于市场所有多头头寸或空头头寸之和。

开盘价：开盘价是当日某一期货合约交易开始前5分钟集合竞价产生的成交价。如集合竞价未产生成交价，则以集合竞价后的第一笔成交价为开盘价。表3-1中的第3列是不同月份期货合约的开盘价，其中铜1602合约的开盘价为36 110元/吨。

表3-1　上海期货交易所期货合约行情（2016年2月5日）

2016年第25期，总第5 659期，总第5 667个交易日（品种：铜）

交割月	前结算（元/吨）	开盘价（元/吨）	最高价（元/吨）	最低价（元/吨）	收盘价（元/吨）	结算参考价（元/吨）	涨跌1（元/吨）	涨跌2（元/吨）	成交量（手）	持仓量（手）	变化量（手）
1602	35 920	36 110	36 570	35 900	36 080	36 030	160	110	3 270	22 260	-1 500
1603	36 020	36 250	36 530	36 120	36 350	36 320	330	300	184 432	174 498	-12 526
1604	36 210	36 400	36 680	36 250	36 510	36 440	300	230	144 804	241 936	-4084
1605	36 330	36 570	36 780	36 340	36 570	36 530	240	200	48 280	150 570	-2044
1606	36 430	36 610	36 900	36 420	36 600	36 590	170	160	15 028	57 290	334
1607	36 480	36 660	36 910	36 460	36 740	36 640	260	160	3 944	24 534	870
1608	36 580	36 730	37 000	36 520	36 730	36 640	150	60	1 184	11 692	-266
1609	36 670	36 810	37 040	36 580	36 790	36 720	120	50	440	6 190	-184
1610	36 650	36 860	36 970	36 610	36 840	36 740	190	90	196	4 450	18
1611	36 650	36 900	36 960	36 670	36 890	36 750	240	100	80	3 140	-20
1612	36 730	36 930	36 990	36 320	36 320	36 690	-410	-40	148	3 106	102
1701	36 750	36 900	36 900	36 690	36 810	36 770	60	20	28	2 356	-4
小计									401 834	702 022	-19 304

资料来源：www.shfe.com.cn

最高价与最低价：最高价是指一定时间内某一期货合约成交价中的最高价格。最低价是指一定时间内某一期货合约成交价中的最低价格。

最新价：最新价是指某交易日某一期货合约交易期间的即时成交价格。

涨跌：实时行情表中，涨跌一般是指某交易日某一期货合约交易期间的最新价与上一交易日结算价之差。表3-1中的涨跌1是当天的收盘价与前一天的结算价之差，涨跌2是当天的参考结算价与前一天的结算价之差。

成交量：成交量是某一期货合约当日成交的双边累计数量，单位为“手”。表3-1中的第10列是不同月份期货合约的成交量。

持仓量：持仓量也称空盘量或未平仓合约量，是指期货交易者所持有的未平仓合约的双边累计数量。表 3-1 中的第 11 列、12 列是不同月份期货合约的持仓量及相对于前一天的变化量[①]。

收盘价：收盘价是指某一期货合约当日最后一笔成交价格。

结算价：结算价分为每日结算价和交割结算价。每日结算价是当天交易结束后，对未平仓合约进行当日盈亏结算的基准价；而交割结算价则是合约到期交割时交割标的资产或计算盈亏金额所依据的基准价格。不同交易所对结算价的计算方法有所不同，以每日结算价为例，我国的大连商品交易所、郑州商品交易所、上海期货交易所的每日结算价都是取某一期货合约当日成交价格按成交量的加权平均价。当日无成交的，用上一交易日的结算价作为当日结算价。每日结算价还是确定下一交易日涨跌停板幅度的依据。表 3-1 中的第 2 列给出了不同月份期货合约前一天的结算价，第 7 列给出了当天的结算参考价。

昨收盘：昨收盘是"昨日收盘价"的简写，指某一期货合约在上一交易日的收盘价。

持仓限额：持仓限额指期货交易所对期货交易者的持仓量规定的最高持仓数额。不同类型的期货交易者，其持仓限额有所不同，且随距离交割月时间远近也有变化。

表 3-1 是上海期货交易所给出的 2016 年 2 月 5 日的行情数据。不同交易所或机构给出的表格项目会有所差异，读者可以对照学习期货的术语。

3.5 期货的保证金制度与逐日盯市

3.5.1 期货保证金

前已述及，期货交易的一大关键特征就是它实行的是保证金交易。期货合约的买卖双方需要在其开户的期货公司缴存一定的保证金，才能参与期货交易。这与远期合约形成了鲜明的对比。保证金一般仅占期货合约价格很小的一个比例（通常在 5% ～ 15%），目的在于为合约的履约提供担保，并用于每日的结算。不同期货合约的最低保证金要求不同，而最低保证金的要求由交易所在每个期货合约的条款中给出，期货公司要求客户交纳的保证金不低于这一最低保证金要求，且需对客户的保证金分户管理。通常情况下，期货公司要求客户交纳的保证金多于交易所的最低保证金要求。

最低保证金的设定考虑的是因市场价格变化而导致违约事件发生时可以承担的最大损失最低保证金应能涵盖这一损失。因此，期货合约的最低保证金要求直接与合约标的资产市场价格的波动性相关联。标的资产价格的波动性越大，最低保证金要求越高。交易所设定期货合约最低保证金的一个常用做法是将其设定为 $\mu+3\sigma$。其中，μ 是期货合约每日价格变化的均值，而 σ 是期货合约每日价格变化的标准差。

国际期货市场上，保证金制度一般还有如下特点：

① 目前，我国三家商品期货交易所的成交量和持仓量数据均按双边计算，中国金融期货交易所的成交量和持仓量数据按单边计算。

第一，对不同交易者要求的最低保证金不同。交易者面临的风险越大，要求的保证金比例越高。比如，在美国期货市场，对投机者的保证金要求就高于套期保值者，因为前者面临的风险远高于后者。

第二，交易所可根据市场的变化调整保证金水平。当市场投机过度，风险加大时，交易所可提高保证金水平，增大投机成本，控制市场风险。比如，我国 2015 年 6 月股市暴跌时，中国金融期货交易所就提高了股指期货的保证金要求。

第三，保证金的收取是分级进行的。交易所或结算机构只向其会员收取保证金，作为会员的期货公司则向其客户收取保证金，两者分别称为会员保证金和客户保证金。保证金应当以货币资金交纳，也可以以上市流通的国债、标准仓单等按规定折抵。

3.5.2 我国期货交易保证金制度的特点

我国期货交易的保证金制度除了采用国际通行的一些做法外，在施行中，还形成了自身的特点。

我国交易所对商品期货交易保证金比率的规定呈现如下特点：

第一，对期货合约上市运行的不同阶段规定不同的交易保证金比率。一般来说，距交割月份越近，交易者面临到期交割的可能性就越大，为了防止实物交割中可能出现的违约风险，促使不愿进行实物交割的交易者尽快平仓了结，交易保证金比率随着交割临近而提高。

第二，随着合约持仓量的增大，交易所会逐步提高该合约交易保证金比例。一般来说，随着合约持仓量增加，尤其是当持仓合约所代表的期货商品的数量远远超过相关商品现货数量时，往往表明期货市场投机交易过多，蕴涵较大的风险。因此，随着合约持仓量的增大，交易所将逐步提高该合约的交易保证金比例，以控制市场风险。

第三，当某期货合约出现连续涨跌停板的情况时，交易保证金比率可相应提高。

第四，当某品种某月份合约按结算价计算的价格发生变化，连续若干个交易日的累积涨跌幅达到一定程度时，交易所有权根据市场情况，采取对部分或全部会员的单边或双边、同比例或不同比例提高交易保证金；限制部分会员或全部会员出金；暂停部分会员或全部会员开新仓；调整涨跌停板幅度；限期平仓；强行平仓等一种或多种措施，以控制风险。

第五，当某期货合约交易出现异常情况时，交易所可按规定的程序调整交易保证金的比例。

3.5.3 诸日盯市结算制度

期货交易一方的盈利就是另一方的亏损。期货结算机构对期货交易的盈亏进行结算，并根据结算结果进行资金划转。当亏损方保证金账户中的资金不足以承担起亏损（在扣除亏损后保证金余额出现负数）时，结算机构必须代为承担这部分损失，以保证盈利者及时得到全部盈利。这样，亏损方便向结算机构拖欠了债务。为防止这种负债现象的发生，逐日盯市的当日无负债结算制度应运而生。

在逐日盯市结算制度（或称为当日无负债结算制度）下，结算机构在每日收盘后计算、检查保证金余额，对所有客户的持仓根据结算价进行结算，有盈利的划入，有亏损的划出。通过适时发出追加保证金通知，使各客户的保证金维持在一定水平之上，以防止负债现象发生。其具体执行过程为：在每一交易日结束后，结算机构根据全日成交的情况计算出当日结算价，据此计算每个会员持仓的浮动盈亏，调整会员保证金账户的可动用余额。若调整后的保证金余额小于维持保证金，交易所便发出通知，要求在下一个交易日开市之前追加保证金。若会员单位不能按时追加保证金，交易所将有权强行平仓。

逐日盯市结算制度为及时调整账户资金、控制风险奠定了基础。逐日盯市结算制度的实施还有下列特点：

第一，对所有账户的交易及头寸按不同品种、不同月份的合约分别进行结算，在此基础上汇总，使每一交易账户的盈亏都能得到及时、具体、真实反映。

第二，逐日盯市结算制度是通过期货交易分级结算体系实施的。由结算机构对会员进行结算，期货公司根据结算机构的结算结果对客户进行结算。会员（客户）的保证金不足时，会被要求及时追加保证金或者自行平仓；否则，其合约将被强行平仓。

第三，由于这一制度以一个交易日为最长的结算周期，在一个交易日中，要求所有交易的盈亏都得到及时的结算，保证客户保证金账户上的负债现象不超过一天，因而能够将市场风险控制在交易全过程的一个相对较小的时间单位之内，从而最大限度地避免了发生违约事件的可能性。

3.6 期货的结算

3.6.1 结算的概念与结算程序

结算是指根据期货交易所公布的结算价格对交易双方的交易结果进行的资金清算和划转。

郑州、大连、上海三家期货交易所实行全员结算制度，交易所对所有会员的账户进行结算，收取和追收保证金。中国金融期货交易所实行会员分级结算制度，其会员由结算会员和非结算会员组成，期货交易所只对结算会员结算，向结算会员收取和追收保证金；由结算会员对非结算会员进行结算、收取和追收保证金。

期货交易的结算，由期货交易所结算机构统一组织进行。但交易所并不直接对客户的账户结算、收取和追收客户保证金，而由期货公司承担该工作。期货交易所应当在当日及时将结算结果通知会员。期货公司根据期货交易所的结算结果对客户进行结算，并应当将结算结果按照与客户约定的方式及时通知客户。

在我国，会员（客户）的保证金可以分为结算准备金和交易保证金。结算准备金是交易所会员（客户）为了交易结算，在交易所（期货公司）专用结算账户预先准备的资金，是未被合约占用的保证金；而交易保证金是会员（客户）在交易所（期货公司）专用结算账户中确保合约履行的资金，是已被合约占用的保证金。在实际中，客户保证金可能有不同的说法，如结算准备金又被称为可用资金，交易保证金又被称为保证金占用。

下面以郑州商品交易所、大连商品交易所和上海期货交易所的结算制度为例，对具体的结算程序进行介绍。

第一步，交易所对会员进行结算。

① 每一交易日交易结束后，交易所对每一会员的盈亏、交易手续费、交易保证金等款项进行结算。结算完成后，交易所采用发放结算单据或电子传输等方式向会员提供当日结算数据，包括：会员当日平仓盈亏表、会员当日成交合约表、会员当日持仓表和会员资金结算表，期货公司会员以此作为对客户结算的依据。

② 会员每天应及时获取交易所提供的结算数据，做好核对工作，并将之妥善保存。该数据应至少保存两年，但对有关期货交易有争议的，应当保存至该争议消除时为止。

③ 会员如对结算结果有异议，应在下一交易日开市前 30 分钟以书面形式通知交易所。遇特殊情况，会员可在下一交易日开市后两小时内以书面形式通知交易所。如在规定时间内会员没有对结算数据提出异议，则认为会员已认可结算数据的准确性。

④ 交易所在交易结算完成后，将会员资金的划转数据传递给有关结算银行。结算银行应及时将划账结果反馈给交易所。

⑤ 会员资金按当日盈亏进行划转，当日盈利划入会员结算准备金，当日亏损从会员结算准备金中扣划。当日结算时的交易保证金超过昨日结算时的交易保证金部分从会员结算准备金中扣划。当日结算时的交易保证金低于昨日结算时的交易保证金部分划入会员结算准备金。手续费、税金等各项费用从会员的结算准备金中直接扣划。

⑥ 每日结算完毕后，会员的结算准备金低于最低余额时，该结算结果即视为交易所向会员发出的追加保证金通知。会员必须在下一交易日开市前补足至交易所规定的结算准备金最低余额。

第二步，期货公司对客户进行结算。

① 期货公司每一交易日交易结束后，对每一客户的盈亏、交易手续费、交易保证金等款项进行结算。其中期货公司会员向客户收取的交易保证金不得低于交易所向会员收取的交易保证金。

② 期货公司将其客户的结算单及时传送给中国期货保证金监控中心，期货投资者可以到中国期货保证金监控中心查询有关的期货交易结算信息。结算单一般载明下列事项：账号及户名、成交日期、成交品种、合约月份、成交数量及价格、买入或者卖出、开仓或者平仓、当日结算价、保证金占用额、当日结存、客户权益、可用资金、交易手续费及其他费用等。

③ 当每日结算后客户保证金低于期货公司规定的交易保证金水平时，期货公司按照期

货经纪合同约定的方式通知客户追加保证金。

3.6.2 结算公式与应用

（1）结算相关术语

结算价（settlement price），即前面已经提到的每日结算价，或当日结算价。

我国郑州商品交易所、大连商品交易所和上海期货交易所规定，当日结算价取某一期货合约当日成交价格按照成交量的加权平均价；当日无成交价格的，以上一交易日的结算价作为当日结算价。中国金融期货交易所规定，当日结算价是指某一期货合约最后一小时成交价格按照成交量的加权平均价。

开仓、持仓、平仓：开仓也称为建仓，是指期货交易者新建期货头寸的行为，包括买入开仓和卖出开仓。交易者开仓之后手中就持有头寸，即持仓，若交易者买入开仓，则构成了买入（多头）持仓，反之，则形成了卖出（空头）持仓。平仓是指交易者了结持仓的交易行为，了结的方式是针对持仓方向作相反的对冲买卖。持仓合约也称为未平仓合约。

（2）交易所对会员的结算公式及应用

① 结算公式

a. 结算准备金余额的计算公式

当日结算准备金余额＝上一交易日结算准备金余额＋上一交易日交易保证金－当日交易保证金＋当日盈亏＋入金－出金－手续费（等）

b. 当日盈亏的计算公式

商品期货当日盈亏的计算公式为

当日盈亏＝∑［（卖出成交价－当日结算价）×卖出量］＋∑［（当日结算价－买入成交价）×买入量］＋（上一交易日结算价－当日结算价）×（上一交易日卖出持仓量－上一交易日买入持仓量）

股票指数期货交易当日盈亏的计算公式为

当日盈亏＝∑［（卖出成交价－当日结算价）×卖出手数×合约乘数］＋∑［（当日结算价－买入成交价）×买入手数×合约乘数］＋（上一交易日结算价－当日结算价）×（上一交易日卖出持仓手数－上一交易日买入持仓手数）×合约乘数

c. 当日交易保证金计算公式

商品期货交易当日交易保证金计算公式为：

当日交易保证金 = 当日结算价 × 当日交易结束后的持仓总量 × 交易保证金比例。

股票指数期货交易当日交易保证金计算公式为：

当日交易保证金 = 当日结算价 × 合约乘数 × 当日交易结束后的持仓总量 × 交易保证金比例。

注：股指期货交易的计算公式中，“成交价”与“结算价”均以“点数”表示。

② 应用

【例 3-1】

某会员在 4 月 1 日开仓买入大豆期货合约 40 手（每手 10 吨），成交价为 4 000 元 / 吨，同一天该会员平仓卖出 20 手大豆合约，成交价为 4 030 元 / 吨，当日结算价为 4 040 元 / 吨，交易保证金比例为 5%。该会员上一交易日结算准备金余额为 1 100 000 元，且未持有任何其他期货合约。则客户的当日盈亏（不含手续费、税金等费用）情况为

（1）当日盈亏 =(4 030−4 040)×20×10+(4 040−4 000)×40×10=14 000（元）；

（2）当日结算准备金余额 =1100 000−4 040×20×10×5%+14 000=1 073 600（元）。

【例 3-2】

4 月 2 日，该会员再买入 8 手大豆合约，成交价为 4 030 元 / 吨，当日结算价为 4 060 元 / 吨，则其账户情况为

（1）当日盈亏 =(4 060−4 030)×8×10+(4 040−4 060)×(20−40)×10=6 400（元）；

（2）当日结算准备金余额 =1 073 600+4 040×20×10×5%−4 060×28×10×5%+6 400=1 063 560（元）。

【例 3-3】

4 月 3 日，该会员将 28 手大豆合约全部平仓，成交价为 4 070 元 / 吨，当日结算价为 4 050 元 / 吨，则其账户情况为

（1）当日盈亏 =(4 070−4 050)×28×10+(4 060−4 050)×(0−28)×10=2 800（元）；

（2）当日结算准备金余额 =1 063 560+4 060×28×10×5%+2 800=1 123 200（元）。

（3）**期货公司对客户的结算**

期货公司对其客户的交易进行结算，按照盈亏计算方式的不同，可以分为逐日盯市和逐笔对冲两种结算方式。相应地，提供给客户的也有两种可选的结算单。

① **逐日盯市和逐笔对冲的结算公式**

逐日盯市结算和逐笔对冲结算的对比列于表 3-2 中。

表 3-2　逐日盯市结算和逐笔对冲结算的对比

逐日盯市	逐笔对冲
平仓盈亏 = 平当日仓盈亏 + 平历史仓盈 其中： 平当日仓盈亏 = $\sum$［(卖出成交价 - 买入成交价)× 交易单位 × 平仓手数］； 平历史仓盈亏 = $\sum$［(卖出成交价 - 当日结算价)× 交易单位 × 平仓手数］+ $\sum$［(当日结算价 - 买入成交价)× 交易单位 × 平仓手数］	平仓盈亏 = $\sum$［(卖出成交价 - 买入成交价)× 交易单位 × 平仓手数］
持仓盯市盈亏 = 当日持仓盈亏 + 历史持仓盈亏 其中： 当日持仓盈亏 = $\sum$［(卖出成交价 - 当日结算价)× 交易单位 × 卖出手数］+ $\sum$［(当日结算价 - 买入成交价) × 交易单位 × 买入手数］； 历史持仓盈亏 = $\sum$［(上日结算价 - 当日结算价)× 交易单位 × 卖出手数］+ $\sum$［(当日结算价 - 上日结算价)× 交易单位 × 买入手数］	
	浮动盈亏 = $\sum$［(卖出成交价 - 当日结算价)× 交易单位 × 卖出手数］+ $\sum$［(当日结算价 - 买入成交价)× 交易单位 × 买入手数］
当日盈亏 = 平仓盈亏 (逐日盯市)+ 持仓盯市盈亏 (逐日盯市)	
当日结存 = 上日结存 (逐日盯市)+ 当日盈亏 + 入金 - 出金 - 手续费 (等)	当日结存 = 上日结存 (逐笔对冲)+ 平仓盈亏 (逐笔对冲)+ 入金 - 出金 - 手续费 (等)
客户权益 = 当日结存 (逐日盯市)	客户权益 = 当日结存 (逐笔对冲)+ 浮动盈亏

注：若是股指期货，则算式中的价格改为“点数”；“交易单位”改为“合约乘数”。

② 两种结算方式的比较

两种结算方式的区别在于：

第一，逐日盯市是依据当日无负债结算制度，每日计算当日盈亏。而逐笔对冲则是每日计算自开仓之日起至当日的累计盈亏，得出的结果是最终盈亏。

第二，逐日盯市对当日盈亏计算时，未平仓合约的盈亏作为持仓盯市盈亏，累计计入当日结存。逐笔对冲对盈亏计算时，未平仓合约的盈亏作为浮动盈亏，不计入当日结存，一旦该合约平仓，其平仓时的浮动盈亏即转为平仓盈亏，结算时浮动盈亏归零。

第三，两者对历史持仓结算时，采用的价格不同。其中逐日盯市平仓盈亏计算采用上日结算价和平仓价，持仓盯市盈亏计算采用当日结算价和上日结算价。逐笔对冲的平仓盈亏计算采用开仓价和平仓价，浮动盈亏计算采用开仓价和当日结算价。

两种结算方式的共同点在于：

在两种结算方式下，保证金占用、当日出入金、当日手续费、客户权益、质押金、可用资金、追加保证金和风险度等参数的值没有差别；对于当日开仓平仓的合约，盈亏的计算也相同。

比如，保证金占用的计算，对于商品期货，有：

$$保证金占用 = \sum（当日结算价 \times 交易单位 \times 持仓手数 \times 公司的保证金比例），$$

对于股票指数期货合约，有：

$$保证金占用 = \sum（当日结算价 \times 合约乘数 \times 持仓手数 \times 公司的保证金比例）。$$

③ 交易结算单示例

以下分别为某交易日某客户两种结算单的示例。其中，在逐日盯市交易结算单中，列示的“持仓盯市盈亏”即持仓盈亏，“总盈亏”即当日盈亏。

首先展示客户逐日盯市交易结算单。

表 3-3 是采用逐日盯市的期货公司交易结算单。

表 3-3　期货公司交易结算单（逐日盯市）

客户号：　　　　　　客户名称：张三

日　期：20110117

资金状况　币种：人民币

上日结存：1 324 127.65	当日结存：1 519 670.29	可用资金：69 154.69
出入金：0.00	客户权益：1 519 670.29	风险度：95.45%
手续费：2 877.36	保证金占用：1 450 515.60	追加保证金：0.00
平仓盈亏：205 800.00		交割保证金：0.00
持仓盯市盈亏：-7 380.00		
可提资金：69 154.69		
总盈亏：198 420.00		

成交记录

成交日期	交易所	品种	交割期	买卖	成交价	手数	开平	成交额	手续费	投保	平仓盈亏	交易所成交号
20110117	中金所	沪深 300	1101	买	2 971.200	1	开	891 360.00	178.27	投	0.00	
20110117	中金所	沪深 300	1101	买	2 971.600	3	开	2 674 440.00	534.89	投	0.00	
20110117	中金所	沪深 300	1101	买	3 000.000	5	开	4 500 000.00	900.00	投	0.00	
20110117	中金所	沪深 300	1101	买	3 010.000	7	平	6 321 000.00	1 264.20	投	205 800.00	
共 4 条						16	14 386 800.00		2 877.36	205 800.00		

持仓汇总

交易所	品种	交割期	买持	买均价	卖持	卖均价	昨结算	今结算	浮动盈亏	持仓盯市盈亏	保证金占用	投保
中金所	沪深 300	1101	9	2 987.333	0	0.000	3 108.000	2 984.600	-7 380.00	-7 380.00	1 450 515	投
共 1 条			9		0		-7 380.00	-7 380.00	1 450 515.60			

本公司提供数据以客户交易结算单为准，您若有异议，请在下一交易日开市前 30 分钟提出，否则视为对本账单所载事项的确认。

公司盖章：　　　　　　客户签名（章）：

制表：结算 001　　　　　　制表日期：

客户号：　　　　　　客户地址：

下面对逐日盯市结算单中的主要项目进行说明。

a. 平仓盈亏（逐日盯市）= 平当日仓盈亏 + 平历史仓盈亏。

在本结算单中，仅有平历史仓盈亏。当日买入平历史仓 7 手，买入平仓价为 3 010 点，上一交易日结算价为 3 108 点，则有：平仓盈亏 =（当日结算价 - 买入成交价）× 平仓手数 × 合约乘数 =（3 108−3 010）× 7 × 300 = 205 800（元）。

b. 持仓盯市盈亏（逐日盯市）= 当日持仓盈亏 + 历史持仓盈亏。

在本结算单中，仅有当日持仓盈亏。当日分 3 次买入开仓 9 手，买入平仓价分别为 2 971.2 点、2 971.6 点、3 000 点，当日结算价为 2 984.6 点，则有：持仓盯市盈亏 = ∑［（当日结算价 - 买入成交价）× 买入手数 × 合约乘数］=（2 984.6−2 971.2）× 1 × 300+（2 984.6−2 971.6）× 3 × 300+（2 984.6−3 000）× 5 × 300 = −7 380（元）。

c. 总盈亏 = 平仓盈亏 + 持仓盯市盈亏 = 205 800.00−7 380.00 = 198 420（元）。

d. 保证金占用 = ∑（当日结算价 × 合约乘数 × 持仓手数 × 公司要求的保证金比例）。

在本结算单中，公司对该客户要求的保证金比例为 18%，则有保证金占用 = 当日结算价 × 合约乘数 × 持仓手数 × 公司要求的保证金比例 = 2 984.6 × 9 × 300 × 18% = 1450 515.60（元）。

e. 上日结存：上一交易日结算后客户权益；当日结存：当日结算后客户权益。

f. 客户权益 = 当日结存（逐日盯市）= 上日结存（逐日盯市）+ 出入金 + 平仓盈亏 + 持仓盯市盈亏 − 当日手续费 = 1 324 127.65 + 205 800.00 −7 380.00 −2 877.36 = 1 519 670.29（元）。

g. 可提资金 = 客户权益 − 保证金占用 = 1 519 670.29 −1 450 515.60 = 69 154.69（元）。

h. 可用资金 = 客户权益 − 保证金占用 = 1 519 670.29 −1 450 515.60 = 69 154.69（元）。

i. 出入金 = 当日入金 − 当日出金。

j. 手续费 = 当日交易所产生的全部费用（包括交割费）。目前我国手续费的收取方式有两种：商品期货一般按每手若干元收取；金融期货一般按成交金额的一定比例收取。

若无交割，则商品期货有：

当日手续费 = ∑（持仓手数 × 每手手续费）。

在本结算单中，仅有金融期货。期货公司与该客户商定的当日交易手续费率为成交金额的 0.02%。则有：

手续费 = ∑（成交价 × 合约乘数 × 持仓手数）× 交易手续费率 =（2 971.2 × 1+ 2 971.6 × 31 + 3 000 × 5 + 3 010 × 7）× 300 × 0.02% = 2 877.36（元）。

k. 追加保证金 = 客户当保证金不足时须追加的金额，追加至可用资金大于等于 0。在本结算单中，可用资金大于 0，不需追加保证金。

接下来展示客户逐笔对冲交易结算单。

表 3-4 是采用逐笔对冲的某期货公司的交易结算单。

表 3-4　某期货公司交易结算单（逐笔）

客户号：	客户名称：张三	
日　期：20110117		
	资金状况　币种：人民币	
上日结存：1 368 227.65	当日结存：1 527 050.29	可用资金：69 154.69
出入金：0.00	浮动盈亏：-7 380.00	风 险 度：95.45%
手续费：2 877.36	客户权益：1 519 670.29	追加保证金：0.00
平仓盈亏：161 700.00	保证金占用：1 450 515.60	交割保证金：0.00
可提资金：69 154.69		

成交记录

成交日期	交易所	品种	交割期	买卖	成交价	手数	开平	成交额	手续费	投保	平仓盈亏	交易所成交号
20110117	中金所	沪深 300	1101	买	2 971.200	1	开	891 360.00	178.27	投	0.00	
20110117	中金所	沪深 300	1101	买	2 971.600	3	开	2 674 440.00	534.89	投	0.00	
20110117	中金所	沪深 300	1101	买	3 000.000	5	开	4 500 000.00	900.00	投	0.00	
20110117	中金所	沪深 300	1101	买	3 010.000	7	平	6 321 000.00	1 264.20	投	161 700.00	
共 4 条						16	14 386 800.00		2 877.36		161 700.00	

持仓汇总

交易所	品种	交割期	买持	买均价	卖持	卖均价	昨结算	今结算	浮动盈亏	持仓盯市盈亏	保证金占用	投保
中金所	沪深 300	1101	9	2 987.333	0	0.000	3 108.000	2 984.600	-7 380.00	0.00	1 450 515.60	投
共 1 条			9		0			-7 380.00		0.00	1 450 515.60	

本公司提供数据以客户交易结算单为准，您若有异议，请在下一交易日开市前 30 分钟提出，否则视为对本账单所载事项的确认。	
公司盖章：	客户签名（章）：
制表：结算 001	制表日期：
客户号：	客户地址：

下面对表 3-4 的结算单进行解读。

a. 平仓盈亏（逐笔对冲）= ∑［（卖出成交价 – 买入成交价）× 合约乘数 × 平仓手数］

在本结算单中，客户买入平仓 7 手，成交价为 3 010 点，其历史卖出开仓价为 3 087 点，则有：平仓盈亏（逐笔对冲）=（3 087–3 010）×300×7 = 161 700（元）。

b. 浮动盈亏 = ∑［（卖出成交价 – 当日结算价）× 合约乘数 × 卖出手数］+ ∑［（当日结算价 – 买入成交价）× 合约乘数 × 买入手数］=（2 984.6–2 971.2）×300×1+（2 984.6–2 971.6）×300×3+（2 984.6–3 000）×300×5 = –7 380（元）。

c. 当日结存（逐笔对冲）= 上日结存（逐笔对冲）+ 平仓盈亏（逐笔对冲）+ 入金 – 出金 – 手续费（等）= 1 368 227.65+161 700–2 877.36 = 1 527 050.29（元）。

d. 客户权益（逐笔对冲）= 当日结存（逐笔对冲）+ 浮动盈亏 = 1 527 050.29 – 7 380.00 = 1 519 670.29（元）。

e. 可用资金 = 可提资金 = 客户权益 – 保证金占用 = 1 519 670.29 – 1 450 515.60 = 69 154.69（元）。

3.7 期货的交割

期货合约的了结多采用对冲平仓的方式完成。这种方式我们在前面已经看到。应该讲，对冲平仓是了解期货交易最便捷的方式，因此它也成为最常用的方式。尽管如此，到期交割仍然是期货合约不可或缺的了结方式。正是到期交割和期货合约这种到期交割的潜在可能性，把期货市场与现货市场紧密地联系起来，使期货价格与现货价格的变动具有同步性，并随合约到期日的临近而逐步趋近。

到期交割是促使期货价格与现货价格趋向一致的制度保证。市场过分投机，发生期货价格严重偏离现货价格时，交易者就会在期货、现货两个市场间进行套利交易。当期货价格过高而现货价格过低时，交易者在期货市场上卖出期货合约，在现货市场上买进商品等待交割，这样，现货需求增多，现货价格上升，期货合约供给增多，期货价格下降，期现价差得到调整；当期货价格过低而现货价格过高时，交易者在现货市场上卖空商品，期货市场上买进期货合约等待交割后履行现货市场的卖空义务，这样，期货需求增多，期货价格上升，现货供给增多，现货价格下降，使期现价差同样得到调整。这样，通过交割，期货、现货两个市场得以实现相互联动，期货价格最终与现货价格保持合理的关系，使期货市场真正发挥价格晴雨表的作用。

就交割方式而言，以标的物所有权转移方式进行的交割为实物交割；按结算价进行现金差价结算的交割方式为现金交割。一般来说，商品期货以实物交割方式为主；股票指数期货、短期利率期货多采用现金交割方式。期转现是一种特殊的实物交割方式。

3.7.1 实物交割的有关规定

（1）实物交割方式

在我国，实物交割方式包括集中交割和滚动交割两种。

① 集中交割

集中交割也叫一次性交割，是指所有到期合约在交割月份最后交易日过后一次性集中交割的交割方式。

② 滚动交割

滚动交割是指在合约进入交割月以后，在交割月第一个交易日至交割月最后交易日前一交易日之间进行交割的交割方式。滚动交割使交易者在交易时间的选择上更为灵活，可减少储存时间，降低交割成本。

目前，我国上海期货交易所采用集中交割方式；郑州商品交易所采用滚动交割和集中交割相结合的方式，即在合约进入交割月后就可以申请交割，而且，最后交易日过后，对未平仓合约进行一次性集中交割；大连商品交易所对黄大豆1号、黄大豆2号、豆粕、豆油、玉米合约采用滚动交割和集中交割相结合的方式，对棕榈油、线型低密度聚乙烯和聚氯乙烯合约采用集中交割方式。

（2）实物交割结算价

实物交割结算价是指在实物交割时商品交收所依据的基准价格。交割商品计价以交割结算价为基础，再加上不同等级商品质量升贴水以及异地交割仓库与基准交割仓库的升贴水。

不同的交易所，以及不同的实物交割方式，对交割结算价的规定不尽相同。郑州商品交易所采用滚动交割和集中交割相结合的方式（由于所有交割均在3个工作日内处理完毕，又称为“三日”交割法），交割结算价为期货合约配对日前10个交易日（含配对日）交易结算价的算术平均价。上海期货交易所采用集中交割方式，其交割结算价为期货合约最后交易日的结算价，但黄金期货的交割结算价为该合约最后5个有成交交易日的成交价格按照成交量的加权平均价，燃料油期货的交割结算价为该合约最后10个交易日按照时间的加权平均价。大连商品交易所滚动交割的交割结算价为配对日结算价；集中交割的交割结算价是期货合约自交割月第一个交易日起至最后交易日所有成交价格的加权平均价。

（3）实物交割的流程

采用集中交割方式时，各期货合约最后交易日的未平仓合约必须进行交割。实物交割要求以会员名义进行。客户的实物交割必须由会员代理，并以会员名义在交易所进行。实物交割必不可少的环节包括：

第一，交易所对交割月份持仓合约进行交割配对。

第二，买卖双方通过交易所进行标准仓单与货款交换。买方通过其会员期货公司、交易所将货款交给卖方，而卖方则通过其会员期货公司、交易所将标准仓单交付给买方。

第三，增值税发票流转。交割卖方给对应的买方开具增值税发票，客户开具的增值税发票由双方会员转交、领取并协助核实，交易所负责监督。

（4）标准仓单

在实物交割的具体实施中，买卖双方并不是直接进行实物商品的交收，而是交收代表商品所有权的标准仓单，因此，标准仓单在实物交割中扮演十分重要的角色。标准仓单，是指交割仓库开具并经期货交易所认定的标准化提货凭证。标准仓单经交易所注册后生效，可用于交割、转让、提货、质押等。

标准仓单的持有形式为“标准仓单持有凭证”。“标准仓单持有凭证”是交易所开具的代表标准仓单所有权的有效凭证，是在交易所办理标准仓单交割、交易、转让、质押、注销的凭证，受法律保护。标准仓单数量因交割、交易、转让、质押、注销等业务发生变化时，交易所收回原“标准仓单持有凭证”，签发新的“标准仓单持有凭证”。

在实践中，可以有不同形式的标准仓单，其中最主要的形式是仓库标准仓单。仓库标准仓单是指依据交易所的规定，由指定交割仓库完成入库商品验收、确认合格后，在交易所标准仓单管理系统中签发给货主的，用于提取商品的凭证。除此之外，还有厂库标准仓单等形式。所谓厂库，是指某品种的现货生产企业的仓库经交易所批准并指定为期货履行实物交割的地点，而厂库标准仓单则是指经过交易所批准的、指定厂库按照交易所规定的程序签发的、在交易所标准仓单管理系统生成的实物提货凭证。

在我国大连商品交易所，豆粕、豆油、棕榈油期货除了可以采用仓库标准仓单外，还可用厂库标准仓单；上海期货交易所的螺纹钢、线材期货合约也允许采用厂库标准仓单交割；郑州商品交易所的标准仓单分为通用标准仓单和非通用标准仓单，通用标准仓单是指标准仓单持有人按照交易所的规定和程序可以到仓单载明品种所在的交易所任一交割仓库选择提货的财产凭证，非通用标准仓单是指仓单持有人按照交易所的规定和程序只能到仓单载明的交割仓库提取所对应货物的财产凭证。

3.7.2 期转现

（1）期转现概念及作用

期货转现货交易（简称期转现交易）实质上是实物交割的一种特殊形式，是指持有方向相反的同一品种同一月份合约的会员（客户）协商一致并向交易所提出申请，获得交易所批准后，分别将各自持有的合约按双方商定的期货价格（该价格一般应在交易所规定的价格波动范围内）由交易所代为平仓，同时，按双方协议价格与期货合约标的物数量相当、品种相同、方向相反的仓单进行交换的行为。

期转现交易是国际期货市场中长期实行的交易方式，在商品期货、金融期货中都有着广泛应用。我国大连商品交易所、上海期货交易所和郑州商品交易所也都推出了期转现交易。

买卖双方进行期转现有两种情况。第一种情况：在期货市场有反向持仓双方，拟用标准仓单或标准仓单以外的货物进行期转现。第二种情况：买卖双方为现货市场的贸易伙伴，有远期交货意向，并希望远期交货价格稳定。双方可以先在期货市场上选择与远期交收货物最近的合约月份建仓，建仓量和远期货物量相当，建仓时机和价格分别由双方根据市况自行决定，到希望交收货的时候，进行非标准仓单的期转现。这相当于通过期货市场签订一个远期合同，一方面实现了套期保值的目的，另一方面避免了合同违约的可能。

期转现交易的优越性在于：

第一，加工企业和生产经营企业利用期转现可以节约期货交割成本，如搬运、整理和包装等交割费用；可以灵活商定交货品级、地点和方式；可以提高资金的利用效率。加工企业可以根据需要分批、分期地购回原料，减轻资金压力，减少库存量；生产经营企业也可以提前回收资金。

第二，期转现比“平仓后购销现货”更便捷。期转现使买卖双方在确定期货平仓价格的同时，确定了相应的现货买卖价格，由此可以保证期货与现货市场风险同时锁定。

第三，期转现比远期合同交易和期货实物交割更有利。远期合同交易有违约问题和被迫履约问题，期货实物交割存在交割品级、交割时间和地点的选择等没有灵活性问题，而且成本较高，期转现能够有效地解决上述问题。

（2）期转现交易的基本流程

① 寻找交易对手

拟进行期转现的一方，可自行寻找期转现对方，或通过交易所发布期转现意向。

② 交易双方商定价格

找到对手后，双方首先商定平仓价（须在审批日期货价格限制范围内）和现货交收价格。

③ 向交易所提出申请

买卖双方到交易所申请办理期转现手续，填写交易所统一印制的期转现申请单；用非标准仓单交割的，需提供相关的现货买卖协议等证明。

④ 交易所核准

交易所接到期转现申请和现货买卖协议等资料后进行核对，符合条件的，予以批准，并在批准当日将买卖双方期货头寸平仓。不符合条件的，通知买卖双方会员，会员要及时通知客户。

⑤ 办理手续

如果用标准仓单期转现，批准日的下一日，买卖双方到交易所办理仓单过户和货款划转，并缴纳规定手续费。如果用非标准仓单进行期转现，买卖双方按照现货买卖协议自行进行现货交收。

⑥ 纳税

用标准仓单期转现的，买卖双方在规定时间到税务部门办理纳税手续。买卖双方各自负担标准仓单期转现中仓单转让环节的手续费。

（3）期转现实例

【例 3-4】

在优质强筋小麦期货市场上，甲为买方，开仓价格为 1 900 元 / 吨；乙为卖方，开仓价格为 2 100 元 / 吨。小麦搬运、储存、利息等交割成本为 60 元 / 吨，双方商定的平仓价为 2 040 元 / 吨，商定的交收小麦价格比平仓价低 40 元 / 吨，即 2 000 元 / 吨。期转现后，甲实际购入小麦价格 1 860 元 / 吨 =2 000 元 / 吨 −（2 040 元 / 吨 −1 900 元 / 吨）；乙实际销售小麦价格 2 060 元 / 吨 =2 000 元 / 吨 +（2 100 元 / 吨 −2 040 元 / 吨）。

如果双方不进行期转现而在期货合约到期时实物交割，则甲按开仓价 1 900 元 / 吨购入小麦价格；乙按照开仓价 2 100 元 / 吨销售小麦，扣除交割成本 60 元 / 吨，实际售价为 2 040 元 / 吨。通过比较可知，甲期转现操作的实际采购成本 1 860 元 / 吨比实物交割成本 1 900 元 / 吨低 40 元 / 吨；乙期转现操作的实际售价 2 060 元 / 吨比实物交割的实际售价 2 040 元 / 吨高 20 元 / 吨。通过期转现交易，甲少花 40 元 / 吨，乙多卖 20 元 / 吨，期转现给双方带来的好处总和为 60 元 / 吨。

期转现操作中应注意的事项：用标准仓单期转现，要考虑仓单提前交收所节省的利息和储存等费用；用标准仓单以外的货物期转现，要考虑节省的交割费用、仓储费和利息以及货物的品级差价。买卖双方要先看现货，确定交收货物和期货交割标准品级之间的价差。商定平仓价和交货价的差额一般要小于节省的上述费用总和，这样期转现对双方都有利。

3.7.3 现金交割

现金交割是指合约到期时，交易双方按照交易所的规则、程序及其公布的交割结算价进行现金差价结算，了结到期未平仓合约的过程。

中国金融期货交易所的股指期货合约采用现金交割方式，规定股指期货合约最后交易日收市后，交易所以交割结算价为基准，划付持仓双方的盈亏，了结所有未平仓合约。其中，股指期货交割结算价为最后交易日标的指数最后 2 小时的算术平均价。

本章小结

1. 期货交易是在远期交易的基础上发展起来的，是远期交易的标准化、集中化。期货合约是由期货交易所设计开发，并经特定监督管理部门许可在交易所上市交易的标准化合约。根据标的资产的不同，期货从大类上可分为商品期货和金融期货。期货合约的典型特征包括四个方面：场内交易、标准化合约、保证金交易与当日无负债结算制度。

2. 期货市场由期货交易所、期货结算机构、期货中介与服务机构、投资者、期货监督管理与行业自律机构组成。期货市场的交易者可分为个人交易者与机构交易者；同时也可根据参与目的的不同分为套期保值者、套利者与投机者。

3. 期货市场交易有一套完整的交易、结算以及交割程序和规定。其中，保证金交易及当日无负债结算制度是期货交易的重要特征。这一制度基本上消除了期货交易发生违约风险的可能性。

4. 期货合约的了结多采用对冲平仓的方式完成。通过进入相反的头寸，市场主体所持合约大部分在最后交割期到来之前就已经被平仓了结。但是，最后实际交割的可能性是确定期货价格的基础。根据期货的标的资产的不同以及期货交割的实践，形成的不同交割方式有：实物交割、现金交割、期转现等。

5. 结算机构对保证金的规定和要求等都有完整的规定，是期货交易者必须熟悉和掌握的。

习　题

1. 查阅相关资料，了解中国期货市场的发展情况。

2. 期货合约与远期合约的主要区别有哪些？

3. 期货交易的机构投资者与个人投资者的主要区别是什么？我国对不同投资者参与期货交易有哪些不同规定？

4. 试解释成交量与持仓量之间的区别。

5. 什么是期货保证金？最低期货保证金是如何决定的？其经济功能是什么？

6. 逐日盯市结算制度有什么作用？

7. 试说明我国几个期货交易所对结算价的有关规定。

8. 有人说，期货交易基本上是靠对冲平仓了结的，因此，最后的交割已不重要。说明你对这种说法的看法。

9. 期货交易所的功能有哪些？

10. 期货结算机构有什么作用？

11. 在期货市场上，期货公司与介绍经纪商各发挥什么作用？它们的区别是什么？

12. 期转现有什么作用？

第四章 期货市场套期保值

期货市场的一个基本功能就是为各经济主体提供了一个有效规避风险和控制风险的手段。各经济主体可以通过买卖期货合约把风险转移给更有风险承担能力、愿意承担风险以获取风险收益的投资者，而市场投机者就是这样的投资者。让更有能力、有意愿承担风险的投资者承担更多的风险，这本身也是市场有效性的表现之一。以规避和控制风险为目的的期货交易就是套期保值。我们将看到，用期货或远期合约进行的套期保值者在转移和减少了风险的同时，也将价格的有利变动带来意外收益的机会转移出去了。这与我们后面要讲到的期权有着很大的不同。

4.1 套期保值原理

4.1.1 套期保值可以规避的风险

企业在经营过程中面临各种各样的风险，比如价格风险、信用风险、操作风险、行业风险、政策风险、法律风险，等等。套期保值者用套期保值的方式能够减少和控制的风险只能是未来价格不利变化带来的风险，即价格风险。这一风险是未来价格的不确定性造成的。比如，生产稻谷的农民在播种的时候不知道未来收割后的价格会是多少，届时的市场价格可能高于也可能低于其原本预期的价格。如果价格很低，有可能出售后还不足以补偿他的生产成本，这就会使其陷入窘迫的境地。也可能届时的市场价格非常高，这时农民就会获得一个意外的高收益。

类似上面农民的情况，其他行业也有很多。比如，航空公司常提前很长时间为乘客预订机票（这其实是一种远期合约），而且提前时间越长，机票打折越多。这样，航空公司必须比较精确地预测和计算出其各种做法的经营成本。在航空公司的经营成本中，燃油占了很大的比重。因此，控制未来燃油价格变化可能带来的风险就成了影响航空公司业绩的重要因素。

农民面临的是出售价格风险，航空公司面临的是买进燃油的价格风险。前者是收益风险，后者是成本风险。但是，它们都是未来市场价格的不确定性带来的风险，都可以用期货交易进行套期保值。

企业经营的最终目的自然是利润最大化。产品出售的价格风险以及原料买进的价格风险只是影响净利润的因素之一，而非全部。前面提到的其他风险同样会对企业的经营带来重大影响。比如，因各种因素造成农民生产减产，未来收成下降，数量减少。即使他成功地预期并规避了价格风险，仍然可能亏损破产。但是这样的数量风险以及其他的风险不是套期保值所能规避的。因此，套期保值就是针对市场价格风险，也就是未来价格的不确定性变化引起的收益的变化或波动。套期保值的目的就是减少收益的波动性。

4.1.2 套期保值基本方法

套期保值的基本做法是持有一个与现货市场相反的期货头寸。如果套期保值成功，则现货价格的涨跌给套期保值者带来的现货盈亏就会被期货价格的变化所引起的期货头寸价值的变化所冲抵。因此，套期保值又称对冲。

套期保值之所以能够起到风险对冲的作用，其根本的原因在于：期货价格与现货价格受到相同或相似的市场供求等因素的影响，两者的变动趋势趋同。这样，通过套期保值，无论价格是上涨还是下跌，总会出现一个市场盈利而另一个市场亏损的情形，盈亏相抵，就可以规避因为价格波动而给企业带来的风险，实现稳健经营。

用期货进行套期保值分为空头套期保值（或卖出套期保值）和多头套期保值（或买入套期保值）。卖出期货合约进行套期保值称为空头套期保值；买入期货合约进行套期保值称为多头套期保值。当企业持有实物商品或资产，或者已按固定价格约定在未来购买某商品或资产时，该企业处于现货的多头。例如榨油厂持有豆油库存或券商持有股票组合，属于现货多头的情形。还有，某建筑企业已与某钢材贸易商签署购买钢材的合同，虽未实现交收，但已经确立了价格，这种情形也属于现货的多头。当企业已按某固定价格约定在未来出售某商品或资产，但尚未持有实物商品或资产时，该企业处于现货的空头。例如某钢材贸易商与某房地产商签署合同，约定在三个月后按某价格提供若干吨钢材，但手头尚未有钢材现货，该钢材贸易商就是处于现货的空头。当企业处于现货多头时，企业在套期保值时要在期货市场建立空头头寸，即卖空。当处于现货空头情形时，企业要在期货市场建立多头头寸进行套期保值。

不过，有时企业在现货市场既不是多头，也不是空头，而是计划在未来买入或卖出某商品或资产。这种情形也可以进行套期保值，在期货市场建立的头寸是作为现货市场未来要进行的交易的替代物。此时，期货市场建立的头寸方向与未来要进行的现货交易的方向是相同的。例如，某榨油厂预计下个季度将生产豆油6 000吨，为了规避豆油价格下跌的风险，对于这批未来要出售的豆油进行套期保值，卖出豆油期货合约。其在期货市场建立的空头头寸是现货市场未来出售的豆油的替代物。

4.1.3 套期保值的基础——基差

正确理解基差风险是套期保值的关键。基差的定义为：

$$B_{t,T}=CP_t-FP_{t,T} \tag{4.1}$$

其中，

$B_{t,T}$——基差；

CP_t——现货当前的市场价格；

$FP_{t,T}$——到期时间为 T 的期货的价格。

例如，如果 2016 年 2 月 1 日市场上燃料油的价格为 2 340 元 / 吨，上海期货交易所交易的 2016 年 4 月到期的燃料油期货的价格为 2 561 元 / 吨，那么，2016 年 2 月 1 日燃料油的基差就是 −21 元 / 吨。表示当时的现货价格低于 4 月期货合约价格 21 元；相反，正的基差表示现货价格高于期货价格。基差常以升贴水的方式表述。负基差为期货升水，也称现货贴水；正基差则是现货升水，期货贴水。

显然，期货到期时，期货的价格会收敛于现货价格，基差应该为 0。但是，在期货到期前，随着市场状况的变化，期货价格与现货价格都会发生各种随机的变化，基差也会随机地变大或变小。

如果在套期保值期间期货价格与现货价格总是同步变化，基差就保持不变。这时，如果期货交易规模与现货交易规模也相同，现货的任意盈亏都会被期货所弥补。这样的套期保值称为完美的套期保值，因为它从根本上消除了价格风险。更一般的，是基差也在变化，但是套期保值者却能比较准确地预测其变化，这也能基本消除价格风险。

图 4−1 显示了 2015 年 11 月 11 日到 2016 年 2 月 9 日之间螺纹钢现货与最近期货合约以及主力期货合约之间的价格变化。图 4−2 显示了同样期间螺纹钢现货与主力期货合约的基差变化。可以看出，11 月 11 日到 12 月 15 日之前，基差为正，现货升水，这样的市场称为反向市场（inverted market）或逆转市场（backwardation）。之后到 2016 年 1 月 6 日前，基差为负，现货贴水，称为正向市场（contango market 或 carry market）。图 4−1 的现货价格曲线与最近合约价格曲线还显示，随着到期日的来临，二者趋同的趋势是很明显的。

由图 4−2 可以看出，基差是不断变化的，螺纹钢主力合约在该区间内的基差从 −74.33 到 132.33. 当基差向 0 线变化时，称为基差变窄（narrowing），意味着基差的绝对值变小；当基差远离 0 线变化时，称为基差变宽（widening），意味着基差的绝对值增大。不同的套期保值方式（多头套期保值还是空头套期保值），在不同的市场状况下（反向市场还是正向市场），会因基差的宽窄变化而得到不同的盈亏结果。空头套期保值者（现货多头，期货空头）也称买入基差（或基差多头），而多头套期保值者则可称为卖空基差（或基差空头）。

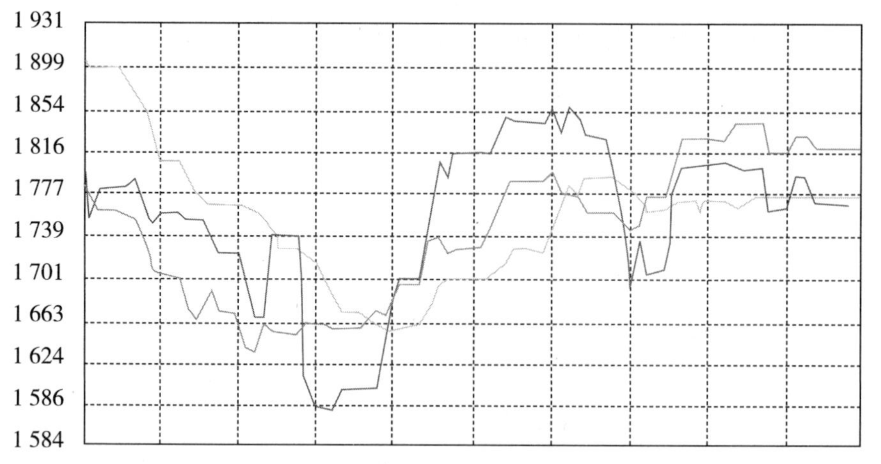

图 4-1　螺纹钢现货价格与期货价格

资料来源：www.100ppi.com

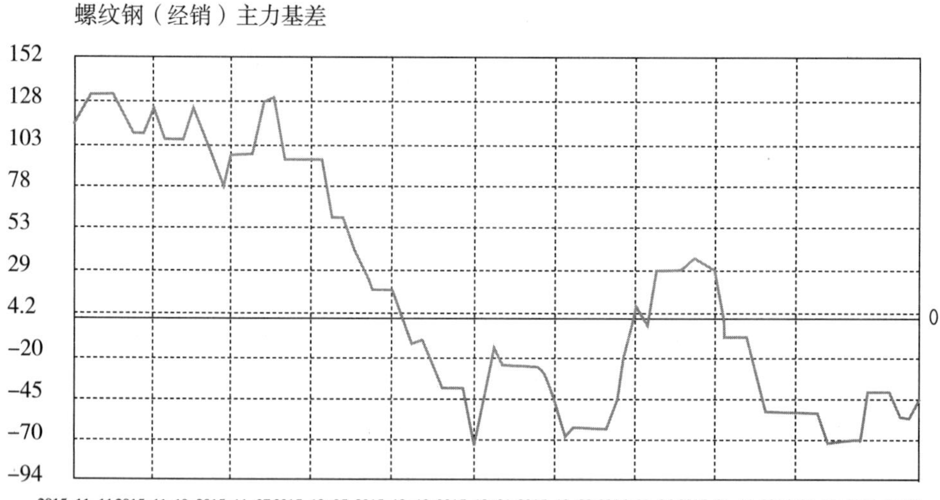

注：1. 从 2015-11-11 至 2016-02-09 期间，螺纹钢主力基差最大值为 132.33，最小值为 -74.33，平均值为 24.43。

2. 主力基差 = 现货价格 - 主力期货价格 = 主现期差。

图 4-2　螺纹钢现货与期货主力合约基差

资料来源：www.100ppi.com

不要混淆基差的宽窄变化与其代数值的变化。基差的代数值增大称为基差走强（stronger），基差的代数值减小称为基差走弱（weaker）。在正向市场上，基差走强时，基差变窄，而在反向市场上，基差走强时，基差变宽。其他情况可以此类推。

以上述图中螺纹钢的情况为例，基差的几个变化如表 4-1 所示。

表 4-1　基差变化实例

项目	现货价格	期货价格	基差	项目	现货价格	期货价格	基差
2015-11-20	1 807	1 702	105	2015-12-26	1 699	1 727	-28
2015-11-29	1 764	1 668	96	2016-01-04	1 746	1 797	-51
变化	-43	-34	-9	变化	47	70	-23
类型	反向市场基差走弱，变窄			类型	正向市场基差走弱，变宽		

基差变化给套期保值者带来的影响是：

在正向市场上不论期货和现货价格的绝对变化趋势如何，基差变窄，对空头套期保值者（买入基差）有利，对多头套期保值者（卖出基差）不利（如图 4-3 所示）。

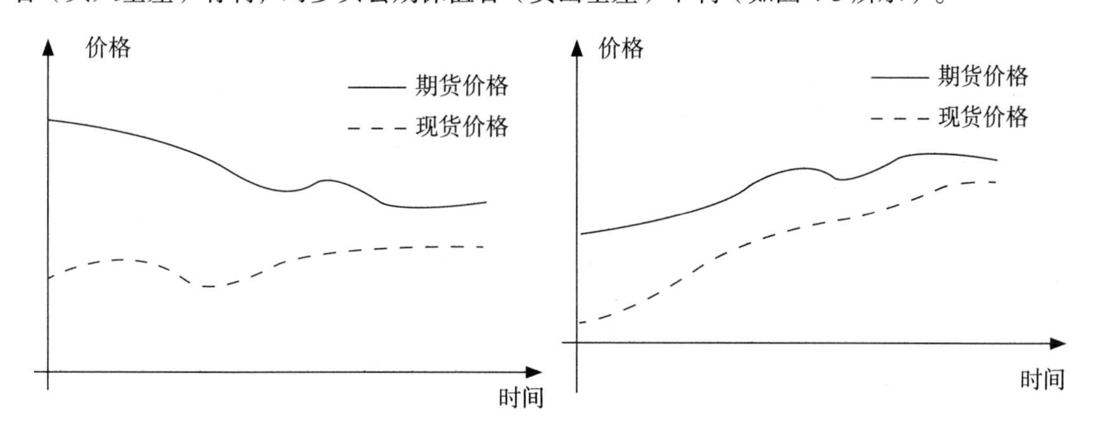

图 4-3　正向市场基差变窄的情况

在反向市场上，不论期货和现货价格的绝对变化趋势如何，基差变窄，对空头套期保值者（买入基差）不利；对多头套期保值者（卖出基差）有利。

也可以这样考虑基差变化对套期保值者的影响：不论期货与现货价格如何变化，基差走强有利于空头套期保值者；而基差走弱，有利于多头套期保值者。

对于供需呈现出季节性变化的商品，有时季节变化会引起市场方向的反转，套期保值时需加注意。

4.2　期货空头套期保值

4.2.1　无基差风险的情况

我们用一个例子来讨论期货空头套期保值的问题。假设某石油供应商储存了大量的燃料油。该供应商 2015 年 10 月 1 日与北方某地达成协议，将于 12 月 15 日向该地以当时的市场价格供应燃料油 500 000 吨，这时燃料油的现货市场价格为 2 850 元 / 吨。10 月份该供应商不知道到 12 月 15 日燃料油的价格会是多少，因此存在价格风险。

假设该供应商的燃料油存货的平均成本是 2 770 元 / 吨。持有燃料油至 2015 年 12 月 15 日履约的持有成本为 40 元 / 吨（每月每吨 16 元，2.5 个月）。那么，至 12 月 15 日该燃油供应商的成本为 2 810 元 / 吨。

由于到冬季燃料油的需求常会增加，该供应商预测，到期燃料油的价格可能升高，但也很难确定。2015 年如果 12 月 15 日燃料油的价格仍为 2 850 元 / 吨，该供应商就会盈利 2 000 万元［（2 850－2 810）×500 000 元］。然而，如果 12 月 15 日燃料油的价格低于 2 850 元 / 吨甚至低于 2 810 元 / 吨，供应商的盈利就会减少甚至亏损。为了锁定盈利不低于 2 000 万元，该供应商采取套期保值措施如下：

假设 2015 年 10 月 1 日，2016 年 1 月到期的燃料油期货合约的价格为 2 900 元 / 吨，这时的基差为 −50 元 / 吨。如果没有基差风险，也就是到期时基差不变，仍为 −50 元 / 吨。供应商卖空 10 000 手 2016 年 1 月燃料油期货合约（50 吨 / 手），总规模 50 万吨。这样，他就可以锁定未来的有效售价 2 850 元 / 吨，获取利润 2 000 万元。分两种情况说明如下。

情况 1，2015 年 12 月 15 日现货价格为 2 900 元 / 吨，价格升高，基差保持为 −50 元 / 吨，如表 4-2 所示。

表 4-2 （情况 1）价格升高，基差保持为 −50 元 / 吨

项目	2015 年 10 月 1 日	2015 年 12 月 15 日	盈亏
现货价格	2 770 元 / 吨	2 900 元 / 吨	—
持有成本	40 元 / 吨	—	2 900－2 770－40＝90（元 / 吨）
期货	卖出 2 900 元 / 吨	买入 2 950 元 / 吨	2 900－2 950＝−50（元 / 吨）
净盈亏	—	—	50×（90−50）＝2 000（万元）

注：表中显示现货价是 2015 年 10 月 1 日供应商的成本价，市场价为 2 850 / 吨。

情况 2，2015 年 12 月 15 日现货价格为 2 700 元 / 吨，价格降低，基差保持为 −50 元 / 吨，见表 4-3。

表 4-3 （情况 2）价格降低，基差保持为 −50 元 / 吨

项目	2015 年 10 月 1 日	2015 年 12 月 15 日	盈亏
现货价格	2 770 元 / 吨	2 700 元 / 吨	—
持有成本	40 元 / 吨	—	2 700－2 770－40＝−110（元 / 吨）
期货	卖出 2 900 元 / 吨	买入 2 750 元 / 吨	2 900－2 750＝150（元 / 吨）
净盈亏	—	—	50×（−110＋150）＝2 000（万元）

注：表中显示现货价是 2015 年 10 月 1 日供应商的成本价，市场价为 2 850 / 吨。

可以看出，在 2015 年 10 月 1 日到 12 月 15 日之间，不管现货价格上升还是下降，燃油供应商的盈利都因空头套期保值行为而锁定：净收益的波动为 0。这里的关键在于，供应商在现货市场上的任何盈亏都在期货市场得到了完全的冲抵。而之所以如此，原因就在于基差保持恒定。不论市场价格升高的情况，还是市场价格下跌的情况，前后的基差没有变化。基差不变，现期货价格的变化就保持了完全的同步。这时对于两个相反头寸，必然是一个因市场波动盈利，另一个则因市场波动亏损，而且盈亏数量相当，完全冲抵，而总体上收益稳定不变。因此，基差不变，就可实现无风险的完全的套期保值。但在现实中，基差完全不变的情况是不多见的。当基差发生变化时，套期保值就很难实现根除价格风险的目的了。

4.2.2 有基差风险的情况

在上面的例子中，假设前后的基差发生了变化。

在情况 1 中，假定现货的市场价格从 10 月 1 日的 2 850/ 吨元升高为 2 900 元 / 吨，而期货价格却从 2 900 元 / 吨增大为 2 960 元 / 吨，比现货价格多升高 10 元 / 吨。基差从 −50 元 / 吨变为 −60 元 / 吨，变宽了，由于这是正向市场，基差变宽对应的是基差减小，因而是基差走弱。这时，燃料油供应商在其空头期货头寸上多损失 10 元 / 吨，整体收益减少了。结果如表 4-4 所示。

表 4-4 （情况 1）价格升高，基差变宽

项目	2015 年 10 月 1 日	2015 年 12 月 15 日	盈亏
现货价格	2 770 元 / 吨	2 900 元 / 吨	—
持有成本	40 元 / 吨	—	2 900 − 2 770 − 40 = 90（元 / 吨）
期货	卖出 2 900 元 / 吨	买入 2 960 元 / 吨	2 900 − 2 960 = −60（元 / 吨）
净盈亏	—	—	50 ×（90 − 60）= 1 500（万元）

注：表中显示现货价是 10 月 1 日供应商的成本价，市场价为 2 850 元 / 吨。

在情况 2 中，假定现货价格从 10 月 1 日的 2 850 元 / 吨降低为 2 700 元 / 吨，而期货价格却从 2 900 元 / 吨降低为 2 740 元 / 吨，比现货价格每吨多降低 10 元。基差从 −150 元 / 吨变为 −140 元 / 吨，变窄（由于这是正向市场，基差变窄对应的是基差增大，因而是基差走强）了。这时，燃料油供应商在其空头期货头寸上少损失 10 元 / 吨，整体收益增加了。结果如表 4-5 所示。

表 4-5 （情况 2）价格降低，基差变窄

项目	2015 年 10 月 1 日	2015 年 12 月 15 日	盈亏
现货价格	2 770 元 / 吨	2 700 元 / 吨	—
持有成本	40 元 / 吨	—	2 700 − 2 770 − 40 = − 110（元 / 吨）
期货	卖出 2 900 元 / 吨	买入 2 740 元 / 吨	2 900 − 2 740 = 160（元 / 吨）
净盈亏	—	—	50 ×（−110 + 160）= 2 500（万元）

注：表中显示现货价是 10 月 1 日供应商的成本价，市场价为 2 850 元 / 吨。

可见，基差风险的存在改变了套期保值的结果。因此，构建套期保值组合时关键是要控制基差风险，现货市场与期货市场价格的绝对变化并不是套期保值成败的关键。

4.3 期货多头套期保值

4.3.1 无基差风险的情况

假定燃料油供应商签署了一份长期供货合同，合同规定他在 2016 年 2 月 16 日以每吨 2 930 元的价格向某地供油 50 万吨。由于冬季需求旺盛，供油增加，到了 2016 年 1 月 4 日，该供应商发现，自己的存货已不足以满足上述供货合同的要求。为此，他需要预作准备。

假设 2016 年 1 月 4 日燃料油的市场价格为 2 900 元 / 吨。2016 年 3 月到期的燃料油期货价格为 2 700 元 / 吨（2016 年 2 月到期期货至 1 月底即停止交易，因而不能使用）。市场呈反向市场状况，预期市场价格会下降。

燃料油供应商有几种策略可供选择：第一，1 月 4 日以市场价格 2 900 元 / 吨买入燃料油 50 万吨，持有到 2 月 16 日，其净成本为 2 960 元 / 吨（1 个半月的持仓费 60 元），然后履约以 2 930 元 / 吨卖给某地。这样，导致净亏损 1 500 万元。

第二，相信燃料油的市场价格会继续下跌，等到 2 月 4 日以当时市场价从市场买入燃料油，履行供货合同的义务。这种策略下，如果确如供应商所料，燃料油价格继续下降，他会获得更高的收益。当然，这样做有很大的风险，如果市场价格不降反升，他就必须承担相应的损失。

第三，假如供应商既不想如第二种策略那样承担很大的风险，又不想如第一种策略那样当时就买入燃料油，他可以以燃料油期货的多头进行套期保值。2015 年 1 月 4 日的基差为 200 元 / 吨（2 900−2 700）。下面是在基差不变的情况下的两种情况：在情况 1 中，燃料油市场价格降到了 2 700 元 / 吨，在情况 2 中，燃料油价格升到了 2 920 元 / 吨。

表 4-6 （情况 1）价格降低，基差保持为 200 元 / 吨

项目	2016 年 1 月 4 日	2016 年 2 月 16 日	盈亏
现货价格	2 900 元 / 吨	2 930 元 / 吨	2 930 − 2 700 = 230（元 / 吨）
期货	买入 2 700 元 / 吨	卖出 2 500 元 / 吨	2 500 − 2 700 = −200（元 / 吨）
净盈亏	—	—	50 ×（230 − 200）= 1 500（万元）

注：表中显示 2016 年 2 月 16 日现货价为供应商的合同售价，市场价为 2 700 元 / 吨。

表 4-7 （情况 2）价格升高，基差保持为 200 元 / 吨

项目	2016 年 1 月 4 日	2016 年 2 月 16 日	盈亏
现货价格	2 900 元 / 吨	2 930 元 / 吨	2 930 − 2 920 = 10（元 / 吨）
期货	买入 2 700 元 / 吨	卖出 2 720 元 / 吨	2 720−2 700 = 20（元 / 吨）

（续表）

项目	2016 年 1 月 4 日	2016 年 2 月 16 日	盈亏
净盈亏	—	—	50×（10+20）=1 500（万元）

注：表中显示 2016 年 2 月 16 日现货价为供应商的合同售价，市场价为 2 920 元 / 吨。

可以看到，不论市场价格升高还是降低，在基差保持不变的情况下，上述套期保值策略均把盈利锁定在了 1 500 万元。

与第一种买入持有策略相比，多头套期保值策略转亏为盈的原因在于，在基差不变的情况下供应商避免了持仓费用。在第一种策略下，供应商要付出 3 000 万元（60×50）的持仓成本，恰等于两种情况下的收益差额。当然，现实中，期货交易也是有成本的，此处并未考虑，而且现实中基差常是变化的。

4.3.2 有基差风险的情况

下面的例子显示在基差变化的情况下，套期保值策略的结果。在情况 1 中，是市场价格下降，基差从 200 元 / 吨下降为 100 元 / 吨，基差变窄；在情况 2 中，市场价格上升，基差从 200 元 / 吨上升为 300 元 / 吨，基差变宽。

表 4-8 （情况 1）价格降低，基差降低为 100 元 / 吨

项目	2016 年 1 月 4 日	2016 年 2 月 16 日	盈亏
现货价格	2 900 元 / 吨	2 930 元 / 吨	2 930－2 700＝2 30（元 / 吨）
期货	买入 2 700 元 / 吨	卖出 2 600 元 / 吨	2 500－2 600＝−100（元 / 吨）
净盈亏	—	—	50×（230－100）＝6 500（万元）

注：表中显示 2016 年 2 月 16 日现货价为供应商的合同售价，市场价为 2 700 元 / 吨。

表 4-9 （情况 2）价格升高，基差上升为 300 元 / 吨

项目	2016 年 1 月 4 日	2016 年 2 月 16 日	盈亏
现货价格	2 900 元 / 吨	2 930 元 / 吨	2 930－2 920＝10（元 / 吨）
期货	买入 2 700 元 / 吨	卖出 2 620 元 / 吨	2 620－2 700＝−80（元 / 吨）
净盈亏	—	—	50×（10－80）＝−3 500（万元）

注：表中显示 2016 年 2 月 16 日现货价为供应商的合同售价，市场价为 2 920 元 / 吨。

情况 1 的基差从 200 元 / 吨降低为 100 元 / 吨，供应商在期货头寸上的损失从 1 亿元减少为 5 000 万元，导致净收益从 1 500 万元增加为 6 500 万元；情况 2 中基差从 200 元 / 吨上升为 100 元 / 吨，供应商在期货头寸上的损失从 1 亿元增加到 1.5 亿元，导致从 1 500 万元的净收益转化为 3 500 万元的净亏损。

因此，不论是空头套期保值还是多头套期保值，意料之外的基差变化都会引起套期保值结果的变化。下一节我们将给出基差的一般概念，并对基差风险与无套利策略下的价格风险做一比较。

4.4 基差风险、价格风险与套期保值效率

4.4.1 价格风险与基差风险

我们用一个简单的例子说明基差风险与价格风险的区别。假设某糖厂 6 月初与某饮料厂签署销售合同，约定当年 8 月初销售白糖 100 吨，价格按到期的市场价格计算。由于未来两个月内市场价格的不确定性，糖厂要承担价格风险：如果两个月中白糖的市场价格下降，其收益将会下降甚至可能亏损。为了规避价格风险，糖厂用白糖期货进行套期保值。卖出 10 手（每手 10 吨）9 月白糖期货合约，与其 100 吨白糖现货头寸完全匹配。

如果白糖现货的市场价格变化与期货价格的变化完全一致，即现货价格上涨（下跌）多少，期货也上涨（下跌）多少，糖厂在现货市场上的盈亏就可为期货市场的盈亏完全对冲。例如，白糖现货价格 3 个月下降 300 元 / 吨，期货价格也下降 300 元 / 吨，盈亏如下：

$$现货头寸：-300\times 100=-30\ 000$$
$$期货头寸：-300\times (-100)=30\ 000$$
$$净盈亏：-10\ 000$$

在这个简单的例子中，糖厂用同样规模的期货头寸对冲，完全消除了价格风险。但是在大多数情况下，期货价格的变动不会与现货价格的变动完全一致，因此，即使用于套期保值的期货头寸与现货的头寸完全相同，也不能完全消除面临的风险。比如，上面例子中，如果现货价格下降 300 元 / 吨，而期货价格下降 200 元 / 吨，这时的盈亏状况如下：

$$现货头寸：-300\times 100=-30\ 000$$
$$期货头寸：-200\times (-100)=20\ 000$$
$$净盈亏：-10\ 000$$

这就是基差风险，也就是基差波动的风险。

根据基差的定义，有：

$$B_{t,T}=CP_t-FP_{t,T}$$

基差的变化为：

$$\Delta B_{t,T}=\Delta CP_t-\Delta FP_{t,T}$$

如果现货与期货的价格变化完全相等，基差就不变，即：

$$\Delta CP_t=\Delta FP_{t,T}$$

那么，有：

$$\Delta B_{t,T}=\Delta CP_t-\Delta FP_{t,T}=0$$

当二者变化不相等时，基差变化就不等于 0，因而就有了基差风险。基差风险定义为

基差的方差 $\sigma^2(B)_{t,T}$，如下：

$$\sigma^2(B)_{t,T}=\sigma^2(CP_t-FP_{t,T}) \quad (4.2)$$

或者：

$$\sigma^2(B)_{t,T}=\sigma^2(CP_t)+\sigma^2(FP_{t,F})-2\rho\sigma(CP_t)\,\sigma(FP_{t,T}) \quad (4.3)$$

其中，σ^2 是方差；σ 是标准差；ρ 是期货价格与现货价格的相关系数。

这说明，只有当期货价格和现货价格完全正相关时，基差风险才可能等于 0。二者正相关程度越高，基差风险越小。因为现货和期货的价格不太可能完全正相关，套期保值总有基差风险。套期保值实际上就是把原本的价格风险转化成基差风险。而基差风险一般来说都比价格风险要小得多，因此，套期保值虽不能完全消除风险，但却可以大大降低风险。自然，基差风险越小，套期保值越有吸引力，效果越好。

4.4.2 套期保值效果的测度

既然套期保值是将价格风险转化成了比之小很多的基差风险。顺理成章地，套期保值效果的好坏可以通过比较套期保值者预计会有的基差风险与希望减小的价格风险之间的大小来评价。预期基差风险相对于价格风险越小，套期保值效果越好。定义套期保值效率（hedging effectiveness）为：

$$HE=1-\frac{\sigma^2(B)}{\sigma^2(CP)} \quad (4.4)$$

HE 越接近 1，套期保值效果越好。

在本章开头所举航空公司控制其航空用油的例子中，假设航空公司希望用多头期货套期保值的方法为可能的航空用油价格升高进行套期保值。如果有航空用油期货合约交易，该公司自然应该用以航空用油为标的的期货合约。因为期货合约与其标的资产的相关性是最强的。而且，如果套期保值期限与合约到期期限相同，能达到完全消除风险的目的。但是，如果市场上没有航空用油期货合约的交易，航空公司就不得不选用其他的石油期货合约，比如燃料油、汽油、取暖油、原油等为标的的期货合约。用标的资产与要套期保值的现货资产不同的期货合约套期保值，被称为交叉套期保值。交叉套期保值就衍生出了期货合约的选择、套期保值比率等问题。

4.5 套期保值的一些基本原则

4.5.1 期货合约的选择

为了实现最佳的套期保值效果，自然应该选择与被保值资产相关性最高的期货合约。这样，在被保值资产本身有期货合约交易时，选择以被保值资产为标的资产的期货合约就是合约选择上的基本原则。而在交叉套期保值中，期货合约的选择应以与套保现货正相关程度最高的合约为准。可以用历史价格数据计算出相关期货价格与被保值资产价格的历史相关系数，同时考虑相关期货合约与被保值资产实质上的经济关联性再做决定。因为历史相关性并不一定代表其未来的相关性，并不一定源于其真实的关联性。

4.5.2 期货合约的月份选择

期货合约选定之后，还需要选择到期月份，因为大多数期货合约都只有特定到期月份的合约在市场上交易。理论上讲，由于期货价格随到期月份的临近会收敛于现货价格，如果选择与保值期限相同的到期月份，前后的基差都没有不确定性（开始套保时基差已知，套保结束时基差为0），可以实现完全的套期保值目的。因此，合理的到期月份应尽可能与套保期限相适应。但是，一方面，现实中可能没有恰好与套保期限完全相同的到期月份的期货合约；另一方面，即使有，因为到期月份的期货合约更易出现价格的异常波动，而且商品期货的实物交割有时也是套期保值者所不愿面对的，因此，一般的原则是避免选择到期月份恰好等于套期保值期限的合约。一般情况下，投资者会选择一个尽可能接近但是迟于套期保值期限的到期月份。当然，并非所有的期货合约在到期当月都呈现异常波动，而有些套期保值者可能也愿意到期交割。如果是这种情况，对于有些已证明到期月份价格比较稳定的期货可以选择期限相同的到期月份，以实现完全对冲。

如果套期保值的期限不确定，比如，燃油供应商与客户签有长期的供应合同，他可能做不到套期保值期限与期货合约到期月份的相互匹配。这时，有两种方法可供使用：第一，用近月合约套保。随着时间的延续，不断平仓快到期的，再开仓另一个到期月份较近的，直到套期保值结束。这被称为滚动套期保值或套期保值展期。这样做是因为近月合约与现货价格相关性最强，最易减小基差风险。但是频繁地买卖期货合约，会伴随着更多的交易费用，也可能会有一些额外的风险。第二，选择比较远期的合约，尽量减少期货合约的频繁买卖，这样做则可能增加基差风险。

月份的选择没有统一的法则，需根据具体情况斟酌决定。合约及合约到期月份选择好之后，接下来就是确定合约的头寸，这个问题属于套期保值比率的问题，我们将专节予以讨论。

4.6 套期保值比率

4.6.1 套期保值比率与最优套期保值比率

套期保值比率就是在套期保值时所用期货合约的头寸与被保值资产头寸的比率，即

$$HR = \frac{Q_f}{Q_c} \tag{4.5}$$

其中，HR 为套期保值比率；Q_f为期货合约的规模；Q_c为现货规模。

例如，如果用 30 万吨汽油空头期货头寸为 40 万吨汽油现货套期保值，套期保值比率即为 0.75。

最优套期保值比率定义为：

$$HR^* = \frac{Q_f^*}{Q_c} \tag{4.6}$$

其中，Q^*_f是使风险最小的期货合约的头寸规模。

为理解最优套期保值比率的确定，考虑式（4.7）：

$$\Delta V_H = \Delta CP \times Q_c - \Delta FP \times Q_f^* \tag{4.7}$$

其中，ΔV_H是整个套期保值资产组合的价值变化；ΔCP 是现货价格的变化；ΔFP 是期货价格的变化；Q_c 是现货的头寸。令整个套期保值资产组合的价值变化为 0，则有：

$$\Delta V_H = \Delta CP \times Q_c - \Delta FP \times Q_f^* = 0$$

因此，有：

$$\frac{\Delta CP}{\Delta FP} = \frac{Q_f^*}{Q_c} \tag{4.8}$$

因为，$HR^* = \frac{Q_f^*}{Q_c}$，所以，$HR^* = \frac{\Delta CP}{\Delta FP}$，即等于现货价格变化与期货价格变化的比率。比如，如果现货的价格每变化 1 元，期货的价格总变化为 1.25 元。最优套期保值比率就是：

$$HR^* = \frac{1}{1.25} = 0.80$$

得出最优套期保值比率后就可求出所需买卖的期货的合约数量。

由 $\frac{\Delta CP}{\Delta FP} = \frac{Q_f^*}{Q_c}$，有：

$$Q_f^* = \frac{\Delta CP}{\Delta FP} \times Q_c$$

而 $Q_f^* = Q_c \times HR^*$，$Q_f^* = NFC^* \times Q_{fc}$，

NFC^* 是最优套期保值期货合约的数量；Q_{fc} 是每份合约的规模。

所以，有：

$$NFC^* \times Q_{fc} = Q_c \times HR^*$$

$$NFC^* = \frac{Q_c}{Q_{fc}} \times HR^* \tag{4.9}$$

【例 4-1】

假定要通过空头套期保值为 420 000 加仑航空用油进行套期保值。由于没有航空用油的期货合约，套期保值者选择取暖油期货合约（42 000 加仑 / 手）。假设取暖油期货合约价格每变化 50 美分 / 加仑，航空油变化 35 美分 / 加仑。求需要卖空多少手期货合约？

$$HR^* = \frac{0.35}{0.50} = 0.70$$

$$NFC^* = \frac{420000}{42000} \times 0.7 = 7$$

因此，最小风险套期保值需要卖出 7 手合约。

套期保值比率是套期保值的一个重要概念。套期保值策略的问题多数都集中在套期保值比率上。不同的期货合约、不同的套期保值目标和背景有不同的套期保值比率的估计方法。

4.6.2 最优套期保值比率的统计估计

（1）最小方差套期保值比率法

如前所述，最优套期保值比率是使得套期保值整体组合的风险最小的套期保值比率，也就是使得整个套期保值组合收益的波动最小化的套期保值比率，具体体现为套期保值收益的方差最小化。设套期保值比率为 HR，期货价格变化 ΔFP 的方差为 σ_f^2，现货价格变化 ΔCP 的方差为 σ_c^2，整体组合收益的变化的方差为 σ_Π^2，则有：

$$\sigma_\Pi^2 = \sigma_c^2 + HR^2\sigma_F^2 - 2HR\mathrm{cov}(\Delta CP, \Delta FP) = \sigma_c^2 + HR^2\sigma_F^2 - 2HR\rho\sigma_c\sigma_F \tag{4.10}$$

在最小方差套期保值比率方法下，使组合收益的方差最小化，令式（4.9）对 HR 的一阶导数等于 0，则有：

$$\frac{\mathrm{d}\sigma_\Pi^2}{\mathrm{d}HR} = 2HR\sigma_F^2 - 2\rho\sigma_c\sigma_F = 0$$

可得：

$$HR = \rho\frac{\sigma_c}{\sigma_F} \tag{4.11}$$

也就是说，期货最小方差套期保值比率等于和之间的相关系数乘以的标准差与的标准差的比率。

（2）回归分析法

由于最优套期保值比率取决于期货价格变化与现货价格变化的相关性，在实践中，也可以用现货价格变化对期货价格变化进行线性回归的方法求最优套期保值比率：

$$\Delta CP = \alpha + \beta \Delta FP + \varepsilon \tag{4.12}$$

式（4.12）求出的 β 即是最优套期保值比率。

用回归方法求套期保值比率还可以了解价格风险通过套期保值在多大程度上得到了减少。因为由统计学知识可知，线性回归的决定系数 R^2 告诉我们现货价格的变化在多大程度上由期货价格的波动所解释。因此，$1-R^2$ 也就代表了期货价格所不能解释，进而不能对冲的期货价格变化的比例。

从经济学的角度来看，就是现货价格风险能够用最优期货套期保值减少的部分，而 $1-R^2$ 则是即便在最优期货套期保值的情况下仍然存在的风险比例。例如，如果我们通过线性回归的方式求出 $\beta=0.9$，$R^2=0.8$，那么通过历史数据得出最优套期保值比率，由于套期保值，我们可以期望通过给每 10 个单位的现货 9 个单位的期货对冲，来减少 80% 的现货价格风险，但是仍有 20% 的风险不能消除。

可见，在选择期货合约最大程度减少价格风险时，应该选择期货价格与现货价格有最大的回归决定系数的期货合约。决定系数越大，减少风险的程度越理想。

【例 4-2】

2015 年 1 月 1 日，某粮商持有 150 000 吨普通小麦，其中，50 000 吨将在 2 月 1 日卖出，100 000 吨将在 3 月卖出。期货市场上有 1 月、3 月、5 月、7 月、9 月、11 月到期的普通小麦期货合约的交易，合约规模 50 吨 / 手。该粮商希望用期货合约进行套期保值。假设小麦期货合约到期月份的价格也是较稳定的，而且该粮商不反对用实物交割的方式了结期货。再假设用小麦现货价格对近月普通小麦期货价格回归的结果是：

$$\Delta CP = 0.8 \times \Delta FP$$

试确定 1 月 1 日的最优套期保值策略。

这里的套期保值是规避价格下降的风险，因此，属于空头套期保值，卖出期货。根据期货合约月份选择的一般原则，应该选择 3 月到期合约。

2 月将出售的 50 000 吨小麦因保值期限提前合约月份 1 个月而有基差风险。对其的最优套期保值比率为0.8，因此所需卖出的3月期货合约数量为 $0.8\times\frac{50\ 000}{50}=800$（手）。

对于3月份将出售的100 000吨小麦，因为粮商可以以实物交割方式出售小麦，因而也选择3月期货合约套期保值，此时期限与套期保值期限一致，因价格的收敛而没有基差风险。所以，最优的套期保值是卖出同头寸的期货合约。应卖出期货合约的数量为：$\frac{10\ 0000}{50}=2\ 000$（手）。

因此，最优套期保值策略是卖出3月普通小麦期货合约2 800手。到2月1日，买进800手3月期货合约平仓，同时以市场价格卖出50 000吨小麦。3月份实物交割100 000吨小麦。

如果1月1日的价格及后面的价格变化如下：

1月1日，现货价格为2 410元/吨，3月普通小麦期货价格为2 530元/吨。

对于3月份卖出的100 000吨小麦，其出售价格被锁定为2 530元/吨。

对于将于2月1日出售的50 000吨小麦，假设期货合约价格下降100元/吨，至2 430元/吨。如果基差变化如回归所预期的情况，那么，现货价格下降 $0.8\times100=80$（元/吨），至2 330元/吨。则其现金流见表4-10所例。

表4-10 现金流情况

项目	现货市场	期货市场
1月	持有50 000吨，价值12 050万元	以2 530元/吨卖出800手合约
2月	以2 330元/吨卖出50 000吨，现金流入11 650万元 净损失400万元	以2 430元/吨买进800手合约 净盈利400万元

如果基差变化与预先的估计相同，两个市场的盈亏可以完全相抵。但是，现实中，两者一般不会完全相同，因而，最优套期保值仍有基差风险。

4.7 点价交易及套期保值

只要是未来的交易，就存在价格风险。前面用期货进行套期保值可以说是一种非常有效的规避价格风险的方法。但是，正如我们已经看到的，即便选择最优套期保值，仍然面临基差风险。除了前面讲到的期货套期保值之外，在实践中，人们还创造出点价交易的方式，并把点价交易与期货套期保值结合起来，使得价格风险得到了进一步的降低。

4.7.1 点价交易

点价交易（pricing），是指以某月份的期货价格为计价基础，以期货价格加上或减去双方协商同意的升贴水来确定双方买卖现货商品价格的定价方式。点价交易从本质上看是一种为现货贸易定价的方式，交易双方并不需要参与期货交易。目前，在一些大宗商品贸易中，例如大豆、铜、石油等的贸易，点价交易已经得到了普遍应用。例如在大豆的国际贸易中，通常以芝加哥期货交易所的大豆期货价格作为点价的基础；在铜精矿和阴极铜的贸易中通常利用伦敦金属交易所或纽约商品交易所的铜期货价格作为点价的基础。之所以使用期货市场的价格来为现货交易定价，主要是因为期货价格是通过集中、公开竞价方式形成的，价格具有公开性、连续性、预测性和权威性。使用大家都公认的、合理的期货价格来定价，可以省去交易者搜寻价格信息、讨价还价的成本，提高交易的效率。

与传统的贸易不同，在点价交易中，贸易双方并非直接确定一个价格，而是以约定的某月份期货价格为基准，在此基础上加减一个升贴水来确定。升贴水的高低，与点价所选取的期货合约月份的远近、期货交割地与现货交割地之间的运费以及期货交割商品品质与现货交割商品品质的差异有关。在国际大宗商品贸易中，由于点价交易被普遍应用，升贴水的确定也是市场化的，有许多经纪商提供升贴水报价，交易商可以很容易地确定升贴水的水平。

根据确定具体时点的实际交易价格的权利归属划分，点价交易可分为买方叫价交易和卖方叫价交易，如果确定交易时间的权利属于买方，称为买方叫价交易，若权利属于卖方，则为卖方叫价交易。

4.7.2 点价交易与期货套期保值的结合

由于在实施点价之前，双方所约定的期货基准价格是不断变化的，所以交易者仍然面临价格变动风险。为了有效规避这一风险，交易者将点价交易与期货套期保值操作结合起来，从而大大降低了价格风险。

【例 4-3】

10 月 20 日，中国某榨油厂与美国某贸易商签署进口合同，约定进口大豆的到岸价为“CBOT 的 1 月大豆期货合约 + CNF100 美分”，即在 1 月份 CBOT 大豆期货价格的基础上加上 100 美分 / 蒲式耳的升水，以此作为进口到岸价格。并约定由该榨油厂在 12 月 15 日装船前根据 CBOT 期货盘面价格自行点价确定。合同确立后，大豆的进口到岸价格实际上并未确定下来，如果在榨油厂实施点价之前，1 月份 CBOT 大豆期货价格上涨，该榨油厂就要接受此高价。为了规避这一风险，该榨油厂在签署进口合同的同时，在 CBOT 买入等数量的 1 月份大豆期货合约进行套期保值。

到了 12 月 15 日，该贸易商完成大豆装船，并通知该榨油厂点价。该油厂在 1 月份

CBOT 大豆期货上分批完成点价，均价为 1 030 美分 / 蒲式耳。该批大豆的进口到岸价也相应确定下来，为 1 030+100=1 130（美分 / 蒲式耳）。该榨油厂按该价格向贸易商结清货款。与此同时，该油厂将套期保值头寸卖出平仓，结束交易。

在实际操作中，为了保证能够按照所点的期货价格将期货头寸进行平仓，油厂和贸易商可以申请期转现交易，将双方期货套期保值头寸的平仓价确定在所点的价位上。

在该案例中，假设在签署进口合同时期货价格为 800 美分 / 蒲式耳，这意味着，如果不进行套期保值，在该榨油厂实施点价时，由于期货价格上涨至 1 030 美分 / 蒲式耳，该厂要承担相当于 230 美分 / 蒲式耳的损失。如果在签署合同的同时进行买入套期保值，即使点价期间价格上涨，其期货套期保值头寸因价格上涨所带来的盈利也可以弥补现货上的损失，从而较好地规避价格风险。

这里的操作与一般的套期保值操作的不同之处在于，由于是点价交易与套期保值操作相结合，套期保值头寸了结的时候，对应的基差基本上等于点价交易时确立的升贴水。这就保证在套期保值建仓时，就已经知道了平仓时的基差，从而减少了基差变动的不确定性，降低了基差风险。

本章小结

1. 期货交易的一个重要应用就是套期保值。交易者可以通过在期货市场上买进或卖出相反头寸的期货合约的方式对冲持有的现货头寸的风险，达到降低甚至消除由于市场价格变化遭遇损失的目的。

2. 套期保值之所以能够起到风险对冲的作用，其根本的原因在于：期货价格与现货价格受到相同或相似的供求等因素影响，两者的变动趋势趋同。通过套期保值，无论价格是涨还是跌，总会出现一个市场盈利而另一个市场亏损的情形，这样就可以用一个市场上的盈利来抵补另一个市场上的亏损，从而起到规避价格风险的目的。根据持有期货合约头寸的不同，期货套期保值分为空头套期保值与多头套期保值。

3. 套期保值的效果取决于套期保值期间基差风险的大小。现货价格与期货价格的差被称为基差。只有当期货价格和现货价格完全正相关时，基差风险才可能等于 0。二者正相关程度越高，基差风险越小。因为现货和期货的价格不太可能完全正相关，套期保值总有基差风险。套期保值实际上就是把原本的价格风险转化成基差风险。而基差风险一般说来都比价格风险要小得多，因此，套期保值虽不能完全消除风险，但却可以大大降低风险。自然，基差风险越小，套期保值越有吸引力，效果越好。

4. 不论期货与现货价格如何变化，基差走强有利于空头套期保值者；而基差走弱，有利于多头套期保值者。

5. 为实现预期的套期保值效果，应该选择与被保值资产相关性最高的期货合约，而且要根据套期保值期限适当选择合约的到期月份。当期货合约的标的资产与被保值资产不同时，其被称为交叉套期保值。交叉套期保值存在选择套期保值比率问题。最优套期保值比率常用最小方差套期保值比率法或回归分析法进行估计。在实际操作中也可以通过改变套期保值比率来改变投资组合的风险目标。

6. 期货价格因其权威性常被作为现货交易的价格，因而市场上有结合期货价格的点价交易。为了有效规避风险，交易者可以将点价交易与套期保值结合在一起进行操作。

习　题

1. 一位企业的财务总管说："用衍生金融工具进行套期保值毫无意义。因为正常情况下，未来价格上升的可能性与价格下降的可能性同样存在。套期保值不仅减少了未来价格的不利变化带来意外损失的可能性，它也同样减少了当未来价格出现有利变化时企业获取更高收益的可能性。"如何看待这位财务总管的观点？

2. 有人认为套期保值减少了市场的价格风险。请谈谈你的观点。

3. 阐述套期保值所能管理的风险，并阐述套期保值的基本原理。

4. 什么是多头套期保值？什么是空头套期保值？两种套期保值的适用情景各是什么？

5. 什么是基差？阐述基差变化对多头套期保值者与空头套期保值者的影响有何不同。

6. 怎样测度套期保值的效果？有人说："套期保值效果越好，套期保值者盈利越高。"这种说法对吗？

7. 试说明期货套期保值合约选择的基本原则。

8. 假设某商品现货的价格月度波动的标准差为 0.55，该商品期货合约价格波动的标准差为 0.68，二者的相关系数为 0.85，计算 1 月期套期保值的最优套期保值比率。

9. 在最优套期保值比率下能否完全消除价格风险？

10. 什么是点价交易？点价交易怎样结合期货套期保值降低了价格风险？

11. 2015 年 11 月初，东北某农场与某豆制品企业签署了第二年 2 月出售 5 000 吨大豆的商业合同，当时大豆的市场价格为 3 950 元 / 吨。农场因担心市场价格下跌造成收益减少，决定 10 月 11 日用大连期货交易所黄大豆 1 号期货合约进行套期保值。大连期货交易所交易的该期货合约的情况见表 4–11 所示。该农场应如何设计其套期保值策略？

表 4–11　大连商品交易所 2015 年 11 月 10 日行情

商品名称	交割年月	开盘价（元 / 吨）	最高价（元 / 吨）	最低价（元 / 吨）	收盘价（元 / 吨）	前结算价（元 / 吨）	结算价（元 / 吨）
豆一	1511	—	—	—	3 846	3 846	3 846
豆一	1601	3 863	3 867	3 838	3 853	3 870	3 853
豆一	1603	3792	3 816	3 792	3 816	3 806	3 801
豆一	1605	3 855	3 824	3 836	3 855	3 836	3 844

（续表）

商品名称	交割年月	开盘价（元/吨）	最高价（元/吨）	最低价（元/吨）	收盘价（元/吨）	前结算价（元/吨）	结算价（元/吨）
豆一	1607	—	—	—	3 808	3 826	3 808
豆一	1609	3 824	3 826	3 787	3 788	3 821	3 798
豆一	1611	—	—	—	3 801	3 801	3 801
豆一	1701	3 726	3 736	3 707	3 710	3 732	3 716
豆一	1703	3 714	3 790	3 700	3 703	3 709	3 719

12. 在第 11 题中，假设该农场开仓价格等于 11 月 10 日的结算价格，到了 2016 年 2 月 15 日农场以 3820 元 / 吨出售大豆给豆制品企业，按表 4-12 所示的收盘价平仓期货合约，计算套期保值的盈亏情况，并评价套期保值效果。

表 4-12　大连商品交易所 2016 年 2 月 15 日行情

商品名称	交割年月	开盘价（元/吨）	最高价（元/吨）	最低价（元/吨）	收盘价（元/吨）	前结算价（元/吨）	结算价（元/吨）
豆一	1603	3 400	3 400	3 353	3 353	3 373	3 381
豆一	1605	3 465	3 487	3 426	3 453	3 473	3 451
豆一	1607	—	—	—	3 495	3 509	3 495
豆一	1609	3 405	3 429	3 371	3 384	3 409	3 400
豆一	1611	3 371	3 371	3 371	3 371	3 378	3 371
豆一	1701	3 375	3 398	3 360	3 370	3 380	3 375
豆一	1703	3 404	3 416	3 404	3 410	3 400	3 410
豆一	1705	3 437	3 438	3 397	3 405	3 419	3 414
豆一	1707	—	—	—	3 430	3 430	3 430

13. 假设国内某钢厂某年 2 月底与某建筑企业签署了一份 1 000 吨钢材供货合同，合同约定 3 月 20 日前由建筑企业根据上海期货交易所 4 月螺纹钢期货价格点价决定成交价格，成交价格为期货价格 +100 元 / 吨。价格确定后钢厂即发货。为了防范风险，该钢厂决定通过螺纹钢期货合约进行套期保值。假设钢材现货价格月度价格的波动标准差为 1.1 元 / 吨，近月螺纹钢期货合约价格波动的月度标准差为 1.3，二者的相关系数为 0.8。试问该钢厂应该如何操作？

14. 接上题。假设双方签署供货合同时，4 月螺纹钢期货合约价格为 1 660.65 元 / 吨。3 月 20 日，螺纹钢期货价格为 1 530.50 元 / 吨，该建筑企业分批完成点价，均价为 1 580.30 元 / 吨。钢厂与建筑企业进行货款结算并平仓了结期货交易。钢厂套期保值的效果如何？

第五章　期货的投机与套利

5.1　期货投机

5.1.1　期货投机及其作用

期货投机是指交易者通过预测期货合约未来价格变化，以在期货市场上获取价差收益为目的的期货交易行为。套期保值、控制风险固然是衍生金融工具的重要职能，投机活动却也是衍生工具市场不可或缺的重要行为。投机活动的作用主要体现在如下三个方面：

第一，套期保值是把风险转移出去，而不是消除风险。这就必须有风险的接受者，投机者恰恰扮演了风险接受者的角色。投机者实际上是通过承担风险，赚取风险收益的人群。如果市场上没有了愿意承担风险的投机者，套期保值也将难以进行。因此，套期保值者需要向投机者支付风险溢价。一般说来，投机行为越多，投机的利润会越低，套期保值的成本越低。

第二，投机交易有助于增强市场的价格发现功能。通过不断买卖，投机行为会促使市场价格更好地反映经济的基本状况。更多的交易会使期货价格与未来真实的价格更趋一致，市场配置资源的效率会更高，这会更有利于整体经济的发展。

第三，投机交易增强了市场的流动性，使市场竞争更趋良性。这有利于降低期货市场与现货市场的交易费用。这也是其提高市场有效性，有利于所有市场参与者的重要方面。

期货投机与套期保值的区别主要有：

第一，从交易目的来看，期货投机交易以赚取价差收益为目的；而套期保值交易的目的是利用期货市场规避现货价格波动的风险。

第二，从交易方式来看，期货投机交易是在期货市场上进行买空卖空，从而获得价差收益；套期保值交易则是在现货市场与期货市场同时操作，以期达到对冲现货市场价格波动风险的目的。

第三，从交易风险来看，期货投机者在交易中通常是为博取价差收益而主动承担相应的价格风险；套期保值者则是通过期货交易规避现货价格风险。因此，一般说来，期货投机者更具冒险精神，而套期保值者则是典型的价格风险厌恶者，经营上更加谨慎。

5.1.2 投机者的类型

根据不同的划分标准，对期货投机者大致可作如下的划分：

第一，按交易主体划分，可分为机构投机者和个人投机者。机构投机者是指用自有资金或者从分散的公众手中筹集的资金专门进行期货投机活动的机构，主要包括各类基金、金融机构、工商企业等。个人投机者则是指以自然人身份从事期货投机交易的投机者。

第二，按持有头寸方向划分，可分为多头投机者和空头投机者。在交易中，投机者预测未来价格波动方向并确定交易头寸的方向。若投机者预测价格上涨买进期货合约，持有多头头寸，则被称为多头投机者；若投机者预测价格下跌卖出期货合约，持有空头头寸，则被称为空头投机者。

第三，按持仓时间长短划分，可分为长线交易者、短线交易者和日内交易者。长线交易者通常持有合约几天、几周甚至几个月。短线交易者一般当天下单，在一日或几日内了结所持有的合约。日内交易者通常只进行当日的买卖，一般不会持仓过夜。“抢帽子者”是对日内交易者的一种俗称，通常指当日交易者中频繁买卖期货合约的投机者。当然，这种通过持仓时间长短划分投机者是一种相对的分法。

5.1.3 投机交易的常见操作方法

（1）开仓阶段

① 入市时机的选择

第一步，通过基本分析法，判断市场处于牛市还是熊市。如果是牛市，进一步利用技术分析法分析升势有多大，持续时间有多长；如果是熊市，则可进一步利用技术分析法分析跌势有多大，持续时间有多长。

第二步，权衡风险和获利前景。投机者在决定入市时，要充分考虑自身承担风险的能力，并且只有在判断获利的概率较大时，才能入市。

第三步，决定入市的具体时间。期货价格变化很快，入市时间的确定尤其重要。即使对市场发展趋势的分析准确无误，但如果入市时间不当，在预测的趋势尚未出现之前买卖合约，仍会使投机者蒙受惨重损失。技术分析法对选择入市时间有一定作用。投机者通过基本分析认为从长期来看期货价格将上涨（下跌），如果当时的市场行情却持续下滑（上升），这时可能是投机者的分析出现了偏差，过高地估计了某些供求因素，也可能是一些短期因素对行情具有决定性的影响，使价格变动方向与长期趋势出现了暂时的背离。

建仓时应注意，只有在市场趋势已明确上涨时，才买入期货合约；在市场趋势已明确下跌时，才卖出期货合约。如果趋势不明朗或不能判定市场发展趋势，不要匆忙建仓。

② 金字塔式建仓策略

金字塔式交易是一种增加合约仓位的方法，即如果建仓后市场行情走势与预期相同并已使投机者获利，可增加持仓。增仓应遵循以下两个原则。

第一，只有在现有持仓已盈利的情况下，才能增仓；第二，持仓的增加应渐次递减。金字塔式交易的特点是将不断买入（卖出）的期货合约的平均价格保持在较低（高）水平。

【例 5-1】

某投机者预计 9 月大豆期货合约价格将上升，故买入 7 手（10 吨 / 手），成交价格为 4 310 元 / 吨，此后合约价格迅速上升到 4 350 元 / 吨，首次买入的 7 手合约已经为他带来浮动盈利 10×7×（4 350－4 310）= 2 800（元）。为进一步利用该价位的有利变动，该投机者再次买入 5 手 9 月合约，持仓总数增加到 12 手，12 手合约的平均买入价为（4 310×70+4 350×50）/ 120 = 4 326.7（元 / 吨）。当市场价格再次上升到 4 385 元 / 吨时，又买入 3 手合约，持仓总计 15 手，所持仓的平均价格为 4 338.3 元 / 吨。当市价上升到 4 405 元 / 吨再买入 2 手，所持有合约总数为 17 手，平均买入价为 4 346.2 元 / 吨。当市价上升到 4 425 元 / 吨再买入 1 手，所持有合约总数为 18 手，平均买入价为 4 350.6 元 / 吨。操作过程见图 5-1。

价格（元 / 吨）	持仓数（手）	平均价（元 / 吨）
4 425	×	4 350.6
4 405	× ×	4 346.2
4 385	× × ×	4 338.3
4 350	× × × × ×	4 326.7
4 310	× × × × × × ×	4 310.0

图 5-1　金字塔式建仓策略

这是金字塔式建仓策略。本例中，采取金字塔式买入合约时持仓的平均价虽有所上升，但升幅远小于合约市场价格的升幅，市场价格回落时，持仓不会受到严重威胁，投机者有充足的时间卖出合约并获得利润。例如，如果市场价格上升到 4 425 元 / 吨后开始回落，跌到 4 370 元 / 吨，该价格仍然高于平均价 4 350.6 元 / 吨，立即卖出 18 手合约仍可获利（4 370－4 350.6）×18×10 = 3 492（元）。

金字塔式卖出的做法可以照此类推。

如果建仓后，市场价格变动有利，投机者增加仓位不按原则行事，每次买入或卖出的合约份数总是大于前一次的合约份数，合约的平均价就会接近最新成交价，只要价格稍有下降或上升，便会吞食所有利润，甚至亏损，因而不建议采用倒金字塔式的方法进行买入或卖出。

③ 合约交割月份的选择

建仓时除了要决定买卖何种合约及何时买卖，还必须确定合约的交割月份。

投机者在选择合约的交割月份时，通常要注意以下两个方面的问题：一是合约的流动性；二是远月合约价格与近月合约价格之间的关系。

根据合约流动性的不同，可将期货合约分为活跃月份合约和不活跃月份合约两种。一般来说，期货投机者在选择合约月份时，应选择交易活跃的合约月份，避开不活跃的合约月份。活跃的合约月份具有较高的市场流动性，方便投机者在合适的价位对所持头寸进行平仓。而如果合约月份不活跃，投机者想平仓时，经常需等较长的时间或接受不理想的价差。

在正向市场中，远月合约的价格大于近月合约的价格。一般来说，对商品期货而言，当市场行情上涨且远月合约价格相对偏高时，若远月合约价格上升，近月合约价格也会上升，以保持与远月合约间正常的持仓费用关系，且可能近期月份合约的价格上升更多；当市场行情下降时，远月合约的跌幅不会小于近月合约，因为远月合约对近月合约的升水通常不可能大于与近月合约间相差的持仓费。所以，多头投机者应买入近月合约；空头投机者应卖出远月合约。

在反向市场中，远月合约的价格低于近月合约的价格。一般来说，对商品期货而言，当市场行情上涨且远月合约价格相对偏低时，若近月合约价格上升，则远月合约的价格也上升，且远月合约价格上升可能更多；如果市场行情下降，则近月合约受的影响较大，跌幅很可能大于远月合约。所以，做多头的投机者宜买入交割月份较远的远月合约，行情看涨时可获得较多利润；而做空头的投机者宜卖出交割月份较近的近月合约，行情下跌时可获得较多利润。不过，在因现货供应极度紧张而出现反向市场的情况下，可能会出现近月合约涨幅大于远月合约的局面，投机者对此也要多加注意，避免进入交割期而出现违约风险。

（2）平仓阶段

投机者建仓后应密切关注行情的变动，适时平仓。行情变动有利时，通过平仓获取投机利润；行情变动不利时，通过平仓可以限制损失。

投机者在交易出现损失，并且损失已经达到事先确定的数额时，应立即对冲了结，认输离场。过分的赌博心理，只会造成更大损失。在行情变动有利时，不必急于平仓获利，而应尽量延长持仓时间，充分获取市场有利变动产生的利润。这就要求投机者能够灵活运用止损指令，实现限制损失、累积盈利的目的。

止损指令是实现限制损失、累积盈利方法的有力工具。只要止损单运用得当，就可以为投机者提供必要的保护。止损单中的价格一般不能太接近当时的市场价格，以免价格稍有波动就不得不平仓，但也不能离市场价格太远，否则，又易遭受不必要的损失。止损单中价格的选择，可以利用技术分析法来确定。下面是小麦期货交易中运用止损指令的几个例子。

【例 5-2】

某投机者决定做小麦期货合约的投机交易，并确定其最大损失额为 50 元 / 吨。其以 2 550 元 / 吨的价格买入 20 手合约后，又下达一个卖出的止损指令，价格定于 2 500 元 / 吨。如果市价下跌，一旦达到 2 500 元 / 吨，该合约便会以止损价格或更好的价格平仓。通过该指令，投机者的交易可能会亏损，但损失额仅限于 50 元 / 吨左右。

止损指令下达后，如果市场行情走势符合投机者预期，价格朝有利方向变动，投机者就可继续持有手中头寸，直至市场趋势出现逆转为止，如例 5-3 所示。

【例 5-3】

某投机者决定进行小麦期货合约的投机交易，以 2 550 元 / 吨买入 20 手合约。成交后市价上涨到每吨 2 610 元。因预测价格仍将上涨，投机者决定继续持有该合约。为防止市价下跌侵蚀已获得的利润，投机者下达一份止损单，价格定于 2 590 元 / 吨。如果市价下跌，一旦达到 2 590 元 / 吨，该合约便会以止损价格或更好的价格平仓。通过止损，投机者的利润虽有减少，但仍然有 40 元 / 吨左右的利润。如果价格继续上升，该止损指令自动失效，投机者可进一步扩大利润。

以上做法，既可限制损失，又可充分利用市场价格的有利变动，以累积盈利。例 5-4 是对例 5-2 和例 5-3 的综合分析。

【例 5-4】

某投机者决定做小麦期货合约的投机交易，以 2 550 元 / 吨买入 20 手合约。成交后立即下达一份止损单，价格定于 2 500 元 / 吨。此后市价下跌，可以将损失限制在每吨 50 元左右。若价格上升，在价格上升到 2 610 元 / 吨时，投机者可取消上一止损指令，下达一份新的止损指令，价格定于 2 590 元 / 吨。若市价回落，可以保证获得 40 元 / 吨左右的利润。若市价继续上升，当上升到 2 630 元 / 吨，则可再取消前一止损指令，再重新下达一份止损指令，价格定于 2 600 元 / 吨。此时，即便价格下跌，也可保证 50 元 / 吨的利润。依此类推。

同样，如果投机者做空头交易，卖出合约后可以下达买入合约的止损指令，并在市场行情有利时不断调整指令价格，下达新的止损指令，达到限制损失，累积盈利的目的。可见，止损指令是期货投机中非常有用的工具。

5.2 期货套利

5.2.1 期货套利及其作用

（1）价差套利与期现套利

根据套利是否涉及现货市场，期货套利可分为价差套利（spread）和期现套利（arbitrage）。所谓期货价差套利，是指利用期货市场上不同合约之间的价差的偏误，通过合约之间的反向交易进行的套利行为，包括后面要讲到的跨期套利、跨市套利和跨品种套利。期现套利，是指利用期货市场与现货市场之间价差的偏误，通过在期货和现货两个市场上进行反向交易，待价差趋于合理而获利的交易。

（2）期货价差套利的作用

期货价差套利在本质上是期货市场上的一种针对价差的投机，但与普通期货投机交易相比，风险较低。因为期货价差套利是利用期货市场中某些期货合约价格失真的机会，并预测该价格失真会最终消失，从而获取套利利润。因此，正如期现套利有助于推动期货价格与现货价格的关系趋于合理一样，期货价差套利在客观上有助于将扭曲的期货市场价格重新恢复到正常水平，它的存在对期货市场的健康发展具有重要作用，主要表现在以下两个方面：

第一，期货价差套利行为有助于不同期货合约价格之间的合理价差关系的形成。期货价差套利交易的获利来自于对不合理价差的发现和利用，套利者会时刻注意市场动向，如果发现相关期货合约价差存在异常，则会通过套利交易获取利润。而这种套利行为，客观上会对相关期货合约价格产生影响，促使价差趋于合理。

第二，期货价差套利行为有助于提高市场流动性。期货价差套利交易客观上能扩大期货市场的交易量，承担价格变动的风险，提高期货交易的活跃程度，并且有助于其他交易者的正常进出和套期保值操作的顺利实现，有效地降低市场风险，促进交易的流畅化和价格的理性化，因而起到了市场润滑剂和减震剂的作用。

5.2.2 价差与期货价差套利

（1）期货价差的定义

期货价差，是指期货市场上两个不同月份或不同品种期货合约之间的价格差。与投机交易不同，在期货价差套利中，交易者不关注某一个期货合约的价格向哪个方向变动，而是关注相关期货合约之间的价差是否在合理的区间范围。如果价差不合理，交易者可利用这种不合理的价差对相关期货合约进行方向相反的交易，等价差趋于合理时再同时将两个合约平仓获取收益。

期货价差套利的交易者要同时在相关合约上进行方向相反的交易，即同时建立一个多头头寸和一个空头头寸，这是套利交易的基本原则，如果缺少了多头头寸或空头头寸，就像一个人缺了一条腿无法正常走路。因此，期货价差套利中建立的多头和空头头寸被形象地称为套利的“腿”（legs，也可称为“边”）。

大多数期货价差套利活动都是由买入和卖出两个相关期货合约构成，因而套利交易通常具有两条“腿”。但也有例外，例如跨品种套利中，如果涉及的相关商品不止两种，比如在大豆、豆粕和豆油三个期货合约间进行的套利活动，可能包含了一个多头、两个空头或者一个空头、两个多头，在这种情况下，套利交易可能会有三条“腿”。

（2）价差的计算

价差套利的盈亏取决于套利交易建仓后价差的变化。在价差套利交易中，价差的计算有其习惯做法，即在建仓时计算价差，须用价格较高的一“边”减去价格较低的一“边”。例如，某套利者买入5月份铝期货合约的同时卖出6月份的铝期货合约，价格分别为13 730元/吨和13 830元/吨，6月份价格高于5月份价格，因此价差为6月份价格减去5月份价格，即100元/吨。

为保持一致性，计算平仓时的价差，要用建仓时合约相减的顺序。例如，上述套利者建仓之后，5月份铝期货价格上涨至14 010元/吨，6月份铝期货涨幅相对较小，为13 870元/吨，如果套利者按照此价格同时将两个合约对冲了结该套利交易，则在平仓时的价差仍应该用6月份期货的价格减去5月份期货的价格，即为−140元/吨（而不应该用5月份期货价格减去6月份期货的价格，即140元/吨）。因为只有计算方法一致，才能恰当地比较价差的变化。

由于期货价差套利交易是利用相关期货合约间不合理的价差来进行的，价差能否在套利建仓之后“回归”正常，会直接影响到套利交易的盈亏和套利的风险。具体来说，如果套利者认为某两个相关期货合约的价差过大时，会预期套利建仓后该价差将缩小（narrow）；同样地，如果套利者认为某两个相关期货合约的价差过小时，会预期套利建仓后价差将扩大（widen）。

如果实时或平仓时，价差大于建仓时价差，则价差是扩大的；相反，如果实时（或平仓时）价差小于建仓时价差，则价差是缩小的。

【例5-5】

某套利者在8月1日买入9月白糖期货合约的同时卖出11月白糖期货合约，价格分别为5 120元/吨和5 220元/吨，到8月15日，9月和11月白糖期货价格分别变为5 390元/吨和5 450元/吨，价差变化为

8月1日建仓时的价差：5 220−5 120＝100（元/吨）；

8 月 15 日的价差：5 450－5 390＝60（元 / 吨）。

由此可以判断，8 月 15 日的价差相对于建仓时缩小了，价差缩小 40 元 / 吨。

（3）价差变动与套利盈亏计算

在计算期货价差套利的盈亏时，可分别计算每个期货合约的盈亏，然后进行加总，得到整个套利交易的盈亏，也可以通过计算价差的变化来计算套利交易的盈亏。

【例 5-6】

某套利者以 2 326 元 / 吨的价格买入 1 月的螺纹钢期货，同时以 2 570 元 / 吨的价格卖出 5 月的螺纹钢期货。持有一段时间后，该套利者以 2 316 元 / 吨的价格将 1 月合约卖出平仓，同时以 2 553 元 / 吨的价格将 5 月合约买入平仓。该套利交易的盈亏计算如下。

方法一：分别对两合约的盈亏进行计算，然后加总计算净盈亏。

1 月的螺纹钢期货合约：亏损＝2 326－2 316＝10（元 / 吨）；

5 月的螺纹钢期货合约：盈利＝2 570－2 553＝17（元 / 吨）；

套利结果：−10＋17＝7（元 / 吨）。

期货价差套利交易后套利者每吨螺纹钢盈利 7 元。

方法二：通过计算前后价差的变化来计算盈亏。

减仓时的价差：2 570 – 2 326 = 244（元 / 吨）；

平仓时的价差：2 553 – 2 316 = 237（元 / 吨）。

前者卖出，后者买入，属于后面将会讲到的卖出套利，因此，总收益为

244 – 237 = 7（元 / 吨）。

（4）价差扩大与买入套利

根据套利者对相关合约中价格较高的一边的买卖方向不同，期货价差套利可分为买入套利和卖出套利。

如果套利者预期两个或两个以上期货合约的价差将扩大，则套利者将买入其中价格较高的合约，同时卖出价格较低的合约，这从直观上看就是买入价差，因而称为买入套利（buy spread）。如果价差变动方向与套利者的预期相同，则套利者随后同时将两份合约平仓即可获利。

【例 5-7】

1 月 4 日，某套利者以 250 元 / 克卖出 4 月黄金期货，同时以 261 元 / 克买入 9 月黄金期货。假设经过一段时间之后，2 月 4 日，4 月价格变为 255 元 / 克，同时 9 月价格变为 272 元 / 克，该套利者同时将两合约对冲平仓，套利结果用两种方法计算如下。

方法一：分别对两合约的盈亏进行计算，然后加总计算净盈亏。

4 月的黄金期货合约：亏损 = 255 − 250 = 5（元 / 克）；

9 月的黄金期货合约：盈利 = 272 − 261 = 11（元 / 克）。

套利结果为：−5 + 11 = 6（元 / 克），即该套利交易可获得净盈利 6 元 / 克。

方法二：通过计算价差的变化来计算盈亏。

该套利者买入的 9 月黄金的期货价格要高于 4 月份，可以判断是买入套利。价差从建仓时的 11 元 / 克变为平仓时的 17 元 / 克，价差扩大了 6 元 / 克，因此，可以判断该套利者的净盈利为 6 元 / 克。交易结果见表 5-1。

表 5-1　买入套利实例　（单位：元 / 克）

<table>
<tr><th colspan="2">项目</th><th>1 月 4 日</th><th>2 月 4 日</th><th>方法一</th></tr>
<tr><td rowspan="2">合约月份</td><td>4 月</td><td>卖：250</td><td>买：255</td><td>亏损：250 − 255 = −5</td></tr>
<tr><td>9 月</td><td>买：261</td><td>卖：272</td><td>盈利：272 − 261 = 11</td></tr>
<tr><td colspan="4">总盈亏</td><td>−5 + 11 = 6</td></tr>
<tr><td rowspan="2">方法二</td><td>套利方式</td><td>建仓价格：9 月 >4 月</td><td>建仓买入 9 月</td><td>买入套利</td></tr>
<tr><td>价差变化</td><td>261 − 250 = 11</td><td>272 − 255 = 17</td><td>价差扩大</td></tr>
<tr><td colspan="4">总盈亏</td><td>17 − 11 = 6</td></tr>
</table>

（5）价差缩小与卖出套利

如果套利者预期两个或两个以上相关期货合约的价差将缩小，套利者可通过卖出其中价格较高的合约，同时买入价格较低的合约来进行套利，这种操作就是卖出价差，因而称之为卖出套利（sell spread）。例如，如果套利者以 250 元 / 克买入 4 月黄金期货，以 261 元 / 克卖出 9 月黄金期货，这种套利就是卖出套利。

【例 5-8】

1 月 4 日，某套利者以 250 元 / 克买入 4 月黄金期货，同时以 261 元 / 克卖出 9 月黄金期货。假设经过一段时间之后，2 月 4 日，4 月份价格变为 256 元 / 克，同时 9 月价格变为 265 元 / 克，该套利者同时将两合约对冲平仓，套利结果可用两种方法来分析。

方法一：分别对两合约的盈亏进行计算，然后加总来计算净盈亏。

4 月的黄金期货合约：盈利 = 256 − 250 = 6（元 / 克）；

9 月的黄金期货合约：亏损 = 265 − 261 = 4（元 / 克）。

套利结果：6+（−4）= 2（元 / 克），即该套利可以获取净盈利 2 元 / 克。

方法二：通过计算价差的变化来计算盈亏。

从套利操作上，我们可以看到该套利者卖出的 9 月黄金期货的价格要高于买入的 4 月期货价格，因而是卖出套利。价差从建仓的 11 元 / 克变为平仓的 9 元 / 克，价差缩小了 2 元 / 克，因此，可以判断出该套利者的净盈利为 2 元 / 克。交易结果见表 5-2。

表 5-2　卖出套利实例　　（单位：元 / 克）

项目		1 月 4 日	2 月 4 日	方法一
合约月份	4 月	买：250	卖：256	盈利：256 − 250 = 6
	9 月	卖：261	买：265	亏损：265 − 261 = 4
总盈亏				6+（−4）= 2
方法二	套利方式	建仓价格：9 月 >4 月	建仓卖出 9 月	卖出套利
	价差变化	261 − 250 = 11	265 − 256 = 9	价差缩小
总盈亏				11−9=2

（6）期货价差套利指令

在期货价差套利交易中，多数交易所为了给套利者提供便利，往往会设计一些套利指令，套利者可使用套利指令来完成套利操作。套利指令通常不需要标明买卖各个期货合约的具体价格，只要标注两个合约价差即可。并且，在许多国家的交易所，套利交易还可以享受佣金、保证金方面的优惠待遇。在我国，以大连商品交易所和郑州商品交易所为例，套利的保证金是单边收取，按照套利持仓组合内交易保证金较高的合约收取。

在指令种类上，套利者可以选择市价指令或限价指令，如果要撤销前一笔套利交易的指令，则可以使用取消指令。就我国市场而言，目前，大连商品交易所有跨期套利指令、跨品种套利指令和压榨利润套利交易指令三类；郑州商品交易所有跨期套利指令、跨品种套利指令两类。另外，在差价的计算上，合约价格相减的顺序，交易所各有其规定，具体做套利交易时需加注意。比如，上述两个交易所在跨期套利交易上都是用近月合约价格减去远月合约价格。这与我们前面的价差定义有所不同。

① 价差套利市价指令的使用。

如果套利者希望以当前的价差水平尽快成交，则可以选择使用市价指令。套利市价指令是指交易将按照市场当前可能获得的最好的价差成交的一种指令。在使用这种指令时，套利者不需注明价差的大小，只需注明买入和卖出期货合约的种类和月份即可；具体成交的价差如何，则取决于指令执行时点上市场行情的变化情况。该指令的优点是成交速度快，缺点是在市场行情发生较大变化时，成交的价差可能与交易者最初的意图有较大差距。

【例 5-9】

2018 年 8 月 31 日，某交易者看到当前大连商品交易所 2019 年 1 月份和 2019 年 5 月棕榈油期货的市场价格分别为 4 868 元 / 吨和 4 936 元 / 吨，价差为 −68 元 / 吨（大连商品交易所价差以近月合约价格减远月合约价格计算），该交易者认为此价差会增大，有套利机会存在，并希望尽快入市买入 2019 年 1 月、卖出 2019 年 5 月棕榈油期货合约进行套利。于是下达买入跨期套利市价指令：

“SP p1809&p1901”买入委托，市价。

在上述指令中，虽然交易者没有明确标明套利的价差，但却表明了套利者希望以当前的 −68 元 / 吨的价差水平即刻成交。在这个指令的下达过程中，实际成交的价差并不一定是 −68 元 / 吨，因为从指令下达到执行有一个很短的时间间隔，这期间棕榈油期货价格可能会发生变化，价差也会随之变化。如果 1 月和 5 月份棕榈油期货在指令下达到交易系统时的价格分别为 4 870 元 / 吨和 4 940 元 / 吨，则将会以 −70 元 / 吨的价差成交。一般情况下，如果市场行情没有发生突然变化，采用市价指令可以使套利者迅速以大约 −68 元 / 吨的价差建仓。

② 价差套利限价指令的使用

如果套利者希望以一个理想的价差成交，可以选择使用套利限价指令。套利限价指令是指当价格达到指定价位时，指令将以指定的或更优的价差来成交。限价指令可以保证交易能够以指定的甚至更好的价位来成交。在使用限价指令进行套利时，需要注明具体的价差和买入、卖出期货合约的种类及月份。该指令的优点在于可以保证交易者以理想的价差进行套利，但是由于限价指令只有在价差达到所设定的价差时才可以成交，因此，使用该指令不能保证能够立刻成交。

【例 5-10】

某交易者 9 月 3 日看到郑州商品交易所 11 月和次年 1 月 PTA 期货的市场价格分别为 4 582 元 / 吨和 4 708 元 / 吨，价差为 126 元 / 吨。某交易者认为价差偏小，想买入 1 月、卖出 11 月 PTA 期货合约进行套利，但他根据市场的走势判断，目前的价差可能还会进一步缩小，希望能够以 120 元 / 吨的价差建仓，以期获得更多的利润，于是该交易者下达买跨期套利的组合限价指令，设定价差为 120 元 / 吨。

使用该限价指令意味着，只有当1月与11月PTA期货价格的价差等于或小于120元/吨时，该指令才能够被执行。由此可以看出，套利者并不关注买入和卖出PTA期货合约的价格，而是关注相关合约之间的价差。理论上说，使用限价指令可能得到的成交结果有多种，现任意列举三种如下。

情况一：两合约价格同时上涨，11月和1月PTA期货价格分别涨至4 589元/吨和4 709元/吨，价差变为120元/吨，指令立即以该价差被执行，这种情况表明交易按指定价差成交。

情况二：两合约价格同时下跌，11月和1月PTA期货价格分别跌至4 563元/吨和4 683元/吨，价差变为120元/吨，指令立即以该价差被执行，这种情况表明交易按指定价差成交。

情况三：两合约价格上涨，11月和1月PTA期货价格分别涨至4 596元/吨和4 716元/吨，价差变为120元/吨，但当指令下达至交易系统时，两合约价格发生小幅变化，最终以117元/吨的价差成交，在这种情形下交易按照比指定条件更理想的价差成交。

5.3 期货套利的基本策略

期货价差套利根据所选择的期货合约的不同，可分为跨期套利、跨品种套利和跨市套利。

5.3.1 跨期套利

上一节已有关于跨期套利的例子。所谓跨期套利，是指在同一市场（交易所）同时买入、卖出同一期货品种的不同交割月份的期货合约，以期在有利时机同时将这些期货合约对冲平仓获利。跨期套利与现货市场价格无关，只与期货可能发生的升水和贴水有关。在实际操作中，根据套利者对不同合约月份中近月合约与远月合约买卖方向的不同，跨期套利可分为牛市套利、熊市套利和蝶式套利。

（1）牛市套利

当市场出现供给不足、需求旺盛的情形，或者远期供给相对旺盛，导致较近月份的合约价格上涨幅度大于较远月份合约价格的上涨幅度，或者较近月份的合约价格下降幅度小于较远月份合约价格的下跌幅度，无论是正向市场还是反向市场，在这种情况下，买入较近月份的合约同时卖出远期月份的合约进行套利盈利的可能性比较大，我们称这种套利为牛市套利（bull spread）。

一般来说，牛市套利对于可储存的商品并且是在相同的年度最有效，例如，买入5月棉花期货同时卖出9月棉花期货。可以适用于牛市套利的可储存的商品有小麦、棉花、大豆、糖、铜等。对于不可储存的商品，如活牛、生猪等，不同交割月份的商品期货价格间的相关性很低或根本不相关，则不适合牛市套利。

【例 5-11】

设 10 月 26 日，次年 5 月棉花合约价格为 12 075 元 / 吨，次年 9 月合约价格为 12 725 元 / 吨，两者价差为 650 元 / 吨。交易者预计棉花价格将上涨，5 月与 9 月的期货合约的价差将有可能缩小。于是，交易者买入 50 手 5 月棉花期货合约的同时卖出 50 手 9 月棉花期货合约。12 月 26 日，5 月和 9 月的棉花期货价格分别上涨为 12 555 元 / 吨和 13 060 元 / 吨，两者的价差缩小为 505 元 / 吨。交易者同时将两种期货合约平仓，从而完成套利交易。该牛市套利策略见表 5-3。

表 5-3　牛市套利策略一

10 月 26 日	买入 50 手 5 月棉花期货合约，价格为 12 075 元 / 吨	卖出 50 手 9 月棉花期货合约，价格为 12 725 元 / 吨	价差为 650 元 / 吨
12 月 26 日	卖出 50 手 5 月棉花期货合约，价格为 12 555 元 / 吨	买入 50 手 9 月棉花期货合约，价格为 13 060 元 / 吨	价差为 505 元 / 吨
每条“腿”的盈亏状况	盈利 480 元 / 吨	亏损 335 元 / 吨	价差缩小 145 元 / 吨
最终结果	盈利 145 元 / 吨，总盈利为 145 元 / 吨 ×50 手 ×5 吨 / 手 =36 250 元		

注：1 手 =5 吨。

该例中，交易者预计棉花期货价格将上涨，两个月后，棉花期货价格的走势与交易者的判断一致，最终交易结果使套利者获得了 36 250 元的盈利。现假设，若两个月后棉花价格并没有出现交易者预计的上涨行情，而是出现了一定程度的下跌，交易者的交易情况见例 5-12。

【例 5-12】

设 10 月 26 日，次年 5 月棉花合约价格为 12 075 元 / 吨，次年 9 月合约价格为 12 725 元 / 吨，两者价差为 650 元 / 吨。交易者预计棉花价格将上涨，5 月与 9 月的期货合约的价差将有可能缩小。于是，交易者买入 50 手 5 月棉花合约的同时卖出 50 手 9 月棉花合约。12 月 26 日，5 月和 9 月的棉花期货价格不涨反跌，价格分别下跌至 11 985 元 / 吨和 12 480 元 / 吨，两者的价差缩小为 495 元 / 吨。交易者同时将两种期货合约平仓，从而完成套利交易。该牛市套利策略见表 5-4。

表 5-4 牛市套利策略二

10 月 26 日	买入 50 手 5 月棉花期货合约，价格为 12 075 元 / 吨	卖出 50 手 9 月棉花期货合约，价格为 12 725 元 / 吨	价差为 650 元 / 吨
12 月 26 日	卖出 50 手 5 月棉花期货合约，价格为 11 985 元 / 吨	买入 50 手 9 月棉花期货合约，价格为 12 480 元 / 吨	价差为 495 元 / 吨
每条“腿”的盈亏状况	亏损 90 元 / 吨	盈利 245 元 / 吨	价差缩小 155 元 / 吨
最终结果	盈利 155 元 / 吨，总盈利为 155 元 / 吨 ×50 手 ×5 吨 / 手 =38 750 元		

注：1 手 =5 吨。

该例中，交易者预计棉花期货价格将上涨，两个月后棉花期货价格不涨反跌，虽然棉花价格走势与交易者的判断相反，但最终交易结果仍然使套利者获得了 38 750 元的盈利。

在上述两个例子中，我们可以发现，只要两月份合约的价差趋于缩小，交易者就可以实现盈利，而与棉花期货价格的涨跌无关。同样，我们也可以使用上一节中买进套利或卖出套利的概念对这两个例子进行判断。该交易者进行的都是卖出套利操作，两种情况下价差分别缩小 145 元 / 吨和 155 元 / 吨。因此，可以很容易判断出这两种情况下该套利者每吨盈利 145 元和 155 元，250 吨总盈利为 36 250 元和 38 750 元。

上述两例的套利是在正向市场进行的，如果在反向市场上，近期价格要高于远期价格，牛市套利是买入近期合约同时卖出远期合约。在这种情况下，牛市套利可以归入买进套利这一类中，只有在价差扩大时才能够盈利。

在进行牛市套利时，需要注意：在正向市场上，牛市套利的损失相对有限而获利的潜力巨大。这是因为在正向市场进行牛市套利，实质上是卖出套利，而卖出套利获利的条件是价差要缩小。如果价差扩大，该套利可能会亏损，但是在正向市场上价差变大的幅度要受到持仓费水平的制约，因为价差如果过大，超过了持仓费，就会产生套利行为。而价差缩小的幅度则不受限制，在上涨行情中很有可能出现近期合约价格上涨幅度远远超过远期合约价格上涨幅度的情况，使正向市场变为反向市场，价差可能从正值变为负值，价差会大幅度缩小，使牛市套利获利巨大。

（2）熊市套利

当市场出现供给过剩，需求相对不足时，一般来说，较近月份的合约价格下降幅度往往要大于较远期合约价格的下降幅度，或者较近月份的合约价格上升幅度小于较远合约价格的上升幅度。在这种情况下，无论是在正向市场还是在反向市场，卖出较近月份的合约同时买入远期月份的合约进行套利，盈利的可能性比较大，我们称这种套利为熊市套利（bear spread）。在进行熊市套利时需要注意，当近期合约的价格已经相当低，以至于它不可能进一步偏离远期合约时，进行熊市套利是很难获利的。

【例 5-13】

设交易者在 7 月 8 日看到，11 月上海期货交易所天然橡胶期货合约价格为 12 955 元 / 吨，次年 1 月合约价格为 13 420 元 / 吨，前者比后者低 465 元 / 吨。交易者预计天然橡胶价格将下降，11 月与次年 1 月的期货合约的价差将有可能扩大。于是，交易者卖出 60 手（1 手为 5 吨）11 月天然橡胶期货合约，同时买入 60 手次年 1 月合约。到了 9 月 8 日，11 月和次年 1 月的天然橡胶期货价格分别下降为 12 215 元 / 吨和 12 775 元 / 吨，两者的价差为 560 元 / 吨，价差扩大。交易者同时将两种期货合约平仓，从而完成套利交易。该熊市套利策略见表 5-5。

表 5-5 熊市套利策略一

7 月 8 日	卖出 60 手 11 月天然橡胶期货合约，价格为 12 955 元 / 吨	买入 60 手次年 1 月天然橡胶期货合约，价格为 13 420 元 / 吨	价差为 465 元 / 吨
9 月 8 日	买入 60 手 11 月天然橡胶期货合约，价格为 12 215 元 / 吨	卖出 60 手次年 1 月天然橡胶期货合约，价格为 12 775 元 / 吨	价差为 560 元 / 吨
每条“腿”的盈亏状况	盈利 740 元 / 吨	亏损 645 元 / 吨	价差扩大 95 元 / 吨
最终结果	盈利 95 元 / 吨，总盈利为 95 元 / 吨 ×60 手 ×5 吨 / 手 = 28 500 元		

注：1 手 = 5 吨。

该例中，交易者预计天然橡胶期货价格将下跌，两个月后，天然橡胶期货价格的走势与交易者的判断一致，最终套利者获得了 28 500 元的盈利。现假设，若两个月后天然橡胶期货价格并没有像交易者预计的那样下跌，而是出现了上涨行情，交易者的交易情况见例 5-14。

【例 5-14】

设交易者在 7 月 8 日看到，11 月上海期货交易所天然橡胶期货合约价格为 12 955 元 / 吨，次年 1 月合约价格为 13 420 元 / 吨，前者比后者低 465 元 / 吨。交易者预计天然橡胶期货价格将下降，11 月与次年 1 月的期货合约的价差将有可能扩大。于是，交易者卖出 60 手（1 手为 5 吨）11 月天然橡胶期货合约的同时买入 60 手次年 1 月合约。到了 9 月 8 日，11 月和次年 1 月的天然橡胶期货价格不降反涨，价格分别上涨至 13 075 元 / 吨和 13 625 元 / 吨，两者的价差为 550 元 / 吨，价差扩大。交易者同时将两种期货合约平仓，从而完成套利交易。该熊市套利策略见表 5-6。

表 5-6 熊市套利策略二

7月8日	卖出60手11月天然橡胶期货合约，价格为12 955元/吨	买入60手次年1月天然橡胶期货合约，价格为13 420元/吨	价差为465元/吨
9月8日	买入60手11月天然橡胶期货合约，价格为13 075元/吨	卖出60手次年1月天然橡胶期货合约，价格为13 625元/吨	价差为550元/吨
每条“腿”的盈亏状况	亏损120元/吨	盈利205元/吨	价差扩大85元/吨
最终结果	盈利85元/吨，总盈利为85元/吨 ×60手 ×5吨/手 = 25 500元		

注：1手 = 5吨。

该例中，交易者预计天然橡胶期货价格将下跌，两个月后天然橡胶价格不跌反涨，虽然天然橡胶期货价格走势与交易者的判断相反，但最终交易结果仍然使套利者获得了25 500元的盈利。

在上述两个例子中，我们可以发现，只要天然橡胶两个合约月份的价差趋于扩大，交易者就可以实现盈利，而与天然橡胶期货价格的涨跌无关。同样，我们也可以使用买进套利或卖出套利的概念对这两个例子进行判断。该交易者进行的是买进套利，在这两个例子中价差分别扩大了95元/吨和85元/吨，因此，可以判断该套利者每吨盈利为95元和85元，总盈利为28 500元和25 500元。

上述两个例子中的套利是在正向市场进行的，如果在反向市场上，近期价格要高于远期价格，熊市套利是卖出近期合约同时买入远期合约。在这种情况下，熊市套利可以归入卖出套利一类中，则只有在价差缩小时才能够盈利。

（3）蝶式套利

蝶式套利（butterfly spread）是由共享居中交割月份的一个牛市套利和一个熊市套利组成的跨期套利组合。由于近期和远期月份的期货合约分居于居中月份的两侧，形同蝴蝶的两个翅膀，因此称为蝶式套利。

蝶式套利的具体操作方法是：买入（或卖出）近期月份合约，同时卖出（或买入）居中月份合约，并买入（或卖出）远期月份合约，其中，居中月份合约的数量等于近期月份和远期月份合约数量之和。这相当于在近期与居中月份之间的牛市（或熊市）套利和在居中月份与远期月份之间的熊市（或牛市）套利的一种组合。例如，套利者同时买入2份5月玉米合约、卖出6份7月玉米合约、买入4份9月玉米合约。

蝶式套利与普通的跨期套利的相似之处在于，其都认为同一商品但不同交割月份之间的价差出现了不合理的情况。但不同之处在于，普通的跨期套利只涉及两个交割月份合约的价差，而蝶式套利认为居中交割月份的期货合约价格与两旁交割月份合约价格之间的相关关系出现了差异情况。

【例 5-15】

2 月 1 日，3 月、5 月、7 月的大豆期货合约价格分别为 4 450 元 / 吨、4 530 元 / 吨和 4 575 元 / 吨，某交易者认为 3 月和 5 月之间的价差过大而 5 月和 7 月之间的价差过小，预计 3 月和 5 月的价差会缩小而 5 月与 7 月的价差会扩大，于是该交易者以该价格同时买入 150 手（1 手为 10 吨）3 月合约、卖出 350 手 5 月合约、买入 200 手 7 月大豆期货合约。到了 2 月 18 日，三个合约的价格均出现不同幅度的下跌，3 月、5 月和 7 月的合约价格分别跌至 4 250 元 / 吨、4 310 元 / 吨和 4 370 元 / 吨，于是该交易者同时将三个合约平仓。该蝶式套利策略见表 5-7。

表 5-7　蝶式套利策略

项目	3 月合约	5 月合约	7 月合约
2 月 1 日	买入 150 手，价格为 4 450 元 / 吨	卖出 350 手，价格为 4 530 元 / 吨	买入 200 手，价格为 4 575 元 / 吨
2 月 18 日	卖出 150 手，价格为 4 250 元 / 吨	买入 350 手，价格为 4 310 元 / 吨	卖出 200 手，价格为 4 370 元 / 吨
各合约盈亏状况	亏损 200 元 / 吨，总亏损为 200 × 150 × 10 = 300 000（元）	盈利 220 元 / 吨，总盈利为 220 × 350 × 10 = 770 000（元）	亏损 205 元 / 吨，总亏损为 205 × 200 × 10 = 410 000（元）
净盈亏	净盈利为 − 300 000 +770 000 − 410 000 = 60 000（元）		

注：1 手 = 10 吨。

可见，蝶式套利是两个跨期套利互补平衡的组合，可以说是“套利的套利”。蝶式套利与普通的跨期套利相比，从理论上看风险和利润都较小。

5.3.2　跨品种套利

跨品种套利，是指利用两种或三种不同的但相互关联的商品之间的期货合约价格差异进行套利，即同时买入或卖出某一交割月份的相互关联的商品期货合约，以期在有利时机同时将这些合约对冲平仓获利。跨品种套利可分为两种情况：一是相关商品间的套利；二是原料与成品间的套利。

（1）相关商品间的套利

一般来说，商品的价格总是围绕着内在价值上下波动，而不同的商品因其内在的某种联系，如需求替代品、需求互补品、生产替代品或生产互补品等，使得它们的价格存在着某种稳定合理的比值关系。但由于受市场、季节、政策等因素的影响，这些有关联的商品之间的比值关系又经常偏离合理的区间，表现出一种商品被高估、另一种被低估，或相反的情况，从而为跨品种套利带来了可能。在此情况下，交易者可以通过期货市场卖出被高估的商品合约，买入被低估商品合约进行套利，等有利时机出现后分别平仓，从中获利。例如，铜和铝都可以用来作为电线的生产原材料，两者之间具有较强的可替代性，铜的价格上升会引起铝的需求量上升，从而导致铝价格的上涨。因此，当铜和铝的价格关系脱离了正常水平时，就可以用这两个品种进行跨品种套利。具体做法是：买入（或卖出）一定数量的铜期货合约，同时卖出（或买入）与铜期货合约交割月份相同、价值量相当的铝期货合约，待将来价差发生有利变化时再分别平仓了结，以期获得价差变化的收益。

【例 5-16】

6 月 1 日，次年 3 月上海期货交易所铜期货合约价格为 54 390 元 / 吨，而次年 3 月该交易所铝期货合约价格为 15 700 元 / 吨，前一合约价格比后者高 38 690 元 / 吨。套利者根据两种商品合约间的价差分析，认为价差小于合理的水平，如果市场机制运行正常，这两者之间的价差会恢复正常。于是，套利者决定买入 30 手（1 手为 5 吨）次年 3 月铜合约的同时卖出 30 手次年 3 月铝合约，以期未来某个有利时机同时平仓获取利润。6 月 28 日，上述铜期货合约的价格 54 020 元 / 吨，铝期货合约的价格为 15 265 元 / 吨。该套利者将两种期货合约同时对冲平仓，套利策略见表 5-8。

表 5-8　沪铜 / 铝跨品种套利策略

6 月 1 日	买入 30 手次年 3 月份铜合约，价格为 54 390 元 / 吨	卖出 30 手次年 3 月份铝合约，价格为 15 700 元 / 吨	价差为 38 690 元 / 吨
6 月 28 日	卖出 30 手次年 3 月份铜合约，价格为 54 020 元 / 吨	买入 30 手次年 3 月份铝合约，价格为 15 265 元 / 吨	价差为 38 755 元 / 吨
套利结果	亏损 370 元 / 吨	获利 435 元 / 吨	
净盈亏	净盈利为（435 − 370）× 30 × 5 = 9 750（元）		

注：1 手 = 5 吨。

（2）原料与成品间的套利

原料与成品间的套利是指利用原材料商品和它的制成品之间的价格关系进行套利。最典型的是大豆与其两种制成品——豆油和豆粕之间的套利。在我国，大豆与豆油、豆粕之间一般存在着“100% 大豆 = 18% 豆油 + 78.5% 豆粕 + 3.5% 损耗”的关系（注：出油率的高低和损耗率的高低要受大豆的品质和提取技术的影响，因而比例关系也处在变化之中）。因而，也就存在“100% 大豆 × 购进价格 + 加工费用 + 利润 = 18% 的豆油 × 销售价格 + 78.5% 豆粕 × 销售价格”的平衡关系。在三种商品之间进行套利，有两种做法：大豆提油套利和反向大豆提油套利。

① **大豆提油套利**

大豆提油套利是大豆加工商在市场价格关系基本正常时进行的，目的是防止大豆价格突然上涨，或豆油、豆粕价格突然下跌，从而产生亏损或使已产生的亏损降至最低。由于大豆加工商对大豆的购买和产品的销售不能够同时进行，因而存在着一定的价格变动风险。

大豆提油套利的做法是：购买大豆期货合约的同时卖出豆油和豆粕的期货合约，当在现货市场购入大豆或将成品最终销售时，再将期货合约对冲平仓。这样，大豆加工商就可以锁定成品和原料间的价差，防止市场价格波动带来的损失。

② **反向大豆提油套利**

反向大豆提油套利是大豆加工商在市场价格反常时采用的套利方法。当大豆价格受某些因素的影响出现大幅上涨时，大豆可能与其产品出现价格倒挂，大豆加工商将会采取反向大豆提油套利的做法：卖出大豆期货合约，买进豆油和豆粕的期货合约，同时缩减生产，减少豆粕和豆油的供给量，三者之间的价格将会趋于正常。大豆加工商在期货市场中的盈利将有助于弥补现货市场中的亏损。

5.3.3 跨市套利

跨市套利是指在某个交易所买入（或卖出）某一交割月份的某种商品合约的同时，在另一个交易所卖出（或买入）同一交割月份的同种商品合约，以期在有利时机分别在两个交易所同时对冲所持有的合约而获利。

在期货市场上，许多交易所都交易相同或相似的期货商品，如芝加哥期货交易所、大连商品交易所、东京谷物交易所都进行玉米、大豆期货交易；伦敦金属交易所、上海期货交易所、纽约商业交易所都进行铜、铝等有色金属交易。一般来说，这些品种在各交易所间的价格会有一个稳定的差额，一旦这个稳定差额发生偏离，交易者就可通过买入价格相对较低的合约，卖出价格相对较高的合约，以期两市场价差恢复正常时平仓，赚取低风险利润。

【例 5-17】

7 月 1 日，堪萨斯市交易所（简称堪所）12 月小麦期货合约价格为 730 美分 / 蒲式耳，同日芝加哥交易所（简称芝所）12 月小麦期货合约价格为 740 美分 / 蒲式耳。套利者认为，虽然堪萨斯市交易所的合约价格较低，但和正常情况相比仍稍高，预测两交易所 12 月合约的价差将扩大。据此分析，套利者决定卖出 20 手（1 手为 5 000 蒲式耳）堪萨斯市交易所 12 月小麦合约，同时买入 20 手芝加哥交易所 12 月小麦合约，以期未来某个有利时机同时平仓获取利润。该跨市套利策略见表 5-9。

表 5-9 跨市套利策略

7月1日	卖出 20 手堪所 12 月小麦合约，价格为 730 美分 / 蒲式耳	买入 20 手芝所 12 月小麦合约，价格为 740 美分 / 蒲式耳	价差为 10 美分 / 蒲式耳
7月10日	买入 20 手堪所 12 月小麦合约，价格为 720 美分 / 蒲式耳	卖出 20 手芝所 12 月小麦合约，价格为 735 美分 / 蒲式耳	价差 15 美分 / 蒲式耳
套利结果	每手获利 10 美分 / 蒲式耳	每手亏损 5 美分 / 蒲式耳	
净盈亏	净盈利为（0.10 美元 / 蒲式耳 − 0.05 美元 / 蒲式耳）× 20 手 × 5 000 蒲式耳 / 手 =5 000 美元		

注：1 手 = 5 000 蒲式耳。

5.3.4 期现套利

期现套利是指通过利用期货市场和现货市场的不合理价差进行反向交易而获利的行为。如前面讨论期货定价时所看到的，理论上，期货价格和现货价格之间的价差主要反映持仓费的大小。但现实中，期货价格与现货价格的价差并不绝对等同于持仓费，有时高于或低于持仓费。当价差与持仓费出现较大偏差时，就会产生期现套利机会。

具体有两种情形。如果价差远远高于持仓费，套利者就可以通过买入现货，同时卖出相关期货合约，待合约到期时，用所买入的现货进行交割。价差的收益扣除买入现货之后发生的持仓费用之后还有盈利，从而产生套利的利润。相反，如果价差远远低于持仓费，套利者就可以通过卖出现货，同时买入相关期货合约，待合约到期时，用交割获得的现货来补充之前所卖出的现货。价差的亏损小于所节约的持仓费，因而产生盈利。

不过，对于商品期货而言，由于现货市场缺少做空机制，从而限制了现货市场卖出的操作，因而最常见的期现套利操作是第一种情形。

【例 5-18】

6 月 30 日，9 月份郑州商品交易所白糖期货价格为 5 200 元 / 吨，郑州现货市场白糖价格为 5 100 元 / 吨，期货价格比现货价格高 100 元 / 吨。套利者进行分析，估算出持仓费约为每吨 30 元，认为存在期现套利机会。按照 5 100 元 / 吨的价格买入白糖现货，同时在期货市场以 5 200 元 / 吨的价格卖出白糖期货合约。如果套利者一直持有到期并进行交割，赚取的价差为 100 元 / 吨（5 200 − 5 100 = 100），扣除持有白糖所花费的持仓费 30 元 / 吨之后，套利者盈利 70 元 / 吨。

在实际操作中，也可不通过交割来完成期现套利，只要价差变化对套利者有利，可通过将期货合约和现货部位分别了结的方式来结束期现套利操作。

此外，在商品期货市场进行期现套利操作，一般要求交易者对现货商品的贸易、运输和储存等环节比较熟悉。因此，期现套利参与者常常是有现货生产经营背景的企业。

本章小结

1. 除套期保值外，期货还是市场投机和套利的有效工具。期货投机是指交易者通过预测期货合约未来价格变化，以在期货市场上先低价买入、随后高价卖出，或者先高价卖出、随后低价买入，获取价差收益为目的的期货交易行为。期货套利是利用期货与现货或者不同期货合约价差的不合理之处，通过相反头寸的操作，实现获利的目的。

2. 投机交易有利于期货市场风险的分配，可以提高市场的流动性，是期货市场不可或缺的交易形式。

3. 期货套利有期现套利、期货价差套利两种形式。期货价差套利又有跨期套利、跨品种套利和跨市套利等多种形式。

习　题

1. 为什么说投机交易是期货市场不可或缺的一种交易？

2. 在投机交易中，金字塔式交易策略是怎样一种策略？

3. 在投机交易中，对期货合约月份的选择应注意哪些问题？

4. 什么是止损指令？止损指令有什么作用？

5. 期货套利有哪几种形式？期货套利对市场的健康发展有什么作用？

6. 期货的价差是如何计算的？预期价差扩大或缩小时应如何确定价差套利策略？

7. 期货价差套利的市价指令和限价指令各有什么优缺点？

8. 解释期货牛市套利、熊市套利和蝶式套利的异同。

9. 期货跨品种套利有哪些形式？

10. 2 月 16 日，上海期货交易所交易的黄金期货合约，5 月合约的价格为 254.20 元 / 克，6 月合约的价格为 253.10 元 / 克。某投资者认为此二合约的价差会进一步加大，决定进行套利。这属于什么类型的套利？应如何操作？

11. 接第 10 题。如果该投资者以当时的价格买卖上述合约各 10 手。后来果然如其所料，到了 2 月 26 日，5 月合约的价格为 253.10 元 / 克，6 月份合约的价格为 251.00 元 / 克。该投资者平仓了结交易。黄金合约的规模为 1 000 克 / 手。计算该投资者的盈亏。

12. 2 月 16 日，大连期货交易所交易的玉米期货合约中，5 月合约的价格为 1 966 元 / 吨，7 月合约的价格为 1 870 元 / 吨，9 月合约的价格为 1 692 元 / 吨。某投资者认为前两个月的价差过小，后两个月的价差又太大，准备采取蝶式套利方式套利。应该如何操作？

13. 接第 12 题，假设投资者在套利中买卖各合约的数量都是 10 手。如果后来的情况不如预期，到了 2 月 26 日，5 月合约的价格变为 2 000 元 / 吨，6 月合约价格变为 1 920 元 / 吨，9 月合约变为 1 770 元 / 吨，该投资者预期情况不易好转。于是，平仓止损。玉米合约的规模为 10 吨 / 手，计算该投资者的盈亏。

第六章　股指期货、外汇期货与利率期货

在全球期货市场中，金融期货的交易占整个期货市场交易的80%以上。股指期货、外汇期货与利率期货已成为金融机构、工商企业、政府部门管理风险、投资组合管理、投机套利等活动的重要的金融工具。我国自2010年4月推出沪深300股指期货交易后，又在2015年推出上证50股指期货和中证500股指期货交易。在利率期货上，我国于2013年9月与2015年3月相继推出5年期国债期货、10年期国债期货合约的交易，又于2018年8月推出2年期国债期货交易。可以说，我国金融期货的交易也取得了飞速的发展。随着我国整个市场经济体系的不断完善，可以想见，我国的金融期货也会得到更进一步的发展。金融期货必将成为我国金融市场上的重要金融工具。本章将介绍交易异常活跃的金融期货品种：股指期货、外汇期货与利率期货。

6.1　股指期货

6.1.1　股票指数与股指期货

（1）股票指数

股票指数（stock index），国内多称股价指数，简称股指，是反映和衡量所选择的一组股票的价格的平均变动的指标。不同股票市场有不同的股票指数，同一股票市场也可以有多个股票指数。不同股票指数除了其所代表的市场板块可能不同之外，另一主要区别是它们的具体编制方法可能不同，即具体的抽样和计算方法不同。一般而言，在编制股票指数时，首先需要从所有上市股票中选取一定数量的样本股票。在确定了样本股票之后，还要选择一种计算简便、易于修正并能保持统计口径一致和连续的计算公式作为编制的工具。通常的计算方法有三种：算术平均法、加权平均法和几何平均法。在此基础上，确定一个基期日，并将某一既定的整数（如10、100、1 000等）定为该基期的股票指数。以后，则根据各时期的股票价格和基期股票价格的对比，计算出升降百分比，即可得出该时点的

股票指数。

世界最著名的股票指数包括道琼斯工业平均指数（DJIA）、标准普尔500指数（Standard and Poor's 500 index, S&P 500）、纽约证交所综合股票指数（New York Stock Exchange composite index）、道琼斯工业平均指数（Dow Jones Industrial Average index，DJIA）、英国的金融时报指数（FT-SE 100 index）、日本的日经225股价指数（Nikkei 225 index）、中国香港的恒生指数（Hang Sheng index）等。在我国内地，著名的股票指数有沪深300指数、上证综合指数、深证综合指数、上证180指数、深证成份指数等。众多指数中，道琼斯工业平均指数与日经225股价指数的编制采用算术平均法，而其他指数都采用加权平均法编制。它们各自反映不同市场板块的股票价格运动和变化趋势，成为各种经济机构和投资者了解市场和进行投资选择的重要指标和依据。

（2）股指期货

股指期货（stock index futures），即股票价格指数期货，也可称为股价指数期货、期指，是指以股票指数为标的资产的期货合约。双方约定在未来某个特定的时间，按照事先确定的股价指数的大小，进行标的指数的买卖。股指期货交易的标的物是股票价格指数。自1982年2月美国堪萨斯期货交易所上市价值线综合平均指数期货交易以来，股指期货日益受到各类投资者的重视，交易规模迅速扩大，交易品种不断增加。目前，股指期货交易已成为金融期货——也是所有期货交易品种中的第一大品种。

股指期货与其他期货在产品定价、交易规则等方面并无大的区别。但是，由于股指期货标的物比较特殊，因而在某些具体的细节上，股指期货也有一定的特殊性。第一，像股票指数现货交易一样，股指期货以指数点数报出，期货合约的价值由所报点数与每个指数点所代表的金额相乘得到。每一股指期货合约都有预先确定的每点所代表的固定金额，这一金额称为合约乘数。因此，股指期货合约的规模是不确定的，它会随着股指期货市场点数的变化而变化。第二，指数期货没有实际交割的资产，指数是由多种股票组成的组合。合约到期时，不可能将所有标的股票拿来交割，故而只能采用现金交割。第三，与利率期货相比，由于股价指数波动大于债券，而期货价格与标的资产价格紧密相关，股指期货价格波动要大于利率期货。

（3）股指期货的应用

股票市场影响因素众多，价格变化莫测。人们进行股票市场投融资和资产管理以及上市企业的经营管理都必须密切关注股票市场的变化，及时调整投融资策略和资产配置，降低风险，增加收益。相对于现货市场，股指期货具有流动性好、交易成本低、对市场冲击小等特点。可以利用股指期货与股票、股票组合等其他金融工具构建各种灵活组合的方式，以实现经营目的。股指期货的应用领域主要有套期保值、投机套利和资产管理三个方面。

① 套期保值

利用股指期货进行套期保值，可以降低投资组合的系统性风险。这种方式不仅可以对现货指数进行套期保值，而且可以对单只股票或特定的股票组合进行套期保值。由于灵活的开平仓交易制度，这种套期保值操作简单，便于及时调整。而且，在套期保值的过程中，投资者还可以根据意愿，灵活调节整个资产组合的风险大小。

② 投机套利

股指期货与股票指数之间以及不同的股指期货之间存在密切的价格联系，当市场价格与它们之间合理的价格关系暂时发生背离时，投资者就可以抓住时机，买进价格被低估的资产，卖出价格被高估的资产，待市场理性回归时，做相反的操作，实现盈利。另外，投资者如果能够比较有把握地预测某种股指期货未来的价格走势，也可以在价格低估时买进，之后卖出；或者价格高估时卖出，之后买进，以实现投机盈利。与股票现货市场上的投机相比，在股指期货市场投机所需资金量更少，操作更便利。而且由于期货投资的杠杆效应，这种投机方式具有成倍放大收益的作用。

③ 资产管理

对于各种投资基金等机构性投资者来说，股指期货是一个重要而灵活的资产配置和管理工具。比如，一个投资经理管理一个规模庞大的多元化证券组合，假如该经理长期看好该组合，但是又预测市场会有短期下跌的风险。该经理既担心市场的短期下跌给他带来损失，又希望长期持有组合。那么，他可以用股指期货进行短期套保，待风险期过后，平仓期货，恢复对原组合的持有。这样，就可以避免仅在股市操作带来的不便。其实，如果仅在股市操作，可能根本就不能实现长期持有和短期避险的双重目的。除此之外，上市公司在增发或回购股票时，也可以借助股指期货的买卖，帮助自己实现目标。以上市公司增发股票为例，上市公司增发股票，在市场状态较好时更容易实现，但在“熊市”中，常规增发是很难进行的。为实现增发目的，上市公司可采用单独回购或者与承销商合作等方式适度买进自己公司的股票，将股票价格维持在“合理”范围一段时间，增加本公司股票的吸引力，直到完成融资增发。但这样做在股市振荡剧烈或者向不利方向发展时，容易使公司蒙受重大损失。为兼顾二者，上市公司可以同时卖出股指期货合约，对股票相应头寸进行套期保值，来规避股市系统性风险，最大限度地保证增发计划高效完成，为上市公司及时主动、最大限度地增发配股提供帮助。

（4）股指期货的基本概念与交易规则

全球交易所交易的股指期货的基本概念与交易规则大同小异。下面以中国金融期货交易所推出的第一份金融期货合约——沪深 300 指数期货为例，介绍股指期货的一些基本概念和交易规则。沪深 300 股指期货自推出以来，合约条款几经调整，表 6-1 是目前条款的主要内容。

表 6-1　沪深 300 指数期货合约

项目	内容
合约标的	沪深 300 指数
合约乘数	每点 300 元
报价单位	指数点
最小变动价位	0.2 点
合约月份	当月、下月及随后两个季月
交易时间	上午 9:15 — 11:30，下午 13:00 — 15:15
最后交易日交易时间	上午 9:15 — 11:30，下午 13:00 — 15:00
每日价格最大波动限制	上一个交易日结算价 ±10%
最低交易保证金	合约价值的 8%
最后交易日	合约到期月的第三个星期五，遇法定节假日顺延
交割日期	同最后交易日
手续费	成交金额的 2.5×10^{-5}
交割方式	现金交割
交易代码	IF
上市交易所	中国金融期货交易所

下面，下对主要合约条款和沪深 300 指数期货的交易规则作简要说明。

① 合约乘数

一张股指期货合约的合约价值用股指期货指数点乘以某一既定的货币金额表示，这一既定的货币金额被称为合约乘数。股票指数点越大，或合约乘数越大，股指期货合约的价值也就越高。沪深 300 指数期货的合约乘数为每点 300 元人民币。当沪深 300 指数期货指数为 2 300 点时，合约价值等于 2 300 乘以 300，即 69 万元；当指数点为 3 000 点时，合约价值等于 3 000 乘以 300，即 90 万元。因此，与其他期货品种有着固定的合约规模不同，股指期货的规模是随着股指期货价格的变化而变化的。

② 报价方式与最小变动价位

股指期货合约以指数点报价。沪深 300 股指期货的交易指令分为市价指令、限价指令及交易所规定的其他指令。交易指令每次最小下单数量为 1 手，市价指令每次最大下单数量为 50 手，限价指令每次最大下单数量为 100 手。报价变动的最小单位即为最小变动价位，合约交易报价指数点必须是最小变动价位的整数倍。沪深 300 指数期货的最小变动价位为 0.2 点，这意味着合约交易报价的指数点必须为 0.2 点的整数倍。每张合约的最小变动值为 0.2 乘以 300，即 60 元。

③ 合约月份

股指期货的合约月份是指股指期货合约到期进行交割所在的月份。不同国家和地区股指期货合约月份的设置不尽相同。在境外期货市场上，股指期货合约月份的设置主要有两种方式：一种是季月模式（季月是指 3 月、6 月、9 月和 12 月）。欧美市场采用的就是这种设置方式，如芝加哥商业交易所的 S&P 500 指数期货的合约以 3 月、6 月、9 月、12 月为循环月份，如果当前时间是 2018 年 8 月，那么 S&P 500 指数期货的合约月份为 2018 年 9 月、2018 年 12 月、2019 年 3 月、2019 年 6 月、2019 年 9 月、2019 年 12 月、2020 年 3 月、2020 年 6 月等。另外一种是以近期月份为主，再加上远期季月。如我国香港的恒生指数期货和我国台湾的台指期货的合约月份就是 2 个近月和 2 个季月。

沪深 300 指数期货合约的合约月份为当月、下月及随后两个季月，共四个月份的合约。如果当前时间是 2018 年 8 月 31 日，那么期货市场上同时有以下 4 个合约在交易：IF1809、IF1810、IF1812、IF1903。这四个合约中，IF1809、IF1810 是两个近月合约；IF1812、IF1903 是随后两个季月合约。

④ 每日价格最大变动限制

为了防止价格大幅波动所引发的风险，国际上通常对股指期货交易规定每日价格最大波动限制。比如，新加坡交易的日经 225 指数期货规定，当天的涨跌幅度不超过前一交易日结算价 ±2 000 点。但并非所有交易所都采取每日价格波动限制，例如中国香港的恒生指数期货、英国的 FT-SE 100 指数期货交易就没有此限制。

沪深 300 指数期货的每日价格波动限制为上一交易日结算价 ±10%。季月合约上市首日涨跌停板幅度为挂盘基准价 ±20%。上市首日有成交的，于下一交易日恢复到合约规定的涨跌停板幅度；上市首日无成交的，下一交易日继续执行前一交易日的涨跌停板幅度。沪深 300 指数期货合约最后交易日涨跌停板幅度为上一交易日结算价 ±20%。

⑤ 保证金

沪深 300 指数期货的交易保证金标准最初设定为 12%。上市之初，按照中国证监会“高标准、稳起步”的指示精神，在 12% 最低保证金标准的基础上，中金所实际收取的交易保证金甚至上浮到 15%。近年来，随着这一期货品种的稳健运行，为降低交易成本，提高市场的资金使用效率，中国金融期货交易所已将沪深 300 指数期货所有合约的交易保证金标准统一调整至 10%，并将沪深 300 指数期货合约最低保证金标准下调至 8%。

⑥ 持仓限额

期货的持仓限额是指交易所规定会员或者客户对某一合约单边持仓的最大数量。通过实施持仓限额制度，可以使交易所对持仓量较大的会员或客户进行重点监控，有效防范操纵市场价格的行为，也可以防止期货市场风险过度集中。沪深 300 指数期货规定，同一客户在不同会员处开仓交易，其在某一合约单边持仓合计不得超出该客户的持仓限额。会员和客户的股指期货合约持仓限额具体规定为：进行投机交易的客户对某一合约单边持仓限额为 1 200 手（起初是 100 手；2012 年 5 月 31 日起，由 100 手调至 300 手；2013 年 3 月 12 日起，由 300 手调至 600 手；2014 年 9 月 1 日起，由 600 手调至 1 200 手）；某一合约结算后单边总持仓量超过 10 万手的，结算会员下一交易日该合约单边持仓量不得超过该合约单边总持仓量的25%；进行套期保值交易和套利交易的客户的持仓按照交易所有关规定执行，不受该持仓限额限制。

⑦ 每日结算价

在股指期货交易中，大多数交易所采用当天期货交易的收盘价作为当天的结算价，S&P 500期指合约与恒生指数期货合约都采用此法。也有一些交易所不采用此法，如西班牙的IBEX–35期指合约规定采用收市时最高买价和最低卖价的算术平均值为结算价。沪深300股指期货当日结算价是某一期货合约最后一小时成交价格按照成交量的加权平均价，计算结果保留至小数点后一位。最后一小时因系统故障等原因导致交易中断的，扣除中断时间后向前取满一小时视为最后一小时。合约最后一小时无成交的，以前一小时成交价格按照成交量的加权平均价作为当日结算价，该时段仍无成交的，则再往前推一小时，以此类推。合约当日最后一笔成交距开盘时间不足一小时的，则取全天成交量的加权平均价作为当日结算价。合约当日无成交的，当日结算价计算公式为：

当日结算价 = 该合约上 – 交易日结算价 + 基准合约当日结算价 – 基准合约上 – 交易日结算价

其中，基准合约为当日有成交的离交割月最近的合约。合约为新上市合约的，取其挂盘基准价为上一交易日结算价。基准合约为当日交割合约的，取其交割结算价为基准合约当日结算价。根据公式计算出的当日结算价超出合约涨跌停板价格的，取涨跌停板价格作为当日结算价。采用上述方法仍无法确定当日结算价或者计算出的结算价明显不合理的，交易所有权决定当日结算价。

⑧ 交割方式与交割结算价

股指期货合约的交割采用现金交割方式，即按照交割结算价，计算持仓者的盈亏，按此进行资金的划拨，了结所有未平仓合约。股指期货的交割结算价通常是依据现货指数来确定的，可以有效地保证期指与现指的到期趋同。

不同交易所选取的交割结算价也存在差异，例如美国芝加哥商业交易所的S&P 500指数期货是以最后结算日（即周五上午）现指的特别开盘价（special opening quotation，SOQ）为交割结算价；中国香港的恒生指数期货采取最后交易日现指每5分钟所报指数点的平均值为交割结算价。

沪深300股指期货合约的相关规定如下：股指期货合约采用现金交割方式；股指期货合约最后交易日收市后，交易所以交割结算价为基准，划付持仓双方的盈亏，了结所有未平仓合约。沪深300股指期货的交割结算价为最后交易日标的指数最后两小时的算术平均价，计算结果保留至小数点后两位。交易所有权根据市场情况对股指期货的交割结算价进行调整。

⑨ 投资者适当性制度

沪深300指数期货市场实行股指期货投资者适当性制度。该制度按照“把适当的产品销售给适当的投资者”的原则，从资金实力、投资经历、知识测试等方面对投资者进行了限制性的规定，从而减少了中小投资者因盲目参与投资而遭受较大损失的可能性。股指期货投资者适当性制度主要包含以下几点：第一，自然人申请开户时保证金账户可用资金余额不低于人民币 50 万元。第二，具备股指期货基础知识，开户测试不低于 80 分。第三，具有累计 10 个交易日、20 笔以上的股指期货仿真交易成交记录，或者最近三年内具有 10 笔以上的商品期货交易成交记录。对于一般法人及特殊法人投资者申请开户，除具有以上三点要求外，还应该具备：第一，一般法人投资者申请开户，净资产不低于人民币 100 万元。第二，一般法人申请开户，还应当具备相应的决策机制和操作流程。决策机制主要包括决策的主体与决策程序；操作流程应当明确业务环节、岗位职责以及相应的制衡机制。第三，特殊法人投资者申请开户，还应当提供相关监管机构、主管机构的批准文件或者证明文件。

6.1.2 股指期货套期保值

（1）最优套期保值比率与 β 系数

用股指期货进行的套期保值多数是交叉套期保值，因为投资者只有买卖指数基金或严格按照指数的构成买卖一揽子股票，才能做到与股指期货的完全对应。事实上，绝大多数的股市投资者都不会完全按照指数成分股来构建股票组合。因此，要有效地对投资者的股票组合进行保值，需要确定一个合理买卖股指期货合约的数量，也就是说，必须确定最优套期保值比率。这需要用到股票或股票组合的 β 系数。

① 单个股票的 β 系数

β 系数是测度股票的市场风险的传统方法。β 系数的定义是股票的收益率与整个市场组合的收益率的协方差和市场组合收益率的方差的比值。对于股票 i，其 β 系数为：

$$\beta_i=\frac{\operatorname{cov}(R_i,R_m)}{\operatorname{var}(R_m)} \tag{6.1}$$

其中，R_m 是包括所有股票在内的整个市场的平均收益率；R_i 是股票 i 的收益率。股票的 β 系数可以用线性回归的方法来得到。给定一组股票 i 与整体市场组合收益率的历史观测值 R_{it} 和 R_{mt}，进行如下回归：

$$R_{it}=\alpha+\beta R_{mt}+\varepsilon_{it} \tag{6.2}$$

得到的系数 β 即是对股票 i 的 β 系数的估计。

β 系数显示股票的价值相对于市场价值变化的相对大小，也称为股票的相对波动率。β 系数大于 1 说明股票比市场整体波动性高，因而其风险高于平均市场风险；β 系数小于 1 说明股票比市场整体波动性低，因而其风险低于平均市场风险。

② 股票组合的 β 系数

当投资者拥有一个股票组合时，就要计算这个组合的 β 系数。假定一个组合 P 由 n 个股票组成，第 i 个股票的资金比例为 $X_i(X_1+X_2+\cdots+X_n=1)$；$\beta_i$ 为第 i 个股票的 β 系数。则有：$\beta=X_1\beta_1+X_2\beta_2+\cdots+X_n\beta_n$。注意，$\beta$ 系数是根据历史资料统计而得到的，在应用中，通常就用历史的 β 系数来代表未来的 β 系数。股票组合的 β 系数比单个股票的 β 系数可靠性要高，这一点对于预测应用的效果来说也是同样的。在实际应用中，为了提高预测能力，有时还会对 β 系数作进一步修改与调整。

③ 最优套期保值比率及所需股指期货合约的数量

研究表明，当用来进行套期保值的股指期货的标的股指与整个市场组合高度相关时，股票或股票组合的 β 系数就是股指期货最小方差套期保值比率的一个良好近似。也就是说，这时，可以认为 β 系数是最优套期保值比率。比如，在美国，用 S&P 500 指数期货为特定股票或股票组合进行套期保值时，就可以用被保值股票或股票组合的 β 系数作为最优套期保值比率。在我国市场，用沪深 300 指数期货进行套期保值，也大体可以用被保值股票或股票组合的 β 系数作为最优套期保值比率。这样，在给定被保值股票或股票组合的 β 系数的情况下，就可以计算套期保值时所需要买入或卖出的股指期货合约的数量了，具体公式如下：

$$\text{买卖期货合约数量}=\beta\times\frac{\text{现货总价值}}{\text{期货指数点}\times\text{每点乘数}} \tag{6.3}$$

其中，公式（6.3）中的“期货指数点 × 每点乘数”实际上就是一张期货合约的价值。从公式中不难看出，当现货总价值和期货合约的价值已定下来后，所需买卖的期货合约数就与 β 系数的大小有关，β 系数越大，所需的期货合约数就越多；反之则越少。

④ 改变投资组合的风险

最优套期保值比率是将资产组合的风险降到最低限度。但是，现实中，投资者往往并不需要每次都这样做。很多情况下，只要将风险降到可以承受的水平就可以了。因为，在用套期保值的方法降低风险的同时，也降低了资产组合的预期收益率。降低资产组合的风险其实就是降低资产组合的 β 系数，最优套期保值比率实际是把整个组合的 β 系数降为 0。现实中，只要降到意愿的值就可以了。设意愿值为 β^*，则需要的股指期货合约的数量公式应为：

$$\text{买卖期货合约数量}=(\beta-\beta^*)\times\frac{\text{现货总价值}}{\text{期货指数点}\times\text{每点乘数}} \tag{6.4}$$

循此思路，当然也可以通过期货合约的买卖增大资产组合的系统风险，以提高预期收益。

（2）股指期货卖出套期保值

卖出套期保值是指交易者为了回避股票市场价格下跌的风险，通过在期货市场卖出股票指数期货合约，而在股票市场和期货市场上建立盈亏冲抵机制的操作。投资者主要会在如下情形时进行卖出套期保值操作：投资者持有股票组合，担心股市大盘下跌而影响股票组合的收益。

【例 6-1】

国内某证券投资基金在某年 9 月 2 日时，其收益率已达到 26%，鉴于后市不太明朗，市场下跌的可能性很大，为了保持这一业绩到 12 月，该基金决定利用沪深 300 指数期货实行保值。假定其股票组合的现值为 2.24 亿元，并且其股票组合与沪深 300 指数的 β 系数为 0.9。假定 9 月 2 日时的现货指数为 3 400 点，而 12 月到期的期货合约为 3 650 点。该基金首先要计算卖出多少期货合约才能使 2.24 亿元的股票组合得到有效保护，计算方式如下：

$$\text{应该卖出的期货合约数} = 0.9\times\frac{224\ 000\ 000}{3\ 650\times 300}\approx 184\text{（张）}$$

12 月 2 日，现货指数跌到 2 200 点，而期货指数跌到 2 290 点（现货指数跌 1 200 点，跌幅约为 35.29%，期货指数跌 1 360 点，跌幅约为 37.26%），这时该基金买进 205 张期货合约进行平仓，则该基金的损益情况为：股票组合市值缩水 35.29% ×0.9 = 31.76%，市值减少为 1.5286 亿元，减少市值 0.7114 亿元；期货合约上盈利 184×1360×300÷10 0 000 000 = 0.75072（亿元），实现避险目的（见表 6-2）。

表 6-2　股指期货卖出套期保值

日期	现货市场	期货市场
9 月 2 日	股票总值为 2.24 亿元，沪深 300 现指为 3 400 点	卖出 184 张 12 月到期的沪深 300 指数期货合约，期指为 3 650 点，合约总值为 184 × 3 650 × 300 ÷ 100 000 000 = 2.0148（亿元）
12 月 2 日	沪深 300 现指跌至 2 200 点，该基金持有的股票价值缩水为 1.5286 亿元	买进 184 张 12 月到期的沪深 300 指数期货合约平仓，期指为 2 290 点，合约总值为 184 × 2 290 × 300 ÷ 100 000 000 = 1.26408（亿元）
损益	−0.7114 亿元	0.75072 亿元

如果到了 12 月 2 日，股票指数和股指期货合约价格都上涨了，结果便是期货市场出现亏损，但股票组合升值，盈亏相抵之后，基本上仍能实现当初的愿望，即保持以往的收益业绩。

（3）**股指期货买入套期保值**

买入套期保值是指交易者为了回避股票市场价格上涨的风险，通过在期货市场买入股票指数期货的操作，在股票市场和股指期货市场上建立盈亏冲抵机制。投资者在如下情形时会进行买入套期保值操作：投资者在未来计划持有股票组合，担心股市大盘上涨而使购买股票组合成本上升。

【例 6-2】

某机构在 4 月 15 日得到承诺，6 月 10 日会有 300 万元资金到账。该机构看中 A、B、C 三只股票，现在的价格分别为 20 元、25 元、50 元，如果现在就有资金，每只股票投入 100 万元就可以分别买进 5 万股、4 万股和 2 万股。由于现在处于行情看涨期，该机构担心资金到账时，股价已上涨，就买不到这么多股票了。于是，采取买进股指期货合约的方法锁定成本。

假定相应的 6 月到期的期指为 2 500 点，每点乘数为 100 元。三只股票的 β 系数分别为 1.5、1.3 和 0.8，则首先得计算应该买进多少期指合约，计算方法如下。

三只股票组合的 β 系数为：

$$1.5\times\frac{1}{3}+1.3\times\frac{1}{3}+0.8\times\frac{1}{3}=1.2$$

应该买进期指合约数为：

$$1.2\times\frac{3\ 000\ 000}{2\ 500\times100}=14.4\text{（张）}$$

取较大整数，则为 15 张。

6 月 10 日，该机构如期收到 300 万元，这时现指与期指均已涨了 10%，即期指已涨至 2 750 点，而三只股票分别上涨至 23 元（上涨 15%）、28.25 元（上涨 13%）、54 元（上涨 8%）。如果仍旧分别买进 5 万股、4 万股和 2 万股，则共需资金：$23\times5+28.25\times4+54\times2=336$（万元），显然，资金缺口为 36 万元。

由于该机构在指数期货上做了多头保值，6 月 10 日将期指合约卖出平仓，共计可得：$15\times(2\ 750-2\ 500)\times100=37.5$（万元），弥补资金缺口后尚有余裕。可见，通过套期保值，该机构基本上可以把一个多月后买进股票的价格锁定在 4 月 15 日的水平上。同样，如果届时股指和股票价格都跌了，实际效果仍旧如此。这时，该机构在期指合约上亏损，但由于股价低了，扣除亏损的钱后，余额仍旧可以买到足额的股票数量。表 6-3 仅列出价格上涨时的情况。

表 6-3　股指期货买入套期保值

日期	现货市场	期货市场
4月15日	预计6月10日可收到300万元，准备购进A、B、C三只股票，当天三只股票的市场价为： A股票20元，β系数1.5； B股票25元，β系数1.3； C股票50元，β系数0.8。 按此价格，各投资100万元，可购买： A股票5万股； B股票4万股； C股票2万股	买进15张6月到期的指数期货合约，期指点为2 500点，合约总值为$15 \times 2\,500 \times 100 \div 10\,000 = 375$（万元）
6月10日	收到300万元，但股票价格已上涨至： A股票23元（上涨15%）； B股票28.25元（上涨13%）； C股票54元（上涨8%）。 如仍按计划数量购买，资金缺口为36万元	卖出15张6月到期的指数期货合约平仓，期指为2 750点，合约总值为$15 \times 2\,750 \times 100 \div 10\,000 = 412.5$（万元）
损益	-36万元	37.5万元

6.1.3　股指期货投机与套利交易

（1）股指期货投机策略

股指期货的投机交易在流程和形式上与商品期货的投机交易类似，第五章中已有详细介绍，此处不再赘述。但由于股指期货的标的是股票指数，其反映的信息面更为广泛，因此交易者应做好对各种经济信息的研究，综合研判股指期货的价格走势。

一般而言，分析股指期货价格走势有两种方法：基本面分析方法和技术面分析方法。基本面分析方法重在分析对股指期货价格变动产生影响的基础性因素，这些因素包括国内外政治因素、经济因素、社会因素、政策因素、行业周期因素等多个方面，通过分析这些基本因素的变动对股指可能产生的影响，来预测和判断股指期货未来变动的方向。技术分析方法重在分析行情的历史走势，通过分析当前价和量的关系，再根据历史行情走势来预测和判断股指期货未来变动的方向。通常情况下，股指期货的成交量、持仓量和价格有表6-4所示的关系。

基本面分析方法和技术分析方法各有优劣，一般在进行投机交易时需要将两种方法有机结合，以提高判断的准确率。

表 6-4 股指期货量价关系

价格	成交量	持仓量	市场趋势
上涨	增加	上升	新开仓增加，多头占优
上涨	减少	上升	新开仓增加，空头占优
下跌	增加	下降	平仓增加，空头占优
下跌	减少	下降	平仓增加，多头占优
上涨	不活跃	上升	多头占优，但优势不明显
上涨	减少	上升	空头占优，但优势不明显
下跌	不活跃	下降	空头可能被逼平仓
下跌	增加	下降	多头可能被逼平仓

（2）股指期货期现套利

期货合约与远期合约同样具有现时签约并在日后约定时间交割的性质。尽管期货的价格由于其交易制度以及每日无负债结算制度的关系，与同期限远期合约的价格不尽相同，但从交易者可以选择最后参与交割来看，其定价机制并无大的差别，期货价格与同期限远期价格的差别常常可以忽略。这样，对期货就可以使用本书第二章远期定价的一般方法来定价。股指期货的定价同样如此，事实上，可以用严格的数学方法来证明，在一系列合理的假设条件下，股指期货合约的理论价格与远期合约的理论价格基本上是一致的，即股指期货的理论价格应该等于股指的持有成本。由于股票指数不需要储存成本，也没有便利收益，因此股指期货合约的理论价格由其标的股指的市场价格、股指在期货有效期内可能的收益与无风险利率共同决定。基于此，正常情况下，期货指数与现货指数维持一定的动态关系。但是，在现实中，由于各种因素的影响，股票指数与期货指数都在不断变化，期货与现货的价格关系经常偏离其应有的水平。当这种偏离超出一定的范围时，就会产生套利机会。交易者可以利用这种套利机会从事套利交易，获取无风险利润。

在判断是否存在期现套利机会时，依据现货指数来确定股指期货理论价格非常关键，只有当实际的股指期货价格高于或低于理论价格时，套利机会才有可能出现。

① 股指期货合约的理论价格

对于一般的股票，其分红与否，分红率高低，都存在着很大的差异和不确定性，很难说某只股票的分红率会保持某个确定的值。但是，以众多股票为成分股的股票指数则不同，尤其对于一些代表性比较强的综合型股票指数，如美国的 S&P 500 股票指数、我国的沪深 300 股票指数等，根据大数定律，它们都有一个比较固定的分红率。因此，通常可以把股票指数看做有固定收益率的资产。这样，股指期货的持有成本有两个组成部分：一项是资金占用成本，包括股指的价值以及按照市场无风险利率计算的利息；另一项则是持有期内可能得到的股票分红红利，用股指的分红率来计算和衡量。当无风险利率大于股指的分红率时，净持有成本大于0；反之，当无风险利率小于股指的分红率时，净持有成本小于0。平均来看，市场利率总是大于股票分红率，故净持有成本通常是正数。但是，如果考察的时间较短，期间正好有一大笔红利收入，则在短时期中，有可能净持有成本为负。

【例6-3】

买卖双方签订一份3个月后交割一揽子股票组合的远期合约，该一揽子股票组合与沪深300指数构成完全对应，现在市场价值为99万元，即对应于沪深300指数3 300点（沪深期货合约的乘数为300元）。假定市场年利率为6%，且预计一个月后可收到6 600元现金红利，该远期合约的合理价格计算过程如下。

资金占用99万元，相应的利息为990000×6%×3÷12＝14 850（元），一个月后收到红利6 600元，再计其剩余两个月的利息为6 600×6%×2÷12＝66（元），本利和共计为6 666元；净持有成本为14 850－6 666＝8 184（元）；该远期合约的合理价格应为990 000＋8 184＝998 184（元）。

如果将上述金额用指数点表示，则有：99万元相当于3 300指数点；3个月的利息为3 300×6%×3÷12＝49.5（点）；红利6 600元相当于22个指数点，再计剩余两个月的利息为22×6%×2÷12＝0.22（个指数点），本利和共计为22.22个指数点；净持有成本为49.5－22.22＝27.28（个指数点）；该远期合约的合理价格应为3 300＋27.28＝3327.28（点）。

股指期货理论价格的计算公式可表示为：$F(t,T)=S(t)+S(t)\times(r-d)\times(T-t)/365=S(t)[1+(r-d)\times(T-t)/365]$，其中：$t$为所需计算的各项内容的时间变量；$T$代表交割时间；$T-t$就是$t$时刻至交割时的时间长度，通常以天为计算单位，而如果用一年的365天去除，$(T-t)/365$的单位显然就是年了；$S(t)$为t时刻的现货指数；$F(t,T)$表示T时交割的期货合约在t时的理论价格（以指数表示）；r为年利息率；d为年指数股息率。

相关的假设条件有：暂不考虑交易费用，期货交易所需占用的保证金以及可能发生的追加保证金也暂时忽略；期、现两个市场都有足够的流动性，使得交易者可以在当前价位上成交；融券以及卖空极易进行，且卖空所得资金随即可以使用。

计算公式（以指数表示）如下。

持有期利息为：$S(t)\times r\times(T-t)/365$

持有期股息收入为：$S(t)\times d\times(T-t)/365$

持有期净成本为：

$$S(t)r(T-t)/365-S(t)d(T-t)/365=S(t)(r-d)(T-t)/365 \quad (6.5)$$

注意：在计算时既可以采用单利计算法，也可以采用复利计算法。但从实际效果来看，由于套利发生的时间区间通常都不长，两者之间的差别并不大。

② 股指期货期现套利操作

股指期货合约实际价格恰好等于股指期货理论价格的情况比较少，多数情况下股指期货合约实际价格与股指期货理论价格总是存在偏离。当前者高于后者时，称为期价高估（overvalued），当前者低于后者时称为期价低估（undervalued）。

首先，介绍期价高估与正向套利。当存在期价高估时，交易者可通过卖出股指期货同时买入对应的现货股票进行套利交易，这种操作称为“正向套利”。假定数据如前，但实际沪深 300 股票指数期指为 3 347.28 点，高出理论期指 20 点。这时交易者可以通过卖出沪深 300 指数期货，同时买进对应的现货股票进行套利交易。步骤为：第一，卖出一张沪深 300 指数期货合约，成交价位为 3 347.28 点，同时以 6% 的年利率贷款 99 万元，买进相应的一揽子股票组合。第二，一个月后，将收到的 6 600 元股息收入按 6% 的年利率贷出。第三，再过两个月，即到交割期，将沪深 300 指数期货对冲平仓，将一揽子股票卖出，并收回贷出的 6 600 元的本利。注意，在交割时，期货、现货价格是一致的。第四，还贷。99 万元 3 个月的利息为 14 850 元，需还贷本利和共计 1 004 850 元。

表 6-5 列出了交割时指数值在不同的三种情况下的盈亏状况：情况 A 的交割价高于原期货实际成交价（3 347.28 点），情况 B 的交割价等于原现货实际成交价（3 347.28 点），情况 C 的交割价低于原现货实际成交价（3 347.28 点）。从表中可以看出，无论在哪种情况下，此种操作的盈利都是固定的 6 000 元，恰是实际期价与理论期价之差（3 347.28 − 3 327.28）× 300 = 6 000 元，实现了无风险的套利。

表 6-5　期价高估时的套利情况表

项目	情况 A	情况 B	情况 C
交割价	3 367.28 点	3 347.28 点	3 317.28 点
现货市场收回现金（卖出股票组合获得现金 +6 600 元股息贷款收回现金）	3 367.28 × 300 + 6 600 ×（1 + 6% × 2 / 12）= 1 016 850（元）	3 347.28 × 300 + 6 600 ×（1 + 6% × 2 / 12）= 1 010 850（元）	3 317.28 × 300 + 6 600 ×（1 + 6% × 2/12）= 1 001 850（元）
还贷所需现金	1 004 850 元	1 004 850 元	1 004 850
现货盈亏	1 016 850−1 004 850 = 12 000（元）	1 010 850 − 1 004 850 = 6 000（元）	1 001 850 − 1 004 850 = −3 000（元）
期货盈亏	3 347.28 − 3 367.28 = −20（点），即 −6 000 元	3 347.28 − 3 347.28 = 0 点，即盈亏持平。	3 347.28−3 317.28 = 300（点），即 9 000 元
期现盈亏合计	12 000 − 6 000 = 6 000（元）	6 000 + 0 = 6 000（元）	−3 000 + 9 000 = 6 000（元）

下面介绍期价低估与反向套利。当存在期价低估时，交易者可通过买入股指期货的同时卖出对应的现货股票进行套利交易，这种操作称为“反向套利”。假定基本数据同上，实际沪深 300 股票指数期货为 3 297.28 点，比 3 327.28 点的理论指数低 30 点。这时交易者可以通过买进期货，同时卖出相应的现货股票组合来套利。具体步骤为：第一，以 3 297.28

点的价位买进一张沪深 300 指数期货合约，同时借入一揽子对应的股票在股票市场按现价 3 300 点卖出，得款 99 万元，再将这 99 万元按市场年利率 6% 贷出 3 个月。第二，3 个月后，收回贷款本利合计 1 004 850 元，然后在期货市场将沪深 300 指数期货卖出平仓，同时在现货市场上买进相应的股票组合，将这个股票组合还给原出借者，同时还必须补偿股票所有者本来应得的分红本利和 6 666 元。第三，与上例相同，不论最后的交割价为多少，最后实现的盈亏总额都是相同的。设最后交割指数为 H，则净利 = 收回贷款本利和 − 赔偿分红本利和 + 期货盈亏 − 买回股票组合所需资金 $= 1004850 - 6666 + (H - 3\,297.28) \times 300 - H \times 300 = 998\,184 + H \times 300 - 3\,297.28 \times 300 - H \times 300 = 998\,184 - 989\,184 = 9\,000$（元）。这笔利润正是理论期价与实际期价之差（3 327.28−3 297.28）× 300 = 9 000（元）。

由于套利是在期、现两个市场同时反向操作，将利润锁定，不论价格涨跌，都不会因此而产生风险，故常将期现套利交易称为无风险套利，相应的利润称为无风险利润。从理论上讲，这种套利交易是不需要资本的，因为所需资金都是借来的，所需支付的利息已经在套利过程中考虑了，故套利利润实际上是已扣除机会成本后的净利润。当然，在以上分析中，略去了一些影响因素，例如交易费用以及融券问题、利率问题等与实际情况是否吻合等，这会在一定程度上影响套利操作和效果。

③ 交易成本与无套利区间

无套利区间是指考虑交易成本后，将期指理论价格分别向上移和向下移所形成的一个区间。在这个区间中，套利交易不但得不到利润，反而可能导致亏损。具体而言，将期指理论价格上移一个交易成本之后的价位称为无套利区间的上界，将期指理论价格下移一个交易成本之后的价位称为无套利区间的下界，只有当实际的期指高于上界时，正向套利才能够获利；反之，只有当实际期指低于下界时，反向套利才能够获利。

假设 TC 为所有交易成本的合计数，则显然无套利区间的上界应为：

$$F(t, T) + TC = S(t)\left[1 + (r - d) \times (T - t)/365\right] + TC \tag{6.6}$$

而无套利区间的下界应为：

$$F(t, T) - TC = S(t)\left[1 + (r - d) \times (T - t)/365\right] - TC \tag{6.7}$$

相应的无套利区间应为：

$$\text{上界：} S(t)\left[1 + (r - d) \times (T - t)/365\right] - TC$$

$$\text{下界：} S(t)\left[1 + (r - d) \times (T - t)/365\right] + TC \tag{6.8}$$

【例 6-4】

设 $r=5\%$，$d=1.5\%$，6 月 30 日为 6 月期货合约的交割日，4 月 1 日、5 月 1 日、6 月 1 日及 6 月 30 日的现货指数分别为 1 400 点、1 420 点、1 465 点及 1 440 点，这几日的期货理论价格计算如下：4 月 1 日至 6 月 30 日，持有期为 3 个月，即 3/12 年，F（4 月 1 日，6 月 30 日）= 1 400×［1+（5%−1.5%）×3÷12］= 1 412.25（点）；5 月 1 日至 6 月 30 日，持有期为 2 个月，即 2/12 年，F（5 月 1 日，6 月 30 日）= 1 420×［1+（5%−1.5%）×2÷12］= 1 428.28（点）；6 月 1 日至 6 月 30 日，持有期为 1 个月，即 1/12 年，F（6 月 1 日，6 月 30 日）= 1 465×［1+（5%−1.5%）×1÷12］= 1 469.27（点）；6 月 30 日，期货到期，期、现价格相等，均为 1 440 点。

【例 6-5】

基本数据如上例，又假定①借贷利率差 $\Delta r=0.5\%$；②期货合约买卖手续费双边为 0.2 个指数点，同时，市场冲击成本也是 0.2 个指数点；③股票买卖的双边手续费及市场冲击成本各为成交金额的 0.6%，即合计为成交金额的 1.2%，如以指数点表示，则为 1.2%×$S(t)$。4 月 1 日、6 月 1 日的无套利区间计算如下。

4 月 1 日：

股票买卖的双边手续费及市场冲击成本为 1 400×1.2% = 16.8（点）；期货合约买卖双边手续费及市场冲击成本为 0.4 个指数点；借贷利率差成本为 1 400×0.5%×3÷12 = 1.75（点）；三项合计，TC = 16.8+0.4+1.75 = 18.95（点）。无套利区间上界为 1 412.25+18.95 = 1 431.2（点）；无套利区间下界为 1 412.25−18.95 = 1 393.3（点）。无套利区间为［1 393.3,1 431.2］，上下界幅宽为 1 431.2−1 393.3 = 37.9（点）。

6 月 1 日：

股票买卖的双边手续费及市场冲击成本为 1 465×1.2% = 17.58（点）；期货合约买卖双边手续费及市场冲击成本为 0.4 个指数点；借贷利率差成本为 1 465×0.5%×1÷12 = 0.61（点）；三项合计，TC = 17.58+0.4+0.61 = 18.59（点）。无套利区间上界为 1 469.27+18.59 = 1487.86（点）；无套利区间下界为 1 469.27−18.59 = 1450.68（点）。无套利区间为［1 450.68,1 487.86］，上下界幅宽为 1 487.86−1 450.68 = 37.18（点）。

无论是从组成 TC 的公式中还是例题中都不难看出：借贷利率差成本与持有期的长度有关，它随着持有期缩短而减小，当持有期为 0 时（即交割日），借贷利率差成本也为 0。而交易费用和市场冲击成本却是与持有期的长短无关的，即使到交割日，它也不会减少。因而，无套利区间的上下界幅宽主要是由交易费用和市场冲击成本这两项所决定的。

④ 套利交易中的模拟误差

准确的套利交易意味着卖出或买进股指期货合约的同时，买进或卖出与其相对应的股票组合。与使用股指期货进行的套期保值通常是交叉套期保值一样，在套利交易中，实际交易的现货股票组合与指数的股票组合也很少会完全一致。这时，就可能导致两者未来的走势或回报不一致，从而导致一定的误差。这种误差，通常称为模拟误差。

模拟误差来自两方面。一方面是因为组成指数的成分股太多，如 S&P 500 指数是由 500 只股票所组成的。短时期内同时买进或卖出这么多的股票难度较大，并且准确模拟将使交易成本大大增加，因为对一些成交不活跃的股票来说，买卖的冲击成本非常大。通常，交易者会通过构造一个取样较小的股票投资组合来代替指数，这会产生模拟误差。另一方面，即使组成指数的成分股并不太多，如道琼斯工业指数仅由 30 只股票所组成，但由于指数大多以市值为比例构造，由于交易最小单位的限制，严格按比例复制很可能根本就难以实现。比如，如果按比例构建组合出现某些股票应买卖 100 股以下的结果，也就是股市交易规定的最小单位 1 手以下，就没办法实现。这也会产生模拟误差。

模拟误差会给套利者原先的利润预期带来一定的影响。举例来说，如果期价高出无套利区间上界 5 个指数点，交易者进行正向套利，理论上到交割期可以稳挣 5 个点，但是如果买进的股票组合（即模拟指数组合）到交割期落后于指数 5 个点，套利者将什么也挣不到。当然，如果买进的股票组合到交割期领先指数 5 个点，那该套利者就将挣到 10 个点。因此，模拟误差会增加套利结果的不确定性，在套利交易活动中，套利者应该给予足够的重视。

⑤ 期现套利程式交易

期现套利交易对交易时机的把握要求非常高，交易者必须在短时间内完成期指的买卖以及许多股票的买卖，传统的报价交易方式难以满足这一要求，因此必须依赖程式交易（program trading）系统。

程式交易系统由四个子系统组成：套利机会发觉子系统、自动下单子系统、成交报告及结算子系统，以及风险管理子系统。

套利机会发觉子系统在运作时必须同步链接股票现货市场与股指期货市场的行情信息。除此之外，子系统内要预置与套利者自身有关的信息模块，如无套利区间计算所需要的各种参数、各种股票组合模型及相应的误差统计、套利规模的设定等。按此设计的套利机会发觉子系统将会及时发现市场是否存在套利机会，或及时发现对已有的套利头寸是否存在了结的机会，一旦产生机会，便会向交易者发出提示或按照预定的程序向自动下单子系统发出下单指令。

成交报告及结算子系统的作用是对成交情况迅速进行结算并提供详尽的报告，使套利者可以动态掌握套利交易的情况，对其进行评估，并在必要时对原有套利模式进行修正。

风险管理子系统可以对模拟误差风险及其他风险进行控制，同时它也会发挥管理指数期货保证金账户的作用。

通过运用程式交易，套利者可以在较短时间内发现套利机会，并且快速执行套利操作，从而有效获取套利收益。

（3）股指期货跨期套利

股指期货跨期套利是利用不同月份的股指期货合约的价差关系，买进（卖出）某一月份的股指期货的同时卖出（买进）另一月份的股指期货合约，并在未来某个时间同时将两个头寸平仓了结而获利的交易行为。

① 不同交割月份期货合约间的价格关系

股指期货一般都有两个到期交割月份以上合约，其中交割月离当前较近的称为近月合约，交割月离当前较远的称为远月合约。当远月合约价格大于近月合约价格时，称为正常市场或正向市场，近月合约价格大于远月合约价格时，称为逆转市场或反向市场。

在正常市场中，远月合约与近月合约之间的价差主要受持有成本的影响。股指期货的持有成本相对低于商品期货，而且可能收到的股利在一定程度上可以降低股指期货的持有成本。当实际价差高于或低于正常价差时，就存在套利机会。例如，假定 3 月和 2 月沪深 300 指数期货的正常价差为 100 点，当 3 月和 2 月沪深 300 指数期货的实际价差为 200 点，明显高于 100 点的水平，此时可通过买入价格低估合约，同时卖出价格高估合约的做法进行套利，获取稳定利润。当然，不合理的价差会随着套利活动的增加而逐渐减小，直至回归合理价差。

在逆转市场上，两者的价格差主要取决于近期供给相对于需求的短缺程度，以及购买者愿意花费多大代价换取近月合约。

根据以上关系，再结合具体的市场行情及趋势预测，就可以判断不同交割月份合约价格间的关系是否正常。如果不正常，无论价差过大还是过小，投资者都可以相机采取套利交易，待价格关系恢复正常时同时对冲了结，以获取套利利润。

② 不同交割月份期货合约间的理论价差

根据期货定价理论，可以推算出不同月份的股指期货之间的理论价差。现实中，两者的合理价差可能包含更多因素，但基本原理类似。

设：$F(T1)$ 为近月股指期货价格；$F(T2)$ 为远月股指期货价格；S 为现货指数价格；r 为利率；d 为红利率。

则根据期货定价理论有：

$$F(T1)=S\left[1+(r-d)T1/365\right]$$
$$F(T2)=S\left[1+(r-d)T2/365\right]$$

可推出：

$$\begin{aligned}F(T2)-F(T1)&=S\left[1+(r-d)T2/365\right]-S\left[1+(r-d)T1/365\right]\\&=S(r-d)T2/365-S(r-d)T1/365\\&=S(r-\mathrm{d})(T2-T1)/365\end{aligned} \tag{6.9}$$

此即为两个不同月份的股指期货的理论价差，当实际价差与理论价差出现明显偏离时，可以考虑进行套利交易，等到价差回归到合理水平时了结头寸结束交易。

由于股指期货的价格受众多因素的影响，实际价格可能会经常偏离理论价格，因此完全依据理论价格进行套利分析和交易可能会面临较大的不确定性。

股指期货跨月套利也可以完全根据价差、价比分析法进行分析和操作。通过分析两个不同月份期货合约的价差和价比数据，并观察和统计数据分布区间及其相应概率，当实际价差出现在大概率分布区间之外时可以考虑建立套利头寸，当价差或价比重新回到大概率区间时，平掉套利头寸获利了结。

【例 6-6】

假定市场利率比股票分红高 3%，即 $r-d=3\%$。5 月 1 日上午 10:00，沪深 300 指数为 3 000 点，沪深 300 指数期货 9 月合约为 3 100 点，6 月合约价格为 3 050 点，9 月期货合约与 6 月期货合约之间的实际价差为 50 点，而理论价差为：$S(r-d)(T2-T1)/365=3\,000\times3\%\times3/12=22.5$（点），因此投资者认为价差很可能缩小，于是买入 6 月合约，卖出 9 月合约。5 月 1 日下午 2:00，9 月合约涨至 3 150 点，6 月合约涨至 3 120 点，9 月期货合约与 6 月期货合约之间的实际价差缩小为 30 点。在不考虑交易成本的情况下，投资者平仓后每张合约获利为 20×300= 6 000（元）。

跨期套利损益见表 6-6。

表 6-6　跨期套利损益

5 月 1 日上午 10:00	买入 1 手 6 月合约，价格为 3 050 点	卖出 1 手 9 月合约，价格为 3 100 点	价差为 50 点
5 月 1 日下午 2:00	卖出 1 手 6 月合约，价格为 3 120 点	买入 1 手 9 月合约，价格为 3 150 点	价差为 30 点
每张合约损益	+70 点	−50 点	价差缩小 20 点
最终结果	盈利为 20 × 300= 6 000 元		

6.2　外汇期货

6.2.1　外汇期货及其特征

外汇期货（forex），亦称货币期货（currency futures），是以特定的外币作为合约标的的期货合约。世界上最大的外汇期货交易市场是芝加哥商业交易所于 1972 年建立的国际货币市场（IMM）。该市场提供世界主要币种兑美元的外汇期货，还挂盘交易多种非美元的交叉汇率外汇期货产品。其他的重要外汇期货市场包括费城期货交易所、新加坡国际期货交易所、新西兰期货交易所和悉尼期货交易所。表 6–7 列出了部分在国际货币市场交易的外汇期货的主要特征。

表 6–7　国际货币市场（IMM）外汇期货主要特征

项目	特征
交易地点	国际货币市场
标的资产	各种外汇
合约规模	日元（JPY）：1 250 万日元 欧元（EUR）：125 000 欧元 加拿大元（CAD）：100 000 加元 英镑（GBP）：62 500 英镑 澳元（AUD）：100 000 澳元 瑞士法郎（CHF）：125 000 瑞士法郎 …………
报价	每单位外币多少美元
每日价格变动限制	各异
交割月份	季月循环
最后交易日	交割月份第三个星期三的前两个交易日
交割方式	多数为实物交割，巴西雷亚尔为现金交割

从表 6–7 可以看出，美国期货市场上的外汇期货合约的价格是以每单位外币多少美元或美分的方式报出，这与美国外汇现货与远期通常的间接报价不同。在美国以外的地区，许多国家有美元期货交易，则用一定数量的本币对美元标价。

外汇期货的规模都是以外币单位表示的，合约规模和每种合约允许的最小变动价位等信息都会在合约中列示，比如欧元的合约规模（也称交易单位）是 125 000 欧元，最小变动价位是每合约 12.50 美元；加拿大元的合约规模是 100 000 加元，最小变动价位为每合约 10 美元。

在外汇合约价格表上一般包含每一张合约每天的开盘价、最高价、最低价、结算价等价格，还会有日成交量、未平仓合约数等信息，这与其他的期货合约基本一致。银行间市场（场外市场）的交易商提供与外汇期货合约类似的外汇远期交易。外汇远期交易比较成熟，市场规模也很大，这是与其他期货品种所不同的。

6.2.2　外汇期货套期保值

外汇期货套期保值分买入套期保值、卖出套期保值和交叉套期保值。

（1）卖出套期保值

卖出套期保值是为了避免外汇汇率下跌，卖出外汇期货进行的套期保值。适合做外汇期货卖出套期保值的情形主要包括：持有外汇资产者，担心未来外币贬值；出口商和从事国际业务的银行预计未来某一时间将会得到一笔外汇，为了避免外汇汇率下跌造成损失。

【例 6-7】

某美国投资者发现欧元的利率高于美元利率，于是决定购买 50 万欧元以获取高息，计划投资 3 个月，但又担心投资期间欧元兑美元贬值。为规避欧元汇率贬值的风险，该投资者利用芝加哥商业交易所外汇期货市场进行卖出套期保值，每手欧元期货合约为 12.5 万欧元，具体操作过程见表 6-8。

表 6-8 外汇期货卖出套期保值

时 间	即期市场	期货市场
3 月 1 日	欧元兑美元即期汇率为 1 欧元兑 1.3432 美元，购买 50 万欧元，付出 67.16 万美元	卖出 4 手 6 月到期的欧元期货合约，成交价格为 EUR/USD=1.3450（表示 1 欧元兑 1.3450 美元）
6 月 1 日	欧元兑美元即期汇率为 1 欧元兑 1.2120 美元，出售 50 万欧元，得到 60.6 万美元	买入 4 手 6 月到期的欧元期货合约对冲平仓，成交价格为 EUR / USD = 1.2101（表示 1 欧元兑 1.2101 美元），与 3 月 1 日的卖出价格比，期货合约下跌 1 349 个点，即 $1.3450-1.2101=0.1349$，每个点的合约价值为 12.5 美元，4 手合约共获利 $12.5\times4\times0.1349=6.745$（万美元）
损益	损失 6.56 万美元	获利 6.745 万美元

根据表 6-8，该投资者投资 50 万欧元，因欧元汇价下跌而在即期外汇市场上损失 6.56 万美元，但由于同时在外汇期货市场上做了套期保值交易，期货市场获利 6.745 万美元，使得即期市场的损失可以从期货市场的获利中得到弥补。当然，若欧元汇价在这期间上涨，该投资者在即期市场的获利也将被期货市场的损失所抵消。

（2）买入套期保值

买入套期保值是为了避免外汇汇率上升，买入外汇期货进行的套期保值。适合做外汇期货买入套期保值的情形主要包括：外汇短期负债者担心未来货币升值；国际贸易中的进口商担心付汇时外汇汇率上升造成损失。

【例 6-8】

在 6 月 1 日，某美国进口商预期 3 个月后需支付进口货款 2.5 亿日元，目前的即期汇率为 USD/JPY=146.70（表示 1 美元兑 146.70 日元），该进口商为避免 3 个月后因日元升值而需付出更多的美元兑换日元，就在 CME 外汇期货市场买入 20 手 9 月到期的日元期货合约，进行买入套期保值，每手日元期货合约代表 1 250 万日元，具体操作过程如表 6-9 所示。

表 6-9　外汇期货买入套期保值

时 间	即期市场	期货市场
6 月 1 日	即期汇率为 USD/JPY=146.70（表示 1 美元兑 146.70 日元），2.5 亿日元价值 1 704 160 美元	买入 20 手 9 月份到期的日元期货合约，成交价为 JPY/USD=0.006835，即 6 835 点（日元外汇期货市场上 1 个点 =0.000001，该报价相当于即期市场报价法的 USD/JPY=146.30）
9 月 1 日	即期汇率为 USD/JPY=142.35，从即期市场买入 2.5 亿日元，需付出 1 756 230 美元。与 6 月 1 日相比，需要多支付 1 756 230－1 704 160 =52 070（美元）	卖出 20 手 9 月份到期的日元期货合约对冲平仓，成交价格为 7 030 点（该报价相当于即期市场报价法的 USD/JPY=142.25。期货市场每手日元期货合约共获利 7030－6835=195(点)，每个点代表 12.5 美元，共 20 手合约，总盈利为 48 750 美元）
损益	损失 52 070 美元	获利 48 750 美元

根据表 6-9，该进口商于 3 个月后实际支付日元货款时，因日元汇价上升而需多付出 52 070 美元的成本，但因同时在外汇期货市场上做了多头套期保值，使成本的增加可从期货市场的获利中大致得到弥补。当然，若 9 月 1 日的日元汇价下跌，则即期市场上的成本减少的好处将被期货市场的亏损大致抵消。

（3）外汇交叉套期保值

这里的交叉套期保值与我们前面讲的交叉套期保值的含义有所不同，外汇交叉套期保值（cross hedge）是指利用相关的两种外汇期货合约为一种外汇保值。鉴于此，我们特别标明“外汇交叉套期保值”或“交叉货币套期保值”。

在国际外汇期货市场上交易的外汇期货合约以外币对美元的期货合约为多，很少有两种非美元货币间的期货合约。例如：目前，人民币与很多货币之间就没有直接的期货合约，人民币与美元之间的期货合约出现的时间也并不长。这样，若希望通过期货套期保值的方式回避人民币与其他货币之间的汇率风险，就必须运用交叉货币套期保值。进行交叉套期保值的关键是要把握以下两点：（1）正确选择承担保值任务的另外一种期货，只有相关程度高的品种，才是为手中持有的现汇进行保值的适当工具；（2）正确调整期货合约的数量，使其与被保值对象相匹配。

【例 6-9】

6月1日，国内某出口公司向挪威出口一批货物，价值2 000万挪威克朗（NOK），3个月后以挪威克朗进行结算。当时挪威克朗兑人民币的即期汇率为1NOK＝0.7998CNY。该出口公司担心3个月后挪威克朗贬值造成损失，考虑在期货市场进行套期保值。由于没有挪威克朗对人民币的期货合约，该出口商决定用美国CME货币市场的NOK/USD期货合约与CNY/USD期货合约进行交叉套期保值，买入16手CNY/USD期货合约，卖出10手NOK/USD期货合约（CNY/USD期货合约规模为100万元人民币，NOK/USD期货合约规模为200万挪威克朗）。假设6月1日，CNY/USD期货价格为0.1618，NOK/USD期货价格为0.1292；若9月1日，NOK/CNY汇率下降为1NOK＝0.7958CNY，而CME期货市场的CNY/USD期货价格下降为0.1613，NOK/USD期货价格下降为0.1281。该出口商平仓结束保值，其损益情况如表6-10所示。

表 6-10　外汇交叉套期保值损益情况

时间	现货市场 NOK/CNY	期货市场 CNY/USD	期货市场 NOK/USD
6月1日	即期汇率： 1NOK＝0.7998CNY， 2 000万NOK＝1 599.6万CNY	买入16手，价格为0.1618，持仓价值为258.88万USD	卖出10手，价格为0.1292，持仓价值为258.4万USD
9月1日	即期汇率： 1NOK＝0.7958CNY， 2 000万NOK＝1 591.6万CNY	卖出16手，价格为0.1613，持仓价值为258.08万USD	买入10手，价格为0.1281，持仓价值为256.2万USD
损益	亏损8万CNY	亏损0.8万USD	获利2.2万USD

这样，由于挪威克朗对人民币贬值，出口商损失8万元人民币。但是通过套期保值，投资者在期货市场盈利2.2－0.8＝1.4（万美元）。如果美元汇率为6.2（人民币/美元），其盈利折合人民币为1.4×6.2＝8.68（万元），弥补8万元人民币损失后尚有剩余。当然，现实中不可能所有的套期保值都盈利，也可能会有损失，但是，一般会降低风险。

6.2.3 外汇期货套利

外汇期货套利是指交易者根据不同市场、期限或币种间的理论价差的异常波动，同时买进和卖出两种相关的外汇期货合约，以期价差朝有利方向变化后将手中合约同时对冲平仓而获利的交易行为。外汇期货套利形式与商品期货套利形式大致相同，可分为期现套利、跨期套利、跨市场套利和跨币种套利等类型。

（1）外汇期现套利

外汇期现套利，即在外汇现货和期货中同时进行交易方向相反的交易，通过卖出高估的外汇期货合约或现货，同时买入被低估的外汇期货合约或现货的方式来达到获利的目的。

由于外汇期货价格波动时，可能会偏离合理的价格区间，而在交割制度的保证下，最终一定会回到合理的价格区间，因此交易者就可以利用价格的不合理性进行套利。但在实际的市场环境中，由于交易成本和冲击成本因素的存在，会影响套利策略的实施。这类市场因素的存在，使得外汇期货和现货价格的价差波动中出现一个无套利区间，只有外汇期货价格超出区间范围才会真正出现无风险套利机会。

外汇期货的交易成本主要是指交易所和期货经纪商收取的佣金、中央结算公司收取的过户费等买卖期货产生的费用。由于交易所或期货经纪商会给予不同的优惠，对于不同的投资者的交易成本也有所不同，外汇现货的交易成本有不同的计算方式。一般在场内交易的交易成本也是支付给外汇交易商的佣金和其他一些费用。但是在做市商处交易的交易成本就是点差，即买卖价差。值得注意的是，在外汇期货中也有买卖价差的存在，但是一些主力合约（市场主要买卖的合约）价差往往比较小，因此并不是交易成本的主要构成部分。除此以外，部分现汇与期汇交易成本还包括了保证金成本。

冲击成本，也称为流动性成本，主要是指大规模套利资金进入市场后对市场价格造成冲击，使交易未能按照预期价位成交，从而多付出的成本。例如当前欧元 / 美元期货卖价为 1.3000，交易者试图以 1.3000 的价位买入期货，但是在这个价位的卖单数量不足，因此交易者不得不以高出 1.3000 数个点位的方式买入期货，才能完成全部的买单操作。当冲击成本过高的时候，会影响套利的收益。在流动性不好的市场，冲击成本往往会比较大。因此，在计算无套利区间时，上限应该由期货的理论价格加上期货和现货的交易成本和冲击成本、下限应由期货的理论价格减去期货和现货的交易成本和冲击成本来得到。

【例 6-10】

在 3 月 1 日，交易者发现 EUR/USD 的现货价格为 1.3093，而 6 月的 EUR/USD 的期货价格为 1.3153，期现价差为 60 个点。同时，交易者认为 6 月的外汇期货理论价格为 1.3123，无套利区间大概为［1.3113,1.3133］。因此，交易者判断当前的外汇期货价格超出了无套利区间，期现价差将会缩小。因此交易者卖出10手6月份的EUR/USD期货，并买入相应金额的现货。

4月1日，现货和期货价格分别变为1.3102和1.3142，价差缩小到40个点。交易者同时将现货和期货平仓，从而完成外汇期现套利交易，如表6-11所示。

表6-11　外汇期现套利

3月1日	买入与期货合约价值对应的现货，价格为1.3093	卖出10手6月份EUR/USD期货合约，价格为1.3153	价差为60个点
4月1日	卖出与期货价格合约价值对应的现货，价格为1.3102	买入10手6月份EUR/USD期货合约，价格为1.3142	价差为40个点
各自盈亏情况	盈利9个点	盈利11个点	价差缩小20个点
最终结果	总盈利12.5×10×20=2 500（美元）		

（2）外汇期货跨期套利

外汇期货跨期套利，是指交易者同时买入或卖出相同品种不同交割月份的外汇期货合约，以期合约间价差朝有利方向发展后平仓获利的交易行为。

根据前文提到过的套利交易模式，外汇期货跨期套利可以分为牛市套利、熊市套利和蝶式套利等形式。

① 牛市套利

买入近期月份的外汇期货合约同时卖出远期月份的外汇期货合约进行套利的模式为牛市套利。

【例6-11】

1月15日，交易者发现当年3月的EUR/USD期货价格为1.3012，6月的EUR/USD期货价格为1.3100，二者价差为88个点。交易者估计EUR/USD汇率将上涨，同时3月和6月的合约价差将会缩小。所以交易者买入10手3月的EUR/USD期货合约，同时卖出10手6月的EUR/USD期货合约。

到了1月30日，3月的EUR/USD期货合约和6月的EUR/USD期货合约价格分别上涨到1,3055和1.3110，二者价差缩小为55个点。交易者同时将两种合约平仓，从而完成套利交易，如表6-12所示。

表 6-12 外汇期货牛市套利

1月15日	买入10手3月EUR/USD期货合约，价格为1.3012	卖出10手6月EUR/USD期货合约，价格为1.3100	价差为88个点
1月30日	卖出10手3月EUR/USD期货合约，价格为1.3055	买入10手6月EUR/USD期货合约，价格为1.3110	价差为55个点
各自盈亏情况	盈利43个点	亏损10个点	价差缩小33个点
最终结果	盈利33个点，总盈利 $12.50 \times 10 \times 33 = 4\ 125$（美元）		

由表6-12可知，市场如交易者的预计一样上涨，而最终的交易结果也使交易者获得盈利。如果在1月30日，3月和6月的合约价格不涨反跌，价格分别下跌到1.2998和1.3050，两者价差缩小到52点。交易者同时将两种合约平仓，从而完成套利交易，如表6-13所示。

表 6-13 外汇期货牛市套利

1月15日	买入10手3月EUR/USD期货合约，价格为1.3012	卖出10手6月EUR/USD期货合约，价格为1.3100	价差为88个点
1月30日	卖出10手3月EUR/USD期货合约，价格为1.2998	买入10手6月EUR/USD期货合约，价格为1.3050	价差为52个点
各自盈亏情况	亏损14个点	盈利50个点	价差缩小36个点
最终结果	盈利36个点，总盈利 $12.50 \times 10 \times 36=4\ 500$（美元）		

由表6-13可知，交易者预计外汇期货价格将上涨，但半个月后外汇期货价格不涨反跌。虽然外汇价格走势与交易者的判断相反，但最终交易结果仍使交易者获得了4 500美元的盈利。

因此，在牛市套利中，只要合约间的价差缩小，套利者就能获取盈利，而市场方向与套利者获利与否无关。

② 熊市套利

卖出近期月份的外汇期货合约同时买入远期月份的外汇期货合约进行套利盈利的模式为熊市套利。

【例 6-12】

1月15日，交易者发现当年3月的GBP/USD期货价格为1.5017，6月的GBP/USD期货价格为1.5094，二者价差为77个点。交易者估计GBP/USD汇率将上涨，同时

3月和6月的合约价差将会扩大。所以交易者卖出50手3月的GBP/USD期货合约，同时买入50手6月的GBP/USD期货合约。

到了1月30日，3月的GBP/USD期货合约和6月的GBP/USD期货合约价格分别上涨到1.5043和1.5135，二者价差扩大至92个点。交易者同时将两种合约平仓，从而完成套利交易，如表6-14所示。

表6-14　外汇期货熊市套利

1月15日	卖出50手3月GBP/USD期货合约，价格为1.5017	买入50手6月GBP/USD期货合约，价格为1.5094	价差为77个点
1月30日	买入50手3月GBP/USD期货合约，价格为1.5043	卖出50手6月GBP/USD期货合约，价格为1.5135	价差为92个点
各自盈亏情况	亏损26个点	盈利41个点	价差扩大15个点
最终结果	盈利15个点，总盈利6.25 × 50 × 15 = 4 687.5（美元）		

与牛市套利类似，熊市套利的结果并不受交易者判断的市场方向和市场的实际走向影响，而是由价差是否扩大决定。在熊市套利中，只要两个合约间的价差扩大，套利者就能获取盈利。如果价格不升反降，而价差扩大了，套利者的获利情况如表6-15所示。

表6-15　外汇期货熊市套利

1月15日	卖出50手3月GBP/USD期货合约，价格为1.5017	买入50手6月GBP/USD期货合约，价格为1.5094	价差为77个点
1月30日	买入50手3月GBP/USD期货合约，价格为1.5005	卖出50手6月GBP/USD期货合约，价格为1.5088	价差为83个点
各自盈亏情况	盈利12个点	亏损6个点	价差扩大6个点
最终结果	盈利6个点，总盈利6.25 × 50 × 6 = 1 875（美元）		

③ 蝶式套利

外汇期货的蝶式套利是由共享居中交割月份的一个牛市套利和一个熊市套利的跨期套利组成组合。具体操作方法是：交易者买入（或卖出）近期月份合约，同时卖出（或买入）居中月份合约，并买入（或卖出）远期月份合约，其中，居中月份合约的数量等于近期月份和远期月份数量之和。

【例6-13】

1月15日，交易者发现3月、6月和9月的AUD/USD期货价格分别为1.0255、1.0185、1.0119。交易者认为3月和6月的价差会缩小而6月和9月的价差会扩大。所以交易者同时买入50手3月的AUD/USD期货合约、卖出100手6月合约、买入50手9月合约。

到了1月30日，3个合约均出现不同程度的下跌，3月、6月和9月的AUD/USD期货价格分别为1.0235、1.0175、1.0105。交易者同时将三个合约平仓，从而完成套利交易，如表6–16所示。

表6–16　外汇期货蝶式套利

1月15日	卖出50手3月AUD/USD期货合约，价格为1.0255	买入100手6月AUD/USD期货合约，价格为1.0185	卖出50手9月份AUD/USD期货合约，价格为1.0119
1月30日	买入50手3月AUD/USD期货合约，价格为1.0235	卖出100手6月AUD/USD期货合约，价格为1.0175	买入50手9月份AUD/USD期货合约，价格为1.0105
各自盈亏情况	盈利20个点	亏损10个点	盈利14个点
最终结果	总盈利 $10\times50\times20-10\times100\times10+10\times50\times14=7\,000$（美元）		

由此可见，外汇期货蝶式套利是两个跨期套利的组合，与普通的跨期套利相比理论上风险和利润都较小。

（3）外汇期货跨币种套利

外汇期货跨币种套利是指交易者利用不同币种外汇期货合约价差的暂时不合理性，同时买入或卖出交割月份相同而币种不同的期货合约，待其价差回归合理区间后同时平仓，实现套利的交易行为。

【例6–14】

1月15日，国际货币市场6月期英镑的期货价格为1英镑=1.5094美元，6月期欧元的期货价格为1欧元=1.3100美元，则6月期英镑期货对欧元期货的套算汇率为1英镑=1.1522欧元。某交易者预期英镑兑美元汇率将上升，欧元兑美元汇率将下跌，因此在国际货币市场买入10份6月期英镑期货合约，同时卖出6份6月期欧元期货合约。因为英镑期货合约与欧元期货合约的交易单位不同，前者是62 500英镑，后者则是125 000欧元，而两者的套算汇率为1∶1.1522。所以，为保证实际价值基本一致，前者买入10份合约，后者则要卖出6份合约。2月20日，该交易者分别以1英镑=1.6555美元和1欧元=1.3000美元的价格对冲了手中的合约。

表 6-17　外汇期货跨币种套利

项目	美元	欧元
1月15日	买入10份6月期英镑期货合约（开仓），价格：1.5094美元/英镑；总价值：943 375美元	卖出6份6月期欧元期货合约（开仓），价格：1.3100美元/欧元；总价值：982 500美元
2月20日	卖出10份6月期一般期货合约（平仓），价格：1.6555美元/英镑；总价值：1 034 688美元	买入6份6月期欧元期货合约（平仓），价格：1.3000美元/欧元；总价值：975 000美元
损益	盈利91 313美元	盈利7 000美元

该交易者在英镑期货交易中盈利91 313美元，在欧元期货交易中盈利7 000美元，通过跨币种套利交易净盈利98 313美元。

（4）外汇期货跨市场套利

外汇期货跨市场套利是指交易者利用不同交易所同种外汇期货合约价差的暂时不合理性，同时买入或卖出它们的同种外汇期货合约，待其价差回归合理区间后同时平仓，实现套利的交易行为。

【例 6-15】

3月1日，芝加哥商业交易所的6月EUR/USD期货价格为1.2997，而纽交所伦敦国际金融期货交易所（NYSE-Liffe）的6月EUR/USD期货价格为1.3095。交易者认为，当前二者价差为98个点太高，未来价差将会缩小。因此，交易者决定卖出20手纽交所伦敦国际金融期货交易所的6月EUR/USD期货合约，同时买入20手芝加哥商业交易所的6月EUR/USD期货合约。

到了3月30日，芝加哥商业交易所和纽交所伦敦国际金融期货交易所的6月欧元/美元期货价格分别变为1.2985和1.3065，交易者同时将两个方向的合约平仓，那么交易者获利如表6-18所示。

表 6-18　外汇期货跨市场套利

3月1日	卖出20手纽交所伦敦国际金融期货交易所的6月EUR/USD期货合约，价格为1.3095	买入20手芝加哥商业交易所6月EUR/USD期货合约，价格为1.2997	价差为98个点

（续表）

3月30日	买入20手纽交所伦敦国际金融期货交易所的6月EUR/USD期货合约，价格为1.3065	卖出20手芝加哥商业交易所6月EUR/USD期货合约，价格为1.2985	价差为80个点
各自盈亏情况	盈利30个点	亏损12个点	盈利18个点
最终结果	总盈利 $12.5 \times 20 \times 18 = 4\,500$（美元）		

值得注意的是，外汇市场是一个全球市场，在期货交易中，因不同交易所所在时区不同，会导致其开盘和收盘的时间有所不同。因此套利者考虑在不同交易所间进行套利的时候，应该考虑到时区带来的影响，选择在交易时间重叠的时段进行交易。此外，交易者还需要留意不同交易所合约之间的交易单位和报价体系的不同。跨市套利虽然是在同一品种间进行的，但是由于合约交易大小和报价体系不同，交易者应将不同交易所合约的价格按相同计量单位进行折算，才能进行价格比较。

6.3 利率期货

利率期货是以固定收益证券或金融工具作为标的资产的期货合约。这种证券或金融工具是以事先确定的利率及付息频率支付利息并在到期时偿付本金的金融产品，像定期存款、债券都属于这种金融工具。按到期期限不同，常把固定收益金融产品分为短期固定收益产品与长期固定收益产品。到期期限在1年以下的称为短期固定收益产品，在1年以上的称为长期固定收益产品。同样，利率期货也分为短期利率期货与长期利率期货。

6.3.1 短期利率期货

在国际市场上，代表性的短期利率期货有欧洲美元期货、欧洲银行间拆借利率期货、美国短期国债期货等。下面以CME交易的欧洲美元期货为例介绍短期利率期货的一些基本特征。

欧洲美元期货的标的资产是自期货到期日起3月期的欧洲美元定期存款。所谓“欧洲美元存款”是指存放于美国境外的非美国银行或美国银行境外分支机构的美元存款，3月期的欧洲美元存款利率主要基于3月期的LIBOR利率。表6-19是CME交易的欧洲美元期货交易的主要条款。

表6-19 欧洲美元期货主要条款

项目	条款
合约单位	本金为100万美元的3月期欧洲美元定期存款
点数	1点 = 0.01% = 25美元

（续表）

项目	条款
最小变动价位	最近月份：1/4 点＝ 6.25 美元；其他月份：1/2 点＝ 12.50 美元
合约月份	40 个季度月（10 年）
交易时间	场内周一至周五上午 7:20 至下午 2:00，Globex 周日至周五下午 5:00 至隔日下午 4:00
最后交易日与结算日	合约月份第三个周三之前的第二个伦敦银行营业日（伦敦时间上午 11:00）
结算方式	根据到期结算日伦敦时间上午 11:00 英国银行家协会提供的利率概览中的 3 个月期 LIBOR 进行现金结算，最后结算价将四舍五入至小数点后 4 位，即 0.0001%，这意味着每份合约 0.25 美元

短期利率期货的报价是以 IMM 指数的方式报出的。下面结合 CME 报价表（表 6-20）予以说明。

表 6-20　2016 年 2 月 13 日 CME 欧洲美元期货报价

日期	最新价	涨跌	前结算	开盘价	最高价	最低价	成交量
2016-02	99.3825	+0.0025	99.380	99.3800	99.3850	99.3800	10 520
2016-03	99.3600	0.0000	99.360	99.3550	99.3700	99.3550	197 488
2016-04	99.3500	+0.0050	99.345	99.3600	99.3650	99.3450	4 454
2016-05	99.3450	+0.0050	99.340	99.3450	99.3450	99.3450	1
2016-06	99.3300	0.000	99.330	99.3450	99.3650	99.3300	316 282
2016-07	99.3400	+0.0150	99.325	99.3400	99.3400	99.3400	75
2016-08	—	—	99.315	—	—	—	0
2016-09	99.2950	−0.0050	99.300	99.3350	99.3500	99.2900	298 775
2016-12	99.2400	−0.0150	99.255	99.2950	99.3150	99.2400	350 302
2017-03	99.2000	−0.0150	99.215	99.2700	99.2900	99.2000	325 035
2017-06	99.1500	−0.0150	99.165	99.2350	99.2550	99.1500	216 937
2017-09	99.0900	−0.0150	99.105	99.1800	99.2100	99.0900	183 009

根据表 6-20，2016 年 2 月 13 日，即将到期的 2 月合约的欧洲美元期货合约最低成交价为 99.3800（第 7 列）。这意味着相应的合约到期的期货利率为 0.62%（1 年按 360 天计算的 1 年计 4 次复利的年利率）。因为欧洲美元期货的报价 IMM 指数：$Q = 100 \times$（1－期货利率）。因此，期货利率 =（$100 - Q$）/ 100 =（100 − 99.3800）/ 100 = 0.62%。

由于欧洲美元期货合约的规模为本金 100 万美元，因此一份合约的价格为 $10\,000 \times [100 - 0.25 \times (100 - Q)]$。上述合约 99.3800 成交价对应的合约价格为 $10\,000 \times [100 - 0.25 \times (100 - 99.3800)] = 998\,450$（美元）。

而期货利率每变动 1 个基点（0.01%），意味着期货报价（IMM 指数）变动 0.01，一份合约价值变动 100 00×0.01×$\frac{1}{4}$=25（美元）。

也就是说，对于一份欧洲美元期货合约来说，期货利率每下降 0.01%，IMM 指数就上升 0.01，期货多头盈利（期货空头亏损）25 美元；期货利率每上升 0.01%，IMM 指数下跌 0.01，期货多头亏损（期货空头盈利）25 美元。

例如，投资者以 98.5800 的价格买入欧洲美元期货 10 手，以 99.0000 的价格平仓。若不计交易费用，其收益为 42 点 / 手，即 25×42=1 050（美元 / 手），总收益为 10 500 美元。

其他短期利率期货合约的报价方式与此类似。但是，短期国债期货，采用的是实物交割。而欧洲美元期货由于其标的资产是虚拟的欧洲美元定期存款，只能现金交割。

6.3.2 长期和中期国债期货

笼统地说，到期期限大于 1 年的债券称为长期债券，到期期限在 1 年以下的债券称为短期债券。但是，人们又经常把期限 1 年以上的债券再做细分：到期期限大于 1 年并小于 10 年的为中期债券，到期期限在 10 年以上的为长期债券。国债期货就习惯上分短期、中期、长期国债期货。美国最早推出国债期货，而且美国的国债与国债期货市场最为发达。在美国市场，长期国债期货交易活跃，而其 10 年、5 年、2 年期中期国债期货也非常受欢迎。美国中长期国债与国债期货的报价、交易机制等都很成熟，全球其他地区中长期国债与国债期货的交易规模也很大，报价、交易机制与美国大同小异。我国 2013 年 9 月推出 5 年期国债期货交易，2015 年推出 10 年期国债期货交易，2018 年 8 月刚刚推出 2 年期国债期货交易。下面对美国长期国债期货和我国前两个国债期货做重点介绍，以认识中长期国债期货的基本特征。

（1）美国长期国债期货

表 6-21　美国长期国债期货主要条款

项目	条款
标的单位	1 份到期面值为 10 万美元的美国长期国债
可交割等级	2011 年 3 月之前的规定为：在自交割月份第 1 天起至少 15 年不可提前赎回（如果可赎回）的美国长期国债，或者剩余到期期限自交割月份第 1 天起至少为 15 年（如果不可赎回）的美国长期国债。自 2011 年 3 月到期开始，长期国债期货可交割等级为剩余到期时间自交割月份第 1 天起至少为 15 年，但少于 25 年的长期国债期货。发票价格等于期货结算价格乘以转换因子，再加上应计利息。转换因子为可交割长期国债（1 美元面值）按 6% 的收益率计算的价值，再扣掉累计利息
报价	点数（1 000 美元）加 1 点的 1/32。例如，134-16 表示 134 又 16/32，109-8 表示 109 又 8/32。票面值以 100 点为基础

（续表）

项目	条款
最小变动价位（最低波幅）	1 点的 1/32（31.25 美元 / 合约），跨月价差除外，其中最低价格波幅为 1 点的 1/32 的 1/4（7.8125 美元 / 合约）
合约月份	3 月、6 月、9 月和 12 月季度周期中的最初 3 个连续合约
最后交易日	交割月份最后交易日之前的第 7 个交易日。到期合约的交易于最后交易日下午 12:01 收市
最后交割日	交割月份的最后交易日
交割方法	美联储记账式电汇系统

表 6-21 是美国长期国债期货合约的主要条款。中长期国债期货合约都设有一标准的可交割国债，到期可供实际交割的国债有多种。每一个可供交割的国债，都有与标准可交割券的换算比率，称为转换因子。实际交割时，通过转换，计算出实际交割的价格，这是为了使到期时现货市场有足够的国债可供交割。标准交割券只是一个换算的标准，市场上可能并没有标准券的交易。美国长期国债期货合约的标准可交割券是自交割月份第 1 天起期限为 15 年，息票率为 6% 的长期国债（2000 年以前息票率为 8%）。而可交割债券为剩余到期时间自交割月份第 1 天起至少为 15 年，但少于 25 年的长期国债期货。

① 美国中长期国债及国债期货的报价

美国的中长期国债报价是以美元和 1/32 美元报出每 100 美元面值债券的价格。中长期国债期货合约的报价方式与现货相同。由于每一份期货合约规模为面值 100 000 美元，因此 80-16 的报价意味着一份长期美国国债期货的合约价格是 $1\,000 \times 80\frac{16}{32} = 80\,500$（美元）。

债券的报价是不包含累计利息的净价（clean price），与购买者实际支付的现金价格（cash price）或称发票价格（invoice price）、全价（dirty price）不同，两者之间的关系为：

$$现金价格 = 净价 + 上一交易日以来的累计利息 \tag{6.10}$$

【例 6-16】

2015 年 10 月 3 日，将于 2037 年 11 月 15 日到期、息票率为 6.125% 的长期国债收盘报价为 118-8 美元。由于美国长期国债半年支付一次利息，从到期日可以判断，该债券上一次付息日为 2015 年 5 月 15 日，下一次付息日为 2015 年 11 月 15 日。由于 5 月 15 日到 10 月 3 日之间的天数为 141 天，5 月 15 日到 11 月 15 日的天数为 184 天，因此，2015 年 10 月 3 日，该债券每 100 美元面值的应计利息为 $\frac{6.125}{2} \times \frac{141}{184} = 2.347$（美元）。

该国债 100 美元面值的现金价格为 $118 + 8/32 + 2.347 = 120\,597$（美元）。

② 转换因子

由于有多种交割券可供交割，因此当进入交割并选定交割债券后，需要利用选定债券的转换因子，通过换算得到实际交割价格。如前所述，转换因子就是各可交割债券价格与合约报价的转换比例，因此，可交割债券的交割价格的计算公式为：

$$\text{可交割债券的交割价格} = \text{合约报价} \times \text{转换因子} \tag{6.11}$$

因此，期货空方交割 100 美元面值的特定债券应收到的现金公式为：

$$\text{空方收到的现金} = \text{合约报价} \times \text{交割债券的转换因子} + \text{交割债券的应计利息} \tag{6.12}$$

【例 6-17】

假设期货报价为 96-8，交割债券的转换因子为 1.12，100 美元的该债券的应计利息为 2.3 美元，交割时空方收到的现金为：

$$96\frac{8}{32}\times 1.12 + 2.3 = 110.1 \text{（美元）}$$

每份期货合约的债券面值为 100 000 美元，因此空方每份期货合约收到的现金为 110 100 美元。

可交割债券的转换因子等于面值为 1 美元的债券在存续期限内产生的现金流，按标准债券的息票率 6% 贴现到交割月第 1 天的价值，再扣掉该债券的累积利息。在计算转换因子时，债券的剩余期限只取 3 个月的整数倍，多余的月份舍掉。如果取整数后，债券的剩余期限为半年的倍数，就假定下一次付息是在 6 个月之后，否则就假定在 3 个月后付息。

【例 6-18】

2015 年 12 月，代码 USZ5 的长期国债期货到期，由于例 6-16 的债券在 2015 年 12 月 1 日的剩余期限为 21 年 11 个月又 15 天，且不可提前赎回，是该国债期货合约的可交割债券。根据规则，在计算转换因子时应取 3 个月的整数倍，从而该债券在 2015 年 12 月 1 日的剩余期限取 21 年 9 个月，下一次付息日假设为 2016 年 3 月 1 日。那么面值为 1 美元的该债券未来现金流按 6% 到期收益率贴现至 2015 年 12 月 1 日的价值为：

$$\frac{\sum_{i=0}^{43}\frac{6.125\%}{2}/1.03^{i}+\frac{1}{1.03^{43}}}{1+\left(\sqrt{1.03}-1\right)}=1.0150$$

上式中的分子是面值为1美元的债券未来所有现金流贴现到2016年3月1日的价值。由于1年计息两次的复利的年收益率为6%，因此再用此收益率折现到2015年12月1日，然后减去累计利息就得到转换因子。在计算转换因子的假设条件下，该债券有3个月的应计利息。这样，就得到该国债的转换因子为：

$$1.0150-6.125\%/4=0.9848$$

转换因子一般由交易所根据可交割债券计算并列示，交易者不用自己计算。

③ **最便宜可交割债券**

在交割月份，空方拥有在众多可交割债券中选择具体债券用于交割的权利。由于不同的息票利率和到期期限，这些债券在交割成本上有一定的差异，空方自然应该选择最便宜的债券进行交割。最便宜可交割债券（cheapest-to-deliver bond, CTD）就是对空方来说交割成本最小的债券。在交割日，交割时空方收到的现金、购买债券的成本以及交割成本计算公式如下：

$$\text{收到的现金}=\text{期货报价}\times\text{转换因子}+\text{应计利息}$$
$$\text{购买成本}=\text{债券报价}+\text{应计利息}$$
$$\text{交割成本}=\text{债券报价}-\text{期货报价}\times\text{转换因子}$$

但是，在交割之前，前两个式子中的应计利息并不相等。前者是交割日的利息，后者是计算当天债券的应计利息。而且在交割日之前估计交割最便宜可交割债券时，还要考虑在交割之前债券可能支付的利息。因此，业界通常将债券的隐含回购利率（implied repo rate, IRR）作为确定最便宜交割债券的依据。隐含回购利率最大的债券为最便宜交割债券。假设当前为 t 时刻，隐含回购利率由下式计算可得：

$$t\text{时刻债券全价}\times\left(1+IRR\times\frac{T-t}{365}\right)=\text{期货期限内债券付息}\times\left(1+IRR\times\frac{T-\tau}{365}\right)+t\text{时刻期货全价}$$

可得：

$$IRR=\frac{t\text{时刻期货全价}-t\text{时刻现券全价}+\text{期货期限内债券付息}}{t\text{时刻期货全价}\times\dfrac{T-t}{365}-\text{期货期限内债券付息}\times\dfrac{T-\tau}{365}} \quad (6.13)$$

其中，T 表示期货交割时刻；τ 为期货期限内债券付息的时刻；1年以365天计算。

④ **中长期国债期货的理论价格**

上面的内容告诉我们，在已知中长期国债期货价格的情况下，可以通过计算确定最便宜可交割债券。反过来，如果知道了最便宜可交割债券以及交割日期，也可以计算中长期国债的理论价格。

与其他期货品种的理论价格的确定方式一样，中长期国债期货的理论价格也同样适用持有成本理论，即：

国债期货理论价格 = 调整后的最便宜可交割债券现货价格 + 净持有成本

其中，调整后的最便宜可交割券现货价格是最便宜可交割债券的现货价格除以其转换因子后的价格，净持有成本由持有债券的机会成本减去债券在持有期内获得的利息得到。但是，这一关系严格讲来并不精确，因为空方享有价格债券的选择权，这相当于多方给予空方一个看跌期权。更严格来讲，应该把此期权的价值考虑在内。但是，由于这一因素影响不大，我们忽略其影响，或者说，在这个问题中假定交割债券选择权的价值为 0。

假设：当前时间为 t，国债期货的交割时间为 T，最便宜可交割债券的市场报价为 CP_t^*，转换因子为 CF^*，息票率为 Y。

面值为 10 万美元的最便宜可交割债券在 t 时的全价为 $CP^*_t \times 100\,000 + AI$，$AI$ 为上次利息支付以来的累计利息。

从 t 到 T 的持有成本为：

$$(CP_t^* + AI) \times R_t \times \frac{T-t}{365} - Y \times \frac{T-t}{365}$$

其中，R_t 为 t 到 T 的无风险利率（一般使用回购利率）。

因此，最便宜可交割债券理论上到 T 的远期价格为：

$$CP_t^* + (CP_t^* + AI) \times \frac{T-t}{365} - Y \times \frac{T-t}{365}$$

相应国债期货的价格还应通过转换因子进行换算，因此，国债期货的理论价格 $FP_{t,T}$ 为：

$$FP_{t,T} = \frac{1}{CF^*}\left[CP_t^* + \left(CP_t^* + AI\right) \times R_t \times \frac{T-t}{365} - Y \times \frac{T-t}{365}\right] \tag{6.14}$$

（2）中国国债期货

我国目前市场上交易的两个国债期货的主要条款如表 6-22、表 6-23 所列。

表 6-22　5 年期国债期货合约摘要

项　目	条　款
合约标的	面值为 100 万元人民币、票面利率为 3% 的名义中期国债
可交割国债	合约到期月份首日剩余期限为 4~5.25 年的记账式附息国债
报价方式	百元净价报价

（续表）

项　目	条　款
最小变动价位	0.005 元
合约月份	最近的三个季月（3 月、6 月、9 月、12 月中的最近三个月循环）
交易时间	上午 09:15—11:30，下午 13:00—15:15
最后交易日交易时间	上午 09:15—11:30
每日价格最大波动限制	上一交易日结算价 ±1.2%
最低交易保证金	合约价值的 1%
最后交易日	合约到期月份的第二个星期五
最后交割日	最后交易日后的第三个交易日
交割方式	实物交割
交易代码	TF
上市交易所	中国金融期货交易所

表 6-23　10 年期国债期货合约摘要

项　目	条　款
合约标的	面值为 100 万元人民币、票面利率为 3% 的名义长期国债
可交割国债	合约到期月份首日剩余期限为 6.5 ~ 10.25 年的记账式附息国债
报价方式	百元净价报价
最小变动价位	0.005 元
合约月份	最近的三个季月（3 月、6 月、9 月、12 月中的最近三个月循环）
交易时间	上午 9:15 —11:30，下午 13:00—15:15
最后交易日交易时间	上午 9:15 —11:30
每日价格最大波动限制	上一交易日结算价 ±2%
最低交易保证金	合约价值的 2%
最后交易日	合约到期月份的第二个星期五
最后交割日	最后交易日后的第三个交易日
交割方式	实物交割
交易代码	T
上市交易所	中国金融期货交易所

如表 6-22 和表 6-23 所示，我国 5 年期国债期货合约标的为面值为 100 万元人民币、票面利率为 3% 的名义中期国债，可交割国债为合约到期日首日剩余期限为 4 至 5.25 年的记账式付息国债 10 年期国债期货合约标的为面值为 100 万元人民币、票面利率为 3% 的名义中期国债，可交割国债为合约到期日首日剩余期限为 6.5 至 10.25 年的记账式付息国债。两者均采用百元净价报价和交易，合约到期进行实物交割。

我国两个国债期货的报价、转换因子、最便宜可交割券理论价格等与美国中长期债券原理相同。表 6-24、表 6-25 是从中国金融期货交易所网站下载的有关国债期货行情数据及可交割债券转换因子的例子。作为期货的一种，国债期货同样可以用来套期保值、投机套利等。

表 6-24　2016 年 2 月 1 日 5 年期国债期货行情数据

合约代码	今开盘（元）	最高价（元）	最低价（元）	成交量（元）	成交金额（元）	持仓量（元）	今收盘（元）	今结算（元）	涨跌 1（元）	涨跌 2（元）
TF1603	100.790	100.870	100.725	13 127	1 323 100.285	16 449.0	100.760	100.750	0.020	0.030
TF1606	100.505	100.545	100.425	2 435	244 697.150	13 124.0	100.470	100.470	0.015	0.015
TF1609	100.250	100.250	100.200	11	1 102.400	1 132.0	100.205	100.210	0.000	0.005
合计	—	—	—	15 573	1 568 899.835	30 705.0	—	—	—	—

资料来源：中国金融期货交易所。

表 6-25　TF1512 合约可交割国债和转换因子

序号	国债全称	国债代码			票面利率（%）	到期日期	转换因子
		银行间	上交所	深交所			
1	2005 年记账式（十二期）国债	050012	010512	100512	3.65	20201115	1.0295
2	2010 年记账式附息（二期）国债	100002	019002	101002	3.43	20200204	1.0167
3	2010 年记账式附息（七期）国债	100007	019007	101007	3.36	20200325	1.0142
4	2010 年记账式附息（十二期）国债	100012	019012	101012	3.25	20200513	1.0103
5	2010 年记账式附息（二十四期）国债	100024	019024	101024	3.28	20200805	1.0121
6	2010 年记账式附息（三十一期）国债	100031	019031	101031	3.29	20200916	1.0127
7	2010 年记账式附息（三十四期）国债	100034	019034	101034	3.67	20201028	1.0299
8	2011 年记账式附息（二期）国债	110002	019102	101102	3.94	20210120	1.0440
9	2013 年记账式附息（三期）国债	130003	019303	101303	3.42	20200124	1.0159
10	2013 年记账式附息（八期）国债	130008	019308	101308	3.29	20200418	1.0115

资料来源：中国金融期货交易所。

（3）国债期货套期保值

固定收益类金融工具的价格与市场利率的波动高度相关，是利率敏感性金融工具。因此，任何使用固定收益类金融工具投资或融资的经济个体都暴露在利率风险之中，都可能因市场利率的不利变化而遭受损失。利率期货为利率风险的管理提供了一种套期保值的机制。

由于中长期国债期货标准交割券的特殊交易机制，用中长期国债期货为债券进行套期保值基本上属于交叉套期保值，因此，最重要的一步是确定套期保值比率。套期保值比率确定以后，才能决定用于套期保值的期货合约的数量。首先看国债期货套期保值最优套期保值比率的确定（以我国两个国债期货为例）。

如我们在第四章所讲的那样，最优套期保值比率是使整个资产组合的盈亏方差等于0的套期保值率。为此，需符合下述条件：

$$Q_c \times \Delta CP_t = Q_f \times 1\ 000\ 000 \times \Delta FP_{t,T}$$

其中，Q_c 为现货国债的面值；ΔCP_t 为现货国债 t 时刻的价格变化；Q_f 为国债期货合约的数量（每手面值 1 000 000 元）；$\Delta FP_{t,T}$ 为国债期货合约的价格变化。

因此，最优套期保值比率为：

$$HR^* = \frac{Q_f \times 1\ 000\ 000}{Q_c} = \frac{\Delta CP_t}{\Delta FP_{t,T}} \tag{6.15}$$

这里的最优套期保值比率与我们在第四章中讨论的情况是一致的。但是，由于国债期货的价格是与最便宜可交割债券的价格相关联的，而中长期国债期货在其存续期内的最便宜可交割债券可能发生变化，因此，在套期保值的过程中为了取得更好的套期保值效果，这一比率可能需要适时调整。

最优套期保值比率确定后，就可以得到最优套期保值所用国债期货的数量：

$$Q_f = HR^* \times \frac{Q_c}{1\ 000\ 000} \tag{6.16}$$

实践中，可以用久期法计算最优套期保值比率，也可以用我们在第四章中讲的线性回归方法计算最优套期保值比率。

① 久期法确定国债期货套期保值最优比率

债券价格对利率的敏感性决定于债券久期（duration）的大小。其中，我们有如下几个概念：麦考利久期 D、修正久期 D_m 和货币久期。

首先介绍麦考利久期的公式：

$$D = -\frac{\Delta P / P}{\Delta(1+y) / (1+y)} = -\frac{\Delta P / P}{\Delta y / (1+y)} \tag{6.17}$$

其中，P 为债券的价格；y 为债券的到期收益率。

对于一般的付息债券，有：

$$D = \frac{\sum_{t=1}^{n} \frac{tC_t}{(1+y)^t}}{\sum_{t=1}^{n} \frac{C_t}{(1+y)^t}} \tag{6.18}$$

其中，t 为债券收到现金流的时期；C_t 为第 t 期的现金流。

因此，有：

$$\frac{\Delta P}{P}=-D\times\frac{\Delta y}{1+y} \tag{6.19}$$

式（6.19）说明，麦考利久期给出了利率每发生单位比例的变化，债券价格发生了多大比例的变化，是一个弹性的概念。

下面介绍修正久期：

$$D_m=\frac{D}{1+y} \tag{6.20}$$

$$\frac{\Delta P}{P}=-D_m\times\Delta y \tag{6.21}$$

修正久期是利率发生一定的绝对变化，价格发生变化的比例。

货币久期定义为 $D_m\times P$，是利率变化 1 个单位引起的价格变动的金额。常用的货币久期为 1 个基点的货币久期，也就是利率变动一个基点引起的债券价格的绝对变动，又称为基点价值（basis point value, BPV）。

根据式（6.14）中国债期货价格与最便宜可交割债券价格的关系 $FP_{t,T}=\frac{1}{CF^*}\left[CP_t^*+\left(CP_t^*+AI\right)\times R_t\times\frac{T-t}{365}-Y\times\frac{T-t}{365}\right]$，国债期货价格的变化近似为：

$$\Delta FP_{t,T}=\frac{\Delta CP_t^*}{CF^*} \tag{6.22}$$

将式（6.22）代入式（6.15），得：

$$HR^*=\frac{\Delta CP_t}{\Delta CP_t^*}\times CF^* \tag{6.23}$$

由修正久期公式（6.20）有：

$$\Delta CP_t=-D_m\times CP_t\times\Delta R_{CP_t}$$
$$\Delta CP_t^*=-D_m^*\times CP_t^*\times\Delta R_{CP_t^*}$$

因此，有：

$$HR^*=\frac{D_m\times CP_t\times\Delta R_{CP_t}}{D_m^*\times CP_t^*\times\Delta R_{CP_t^*}}\times CF^* \tag{6.24}$$

如果各债券的到期收益率都是同步变动的，ΔR_{CP_t} 和 $\Delta R_{CP_t^*}$ 相同，则可将二者从公式中消除。这样，根据式（6.16）即可求出所需套期保值的国债期货的数量：

$$Q_f = HR^* \times \frac{Q_c}{1\ 000\ 000} = \frac{D_m \times CP_t \times Q_c}{D_m^* \times CP_t^* \times 1\ 000\ 000} \times CF^* \quad (6.25)$$

【例 6-19】

某投资者持有面值为 10 000 万元的债券 TB，利用中国金融期货交易所国债期货 TF 合约进行套期保值。其中，TF 合约的最便宜可交割债券 CTD 的转换因子为 1.0294，TB 和 CTD 的相关信息如表 6-26 所示。计算所需 TF 合约的数量。

表 6-26　TB 和 CTD 相关信息　　（单元：元）

项目	TB	CTD
债券净价	99.3926	101.7685
债券全价	101.1582	102.1571
修正久期	5.9556	5.9756
基点价值	0.0596	0.0611

套用式（6.25）可求得

$$Q_f = \frac{D_m \times CP_t \times Q_c}{D_m^* \times CP_t^* \times 1\ 000\ 000} \times CF^* = \frac{5.9556 \times 101.1582 \times 100\ 000\ 000}{5.9756 \times 102.1571 \times 1\ 000\ 000} \times 1.0294 \approx 102 \text{（手）}$$

由于信息中包含有基点价值，也可以通过基点价值求解如下：

$$Q_f = \frac{D_m \times CP_t \times Q_c}{D_m^* \times CP_t^* \times 1\ 000\ 000} \times CF^* = \frac{0.0596 \times 100\ 000\ 000}{0.0611 \times 1\ 000\ 000} \times 1.0294 \approx 100 \text{（手）}$$

② 线性回归法确定套期保值比率

用久期法确定套期保值比率隐含着收益率曲线只做平行移动，被保值债券与期货标的债券的收益率变化相等。如果用第四章的回归方法来确定，就不需要这一假设。根据第四章回归法，最优套期保值比率可以通过下面的回归方程求得：

$$\Delta CP_t = \alpha + \beta \times \Delta FP_{t,T} + \varepsilon_t$$

其中，ΔCP_t 是被保值债券价格的变化；$\Delta FP_{t,T}$ 是国债期货价格的变化。β 是最优套期保值比率。求出最优套期保值比率之后，便很容易求出需要的国债期货数量了。具体做法，不再赘述。

久期法与线性回归法各有其优缺点。久期法的优点在于它使用的是与国债期货高度相关的最便宜可交割债券的到期期限、息票率、价格特征等信息，而不是历史数据。其不足在于这一方法假定收益率曲线平行移动，所有债券到期收益率变化相同。回归分析法的优势在于它不依赖收益率曲线变化形式的假设，其不足在于用历史数据回归严重依赖于市场状况的稳定性。

本章小结

1. 股指期货、外汇期货与利率期货是金融市场上的三大金融期货品种。

2. 股指期货，即股票价格指数期货，是指以股票指数为标的资产的期货合约，是所有期货交易品种中的第一大品种。股指期货以指数点数报出，期货合约的价值由所报点数与每个指数点所代表的金额相乘得到，每一点代表的金额称为合约乘数。股指期货只能采用现金交割。

3. 股指期货的主要应用领域有套期保值、投机套利和资产管理三个方面。股指期货套期保值基本上属于交叉套期保值，因而其套期保值比率的计算非常重要。而且在套期保值、套利等应用中，因交易佣金、借贷利差等交易费用的存在，只有期货市场价格偏离理论价格的程度超出一定范围，才存在获利机会，这就是无套利区间问题。我国 2010 年推出沪深 300 股价指数期货，目前，这一期货已成为全球第二大期货合约。

4. 外汇期货，亦称货币期货，是以特定的外币作为合约标的的期货合约。世界上最大的外汇期货交易市场是芝加哥商业交易所于 1972 年建立的国际货币市场。该市场提供世界主要币种兑美元的外汇期货，还挂盘交易多种非美元的交叉汇率外汇期货产品。经济主体可以用外汇期货有效地转移风险，也可以利用其进行套利与投机获利。

5. 利率期货是以固定收益证券或金融工具作为标的资产的期货合约。利率期货也分为短期利率期货与长期利率期货。目前，上海金融期货交易所有 5 年期国债期货与 10 年期国债期货的交易，二者都属于中长期国债期货。

习　题

1. 有人说股指期货只能对与指数组成接近的股票组合进行套期保值，而对单只股票无效，你认同这一说法吗？

2. 假设沪深 300 指数当前的价位为 3 300 点（沪深期货合约的乘数为 300 元）。假定市场年利率为 6%，且沪深 300 指数的红利率为 3%，计算 3 个月到期的沪深 300 指数期货的理论价格。

3. 假设某投资者持有一份 β 系数为 1.2 的股票组合 2.4 亿元。因担心股市下跌，准备用沪深 300 指数期货进行套期保值。假设当前沪深 300 指数期货的市场价位是 2 885 点，如果想尽量降低风险，应如何操作？

4. 接上题。如果该投资者只想把风险降低一些，如将 β 系数降为 0.6，应如何操作？

5. 假设一份 90 天到期的欧洲美元期货的报价为 90，那么在 90 天后到 180 天的 LIBOR 远期利率为多少？

6. 3 月 1 日国内某企业向欧洲某企业销售了价值为 1 500 万欧元的货物，付款期 3 个月，即期汇率为 1 欧元 =7.2821 元人民币。同时，该企业与一美国企业签订价值为 1 000 万美元的设备进口合同，付款期也是 3 个月。人民币与美元的即期汇率为 1 美元 =6.05128 元人民币。为规避汇率风险，该企业准备用 CME 交易的期货进行套期保值。但是 CME 只有人民币对美元期货，而没有人民币对欧元期货，只能用人民币对美元以及美元对欧元种期货进行交叉套期保值。已知人民币对美元的合约规模都是 100 万元人民币，美元对欧元的合约规模为 125 000 欧元。3 月 1 日 CME 主力人民币对美元期货合约价格为 6.5428，欧元对美元的价格为 1.11705。试为该企业设计套期保值方案。

7. 2015 年 5 月 5 日，美国某将于 2027 年 8 月 5 日到期、息票率为 8% 的长期国债报价 112-14，计算其全价。

8. 4 月时，某机构投资者预计在 6 月时将购买面值总和为 800 万元的某 5 年期 A 国债，假设该债券是最便宜可交割债券，相对于 5 年期国债期货合约，转换因子为 1.25，当时该国债的市场价格为 118.50。为防价格上涨，该机构投资者欲用国债期货进行套期保值，请为他设计方案。

9. 假设要套期保值的目标国债、CTD 券及国债期货的信息如表 6-27 所示：

表 6-27　目标国债、CTD 券、国债期货信息　　（单位：元）

项目	净价	全价	修正久期
目标国债	100.5313	101.2220	4.67
CTD 券	103.4238	104.1830	5.65
国债期货	106.2500	—	5.65

计算最优套期保值比率。

10. 接上题。假设某基金经理管理着面值为 1 000 万元的目标国债，欲用国债期货合约套期保值，应如何操作？

第三编

互换与期权

第七章　互换与互换市场

7.1　互换的概念及互换市场的发展

7.1.1　互换的概念

远期与期货都是单一日期结算的衍生金融工具，比如一份远期协议确定了在将来某一特定日期交易的价格。然而现实中许多交易是多次重复发生的，比如附息债券每隔一定的时间即支付一定的利息，外贸型企业可能经常有货币兑换的要求。这种情形便产生了这样的一个问题：如果机构面临的是有风险的系列现金流，怎样才能有效地对其进行套期保值？当然，一个简单的答案就是，为未来的每一个现金流都签订一份独立的远期合约或开立一份头寸方向相反的期货合约。但是，这样做不仅烦琐，而且可能面临不低的交易费用。如果有一个单独的金融工具可以用来为系列现金流进行套期保值，就会方便很多，而且可能节省不少交易费用。互换正是这样的一种金融工具。

所谓互换，就是两个或两个以上当事人按照商定条件，在约定的时间内交换一系列现金流的合约。计算或确定现金流的方法很多，互换的种类也很多。其中，最重要和最常见的是利率互换（interest rate swap，IRS）与货币互换（currency swap）。

【例 7-1】利率互换

2007 年 1 月 22 日，花旗银行宣布与兴业银行于 1 月 18 日完成了中国国内银行间第一笔基于上海银行间同业拆放利率（SHIBOR）的标准利率互换。公开披露的协议细节如表 7-1 所示。

表 7-1　国内首笔基于 SHIBOR 的标准利率互换

项目	内容
期限	1 年
名义本金	未透露
固定利率支付方	兴业银行
固定利率	2.98%
浮动利率支付方	花旗银行
浮动利率	3 月期 SHIBOR

利率互换是一种场外交易的金融产品，具体细节由双方商定，交易双方也没有披露的义务。但从已披露的协议内容来看，此次利率互换的基本设计是：从 2007 年 1 月 18 日起的 1 年内，花旗银行与兴业银行在每 3 个月计息期开始时按照最新 3 月期的 SHIBOR 确定当期的浮动利率，计息期末双方根据名义本金交换利息净额，基本结构如图 7-1 所示。

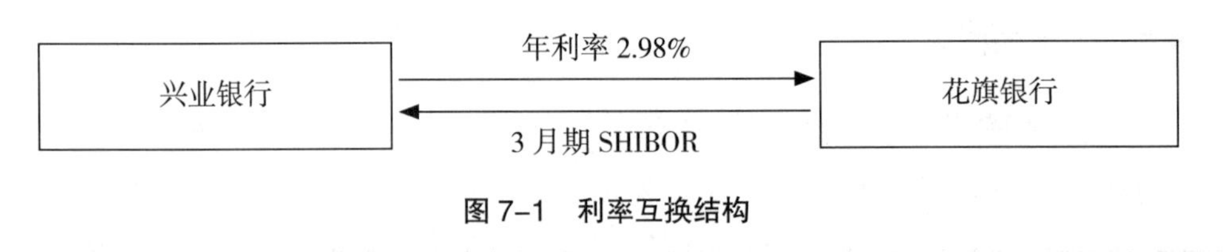

图 7-1　利率互换结构

按照业界的惯例，普通利率互换协议中通常会事先规定明确的浮动利率确定日和现金流交换日，且固定利率和浮动利率的天数计算惯例通常有所不同。由于交易细节的不可得，同时为了集中说明利率互换的利息现金流交换的本质，这里假设该协议的 4 个浮动利率确定日分别为 2007 年 1 月 18 日、4 月 18 日、7 月 18 日和 10 月 18 日，现金流交换日是浮动利率确定日之后的 3 个月（0.25 年）。表 7-2 给出了事后观察到的 4 次 3 个月期 SHIBOR 和兴业银行在此互换中的 4 次实际现金流。

表 7-2　兴业银行的现金流量（每 1 元本金）

日期	3 月期 SHIBOR	收到的浮动利息	支付的固定利息	净现金流
2007 年 1 月 18 日	2.8080%	—	—	—
2007 年 4 月 18 日	2.9049%	$\frac{2.8080\%}{4}=0.00702$	$\frac{2.98\%}{4}=0.00745$	−0.00043
2007 年 7 月 18 日	3.1421%	$\frac{2.9049\%}{4}=0.00726$	$\frac{2.98\%}{4}=0.00745$	−0.00019
2007 年 10 月 18 日	3.8757%	$\frac{3.1421\%}{4}=0.00786$	$\frac{2.98\%}{4}=0.00745$	0.00041
2008 年 1 月 18 日	—	$\frac{3.8757\%}{4}=0.00969$	$\frac{2.98\%}{4}=0.00745$	0.00224

【例 7-2】货币互换

2015 年 2 月 25 日机构 A 与机构 B 达成一笔人民币对美元的货币互换协议。约定机构 A 在 2015 年 2 月 27 日以 6.1560 的汇率从机构 B 买进 1 000 万美元。之后，每 3 个月按这一本金规模交换利息。机构 A 支付美元利息给机构 B，接受机构 B 支付的人民币利息。美元利息按 4% 的利率计算，人民币利息按 6% 的利率计算。互换期限为 1 年，在 2016 年 2 月 27 日再以开始的汇率 6.1560 将 1 000 万美元卖给机构 B，换回开始支付的人民币。这就是一个典型的常规货币互换，机构 A 在随后一年内两种货币的现金流情况如表 7-3 所示。

表 7-3　机构 A 的现金流情况

日期	人民币现金流（元）	美元现金流（美元）
2015 年 2 月 27 日	$-1\,000 \times 6.1560 = -6\,156$（万）	+1 000 万
2015 年 5 月 27 日	$6\,156 \times \frac{6\%}{4} = 92.34$（万）	$1\,000 \times \frac{4\%}{4} = 10$（万）
2015 年 8 月 27 日	$6\,156 \times \frac{6\%}{4} = 92.34$（万）	$1\,000 \times \frac{4\%}{4} = 10$（万）
2015 年 11 月 27 日	$6\,156 \times \frac{6\%}{4} = 92.34$（万）	$1\,000 \times \frac{4\%}{4} = 10$（万）
2016 年 2 月 27 日	$6\,156 \times \frac{6\%}{4} = 92.34$（万）	$1\,000 \times \frac{4\%}{4} = 10$（万）
2016 年 2 月 27 日	+6 156 万	-1 000（万）

7.1.2　互换市场的产生和发展

相对于期货、期权等其他衍生金融产品，互换的出现是最晚的。第一个货币互换在 1979 年于伦敦出现。在随后的两年中，互换市场的规模一直较小，发展情况并不明朗。这种不明朗的情况到 1981 年出现了转折。这一年，美国著名的投资银行所罗门兄弟公司促成了世界银行和 IBM 公司的一项货币互换。这在后来被看作是互换市场发展的里程碑。

紧随着货币互换，利率互换很快就出现了。像货币互换一样，第一个利率互换于 1981 年出现于伦敦。1982 年，利率互换被引进美国。从那以后，互换市场发展迅速，全球利率互换和货币互换名义本金金额从 1987 年年底的 8 656 亿美元猛增到 2006 年年底的 285.73 万亿美元，20 年增长了约 330 倍。图 7-2 是自 1999 年以来货币互换的增长情况；图 7-3 是利率互换的增长情况。在整个过程中，互换规模虽有起伏，总的趋势还是增长迅猛的。到 2017 年年底，全球利率互换和货币互换名义本金金额进一步增长到 344.41 万亿美元，其中仅利率互换的名义本金金额就高达318.87万亿美元[①]。可以说，互换市场是增长速度最快的金融产品市场之一，尤其是利率互换，已经成为所有互换交易乃至所有金融衍生产品中交易量最大的一个品种，其对金融市场影响巨大。

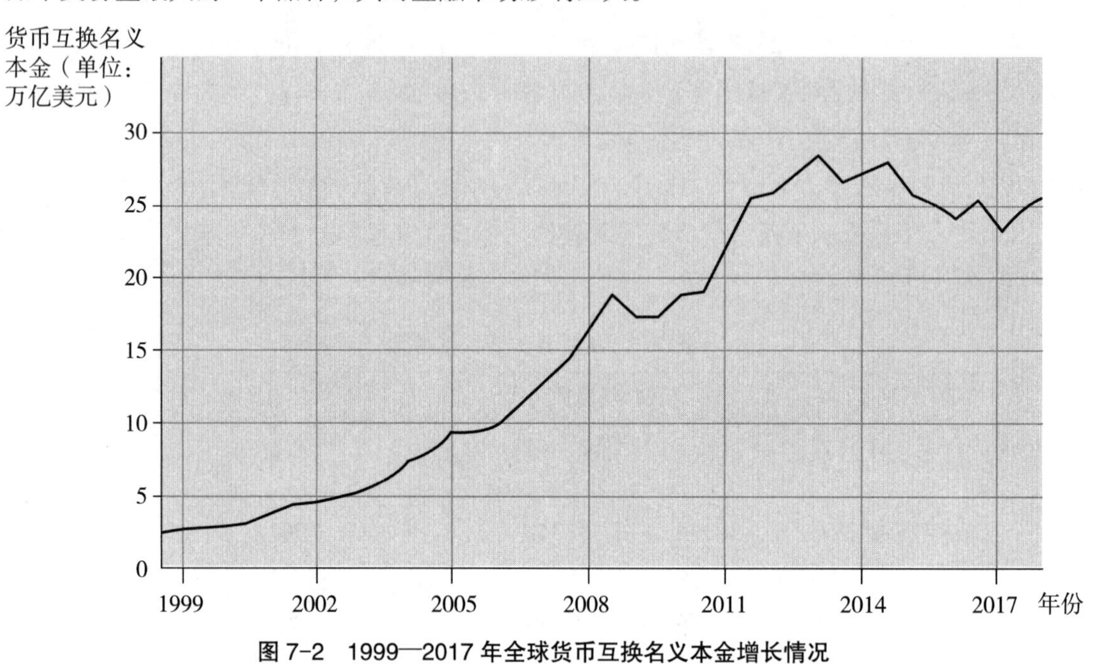

图7-2　1999—2017年全球货币互换名义本金增长情况

资料来源：www.bis.org

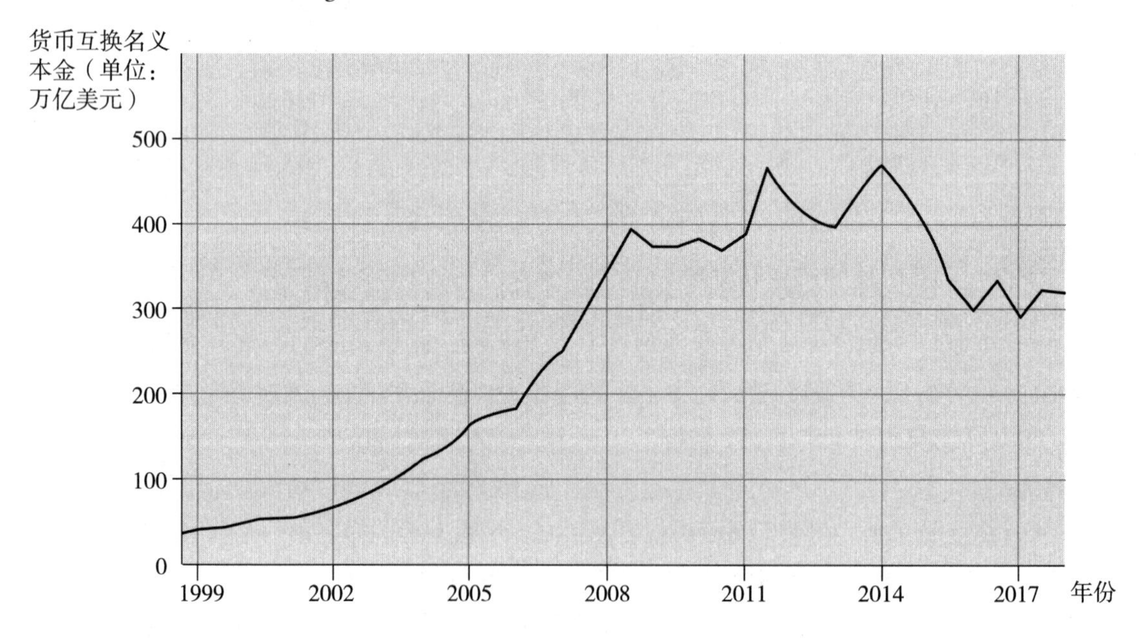

图7-3　1999—2017年全球利率互换名义本金增长情况

资料来源：www.bis.org

① 数据均来自www.bis.org

国际互换市场之所以发展如此迅速，主要有三点原因：第一，互换交易在风险管理、降低交易成本、规避管制等方面显示出其独特的优势，而且其发挥的功能还在不断扩大。本书后面互换市场特点的部分对此还要做简单说明。第二，在其发展过程中，互换交易的标准化也在很大程度上促进了该市场的发展，在本书下一部分将进行具体介绍。第三，当局的监管态度为互换交易提供了合法发展的空间。互换是一个 OTC 产品，其在商业银行的资产负债表上属于表外业务。但对参与互换市场的商业银行来说，它们往往需要承担各种市场风险和信用风险。基于这些原因，人们一度担心互换会被监管当局禁止。但在互换市场的发展历史中，从主要相关国家的监管当局到后来的《巴塞尔协议》，监管当局并没有简单地禁止互换交易，而是采取了具有针对性的监管方法，包括针对互换头寸提出资本要求和对商业银行的风险管理制度进行监管等。监管当局的这一态度在互换市场的迅猛发展中起到了不可忽视的重要作用。

以《中国人民银行关于开展人民币利率互换交易试点有关事宜的通知》的发布为标志，中国的人民币利率互换市场于 2006 年 2 月出现。2008 年 1 月，《中国人民银行关于开展人民币利率互换业务有关事宜的通知》发布后，人民币利率互换交易正式开展。2007 年 8 月，《中国人民银行关于在银行间外汇市场开办人民币外汇货币掉期业务有关问题的通知》发布，货币互换在中国出现（中国称为“外汇货币掉期”）。中国的货币互换交易量一直不是很大，但从 2006 年至 2011 年，人民币利率互换市场却发展迅速，增长了 74 倍（以名义本金计算）。尤其在人民币利率波动较大时，人民币利率互换的交易量就会迅速增大。读者可以从图 7-4 中看到 2006—2017 年人民币利率互换名义本金金额的增长态势。

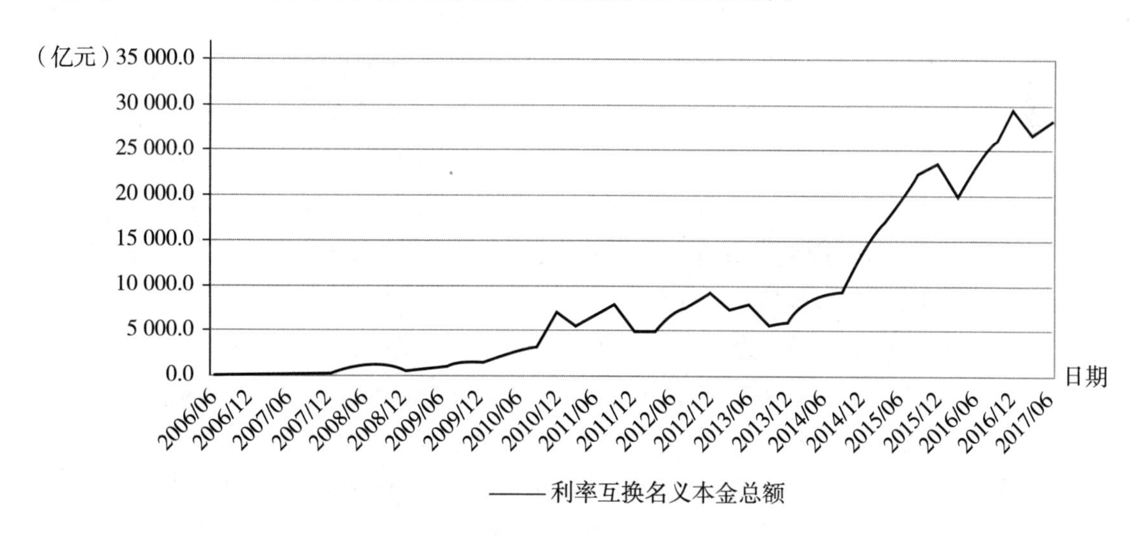

图 7-4　人民币利率互换名义本金季度发生额

资料来源：Wind

7.1.3 互换市场发展的特点

互换市场从其产生之日起，一直处在动态迅猛的发展过程中，概括起来，互换市场的发展呈现出如下一些特点。

（1）品种多样化

继货币互换和利率互换之后，美国在 1987 年出现了商品互换。但因为当时美国商品期货交易委员会（CFTC）对商品互换的观点有所保留，商品互换起初并未得到迅速的发展。到了 1989 年 7 月，CFTC 签发了一项声明，称商品互换不在其管辖范围内，从此美国商品互换交易迅速发展起来。1989 年，美国股权互换也发展起来。股权互换主要被用来替代在股票市场上的直接投资，互换中的股权收益现金流主要基于各种股票价格指数。股权互换形态多样，呈现出各种复杂的形式。随后在上述互换品种的基础上，各种组合配置相继出现。20 世纪 90 年代后，新的互换品种不断出现，交叉货币利率互换、基点互换、本金可变性互换、互换期权、互换期货、期限可变性互换、混合互换、差额互换等纷纷出现，互换交易呈现出万紫千红的多样化发展态势。

（2）做市商制度的形成以及互换规则的标准化

在互换发展的初期，金融机构通常是在互换交易中充当经纪人，帮助希望进行互换的客户寻找交易对手并协助谈判互换协议，赚取佣金，交易达成后便退出。随后协议的执行、风险的承担统统是互换对手双方的事，不再与原来充当经纪人角色的金融机构相干。这种做法的效率往往很低，因为在现实操作中，要在短时间内找到完全匹配的交易对手是相当困难的。于是，许多国际金融机构（主要是银行）开始作为做市商参与交易。它们同时报出其作为互换多头和空头所愿意支付和接受的价格，接受客户的交易请求，赚取买卖差价。这样，它们就成了互换交易商，或称互换银行（swap bank）。其中，国际利率互换市场的做市商制度尤其发达，其原因在于：第一，与其他互换相比，利率互换的同质性较强，比较容易形成标准化的交易和报价；第二，美元的固定收益证券现货和衍生品市场都非常发达，利率互换的做市商可以很容易地进行利率风险的套期保值。

做市商制度的形成极大地提高了互换市场的流动性。这一制度不仅极大地减少了互换的搜寻成本，而且使随后的互换退出更加便利，从而成为推动互换市场发展的重要力量。从另一个角度来看，从经纪制度转变到做市商制度，也反映了国际互换市场的变迁与发展。在国际互换市场发展早期，强调的是经纪商对互换交易的安排和匹配，而不是去承担交易风险，因此早期的经纪商多为投资银行。做市商制度发展以后，金融机构通过承担和管理风险为市场提供流动性，商业银行以其资金规模优势以及在管理规模和标准化产品方面的优势，成为互换市场的中坚力量。相应地，互换产品也从个性化的公司财务管理工具转变为国际金融市场中的一种大宗批发交易。

在我国，人民币利率互换也是 OTC 产品，在银行间市场交易，主要通过全国银行间同业中心的交易系统进行。未通过交易中心系统达成的，金融机构应在利率互换交易达成后的下一工作日中午 12:00 前将交易情况送交易中心备案。与国际利率互换市场不同，人民币利率互换市场尚未实施做市商制度，以询价交易方式进行。在市场准入方面，在中国银行间债券市场参与者中，具有做市商或结算代理业务资格的金融机构可与其他所有市场参与者进行利率互换交易，其他金融机构可以与所有金融机构进行利率互换交易，非金融机构只能与具有做市商或结算代理业务资格的金融机构进行以套期保值为目的的利率互换交易。

与做市商制度发展密切相关的是互换市场的标准化进程。OTC 产品的重要特征之一就是产品的非标准化，互换中包含的多个现金流交换使得非标准化协议的协商和确立变得相当复杂时，这促使了互换市场尽可能地寻求标准化。1985 年 2 月，以活跃在国际互换市场上的银行、证券公司为中心，众多的互换参与者组建了旨在促进互换业务标准化和业务推广活动的国际互换商协会（International Swaps Dealers Association，ISDA），并主持制作了互换交易的行业标准、协议范本和定义文件等。时至今日，由于在互换市场取得的成功和巨大影响，ISDA 所做的工作已经推广到了包括互换在内的多种场外衍生品交易，其确立、修改和出版的《衍生产品交易主协议》（ISDA Master Agreement）已经成为全球金融机构签署互换和其他多种 OTC 衍生产品协议的范本。由此，在之后的每一笔互换交易中，就省去了拟定、讨论文本的大量时间。交易双方的每一笔互换交易仅需一封信件或传真、邮件来确定互换的交易日、生效日、到期日、利率、名义本金、结算账户等即可成交。ISDA 也于 1993 年更名为国际互换与衍生产品协会（International Swaps and Association, ISDA）, 是目前全球规模和影响力最大、最具权威性的场外衍生产品的行业组织。

（3）功能扩大化

互换交易的最初的功能主要有两个：一是在全球金融市场上进行套利，从而一方面降低筹资者的融资成本或提高投资者的投资收益，另一方面促进了全球金融市场的一体化；二是提高了利率和汇率风险的管理效率，使投资者或筹资者更容易改变其负债或资产的利率或货币属性，有针对性地进行风险管理。随着互换交易的发展，互换这一金融工具所能发挥的作用也在不断扩大，主要表现在如下几方面。第一，完善了价格发现机制。金融互换所形成的价格反映了所有可获得的信息和不同交易者的预期，使人们对未来资产价格的判断更为准确。以利率互换为例，利率互换所形成的互换利率曲线已成为国际金融市场上公认的重要参考利率曲线之一。第二，拓宽了融资渠道。利用金融互换，筹资者可以在各自熟悉和有优势的市场上筹集资金，通过互换达到自己期望的融资方式，而不需要到自己不熟悉的市场上去融资。第三，为更多的金融创新提供了条件。

（4）市场参与主体多元化

互换市场的参与者包括最终用户和中介机构。最终用户包括各国政府及其代理机构、商业银行、投资银行、保险公司、工业企业、储蓄机构、国际性组织等。它们参与互换的基本目的是：获得高收益的资产或低成本的融资，实施资产与负债的有效管理，规避正常经济交易中的利率或汇率风险，以及进行套利、套汇等。中介机构包括各国的商业银行、投资银行等金融机构，它们常常以做市商的方式参与到互换交易中，通过中介互换交易赚取买卖价差或佣金。随着互换市场的迅速发展，参与互换市场的经济主体越来越多，银行、投资银行等同一机构既可以充当互换中介的角色，也可能是互换的最终用户。一些大的商业银行、投资银行等金融机构在促进互换交易机制标准化、促进互换市场流动性进而提高互换市场效率、创造复合新的金融工具等方面发挥了积极的作用。目前，互换已被广泛地应用于各种经济主体之中。使用互换这一有效金融工具的经济主体在数量和种类上还在不断扩大。

（5）监管国际化

由于互换属于表外业务，而且是场外工具，标准合约又可以协商修改，因而其透明度较低，各国监管机构至今未提出专门针对互换的监管措施。同时一项互换交易往往涉及两个或两个以上国家的不同机构，必然要求其监管的国际化合作。同其他金融工具一样，互换的风险也主要是信用风险和市场风险。因此对互换交易的监管，也是对上述两种风险的监管。起初，监管者将重点放在互换交易的信用风险的监管上。随着交易的逐步发展，监管者发现互换交易对银行的经营活动往往会产生很大的影响，其蕴含的市场风险不容小觑。于是，互换交易的市场风险监管越来越受到监管机构的重视。在国际交易的监管中，国际清算银行和巴塞尔委员会起了很大的作用。国际清算银行和巴塞尔委员会所颁布和不断修订的国际资本衡量与资本充足率的核心准则《巴塞尔协议》，对于资本的核算以及表外业务的估值等都具有指导意义，其中的表外业务就包含互换及其他衍生产品交易。

7.2 利率互换

7.2.1 利率互换的基本结构

如前所述，利率互换是交易双方以名义（或假设的）本金为基础，按照约定的利率计算利息，在约定的时间内定期交换现金流的协议。在例 7-1 中，一方按确定的固定利率计算利息，另一方按确定的市场浮动利率计算利息。利率互换有如下基本特征：

第一，互换双方使用相同的货币。

第二，在互换的整个期间，只交换利息，名义本金是计算利息的基础。

第三，最基本的利率互换即是类似例 7-1 那样的固定利率对浮动利率的互换，一方支付以固定利率计算的利息，另一方支付以浮动利率计算的利息。固定利率在互换开始时就已确定，在整个互换期间保持不变；浮动利率参照一个市场特定的浮动利率，在每个计息期前确定，到期支付。

第四，从理论上讲，利率互换也可以是浮动利率对浮动利率的互换，或固定利率对固定利率的互换。也就是说，利率互换可以把某种浮动利率转化成另一种浮动利率，也可以把一种固定利率转化成另一种固定利率。

固定对浮动利率互换的基本结构如图 7-5 所示。

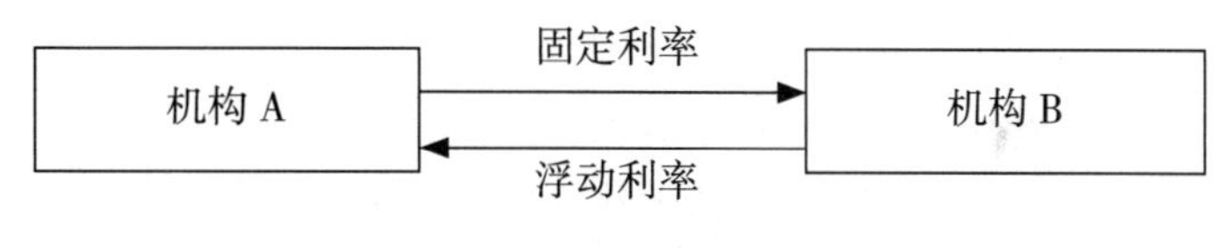

图 7-5　利率互换基本结构

在基本的固定利率对浮动利率的互换中，通常把支付固定利率的一方称为利率互换的多头方或买方，而把支付浮动利率的一方称为利率互换的空头方或卖方。随着做市商制度的形成，一些大型的商业银行等金融机构开始充当利率互换的做市商，同时报出利率互换的买入价（愿意支付的固定利率）和较高一点的卖出价（愿意收取的固定利率），二者的差价就是做市商的做市收益，正像银行赚取的借贷利差那样。这时，利率互换的结构发生了一定的变化。比如，充当做市商的银行以 LIBOR 作为互换的浮动利息的计算利率，报出的 3 年期利率互换的买价（愿意支付的固定利率）为 4.50%，卖价（愿意收取的固定利率）为 4.53%。那么，通过媒介互换交易，银行赚取 3 个基点的收益。在这种情况下利率互换的结构成为图 7-6 所示的样子。

图 7-6　加入互换银行的利率互换基本结构

7.2.2　利率互换的主要条款

前已提到，国际互换与衍生品协会（ISDA）发布了一整套互换的标准化文件，成为国际互换市场的基础性制度安排和互换交易的重要工具。其所发布的《衍生产品交易主协议》主要包括主协议、附件和交易确认书三部分。进行互换交易时，交易双方需就主文部分签署主协议，就释义条款、支付条款、先决条件条款、净额结算条款、陈述与承诺条款、违约事件和终止事件条款、管辖法律与司法管辖权等条款达成一致，明确交易可能涉及的所有定义和双方的权利义务。主协议签署后，每次交易只需对价格、数量等具体条款进行谈判并签订协议附件和交易确认书。附件的作用是让交易双方对主协议的主文条款进行修改与补充，以适应双方当事人之间的特定交易情形。交易确认书则对主协议项下每项具体交易的交易条款进行确认，是每笔交易中最重要的法律文件。值得注意的是，主协议的此种制度安排使得每项交易并不构成当事人双方之间的独立合同关系，而仅是在主协议这一合同关系下的一笔交易，故此每份交易确认书中总会说明 ISDA 主协议条款适用于该交易。

表 7-4 是一个利率互换交易协议摘要的示例，该例子说明了利率互换交易需包含的主要条款。

表 7-4 利率互换交易协议摘要示例

项 目	内 容
交易日	2012 年 2 月 27 日
起息日	2012 年 3 月 5 日
经营日准则	（支付日遇节假日时顺延至）下一营业日
节假日日历	美国
终止日	2015 年 3 月 5 日
固定利率方	
固定利率支付者	微软公司
固定利率名义本金	1 亿美元
固定利率	5.015%
固定利率天数计算惯例	实际天数 /365
固定利率支付日期	自 2012 年 9 月 5 日至（包含）2015 年 3 月 5 日的每年 3 月 5 日和 9 月 5 日
浮动利率方	
浮动利率支付者	高盛公司
浮动利率名义本金	1 亿美元
浮动利率	美元 6 个月期 LIBOR
浮动利率天数计算惯例	实际天数 /360
浮动利率支付日期	自 2012 年 9 月 5 日至（包含）2015 年 3 月 5 日的每年 3 月 5 日和 9 月 5 日

在利率互换的协议中，有这样几个关键日期：交易日（exchange date），即交易双方达成互换协议的日期；起息日（value date），又称生效日（effective date），是互换中固定利率和浮动利率开始计息的日期，通常是交易日后两个营业日；支付日（payment date），从前面的例子我们也看到了，整个互换由若干个交换阶段构成，在每个阶段期末支付一次，这个时间被称为支付日，有多少个阶段就有多少个支付日；到期日（maturity date），或终止日，即整个互换的结束日，也是最后一次现金流交换的日期。

7.2.3 利率互换的市场惯例

（1）浮动利率的选择

在国际利率互换交易中，一般浮动利率都是约定俗成的，最常用的浮动利率是伦敦银行间同业拆放利率（LIBOR），它是由英国银行家协会（BBA）与路透社（Reuters）一起根据选定的银行（一般为 AA 级银行）在伦敦市场报出的银行同业拆借利率进行取样并平均计算形成的。伦敦时间每个营业日的上午11:00，BBA都会就世界主要货币报出1周、2周，1个月到12个月共15个期限的LIBOR。LIBOR是目前国际上最重要和最常用的短期浮动利率基准，大部分利率互换协议中的浮动利率为3个月或6个月期的LIBOR。

一般来说，浮动利率的确定日为每次支付日的前两个营业日或另行约定。以表7-4中的交易为例，由于浮动利率的支付日为自2012年9月5日至（包含）2015年3月5日的每年3月5日和9月5日，若以前两个营业日计，每次浮动利率的确定日就为自2012年3月3日至（包含）2015年9月3日的每年3月3日和9月3日（遇节假日需按协议规定调整）。

目前在人民币利率互换中的参考利率包括：回购定盘利率、SHIBOR、人民币1年期存款利率和人民币1年期贷款利率，其中以回购定盘利率为参考利率的利率互换交易量最大。SHIBOR即上海银行间同业拆放利率，其机制类似于LIBOR，以位于上海的全国银行间同业拆借中心为技术平台计算、发布并命名，是按信用等级较高的银行组成报价团自主报出的人民币同业拆出利率计算确定的算术平均利率，每天上午11:30公布，是单利、无担保、批发性的利率。目前，公布的SHIBOR品种包括隔夜、1周、2周、1月、3月、6月，9月及1年期。例7-1中使用的就是3月期SHIBOR。

（2）天数计算惯例

在国际市场上，不同利率的天数计算惯例是不同的。表7-5给出了常见的美元利率产品的天数计算惯例。从国际利率互换来看，浮动利率多使用LIBOR，由于LIBOR是一个货币市场利率，故此通常以A/360报出。A表示实际（actual）天数。以表7-4中的最后一个计息期的浮动利息支付为例，根据算头不算尾的惯例，2014年9月5日至2015年3月5日间的实际天数为181天，故此该期间内的LIBOR利息支付为（181/360）LIBOR。从利率互换的固定利率来看，其天数计算惯例主要取决于参考产品。假设固定利率使用债券等价收益率（bond equivalent yield, BEY），其参考产品为美国国债，其报价使用A/A或A/365的报价方法。因此，表7-4中最后一个计息期的固定利息支付就为（181/365）× 5.015% = 2.49%。

表7-5 美元利率产品的天数计算惯例

天数计算惯例	释义	适用产品
A/A或A/365	计息期与1年均按实际天数计，有时1年固定以365天计	美国中长期国债
30/360	1个月按30天计，1年按360天计	美国公司债和市政债券
A/360	计息期按实际天数计，1年按360天计	美国货币市场工具

浮动利率与固定利率的天数计算惯例不同，意味着两者利息无法直接比较，必须对两种利率报价的不同天数进行调整——将LIBOR乘365/360，或者将BEY利率乘360/365。

在我国的利率互换市场上，SHIBOR和1年期定期存贷款利率使用A/360，而回购定盘利率的计息基准是A/365，固定利率则通常使用A/365的报价方法。

（3）支付频率

支付频率是利息支付周期的约定。如 S.A. 是 semi-annually 的缩写，即每半年支付一次。利率互换中最常见的是每半年支付一次或是每 3 个月支付一次。货币互换则通常为每年支付一次。有些利率互换的固定利息与浮动利息支付频率一致，有些则不一致。例如，在美国，标准的利率互换是固定利息每半年支付一次，而浮动利息则与 3 个月期 LIBOR 挂钩，每 3 个月支付一次；又如，中国基于 7 天回购利率的利率互换的常见设定是每 3 个月交换一次，浮动端的支付额等于这 3 个月内所有 7 天回购利率的滚动复利值。

（4）净额结算

如例 7-1 中所展示，利率互换在实际结算时通常尽可能地使用利息净额交割，即在每个计息期期初根据定期观察到的浮动利率计算其与固定利率的的利息净差额，在计息期期末支付。显然，净额结算能很大地降低交易双方的风险敞口头寸，从而降低信用风险。

（5）营业日准则

营业日准则，是指互换交易在结算时应遵循的节假日规避规则。由于各国节假日规定不同，互换协议中通常要对所采用的节假日日历进行规定，如表 7-4 中规定使用美国的节假日日历。互换协议还要确定结算日若遇上节假日时的规避规则。表 7-6 列出了主要的节假日规避规则。其中"下一营业日"与"经修正的下一营业日"是常见的营业日准则，如表 7-6 中采用的就是"下一营业日"准则。

表 7-6　营业日准则

节假日规避准则	释　义
下一营业日	遇节假日顺延至下一营业日
经修正的下一个营业日	遇节假日顺延至下一营业日，但若下一营业日为另一个日历月，则倒推至节假日前一营业日
前一营业日	遇节假日倒推至前一营业日
经修正的前一个营业日	遇节假日倒推至前一营业日，但若前一营业日为另一个日历月，则倒推至节假日后一营业日

（6）互换报价

图 7-7 是 2007 年 11 月 26 日 Bloomberg 提供的美元利率互换报价。下面结合这一报价介绍互换报价的市场惯例。

如前所述，尽管属于场外交易，利率互换市场已经成为一个标准化程度相当高的金融市场，这一点也表现在互换的报价中。互换本来需要同时报出浮动利率和固定利率，但在实际中同种货币的利率互换报价通常都基于特定的浮动利率。例如，标准的美元利率互换通常以 3 月期的美元 LIBOR 作为浮动利率。浮动利率达成一致之后，报价和交易就只需针对特定期限与特定支付频率的固定利率一方进行，从而大大提高了市场效率。图 7-7 中的 (a) 图与 (b) 图就是两个标准的美元利率互换报价，基准浮动利率均为 3 个月期 LIBOR，3 个月支付一次浮动利息。图 7-7 中的 (a) 图与 (b) 图的区别在于固定利息支付频率不同，分别为半年支付一次与一年支付一次，相应的天数计算惯例则分别为 30/360 和 A/360。同时从图 7-7 中可以看到，做市商报价的利率互换期限从 1 年至 30 年不等。

<HELP> 查看详细说明。 <MENU> 查看其他类似功能。 Index NWAX

USD INTEREST RATE SWAPS

Ticker	Bid	Ask	Mid	Chng	Ticker	Bid	Ask	Mid	Chng
美元半年 30/360					美元利差				
1 YR	4.3670	4.3840	4.3800	+.0540					
2 YR	4.0030	4.0430	4.0230	+.0110	2 YR	93.75	97.75	95.75	-5.75
3 YR	4.0670	4.1070	4.0870	-.0170	3 YR	88.75	92.75	90.75	-8.25
4 YR	4.1910	4.2310	4.2110	-.0230	4 YR	89.75	93.75	91.75	-8.50
5 YR	4.3250	4.3650	4.3450	-.0240	5 YR	91.75	95.75	93.75	-8.25
6 YR	4.4310	4.4710	4.4510	-.0390	6 YR	90.50	94.50	92.50	-8.50
7 YR	4.5300	4.5700	4.5500	-.0390	7 YR	88.50	92.50	90.50	-7.25
8 YR	4.6180	4.6580	4.6380	-.0400	8 YR	85.50	89.50	87.50	-6.00
9 YR	4.6810	4.7210	4.7010	-.0580	9 YR	80.00	84.00	82.00	-6.50
10 YR	4.7420	4.7820	4.7620	-.0590	10 YR	74.25	78.25	76.25	-5.25
15 YR	4.9370	4.9770	4.9570	-.0780	15 YR	83.00	87.00	85.00	-6.50
20 YR	5.0270	5.0670	5.0470	-.0880	20 YR	81.25	85.25	83.25	-6.75
25 YR	5.0590	5.0990	5.0790	-.0920	25 YR	73.75	77.75	75.75	-6.50
30 YR	5.0630	5.1030	5.0830	-.0850	30 YR	63.50	67.50	65.50	-5.00
1天涨跌					1天涨跌				
IYC4 I52<GO>					IYC4 I48<GO>				
月内变化					月内变化				
IYC6 I52<GO>					For US Govt Yield Curve, type {IYC1 I25 <GO>}				
Pricing based on XDF<GO> settings					For US swap Curve, type {IYC1 I52 <GO>}				
					For US Swap Cur				

Australia 61 2 9777 8600 Brazil 5511 3048 4500 Europe 44 20 7330 7500 Germany 49 69 920410 Hong Kong 852 2977 6000
Japan 81 3 3201 8900 Singapore 65 6212 1000 U.S. 1 212 318 2000 Copyright 2007 Bloomberg Finance L.P.
26-Nov-2007 14:08:46

(a) 固定利息每半年支付一次的美元互换利率报价

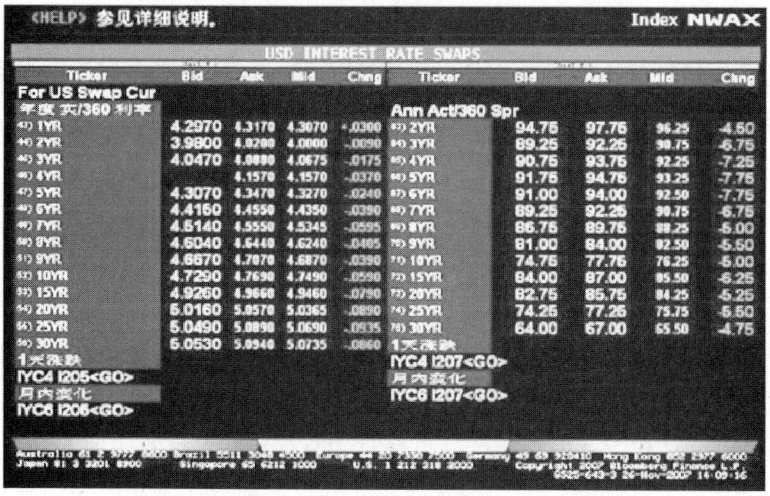

<HELP> 参见详细说明。 Index NWAX

USD INTEREST RATE SWAPS

Ticker	Bid	Ask	Mid	Chng	Ticker	Bid	Ask	Mid	Chng
For US Swap Cur									
年度 实/360 利率					Ann Act/360 Spr				
1YR	4.2970	4.3170	4.3070	+.0300	2YR	94.75	97.75	96.25	-4.50
2YR	3.9800	4.0200	4.0000	-.0090	3YR	89.25	92.25	90.75	-6.75
3YR	4.0470	4.0880	4.0675	-.0175	4YR	90.75	93.75	92.25	-7.25
4YR		4.1570	4.1570	-.0370	5YR	91.75	94.75	93.25	-7.75
5YR	4.3070	4.3470	4.3270	-.0240	6YR	91.00	94.00	92.50	-7.75
6YR	4.4160	4.4550	4.4350	-.0390	7YR	89.25	92.25	90.75	-6.75
7YR	4.5140	4.5550	4.5345	-.0595	8YR	86.75	89.75	88.25	-5.00
8YR	4.6040	4.6440	4.6240	-.0405	9YR	81.00	84.00	82.50	-5.50
9YR	4.6670	4.7070	4.6870	-.0390	10YR	74.75	77.75	76.25	-5.00
10YR	4.7290	4.7690	4.7490	-.0590	15YR	84.00	87.00	85.50	-6.25
15YR	4.9260	4.9660	4.9460	-.0790	20YR	82.75	85.75	84.25	-5.25
20YR	5.0160	5.0570	5.0365	-.0890	25YR	74.25	77.25	75.75	-5.50
25YR	5.0490	5.0890	5.0690	-.0935	30YR	64.00	67.00	65.50	-4.75
30YR	5.0530	5.0940	5.0735	-.0860	1天涨跌				
1天涨跌					IYC4 I207<GO>				
IYC4 I205<GO>					月内变化				
月内变化					IYC6 I207<GO>				
IYC6 I205<GO>									

Australia 61 2 9777 8600 Brazil 5511 3048 4500 Europe 44 20 7330 7500 Germany 49 69 920410 Hong Kong 852 2977 6000
Japan 81 3 3201 8900 Singapore 65 6212 1000 U.S. 1 212 318 2000 Copyright 2007 Bloomberg Finance L.P.
26-Nov-2007 14:09:16

(b) 固定利息每一年支付一次的美元互换利率报价

图 7-7　2007 年 11 月 26 日美元利率互换报价

资料来源：Bloomberg

在做市商制度下，做市商每天都会进行双边互换报价，买价（bid rate）就是做市商在互换中收到浮动利率时愿意支付的固定利率，卖价（ask rate）则是做市商在互换中支付浮动利率时要求收到的固定利率，显然互换卖价应高于买价。同时，从图 7-7 中可以看到买卖价差非常小，这表明市场具有高度的流动性和竞争性。

买价与卖价的算术平均为中间价，就是通常所说的互换利率。以图 7-7(a) 图中的 5 年期利率互换为例，买价、卖价与中间价分别为 4.3250%、4.3650% 与 4.3450%。这意味着做市商愿意每半年以 4.3250% 的年利率支付固定利息，换取每季度收到 3 个月期的 LIBOR；或者每季度支付 3 个月期 LIBOR，换取每半年收到年利率为 4.3650% 的固定利息。而 4.3450% 就是支付频率为半年的 5 年期互换利率。

从图 7-7 中的 (a) 图与 (b) 图中还可以看到，利率互换的报价通常有两种形式：报出买卖价和报出互换利差。前文所讨论的均为直接报价，互换利差报价指报出特定期限的互换买卖利率与具有相同期限、无违约风险的平价发行债券的收益率之间的差值。同样以图 7-7(a) 图中的 5 年期利率互换为例，买入与卖出的互换利差分别为 91.76 与 95.75，即做市商报出的互换买价高于 5 年期国债收益率 0.9176%（91.76 个基点），互换卖价高于 5 年期国债收益率 0.9575%（95.75 个基点）。这意味着，做市商支付 5 年期国债收益率加 91.76 个基点并得到 LIBOR，或收取 5 年期国债收益率加 95.75 个基点并支付 LIBOR。

（7）互换头寸的结清

从图 7-7 中可以看到，利率互换的期限可能相当长，通常来说结清互换头寸主要包括以下几种方式。

第一，出售原互换协议。结清互换头寸的一种方式是在市场上出售未到期的互换协议，将原先利息收付的权利与义务完全转移给购买协议者。但由于不同交易者的信用风险不同，该交易必须经过互换原对手方的同意才能进行。互换协议出售后，实际上等同于原先的利率互换已经终止，而原来的交易对手与协议购买者之间签订了一份完全相同的新协议。

第二，对冲原互换协议。结清互换头寸的另一种方式是在市场上进行对冲交易，签订一份与原互换协议的本金、到期日和互换利率等均相同，但收付利息方向相反的互换协议。如果该对冲交易是与原先的互换交易对手进行的，此种对冲又被称为“镜子互换”，等价于终止了原先的利率互换。如果是与其他交易对手对冲原互换协议，在利息的现金流上的确能够实现对冲，但由于交易对手不同，仍然无法完全抵消对手方违约的风险。除此之外，交易互换期货、互换期权等互换衍生产品也是对冲原有互换头寸的一种方法。

第三，解除原有的互换协议。结清互换头寸的第三种方式是与原先的交易对手协议提前结束互换，双方的权利义务同时抵消。在解除原有互换协议时，通常由希望提前结束的一方提供一定的补偿，或者协议将未来的现金流贴现后进行结算支付，提前实现未实现损益，使原先的互换协议完全解除。此种结清头寸方式的一个优点在于，冲销了原先的信用风险，也不会再产生新的信用风险。

总的来看，上述三种方式都为互换头寸的流动提供了重要的工具与途径，而国际互换交易的二级市场流动性的不断增强，在互换市场的迅速发展中也起到了不可忽视的作用。

7.2.4 利率互换的种类

到目前为止，我们所说的利率互换是最普通的利率互换（plain vanilla swap），即固定利率对浮动利率的互换，本书后面所谈到的利率互换定价也是以这种互换为基础的。现实中，利率互换不仅可以用固定利率交换浮动利率，也可以用固定利率交换另外的固定利率，或者用浮动利率交换另外的浮动利率，后者又被称为基点互换。理论上，我们可以将各种利率互换划分为表 7-7 所示的几种类型。

表 7-7 利率互换的类型

类 型	利 率	示 例
普通利率互换	浮动利率换固定利率	将浮动利率债券的利息支付换为固定利息支付
固定利率与固定利率互换	固定利率换固定利率	将融资的利息基础由正常息票固定利率换为无息票固定利率
浮动利率与浮动利率互换	浮动利率换浮动利率	将浮动利率美元商业票据资金的利率基础转换为美元 LIBOR

7.3 货币互换

7.3.1 货币互换的概念和基本结构

与利率互换相比，货币互换涉及利息支付的交换，还涉及本金的交换。货币互换是在未来约定的时间内将一种货币的本金和利息与另一货币的等价本金和利息进行交换。例 7-2 就是一个典型的普通货币互换。货币互换的基本特征有：

互换双方使用的货币不同，即货币互换中存在两种货币的本金金额。

货币互换在到期日必须有本金的交换，而互换初始可以没有本金的交换。

货币互换中本金的交换率依据当时的市场即期汇率确定。

最基本的货币互换，双方都是固定利率。货币互换中也可以都是浮动利率；或者一方是固定利率，一方是浮动利率。

基本货币互换现金流的交换情况如例 7-2，此处不再赘述。

7.3.2 对货币互换的说明

下面是关于货币互换的几点说明。

第一，货币互换结构与利率互换结构非常相似。主要不同点在于：在货币互换中，双方需要在一开始和最后进行不同货币本金的交换，期间进行不同货币利息的交换。通过交换，互换双方在互换期间各自得到所需货币而规避了相应的汇率风险。

第二，货币互换的初始本金交换可以取消。在这种情况下，双方进行一次即期外汇交易便可获得各自所需的货币。在图 7-8 中，假定当时的汇率为 6.35 元 / 美元，A、B 两机构开始各自在即期市场上获取所需货币，通过货币互换管控面临的汇率风险。

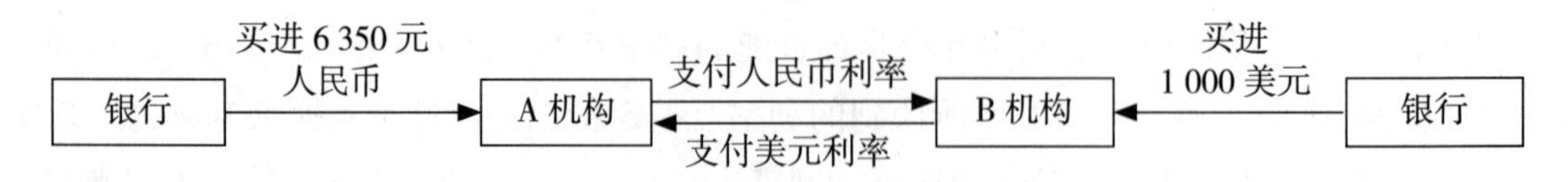

图 7-8　无初始本金交换的货币互换

初始本金互换的取消并不意味着不需要在相关货币之间确定一个参考即期汇率，这一汇率在互换到期时将用于货币的再次交换。理论上讲，这一汇率可以等于初始的市场即期汇率，也可以另取他值。如果另取他值，则意味着期末交换的本金与互换期间计算两种货币的利息所使用的名义本金额不同。

第三，到目前为止，我们在分析中假设的本金初始交换是按当时的互换汇率进行的。在货币互换中，人们也经常规定一个偏离市场的即期汇率（off-market spot rate）。

第四，与利率互换一样，在国际市场上货币互换也是以做市商制度为基础的。当银行等金融机构作为做市商媒介参与货币互换时，货币互换的基本结构如图 7-9 所示。

图 7-9　有做市商介入的货币互换基本结构

第五，货币互换中不常用净额结算，若采用净额结算，需将互换中现金流折算为同一种货币（通常是美元）。

7.3.3　货币互换的种类

表 7-8 列出了货币互换的主要类型，以及各类型对应的利率及示例。

表 7-8　货币互换的类型、利率及示例

类　型	利　率	示　例
普通货币互换	固定利率换固定利率	将固定利率瑞士法郎债券的投资收益换为固定利率美元收益
交叉货币利率互换	浮动利率换固定利率	将浮动利率瑞士法郎债券收益转换为固定利率美元定期收益
浮动利率与浮动利率的交叉货币利率互换	浮动利率换浮动利率	将浮动利率美元的利率基础转换为加元 LIBOR

还有一种所谓鸡尾酒式互换（cocktail swap），是各种互换的组合，其包括各种类型的互换，例如，不仅有利率互换和货币互换，也有以银行为中介的互换。图 7-10 和图 7-11

所列出的例子就是鸡尾酒式互换。

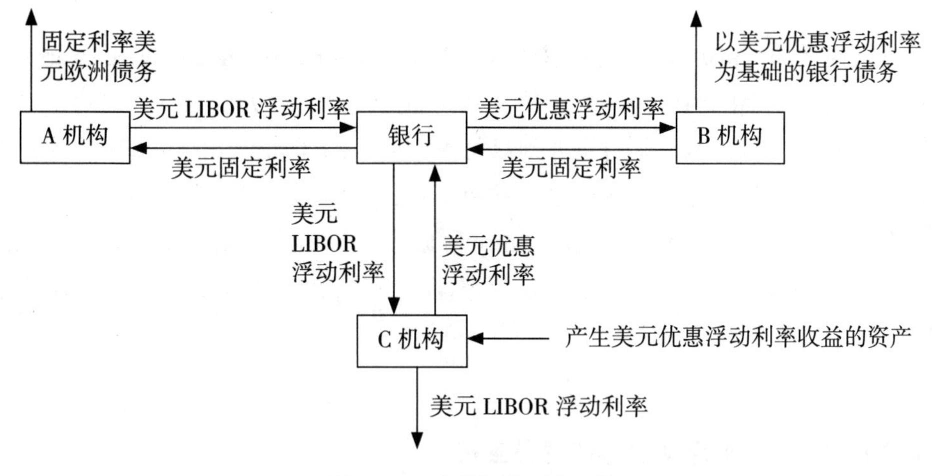

图 7-10　鸡尾酒式利率互换

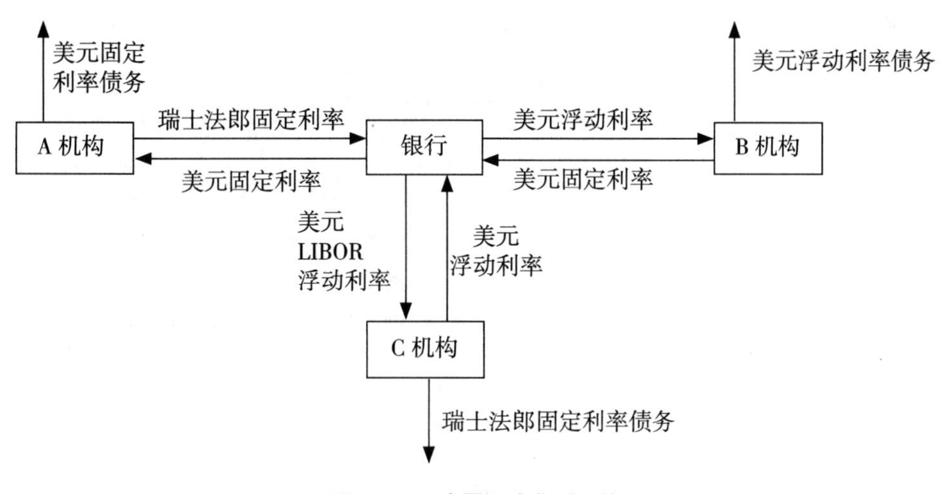

图 7-11　鸡尾酒式货币互换

7.4　商品互换

商品互换是一种特殊类型的互换，交易双方通过商品互换可以管理商品的价格风险。商品互换能使交易商和保值者消除商品风险头寸，同时创造货币市场头寸；商品互换也可以在交易商和保值者不需要购买实际商品的情况下创造商品风险头寸。商品互换最终可以将商品市场风险转化为货币市场风险，或把货币市场风险转化为商品市场风险。

商品互换有两种基本类型：固定价格换浮动价格的商品互换，以及商品价格与利息的互换。下面分别举例介绍。

7.4.1　固定价格换浮动价格的商品互换

固定价格换浮动价格的商品价格互换（fixed-for-floating commodity price swap）是指交易双方在未来的一定期限内以一定数量的某种商品为基础，一方以双方约定的每单位商品的固定价格向对方支付价款，其对手方则以每单位商品的浮动价格向其支付价款。这里的浮动价格一般是指商品的即期市场价格，常使用商品的商品价格指数。国际上常见的商品价格指数有 GSCI（Goldman Sachs Commodity Index）和 CRB（Commodities Research Board Index）等。这种商品互换在结构上与固定对浮动利率的利率互换类似。例 7-3 说明了这种互换的结构。

【例 7-3】固定价格换浮动价格的商品互换

假设某原油的最终用户想要固定其未来 2 年原油的购置成本，其于 2014 年 12 月 18 日与一原油交易商联系，并达成了商品互换协议，所列主要条款如表 7-9 所示。

表 7-9　原油商品互换主要条款

项　目	内　容
商品	原油（西得克萨斯州中间价）
名义数量	100 000 桶
商定的固定价格	60.56 美元 / 桶
商定的石油价格指数	原油 WTI 普氏报价 (Oil-WTI-Platt's Oilgram)
期限	2 年
结算协议	现金结算，半年一次
支付日期	6 月 18 日和 12 月 18 日

达成此协议之后，该用户照旧每半年从原油现货市场上购得所需的原油。但是通过这一互换交易，其购买石油的成本锁在了 60.56 美元 / 桶。图 7-12 是互换的基本结构，而表 7-10 展示了石油用户的现金流情况。

图 7-12　固定价格换浮动价格的石油价格互换基本结构

表 7-10 固定价格换浮动价格石油互换中石油用户的现金流

日期	WTI 价格（美元 / 桶）	购买石油支付（万美元）	互换中的收入（万美元）	互换中的支付（万美元）	净现金流（万美元）
2015 年 6 月 18 日	WTI	−10 × WTI	+10 × WTI	−10 × 60.56	−10 × 60.56
2015 年 12 月 18 日	WTI	−10 × WTI	+10 × WTI	−10 × 60.56	−10 × 60.56
2016 年 6 月 18 日	WTI	−10 × WTI	+10 × WTI	−10 × 60.56	−10 × 60.56
2016 年 12 月 18 日	WTI	−10 × WTI	+10 × WTI	−10 × 60.56	−10 × 60.56

固定价格换浮动价格的商品价格互换主要有以下特点：

第一，商品价格互换是一种金融交易。在交易过程中，双方没有任何形式的商品交换。双方都在现货市场上进行正常所需的商品买卖。商品价格互换交易完全独立于有形的基础现货交易之外。

第二，商品互换交易将有形商品的买卖与交易价格的锁定分离开来。这样做有利有弊。有利之处在于，买方能够锁定其从互换对手方得到的价格；不利之处在于，其从现货市场上买进商品的价格有可能与互换中达成协议的商品价格指数不一致，从而不能完全规避价格风险。

第三，互换交易的结算协议中是净额结算，互换对手之间的收支净差额由双方在每一结算日结算。在互换交易中不存在中间现金流，而且不需要任何保证金。如在例 7-3 中，如果 WTI 价格指数高于协议固定价格，由石油交易商向石油用户支付 100 000 ×（WTI-60.56）美元；反之，由石油用户向石油交易商支付 100 000 ×（60.56-WTI）美元。

另外，商品互换中同样可以引入互换中介。有中介机构的商品互换与有中介机构的利率、货币互换的结构相似，此不赘述。

7.4.2 商品价格与利息的互换

商品价格与利息的互换是商品价格互换的变种。在这一交易中，互换双方达成协议，以某一商品的固定数量交换浮动利率付款。

一个商品价格与利息的互换交易的基础结构由三部分组成：第一，一个商品价格与利息的互换。商品生产商同意向商品用户提供某一数量的某一商品，并从商品用户那里收入以协议本金额为基础的浮动利率（如美元 LIBOR）利息。第二，一个浮动利率借款。商品生产商借入浮动利率借款为其商品生产融资。第三，一个利率互换。商品用户通过这一互换锁定其购买商品的成本。具体交易结构见图 7-13。

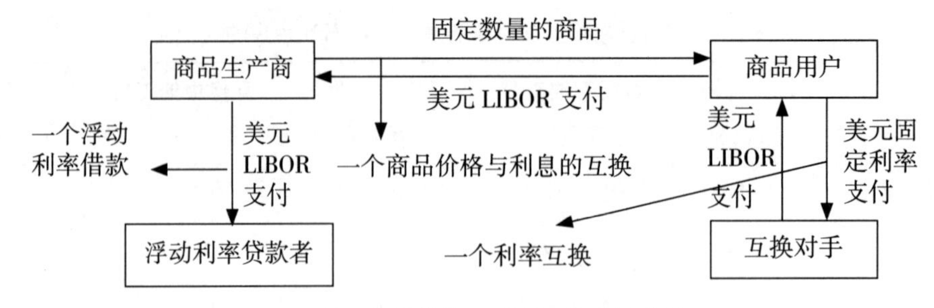

图 7-13 商品价格与利息互换交易结构

在实际操作中，人们往往运用名义商品流而不是实际商品流。在这样的结构中，某一商品的固定数量被名义数量（以协议价格指数和商品数量为基础计算出来的美元数额）所取代。此外互换双方需要的实际商品购销由各自在现货市场上进行，其交易结构如图 7-14 所示。

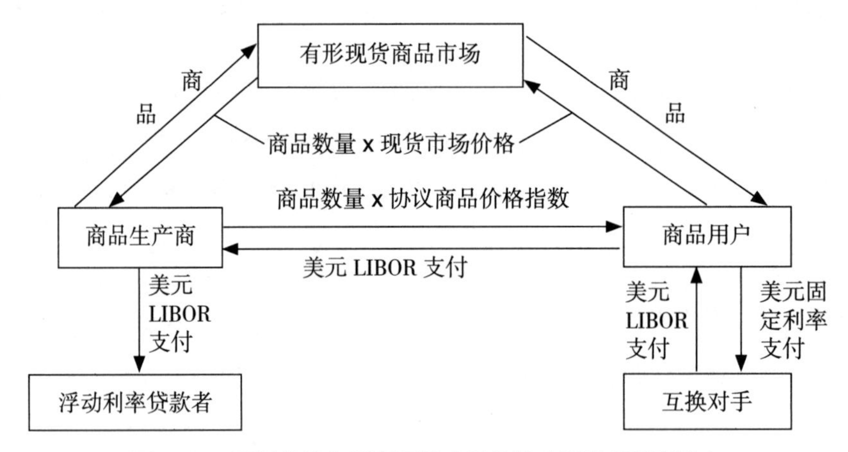

图 7-14 商品价格与利息互换交易结构（利用名义商品）

这类互换也可以有中介参与其中。当银行作为中介参与其中时，其简单结构如图 7-15 所示。

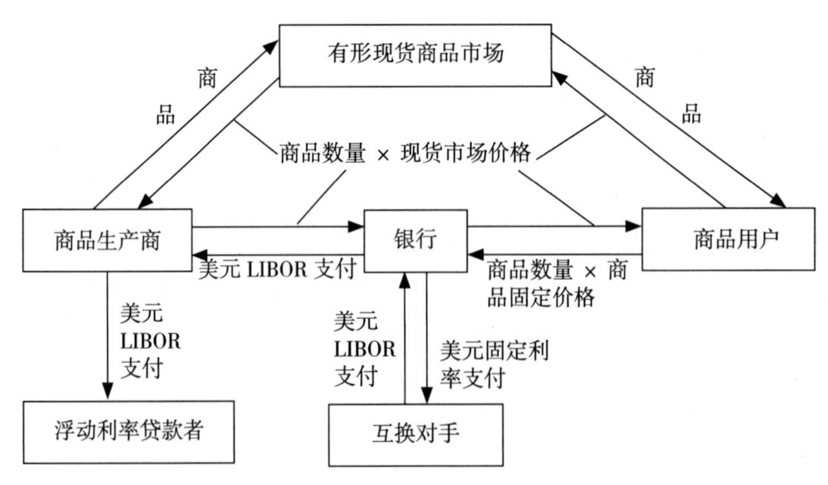

图 7-15 商品价格与利息互换交易结构（银行作为中介）

【例 7-4】

假设一个原油商品价格与利率的互换交易中主要的约定如下：原油年固定数量为 10 万桶；原油固定价格为 60.56 美元 / 桶；期限为两年；每半年结算一次；美元（2 年期）互换固定利率为 4.50% pa（半年结算一次）；当前 6 个月美元 LIBOR 为 4.00% pa；交易中的名义本金额为原油数量 × 固定价格 / 两年互换利率 =100 000×60.56 / 0.0560 = 134 577 778（美元）（注：计算结果均保留至个位，下同）。

首先计算机半年后结算的现金流，如图 7-16 所示。因是半年支付一次，故图中的数量和现金均为 1 年的一半。

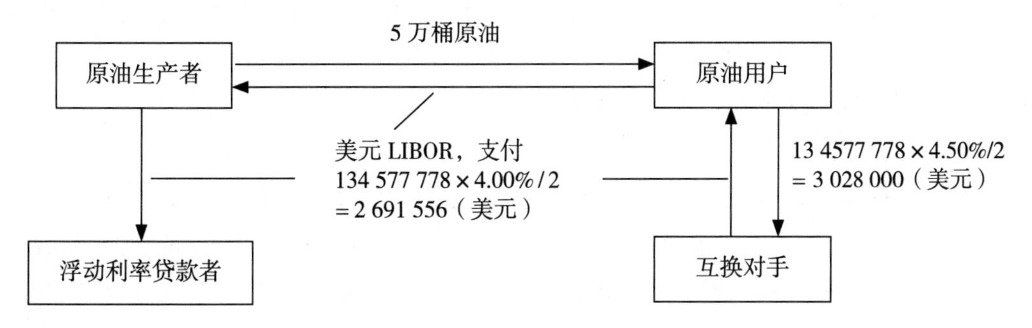

图 7-16　商品价格与利息互换交易结构（半年）

然后计算随后结算的现金流。如果后面每个计息期美元的半年期 LIBOR 上升或下降，浮动利率计息随之改变，其他都不改变，比如，如果半年后半年期美元 LIBOR 上升为 5.00% pa，则 1 年后的交易结构情况如图 7-17 所示。

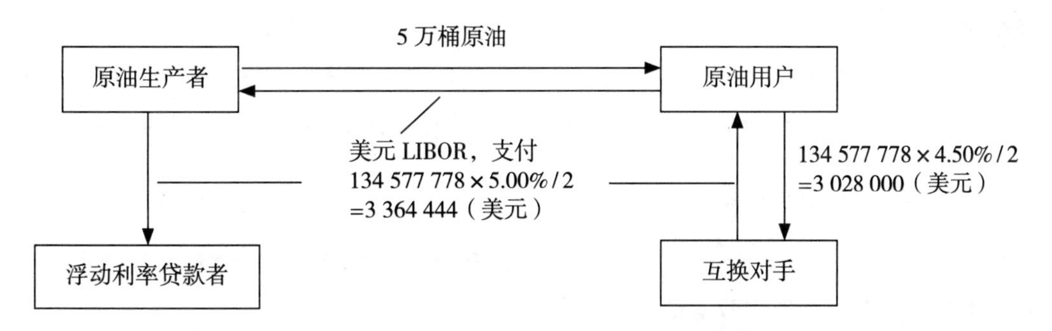

图 7-17　商品价格与利息互换交易结构（1 年）

在这项交易中，商品用户以固定价格 60.56 美元 / 桶锁定了未来两年每年购买 10 万桶原油的成本。作为商品生产者的原油生产商则将其浮动利率美元债务转换为以商品计值的融资，即商品生产者可以用其商品收入款项来偿还美元浮动利率融资。如果利率上升，那么商品价格与利息的互换中收入的款项也将增加，这样生产商浮动利率融资由于利率上升所带来的成本增加，将与其在互换交易中收入款项的增加相抵消，反之亦然。

7.5 股权互换

7.5.1 股权互换的概念及主要特点

股权互换是指互换的双方中，至少有一方支付由某只股票或某种股票指数的收益决定的现金流，另一方支付的现金流可以由固定利率、浮动利率或另一只股票或股票指数的收益来决定。股权互换可用来替代直接的股票交易。

股权互换的主要特点有：

第一，双方的支付以名义本金为基础，名义本金的作用仅是用来计算彼此的支付额，这一点与利率互换相同，有时名义本金额也是可以变动的。

第二，双方进行支付互换之前，需就支付的时间间隔达成协议（一般是一季一付，或半年一付）；同时就整个互换期限或互换的到期日达成协议。

第三，前已指出，股权互换中的名义本金额是可以变动的。如果名义本金是变动名义本金，一般而言，在从对手那里得到股权收益时，名义本金增加；在向对手支付股权收益时，名义本金减少。这种交易结构主要是模仿在股票市场上直接进行股票投资时所产生的现金流的情况。

当使用固定名义本金时，本金额在其互换结算日确定下来后，在整个互换期内保持不变。这种交易结构模仿的是在股票市场进行直接股票投资时保持股票投资价值不变的情况——当股票价格或股票指数值上扬获利时，即变现获利部分；而当股票价格或股票指数值下跌亏损时，需增加投资补足亏损掉的部分。

第四，互换中现金流的计值货币必须是指定的。双方所支付的现金流大多以同种货币计值，也可以以不同的货币计值，后者又称交叉货币股权互换。在交叉货币股权互换中，交易回报不仅与股价或股指的变化有关，还与互换中所使用的不同货币之间的汇率有关。

7.5.2 股权互换的种类

股权互换主要有三种类型：股权收益对固定利率股权互换、股权收益对浮动利率股权互换、股权收益对另一股权收益的股权互换。

（1）股权收益对固定利率股权互换

在这样的股权互换中，一方支付的是单只股票收益或股指收益，另一方支付的是固定利率。这样，支付固定利率的一方，相当于以固定利率借入资金并投资到股票市场。例 7-5 是一个虚构的此类互换，我们以此说明其基本结构。

【例 7-5】

2015 年 3 月 5 日，A 公司进入一互换。在互换中，A 公司支付 10% 的固定利率利息，收入沪深 300 股指收益。双方约定每半年交换一次现金流，互换金额由名义本金 200 万元计算决定，互换期限为两年。互换的另一方为互换交易商 B 公司。在互换发起的 3 月 5 日，沪深 300 指数为 2 356.44 点。（本例中的数据非当时实际市场数据）

上述交易的结构如图 7-18 所示。

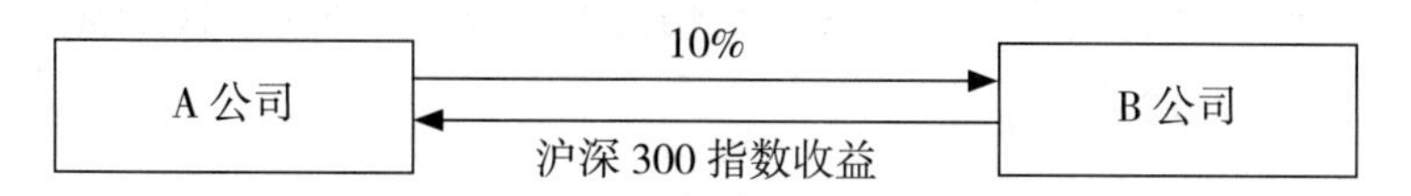

图 7-18　股权收益与固定利率股权互换示例

股权收益支付是用股权收益率计算得到的，而股权收益率则在交换日才能决定。这是与前面的利率互换等所不同的。利率互换中的浮动利率是在每一个计息期期初决定的，因此利率互换中互换双方在每个计息期的期初就确定了期末浮动利息的支付金额。显然，在这里的股权收益互换中，直到现金流交换日才知道本交换期股权收益的支付金额。表 7-11 给出了假想的未来 4 个现金流互换日现金流的情况。

表 7-11　A 公司股权互换现金流

日　期	沪深 300 指数值	沪深 300 指数收益率	股权收益现金流（元）	固定利率现金流（元）	净现金流（元）
2015 年 3 月 5 日	2 356.44	—	—	—	—
2015 年 9 月 5 日	2 497.83	6.000%	120 000	-100 000	20 000
2016 年 3 月 5 日	2 347.96	-6.000%	-120 000	-100 000	-220 000
2016 年 9 月 5 日	2 277.52	-3.000%	-60 000	-100 000	-160 000
2017 年 3 月 5 日	2 414.17	6.000%	—	—	—

其中涉及计算如下：

沪深 300 指数每期收益率 =（本期期末股指 / 本期起初股指）-1

股权收益现金流 =2 000 000× 沪深 300 指数每期收益率

固定利率现金流 =2 000 000×10%/2

净现金流 = 股权收益现金流 - 固定利率现金流

由这个例子我们看到，当股指下跌的时候，收入股权收益的一方在股权上的收益也是负的，这正与股权投资的情况相仿。前面我们就提到，这样的互换类似于以固定利率借款投资股市。

（2）**股权收益与浮动利率的股权互换**

在此类股权互换中，一方支付的是单只股票收益或股指收益，另一方支付的是浮动利率。这样，支付浮动利率的一方，相当于以浮动利率借入资金并投资到股票市场，例 7-6 说明了其基本结构。

【例 7-6】

其他条件同例 7-5，仅将 A 公司支付的固定利率改为半年期 SHIBOR 利率。

交易结构如图 7-19 所示。

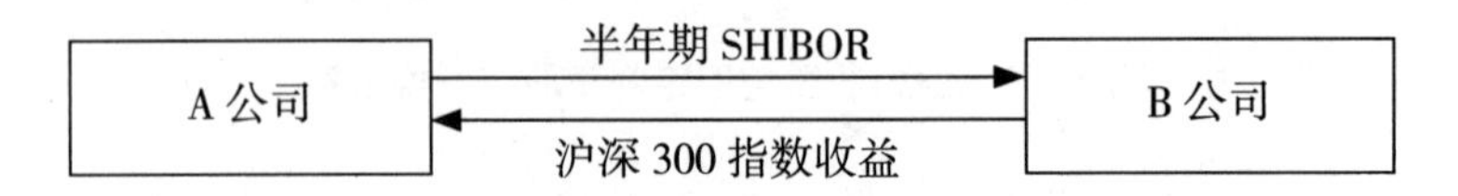

图 7-19 股权收益与浮动利率股权互换交易结构

本例中，各互换日现金流的计算与例 7-5 类似，只是将后者的固定利率改为半年期 SHIBOR。需要注意的是，浮动利率于每个计息期期初决定，而股权收益率例如例 7-5 那样于每个计息期期末决定。股权收益同样可以是负值。

（3）**股权收益对另一股权收益的互换**

在股权收益对另一股权收益的互换中，双方交换的是不同的股权收益。相当于一种股权多头，和另一种股权空头的组合。

【例 7-7】

美国某大学最近收到一笔 VAMA 公司 10 万股股份的捐赠，VAMA 公司由该校一名毕业生创建。这笔捐赠市值 60 万美元。学校认为这笔捐赠的组合风险太大，考虑把风险分散。但若出售该捐赠，会显得不尊重捐赠人。于是，学校进入了一个股权互换：学校支付 VAMA 股权收益，收取 Russell 3000 指数收益。通过这样的互换，学校既保留了 VAMA 公司股份，又分散了组合风险。该互换交易的结构如图 7-20 所示。

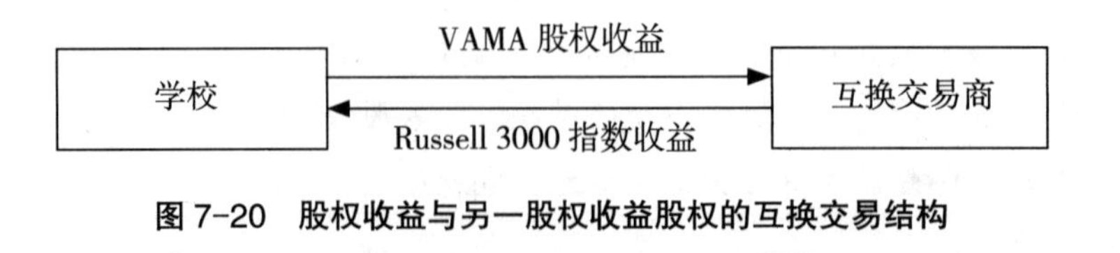

图 7-20 股权收益与另一股权收益股权的互换交易结构

除了以上三种主要的股权互换外，还有交叉货币股权互换、可变本金股权互换等。股权互换的应用很广泛，它可以替代直接股票投资而间接投资于国内外股票市场。采用间接投资的原因很多，例7-7是一种，还有其他现实的各种情况。因此，这一互换的出现自然也是现实交易需求的结果。

本章小结

1. 互换是约定两个或两个以上当事人按照商定条件，在约定的时间内交换一系列现金流的合约。最重要和最常见的是利率互换与货币互换。由于国际大型金融机构的推动，特别是大型金融机构发起成立的国际互换商协会在互换交易上所做的标准化以及一系列卓有成效的推动工作，使得互换得到迅速发展。互换的种类和交易数量迅速扩大。商品互换和股权互换也是重要的互换品种。

2. 利率互换是交易双方以名义（或假设的）本金为基础，按照约定的利率计算利息，在约定的时间内定期交换现金流的协议。最普通的利率互换是固定利率对浮动利率的互换——一方支付固定利率计算的利息，一方支付浮动利率计算的利息。利率互换也可以是固定利率对固定利率、浮动利率对浮动利率的互换。

3. 货币互换是在未来约定的时间内将一种货币的本金和利息与另一货币的等价本金和利息进行交换。货币互换可以是两种货币固定利率对固定利率的互换，也可以是两种货币固定利率对浮动利率、浮动利率对浮动利率的互换。

4. 商品互换是一种特殊类型的互换，交易双方通过商品互换可以管理商品的价格风险。商品互换有固定价格换浮动价格的商品价格互换以及商品价格与利息的互换两种基本类型。

5. 股权互换是指互换的双方中，至少有一方支付由某只股票或某种股票指数的收益决定的现金流，另一方支付的现金流可以由固定利率、浮动利率或另一只股票或股票指数的收益来决定的互换。股权互换可用来替代直接的股权交易。股权互换有股权收益对固定利率股权互换、股权收益对浮动利率股权互换、股权收益对另一股权收益的股权互换三种基本类型。

6. 互换有一些约定俗成的市场惯例，如浮动利率选择、天数计算惯例、营业日规则、支付频率等。

习　题

1. 请说明有哪些主要的互换种类。
2. 请阐述国际互换市场迅速发展的原因。
3. 互换有哪些主要功能？
4. 试画出利率互换的交易结构图。
5. 试画出货币互换的交易结构图。
6. 商品互换有哪些主要种类？可以发挥哪些作用？
7. 股权互换有哪些主要种类？可以发挥怎样的作用？
8. 简单说明利率互换有哪些市场惯例。
9. 试述互换头寸的结清方式有哪些。

第八章　互换的定价与估值

在本章中，我们将提供一个有关互换的定价和估值的基本方法或称基本框架。我们将重点放在利率互换的定价和估值上，而这一基本框架对货币互换、商品互换等也是适用的。

8.1　利率互换定价和估值的基本框架

8.1.1　利率互换定价基本原理

正如远期价格与远期价值的意义不同一样，利率互换的价值与价格的意义也是不同的。在利率互换中，互换的价格指的是互换中的固定利率，这正与我们前面提到的利率互换的报价只报出固定利率是一致的。正如远期合约中，我们说的远期价格是使远期合约的价值为零的执行价格那样，利率互换在开始签订合约，确定彼此支付的固定利率和浮动利率时，互换合约本身对交易双方自然也应该是公平公正的，因而支付固定与浮动利率的双方都不能有盈亏。因此，合理定价的互换合约在开始时本身的价值为零。但是，当互换合约签订以后，合约中的固定利率已固定下来，随着时间的推移以及市场利率等因素的变化，合约就会变得对一方有利，而对另一方不利，这与远期合约的情况是一样的。因此，互换的定价也包括：开始签订合约时固定利率的确定——也就是互换价格的确定，以及随后合约价值的估值两个方面。

为互换定价或估值，可以通过把互换合约看做债券组合的方式，通过计算其中分解出来的债券的价值然后加总得到；也可以通过把互换看做一系列远期合约组合的方式，通过计算其中分解出来的远期合约的价值，然后加总求得。我们通过例 8–1 加以说明。

【例 8–1】

考虑一个 2016 年 7 月 1 日生效的两年期利率互换，名义本金为 1 亿元人民币。A 银行同意支付给 B 公司年固定利率为 2.8% 的利息，同时 B 公司同意支付给 A 银行

3 月期 SHIBOR 的利息，利息每 3 个月交换一次，交易结构如图 8-1 所示。

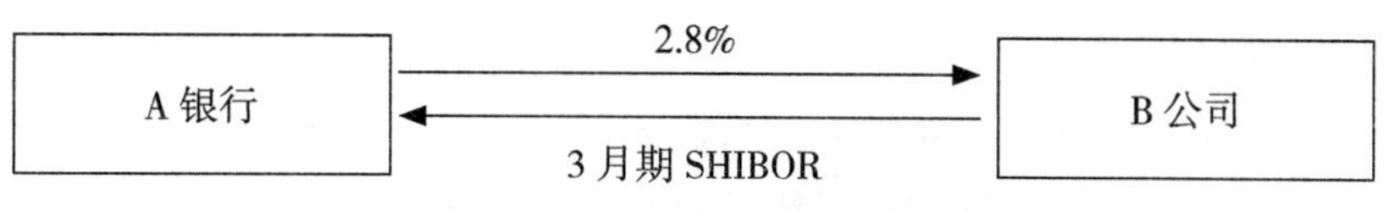

图 8-1　利率互换交易结构

2016 年 7 月 1 日互换协议签订时，交易双方并不知道未来的一系列 3 月期 SHIBOR。假设事后得知此两年中的 3 月期 SHIBOR 如表 8-1（a）中的列（1）所示，并且假设对固定利率和浮动利率的利息支付都采用 30/360 的天数计算惯例，从而可以得到 A 银行在此互换中每 3 个月收到的浮动利息、支付的固定利息与净现金流分别如表 8-1（a）中的列（2）、列（3）与列（4）所示。

表 8-1　利率互换中 A 银行的现金流

（a）不考虑名义本金　　　　现金流单位：万元

日　期	SHIBOR（%）（1）	浮动利息现金流（2）	固定利息现金流（3）	净现金流（4）
2016.7.1	2.13			
2016.10.1（Ⅰ）	2.47	+53	−70	−17
2017.1.1（Ⅱ）	2.67	+62	−70	−8
2017.4.1（Ⅲ）	2.94	+67	−70	−3
2017.7.1（Ⅳ）	3.27	+74	−70	+4
2017.10.1（Ⅴ）	3.64	+82	−70	+12
2018.1.1（Ⅵ）	3.86	+91	−70	+21
2018.4.1（Ⅶ）	4.12	+97	−70	+27
2018.7.1（Ⅷ）	4.75	+103	−70	+33

（b）考虑名义本金　　　　现金流单位：万元

日　期	SHIBOR（%）（1）	浮动利息和本金现金流（2）	固定利息和本金现金流（3）	净现金流（4）
2016.7.1	2.13	−10 000	+10 000	0
2016.10.1（Ⅰ）	2.47	+53	−70	−17
2017.1.1（Ⅱ）	2.67	+62	−70	−8
2017.4.1（Ⅲ）	2.94	+67	−70	−3
2017.7.1（Ⅳ）	3.27	+74	−70	+4
2017.10.1（Ⅴ）	3.64	+82	−70	+12
2018.1.1（Ⅵ）	3.86	+91	−70	+21
2018.4.1（Ⅶ）	4.12	+97	−70	+27
2018.7.1（Ⅷ）	4.75	+10 103	−10 070	+33

观察表 8-1（a），可以从三个角度来理解该利率互换。

第一，该利率互换由列（4）的净现金流序列组成，这是互换的本质，即未来系列现金流的组合。

第二，如果对列（4）的现金流按列进行拆分，该利率互换可以看做由列（2）和列（3）的现金流序列组成。为了更好地理解，假设在互换生效日与到期日增加 1 亿元的本金现金流互换，列（2）和列（3）转化为表 8-1（b）的列（6）与列（7）。从列（8）可见，由于相互抵消，增加的本金现金流并未改变互换最终的现金流和互换的价值，但列（6）却可以被视为 A 银行向 B 公司购买了一份本金为 1 亿元的以 3 月期 LIBOR 为浮动利率的债券，列（7）则可以被看做是 A 银行向 B 公司发行（出售）了一份本金为 1 亿元、固定利率为 2.8% 的债券，3 个月支付一次利息。这样，对 A 银行而言，该利率互换事实上可以看做一个浮动利率债券多头与固定利率空头头寸的组合，这个利率互换的价值就是浮动利率债券与固定利率债券价值的差。由于互换为零和游戏，对 B 公司来说，该利率互换的价值就是固定利率债券价值与浮动利率债券价值的差。也就是说，利率互换可以通过分解成一个债券的多头与另一个债券的空头来定价。

第三，如果对列（4）的现金流按行进行拆分，该利率互换可以看做是由从行（Ⅰ）至行（Ⅷ）共 8 次的现金流序列所组成的。观察各行，除了行（Ⅰ）的现金流在互换签约时就已经确定，其他各行的现金流都类似远期利率协议（FRA）的现金流。回忆在前面远期章节中所学的知识，FRA 是这样一笔合约：交易双方事先约定将来某一时间一笔借款的利率，但在 FRA 执行的时候，支付的只是市场利率与合约协定利率的利差。如果市场利率高于协定利率，贷款人支付给借款人利差，反之由借款人支付给贷款人利差。所以实际上 FRA 可以看成一个用事先确定的固定利率交换市场利率的合约。很明显，利率互换可以看成是一系列用固定利率交换浮动利率的 FRA 的组合。 例如，行（Ⅱ）的利息交换可以看做是一笔 2016 年 10 月 1 日到期，以 2. 8% 交换 2016 年 7 月 1 日确定的 3 月期 SHIBOR 的 FRA；行（Ⅴ）则是一笔 2017 年 10 月 1 日到期，以 2.8% 交换 2017 年 7 月 1 日确定的 3 个月期 LIBOR 的 FRA。从这个角度来说，利率互换可以通过分解成一系列远期利率协议的组合来定价。只要知道组成利率互换的每笔 FRA 的价值，就可以计算出利率互换的价值。

由上可见，利率互换既可以分解为债券组合，也可以分解为 FRA 的组合进行定价。由于都是列（4）现金流的不同分解，在不考虑不同产品的信用风险和流动性风险差异的情况下，这两种定价结果必然是等价的。在下文的例子中，也将看到这一点。

显然，无论是计息天数比较复杂还是付息频率有所不同，都可以应用上述运用债券组合或 FRA 组合来给利率互换定价的基本原理。

8.1.2 运用债券组合给利率互换定价或估值

定义：B_μ 为利率互换合约中分解出的固定利率债券的价值；B_μ 为利率互换合约中分解出的浮动利率债券的价值。

对于互换多头，也就是固定利率的支付者（如上例中的A银行）来说，利率互换的价值就是：

$$V = B_{fl} - B_{fix} \tag{8.1}$$

反之，对于互换空头，也就是浮动利率的支付者（如上例中的B公司）来说，利率互换的价值就是：

$$V = B_{fix} - B_{fl} \tag{8.2}$$

固定利率债券的定价公式为：

$$B_{fix} = \sum_{i=1}^{n} k e^{-r_i t_i} + A e^{-r_n t_n} \tag{8.3}$$

式中，A为利率互换中的名义本金额；K为现金流交换日t_i交换的固定利息额；n为交换次数；t_i为距第i次现金流交换的时间长度（$1 \leqslant i \leqslant n$）；$r_i$则为到期日为$t_i$的零息即期利率。显然固定利率债券的价值就是未来现金流的贴现和。这里使用了连续复利的贴现计算方式，用非连续复利贴现也没有问题。

浮动利率债券的定价公式为：

$$B_{fl} = (A + k^{*})\ e^{-r_1 t_1} \tag{8.4}$$

式中，k^{*}为下一交换日应交换的浮动利息额（这是已知的），距下一次利息支付日还有t_1的时间。

理解式（8.4）并不难，在浮动利率始终等于该债券的合理贴现率的条件下，有如下几点：第一，在浮动利率债券新发行时，该债券的价值就等于它的面值；第二，在任一重新确定利率的时刻，付息之后的浮动利率债券价值就等于新发行的同期限的浮动利率债券面值，付息之前的浮动利率债券价值就等于面值A加上应付利息k^{*}；第三，根据证券定价的一般原理，在不考虑流动性因素的情况下，证券当前的价值应该等于未来某一时点证券的市场价值加上该时点持有证券可获得的利息之和的贴现值。在为浮动利率债券定价时，选定下一个付息日为未来的时点，就得到了式（8.4）。

在国际互换市场上，互换的定价绝大多数是用LIBOR利率对现金流进行折现，并且决定浮动利率。LIBOR反映较高信用等级的借贷利率，典型的是拥有A或AA级评级的商业银行在资本市场获得融资时的利率。大多数的互换交易方都是投资级的，但在信用质量上存在显著的差异。这些差异通常通过非价格方式体现在主协议中而不是调整互换的价格或利率。主协议明确相关条款，允许交易对手进行净额结算并且实施预先风险评估（通过与信用风险相关的文件规定以及通过强制执行的陈述等）和持续风险评估（通过文件规定、契约保证、抵押品使用以及定时保证金等措施）。

在已知 LIBOR 的期限结构曲线，也就是 LIBOR 的零息收益结构曲线的情况下，还需知道互换的下列关键信息：期限、支付频率、支付日期、互换利率、当期要支付的浮动利率以及互换的多头方还是空头方估值。上面这些关键信息在实际定价和估值计算中都需考虑在内，比如，支付频率不同、天数计算惯例不同，最后得到的结果就不同。对于浮动利率支付，习惯使用实际天数 /360，因为它基于 LIBOR。这里我们忽略这些细节问题，主要介绍互换定价的基本做法。

（1）为利率互换定价

进行利率互换定价时，记住下列两点非常重要：在互换签约时，准确定价的互换的价值为 0；浮动利率债券的价值在发行或重置利率时都等于其面值。假设其面值为 1，由式（8.1）、式（8.2）有：

$$V = B_{fl} - B_{fix} = 1 - B_{fix} = 0$$

从而有：

$$B_{fix} = 1 \tag{8.5}$$

式（8.5）提供了一个互换定价的关键点。也就是说，互换的价格（有时也称为面值互换利率）是那些使固定利率债券价值等于浮动利率债券价值的利息率，从而使最初的互换价值为 0。

【例 8-2】

考虑一个开始于 2008 年 12 月 18 日的 3 年期、每半年支付一次的普通利率互换。这一互换将在未来 3 年中每年的 6 月 18 日和 12 月 18 日进行支付。假设根据 LIBOR 现货和美元期货市场价格得到的 2008 年 12 月 18 日美元不同到期期限的零息收益率分别为：6 个月 4.825%、12 个月 4.3725%、18 个月 4.1694%、24 个月 4.1313%、30 个月 4.1786%、36 个月 4.2694%。可以据此求解该互换的价格：

$$\frac{k}{2}\mathrm{e}^{-4.825\%\times 0.5} + \frac{k}{2}\mathrm{e}^{-4.3725\%\times 1} + \frac{k}{2}\mathrm{e}^{-4.1694\%\times 1.5} + \frac{k}{2}\mathrm{e}^{-4.1313\%\times 2} + \frac{k}{2}\mathrm{e}^{-4.1786\%\times 2.5} + (\frac{k}{2}+1)\mathrm{e}^{-4.2694\%\times 3} = 1$$

求得：$k = 0.0432$。

因此，互换利率为 4.32%。

（2）为一个已有的利率互换估值

【例 8-3】

假设在一笔利率互换协议中，某一金融机构收取 6 个月的 LIBOR，同时支付 3% 的年利率（每半年计一次复利），名义本金为 1 亿美元。互换还有 1.25 年的期限。目前 3 个月、9 个月和 15 个月的 LIBOR（连续复利）分别为 2.8%、3.0% 和 3.2%。前一个支付日所观察到的 6 个月的 LIBOR 为 2.8%（每半年计一次复利）。试计算此笔利率互换对该金融机构的价值。

在这个例子中，$k=150$ 万美元，因此有：

$$B_{fix}=150e^{-0.028\times0.25}+150e^{-0.03\times0.75}+10\,150e^{-0.032\times1.25}=10\,048\text{（万美元）}$$

本例中，$A=1$ 亿美元，$k^{*}=0.5\times0.028\times100=140$（万美元）。

因此 $B_{fl}=10\,000+140e^{-0.028\times0.25}=10\,069$（万美元）。

对该金融机构而言，此利率互换的价值为：

$$10\,069-10\,048=21\text{（万美元）}$$

显然，对该金融机构的交易对手来说，此笔利率互换的价值为负，即 −21 万美元。

（3）关于互换利率

由以上利率互换的定价过程，我们看到，在国际金融市场上，美元利率互换的价格是由美元 LIBOR 以及欧洲美元期货所隐含的远期利率推导出的利率期限结构决定的。而利率互换的价格就是同期限面值固定利率债券的票面利率，也正好等于同期限债券的到期收益率。由于其与 LIBOR 以及欧洲美元期货的上述联系，在国际互换市场上，人们普遍认为互换的风险与 LIBOR 以及欧洲美元期货的风险相当。而从实际的市场情况来看，LIBOR 反映的是伦敦信用良好的银行之间相互拆借资金的成本，信用级别一般是 A 或 AA 级；前已提到国际互换市场的参与者主要是一些大型金融机构、国际组织、各国政府、大型工商企业等，认为它们的信用级别与前者相当也比较恰当。

我们知道，金融市场投资中了解利率的期限结构非常重要。以往美元的利率期限结构是由美国国债推导出来的，这是一种无风险的利率期限结构。这种期限结构，因美国国债在期限上的不连续性，以及国债种类、数量上的不完全性，在构建过程中，人们不得不采用一些诸如插值法等的近似计算方法，才能构建出比较光滑的利率期限结构曲线。即便这样，由于 30 年以上的国债很少，因此 30 年以上的利率期限结构很难令人相信。在互换市场得到蓬勃发展之后，人们发现了解利率的期限结构有了一个新的途径，这就是互换利率结构。与原来利用国债推导出的利率期限结构相比，互换利率不是无风险的，而是与 LIBOR 风险相当的。这样就给了人们一种区别于无风险利率期限结构的有风险的利率期限结构作为参考的标准。不仅如此，使用互换利率期限结构作为参考还有一些超出国债利率期限结构的优势，主要表现在：第一，它较好地克服了国债期限不连续、国债种类不全的缺陷。利率互换在很多到期期限上均有活跃交易，最长期限甚至达到 50 年。而美国国债只在 1 年、2 年、3 年、5 年、7 年、10 年、15 年、20 年和 30 年九个关键期限上有较大的交易量，这使得互换曲线能够提供更多到期期限的利率信息。第二，新的互换会在市场上不断产生，这使得特定到期日的互换利率具有延续性，几乎每天都可以估计出特定到期日的互换利率，而特定期限国债利率则往往只有在国债新发行之后才能更新，以发行期限进行循环，例如 30 年国债利率只有在每次的 30 年国债发行日才能准确估计。第三，互换是零成本合约，其供给是无限的，不会受到发行量的制约，而国债则由于供给的制约会产生新发行的与以前发行的证券价格的差异，进而对利率产生影响。此外，对许多银行间的金融衍生产品来说，与无风险利率相比，互换利率由于反映了其现金流的信用风险与流动性风险，是一个更好的贴现率基准。上述原因使美元互换收益率曲线成为市场中重要的利率期限结构，影响日益显著。互换市场的发展无意间还提供了一个有价值的参考标准，增强了市场的价格发现功能，这无疑对于国际金融市场的发展与完善有着重要的意义。

在我国，浮动端利率除了 SHIBOR 外，还有回购利率和定期存款利率，这样，浮动端利率与贴现利率就可能不同。当浮动端利率与贴现率不同时，互换利率就不是平价到期收益率，而是浮动端利率即期和远期利率的加权平均数，权重取决于贴现率的期限结构。以两期为例（假定一年互换一次现金流），根据固定端现值等于浮动端现值的基本原理，可以得到：

$$r_s e^{-r_1} + r_s e^{-2r_2} = r_{f_1} e^{-r_1} + r_{f_{12}} e^{-2r_2}$$

整理后得：

$$r_s = \frac{e^{-r_1}}{e^{-r_1} + e^{-2r_2}} r_{f_1} + \frac{e^{-2r_2}}{e^{-r_1} + e^{-2r_2}} r_{f_{12}} \tag{8.6}$$

式中，r_s 为互换利率；r_{f_1} 为 1 年期浮动端利率；$r_{f_{12}}$ 则为 1 年至 2 年的远期浮动端利率。r_1 为 1 年期贴现率；r_2 为 2 年期贴现率。

我国基于 1 年期定期存款和贷款利率的互换就属于这种情形。该互换的贴现率应为银行间市场相应期限的同业拆放利率，它与 1 年期定期存款和贷款利率显然不同。这样，利用式（8.6）就可以考察该互换利率、1 年期定期存款，以及贷款利率和银行同业拆放利率之间的关系。

8.1.3 运用远期利率协议组合为利率互换估值

如 8.1.1 节所分析的，在存续期间的任何时点上，利率互换除了紧接着就要交换的现金流已知以外，后面每一次现金流的交换都可以看做是一个利率远期协议，因此，我们把包含第一次现金流交换的价值以及随后各次现金流交换所等价的远期协议的价值在内的所有价值的现值求出来加总，就得到利率互换的价值。这里需要用到远期协议价值的计算公式。

一个执行利率 r_K 为的远期协议多头方 (名义借方，即按固定利率支付利息的一方) 价值（在均为连续复利情况下）为：

$$V_f = \left[Ae^{r_F\left(T^*-T\right)} - Ae^{r_K\left(T^*-T\right)} \right] e^{-r^*\left(T^*-t\right)}$$

远期协议空头方的价值为上式相反数。

仍使用例 8-3 中情境，用远期合约组合估值如例 8-9 所示。

【例 8-4】

假设在一笔利率互换协议中，某一金融机构收取 6 个月的 LIBOR，同时支付 3% 的年利率（每半年计一次复利），名义本金为 1 亿美元，互换还有 1.25 年的期限。目前 3 个月、9 个月和 15 个月的 LIBOR（连续复利）分别为 2.8%、3.0% 和 3.2%。前一个支付日所观察到的 6 个月的 LIBOR 为 2.8%，试计算此笔利率互换对该金融机构的价值。

在这里我们首先要计算出第 2 次，第 3 次现金流交换时点的远期利率。由第二章中的式（2.13）可以得到：

$$r_{3\times9} = \frac{3.0\% \times 0.75 - 2.8\% \times 0.25}{0.75 - 0.25} = 3.1\%$$

$$r_{9\times15} = \frac{3.2\% \times 1.25 - 3.0\% \times 0.75}{1.25 - 0.75} = 3.5\%$$

如果使用上面远期协议价值的公式，需把互换中利息支付的每半年付息一次的利率转换为等价的连续复利率，则与半年复利一次的 2.8% 的利率相当的连续复利率为 $2\ln\left(1+\frac{3\%}{2}\right)=2.98\%$；与半年复利一次的 3% 的利率相当的连续复利率为 $2\ln\left(1+\frac{3\%}{2}\right)=2.98\%$。

第 1 次现金流支付的现值为：

$$V_1 = (10\,000e^{2.78\%\times0.5} - 10\,000e^{2.98\%\times0.5})\ e^{-2.8\%\times0.25} = -10.0743\ （万元）$$

$$V_2 = (10\ 000e^{3.1\%\times0.5} - 10\ 000e^{2.98\%\times0.5})\ e^{-3.0\%\times0.75} = 5.9564\ （万元）$$

$$V_3 = (10\ 000e^{3.5\%\times0.5} - 10\ 000e^{2.98\%\times0.5})\ e^{-3.2\%\times1.25} = 25.3885\ （万元）$$

$$V = V_1 + V_2 + V_3 = 21.2706\ （万元）$$

忽略计算误差，与前面用债券组合得到的结果是一致的。

8.2 货币互换定价和估值

8.2.1 货币互换定价和估值的基本框架

与利率互换类似，货币互换也可以分解为债券的组合或远期协议的组合，只是这里的债券组合不再是浮动利率债券和固定利率债券的组合，而是一份外币债券和一份本币债券的组合，远期协议也不再是 FRA，而是远期外汇协议。

【例 8-5】

假设甲银行和乙公司之间签订了一份5年期货币互换协议，在2014年10月1日生效。如图 8-2 所示，协议规定本金分别是 2 000 万美元和 1 000 万英镑。期初甲银行以 2 000 万美元与乙公司交换 1 000 万英镑本金，其后甲银行每年向乙公司支付 8% 的英镑利息并向乙公司收取 6% 的美元利息，期末本金再次交换。表 8-2 给出了甲银行的现金流。

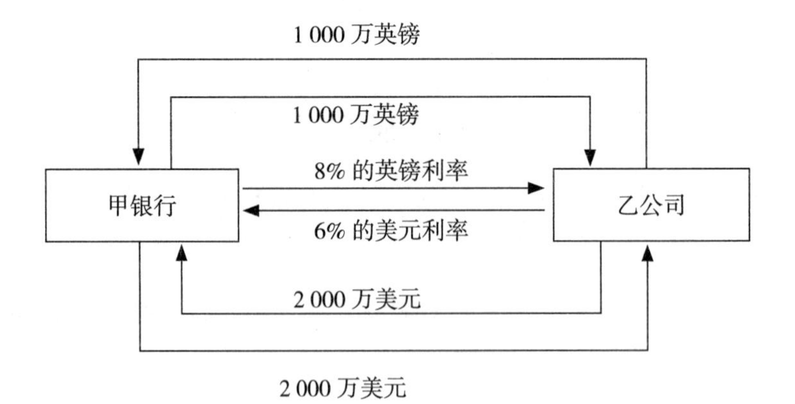

图 8-2　甲银行与乙公司货币互换

表 8-2 货币互换中甲银行的现金流 单位：百万美元或英镑

日期	美元现金流（1）	英镑现金流（2）
2014.10.1	−20.00	+10.00
2015.10.1	+1.20	−0.80
2016.10.1	+1.20	−0.80
2017.10.1	+1.20	−0.80
2018.10.1	+1.20	−0.80
2019.10.1	+21.20	−10.80

显然，与利率互换类似，如果按列进行分解，对甲银行来说，这笔货币互换可以看做一个美元固定利率债券多头与一个英镑固定利率债券空头的组合；如果按行进行分解，该笔货币互换则可以看做一系列远期外汇协议的组合。

下面针对已经存在的货币互换协议，分别运用债券组合与远期外汇协议组合方法为其定价。

8.2.2 以债券组合形式为货币互换定价

定义 $V_{互换}$为货币互换的价值，那么对于收入本币、付出外币的那一方（如例 8-5 中的甲银行）：

$$V_{互换}=B_D-S_0B_F \tag{8.7}$$

式中，B_F 是用外币表示的从互换中分解出来的外币债券的价值；B_D 是从互换中分解出的本币债券的价值；S_0 是即期汇率（直接标价法）。

对付出本币、收入外币的那一方：

$$V_{互换}=B_D-S_0B_F \tag{8.8}$$

【例 8-6】

假设美元和日元的 LIBOR 的期限结构是平的，在日本是 2% 而在美国是 6%（均为连续复利）。某一金融机构在一笔货币互换中每年收入日元，利率为 3%（每年计一次复利），同时付出美元，利率为 6.5%（每年计一次复利）。两种货币的本金分别为 1 000 万美元和 120 000 万日元。这笔互换还有 3 年的期限，每年交换一次利息，即期汇率为 1 美元＝110 日元。如何确定该笔货币互换的价值？

如果以美元为本币，那么有：

$$B_D = 65e^{-0.06\times1} + 65e^{-0.06\times2} + 1\,065e^{-0.06\times3} = 1\,008.427 \text{（万美元）}$$
$$B_F = 3\,600e^{-0.02\times1} + 3\,600e^{-0.02\times2} + 123\,600e^{-0.02\times3} = 123\,389.7 \text{（万日元）}$$

如果该金融机构是支付日元收入美元，则对它来说，货币互换的价值为 −113.30 万美元。

8.2.3 以远期外汇协议组合形式为货币互换定价

货币互换中的每次支付，都可以用一笔远期外汇协议的现金流来代替。因此，只要能够计算并加总货币互换中分解出来的每笔远期外汇协议的价值，就可得到相应货币互换的价值。仍使用例 8–6 中情境，用远期外汇协议组合形式定价如例 8–7 所示。

【例 8–7】

假设美元和日元的 LIBOR 的期限结构是平的，在日本是 2% 而在美国是 6%（均为连续复利）。某一金融机构在一笔货币互换中每年收入日元，利率为 3%（每年计一次复利），同时付出美元，利率为 6.5%（每年计一次复利）。两种货币的本金分别为 1 000 万美元和 120 000 万日元。这笔互换还有 3 年的期限，每年交换一次利息，即期汇率为 1 美元 =110 日元。如何确定该笔货币互换的价值？

即期汇率为 1 美元 = 110 日元，或 1 日元 = 0.009091 美元。根据$F = Se^{(r-r_f)(T-t)}$，1 年期、2 年期和 3 年期的远期汇率分别为：

$$0.009091e^{0.04\times1} = 0.009462$$
$$0.009091e^{0.04\times2} = 0.009848$$
$$0.009091e^{0.04\times3} = 0.01025$$

与利息交换等价的三份远期合约的价值分别为：

$$3\,600\times0.009462 - 65e^{-0.06\times1} = -29.1355 \text{（万美元）}$$
$$3\,600\times0.009848 - 65e^{-0.06\times2} = -26.2058 \text{（万美元）}$$
$$3\,600\times0.01025 - 65e^{-0.06\times3} = -23.4712 \text{（万美元）}$$

与最终的本金交换等价的远期合约的价值为：

$$(120\,000\times0.01025 - 1\,000)e^{-0.06\times3} = 192.1093 \text{（万美元）}$$

所以这笔互换的价值为：

$$192.1093-29.1355-26.2058-23.4712 \approx 113.30 \text{（万美元）}$$

这显然与例 8–6 中运用债券组合定价的结果是一致的。

8.3 其他互换定价和估值

前面两节讨论的利率互换和货币互换的定价及估值框架可以容易地应用到对其他互换的定价上。接下来我们将介绍商品互换的定价。

正如利率互换和货币互换可以看做一系列远期协议的组合一样，商品互换也可以看做一系列商品远期协议的组合，互换中每次交换现金流时的固定价格相当于该时点到期的商品远期协议的执行价格。根据远期合约价值的意义，对商品远期合约的多头方，远期合约的价值可写为：

$$V=\frac{\hat{C}-C_k}{(1+r)^t}$$

式中，$\hat{C}$是商品的远期（或期货）价格；C_k是合约原已确定的执行价格；r是当前到合约到期的这段时间的零息利率；t是远期合约剩余的时间。这里我们使用了非连续复利率，对于从事金融专业的人来说，各种形式的利率都应熟练掌握。

这样，商品互换有几次现金流交换，就有几个等价的商品远期合约，求出它们的价值后相加，就可以得到商品互换的价值。像利率互换合约一样，在签订互换合约时，准确定价的合约价值应该为0，我们据此得到商品互换的价格。

【例 8-8】

某原油用户与原油交易商签订了一份两年期原油互换合约，名义原油数量为100 000桶，实现现金结算，每半年结算一次。与接下来的4个半年支付日相一致的期货价格分别为89.50美元/桶、88.00美元/桶、86.75美元/桶和86.00美元/桶。期限与之相一致的半年复利一次的美元LIBOR利率分别为：4.8250%、4.3725%、4.1694%和4.1313%。合理的互换价格应该为多少？

求合理的互换价格，就是求互换中的固定价格，使互换的价值为0。设互换中的固定价格为C_k，则有：

$$\frac{89.50-C_K}{1+4.8250\%/2}+\frac{88.00-C_K}{(1+4.3725/2)^2}+\frac{86.75-C_K}{(1+4.1694/2)^3}+\frac{86.00-C_K}{(1+4.1313/2)^4}=0$$

求解得：$C_k=87.59$美元。

对于一个已有的商品互换，我们同样可以用上面的思路求得其对交易双方的价值。总之，不管是什么样的互换，我们都可以用我们本章中给出的分析框架为其定价或估值——或者将其分解为债券的组合，或者将其分解为远期合约的组合。读者可以举一反三，尝试将我们给出的方法应用于其他的互换。

本章小结

1. 一般的互换合约可以看做持有一个债券的多头，同时持有一个债券的空头。因此，互换的定价与估值可以用分解出来的两个债券的组合的价值之和的方式求出。互换合约又可以看做一系列远期合约的组合，因此互换的定价与估值也可以通过求解远期合约价值总和的方式求出。

2. 普通利率互换和普通货币互换用债券组合方式求值，或者用远期合约组合方式求值都可容易实现。

3. 商品价格互换多用远期合约组合的方式求值。

4. 其他各种互换，其定价与估值的框架与思路相仿，读者可根据情况灵活抉择。

习　题

1. 假设在一笔互换合约中，某一金融机构每半年支付 6 个月期的 LIBOR，同时收取 8% 的年利率（半年计一次复利），名义本金为 1 亿美元，互换还有 1.25 年的期限。3 个月、9 个月和 15 个月的 LIBOR（连续复利率）分别为 4.5%、5.0% 和 5.2%。上一次利息支付日的 6 个月 LIBOR 为 5.0%（半年计一次复利）。试分别运用债券组合和远期利率协议组合计算此笔利率互换对该金融机构的价值。

2. 假设美元和日元的 LIBOR 的期限结构是平的，在日本是 4% 而在美国是 9%（均为连续复利）。某一金融机构在一笔货币互换中每年收入日元，利率为 5%，同时付出美元，利率为 8%。两种货币的本金分别为 1 000 万美元和 120 000 万日元。这笔互换还有 3 年的期限，每年交换一次利息，即期汇率为 1 美元 =110 日元。试分别运用债券组合和远期外汇组合计算此笔货币互换对该金融机构的价值。

3. 假设 1 年期、2 年期、3 年期的石油远期价格分别是 60 美元、65 美元、70 美元。1 年期有效年利率为 6.0%，2 年期有效年利率为 6.5%，3 年期有效年利率为 7.0%。试计算：

（a）3 年期的互换价格是多少？

（b）1 年之后生效的 2 年期互换的价格是多少？

第九章　互换的应用

在第七章中我们曾经提到，互换的主要功能有两个：一是在全球范围内进行套利；二是增加了风险管理的手段，提高了风险管理的效率。同时，我们还提到，随着互换市场的迅速发展，互换所能发挥的作用也在不断扩大，互换在完善价格发现功能、拓宽融资渠道、金融创新等方面发挥了重要作用。其中，互换利率在国际金融市场中被用于一种利率期限结构的事实，正是互换在完善价格发现功能上的具体表现。本章中，我们重点介绍互换在套利、风险管理和金融创新方面的一些具体应用。

9.1　运用互换套利

最早出现的货币互换主要是为了规避外汇管制，而最早出现的利率互换则是为了通过比较优势进行套利。随后，在很长一段时间之内，利用比较优势进行套利成为国际互换市场上交易者的一个主要目的。

根据套利收益来源的不同，互换套利大致可分为信用套利与规避管制套利。

9.1.1　信用套利

例 9-1 是通过利率互换进行信用套利的一个典型例子。

【例 9-1】

假设 A 和 B 两家公司都想借入 5 年期的 1 000 万美元借款，A 想借入与 6 个月期相关的浮动利率借款，B 想借入固定利率借款。但两家公司的信用等级不同，故市场向它们提供的利率也不同，如表 9-1 所示。

表 9-1　市场提供给 A、B 两家公司的借款利率

项目	固定利率	浮动利率
A 公司	4.0%	6 个月 LIBOR
B 公司	5.2%	6 个月 LIBOR+0.7%
借款成本差额	1.2%	0.7%

从表 9-1 可以看出，A 在两个市场上的借款利率均比 B 低。但在固定利率市场上 A 比 B 低 1.2%，而在浮动利率市场上 A 仅比 B 低 0.7%，我们将这种情形称为 A 在两个市场上均具有绝对优势，但 A 在固定利率市场上有比较优势，而 B 则在浮动利率市场上具有比较优势。这样，双方就可利用各自的比较优势为对方借款，然后互换，从而达到共同降低筹资成本的目的。

具体来看，基本的合作与互换机制为：A 在其具有比较优势的固定利率市场上以 4.0% 的固定利率借入 1 000 万美元，而 B 则在其具有比较优势的浮动利率市场上以 LIBOR+0.7% 的浮动利率借入 1 000 万美元，然后进行互换。由于本金相同，双方不必交换本金，只交换利息的现金流即可。A 向 B 支付浮动利息，而 B 向 A 支付固定利息。对 A 来说，它应在随后的 5 年内每年按 4.0% 的固定利率支付银行利息，但是经过与 B 的互换，它每年接受 B 按固定利率支付的利息，同时向 B 支付按浮动利率计算的利息，最终的结果相当于按浮动利率融入资金 1 000 万美元。而对于 B 则正好相反，B 虽然按浮动利率向银行借款，经与 A 的互换后，实际相当于按固定利率融入资金 1 000 万美元。

在明确基本的合作和互换机制之后，我们可以看到：如果 A 与 B 不合作，它们的总筹资成本为 5.2%+6 个月期 LIBOR；而如果彼此合作，总筹资成本则为 4.0%+6 个月期 LIBOR+0.7%=LIBOR+4.7%，比不合作的情形降低了 0.5%，这就是合作与互换的总收益，或者是双方融资降低的总成本。

互换利益是双方合作的结果，由双方分享，分享比例由双方谈判决定。假定双方各分享一半，双方都将使筹资成本降低 0.25%：A 最终支付 LIBOR−0.25%，实际融入浮动利率贷款；B 最终支付 4.95%，实际融入固定利率贷款。这样，双方根据借款成本与实际目标成本的差异，就可以计算出互换中相互支付的现金流，达成互换协议，实现双方套利降低融资成本的目标。图 9-1 就是这样的一个利率互换套利。

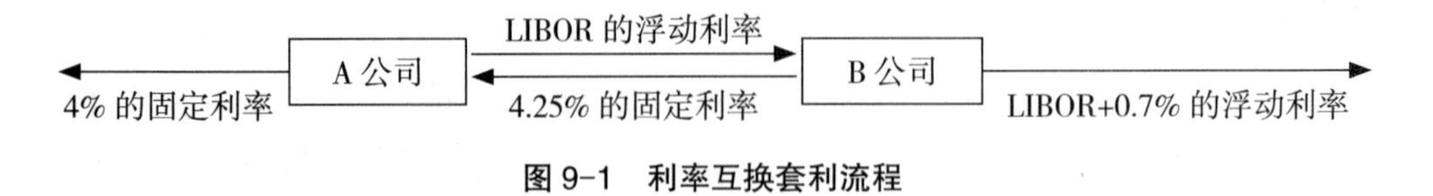

图 9-1　利率互换套利流程

从上面的例子可以看出只要下述条件成立，交易者就可以利用互换进行套利：双方对对方的资产或负债均有需求；双方在两种资产或负债上存在比较优势。

货币互换同样可以进行类似的信用互换套利。

【例 9-2】

国内某中型宝石加工企业在海外享有一定的声誉。该企业为拓展海外市场，决定在澳大利亚开设多家精品店，需要借入 5 年期澳元 500 万。同时，国内另外一家设备制造企业意图直接投资到美国开设分厂，需要 5 年期借款 450 万美元。澳元兑美元的即期汇率为 0.9 美元 / 澳元。两者所能得到的市场借款利率见表 9-2。

表 9-2　市场提供给两家公司的借款利率

项目	美元贷款利率	澳元贷款利率
宝石加工企业	5.5%	8.5%
设备制造企业	7.6%	9.8%
借款成本差额	2.1%	1.3%

由表 9-2 可见，宝石加工企业在美元与澳元的借款上与设备制造企业相比都具有优势，但是，其在美元借款上的优势更大，是其具有比较优势的市场。而设备制造企业的比较优势在澳元借贷市场。而从两企业的借贷需求看，恰构成货币互换的完美情形：宝石加工企业与设备制造企业各自在自身具有比较优势的市场借入资金，即宝石加工企业借入美元，设备制造企业借入澳元，然后通过互换将前者的美元借款转化为澳元借款，而将后者的澳元借款转化为美元借款，同时使双方都节省了借款成本。

两家企业以美元借款的差价为 2.1%，以澳元借款的差价为 1.3%，通过互换，双方节省的总成本为 2.1% − 1.3% = 0.8%。

在例 8-2 中，交易双方直接进入互换，在当今的互换市场上，更多的是金融机构作为做市商介入其中。图 9-2 展示了银行作为做市商进行货币互换套利的一种情形。

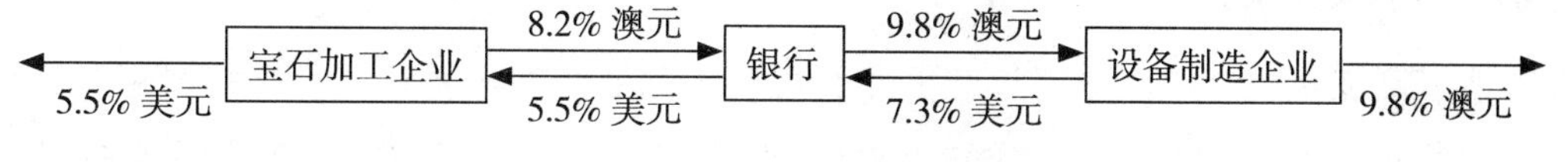

图 9-2　货币互换套利流程

可以看到，在这一互换的安排中，宝石加工企业最终的效果相当于以 8.2% 的利率借入澳元，设备制造企业最终效果相当于以 7.3% 的利率借入美元，各比不参与互换直接借自己需要的币种节省了 0.3%。而银行作为中介，在澳元上损失 1.6%，在美元上盈利 1.8%，若忽略货币的差别，其净收益为 0.2%。所有参与方总的收益为 0.8%，正如所料。不仅如此，在这样一个安排下，银行承担了汇率风险，两个企业降低了成本，还完全规避了汇率风险，二者都相当于单纯地以其需要的币种借款。

我们也可以改变互换的设计而使银行锁定 0.2% 的美元收益，或 0.2% 的澳元收益。图 9-3 与图 9-4 是锁定 0.2% 的美元收益的两种情况。

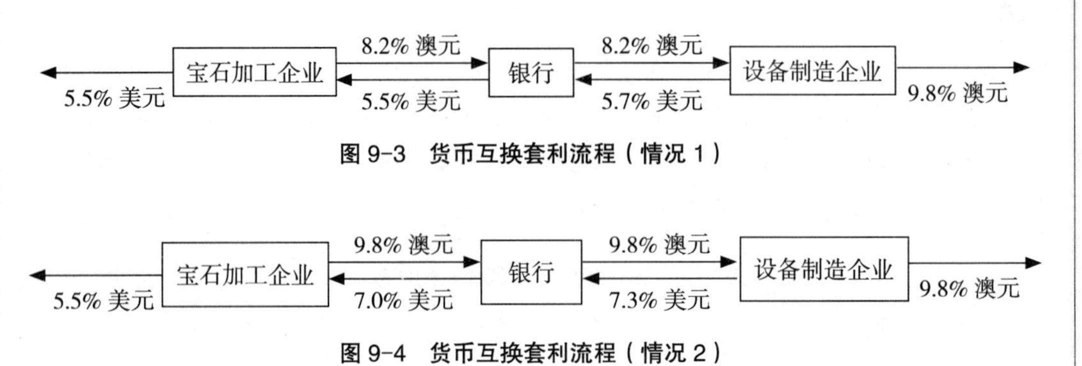

图 9-3　货币互换套利流程（情况 1）

图 9-4　货币互换套利流程（情况 2）

在实际中采用这两种形式的可能性都很小。因为一般情况下，在互换中汇率风险由作为中介机构的金融机构承担，金融机构更容易通过远期、期货等形式为其承担的汇率风险敞口套期保值。在图 9-3 中，宝石加工企业和银行都没有汇率风险，而设备制造企业每年要支付 5.7% 的美元利息，还要支付 1.6% 的澳元利息，承担了一定的澳元对美元的汇率风险。在图 9-4 中，宝石加工企业未能在最终效果上实现纯美元借款的目标，承担了汇率风险。

9.1.2　税收及监管套利

所谓税收和监管套利是指交易者利用不同国家或经济体税收和监管要求的不同，运用互换规避税收与监管的特殊规定，降低成本，获取收益。

【例 9-3】澳元预扣税的互换套利

澳大利亚规定，一个非澳大利亚居民在澳大利亚购买澳元证券所得的利息要缴纳 10％的预扣税（withholding tax）。例如，一位欧洲投资者购买收益率为 13％的澳联邦政府债券，在每个付息日将只能收到 11.70% 的收益，因为要从 13.00% 中扣除预扣税。如果他无法在本国税负中抵补该笔预扣税，显然将失去这 1.30％的收益。

一家信用等级很高（这是为了使其信用等级接近于澳大利亚联邦政府）且希望发行美元债券的欧洲机构可以运用互换对此预扣税机制进行套利，步骤如下。

第一步，该机构在欧洲市场上发行欧洲澳元债券。由于欧洲澳元债券在澳大利亚之外发行，不受澳大利亚税法约束。因此，投资于欧洲澳元债券的利息所得免缴预扣税。假设欧洲澳元债券的收益率为12.50%，低于澳洲联邦政府债券的13%收益率。但对于欧洲投资者来说，由于免缴预扣税，其投资实际所得仍比澳洲联邦政府债券高0.8%。

第二步，该机构与澳大利亚国内机构进行货币互换。澳大利亚国内机构向该欧洲机构支付澳元利息，而欧洲机构向澳大利亚国内机构支付美元利息。由于节省了预扣税，此互换中的澳元利息低于澳大利亚国内债券利息，澳大利亚机构因此愿意向该欧洲机构收取比市场利率低的美元利息，从而实现了双方融资成本的降低。

【例9-4】日本外币资产投资监管的互换套利

1984年年底，在日元兑换限制解除的背景下，澳元证券的高收益引起了日本投资者的极大兴趣。但是日本当局规定日本机构在外币证券方面的投资不应超过其证券组合的10%。1985年年初，上述10%的规定有所放宽，日本居民出于某些特殊原因发行的外币证券不属于10%的外币证券份额之内。一些日本金融机构运用货币互换对上述监管制度进行了套利，具体步骤如下：

第一步，日本金融机构向日本投资者发行澳元证券。这些证券的利率水平较高，但仍低于澳大利亚境内的澳元证券。在当时的监管规则下，日本投资者无法大量投资于澳大利亚境内的澳元证券，而只能购买日本金融机构发行的澳元证券，因为这些证券被认定为不属于10%的外币证券份额之内。

第二步，日本金融机构与澳大利亚国内机构进行货币互换。澳大利亚国内机构向日本金融机构支付澳元利息，而日本金融机构向澳大利亚国内机构支付美元利息。由于日本境内的澳元利息成本低，此互换中的澳元利息低于澳大利亚国内债券利息，澳大利亚机构因此愿意向日本金融机构收取比市场利率低的美元利息，从而实现了双方融资成本的降低。

从上面的两个例子可以看到，只要税收和监管制度的规定导致了定价上的差异，市场交易者就可以进入定价优惠的市场，并通过互换套取其中的收益。总的来说，不同国家或地区、不同种类收入、不同种类支付的税收待遇（包括纳税与税收抵扣）差异，一些人为的市场分割与投资限制，出口信贷、融资租赁等能够得到补贴的优惠融资，等等，都可能成为互换套利的基础。

然而，与信用套利类似，税收及监管套利也是不稳定的。随着市场的开放与完善，套利机会将越来越少。

9.2 运用互换进行风险管理

一般认为，风险管理是互换最重要、最基本的功能与应用领域。互换种类不同，其管理的风险也各不相同。利率互换主要用于管理利率风险，货币互换主要用于管理汇率风险，股权互换主要针对股票价格或股票指数风险，商品互换则主要针对商品价格风险等。下面主要介绍利率互换与货币互换在风险管理中的应用。

9.2.1 运用利率互换管理利率风险

（1）运用利率互换转换资产的利率属性

图 9-5 描述了运用利率互换转换资产的利率属性的方法。如图所示，如果交易者原先拥有一笔固定利率资产，他可以通过进入利率互换的多头，使所支付的固定利率与资产中的固定利率收入相抵消，同时收到浮动利率，从而转换为浮动利率资产。类似地，如果交易者原先拥有一笔浮动利率资产，他可以通过进入利率互换的空头，使所支付的浮动利率与资产中的浮动利率收入相抵消，同时收到固定利率，从而转换为固定利率资产。类似的转换在一些金融机构的利率风险管理中有时是很必要的，比如，商业银行由于其资产和负债常常出现的期限结构的不匹配，就有必要转换一些资产的利率属性或者负债的利率属性，以减少利率风险敞口。

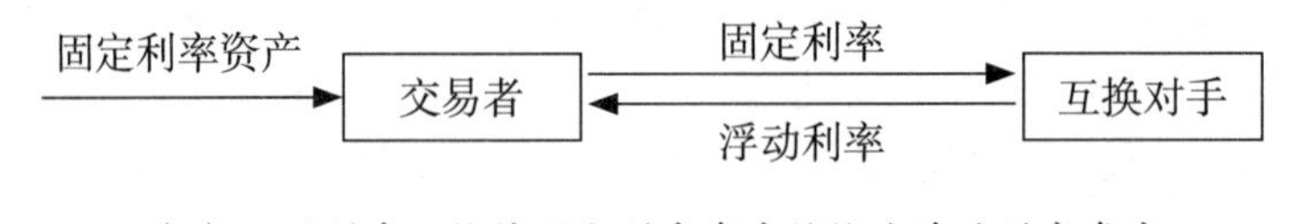

（a）运用利率互换将固定利率资产转换为浮动利率资产

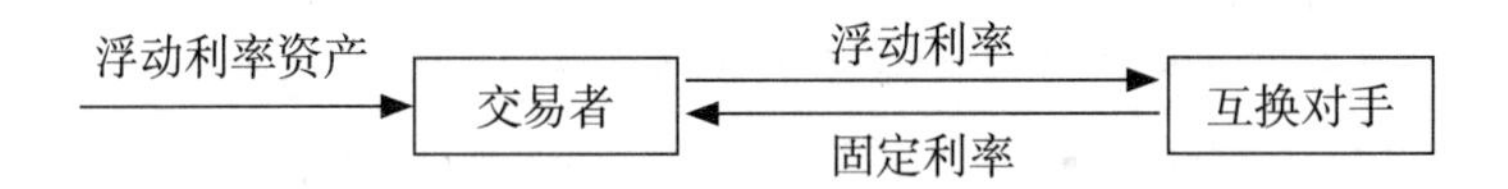

（b）运用利率互换将浮动利率资产转换为固定利率资产

图 9-5 运用利率互换转换资产的利率属性

（2）运用利率互换转换负债的利率属性

负债利率属性的转换与资产利率属性的转换是非常相似的。如图 9-6 所示，如果交易者原先拥有一笔浮动利率负债，他可以通过进入利率互换的多头，使所收到的浮动利率与负债中的浮动利率支付相抵消，同时支付固定利率，从而转换为固定利率负债。类似地，如果交易者原先拥有一笔固定利率负债，他可以通过进入利率互换的空头，使所收到的固定利率与负债中的固定利率支付相抵消，同时支付浮动利率，从而转换为浮动利率负债。

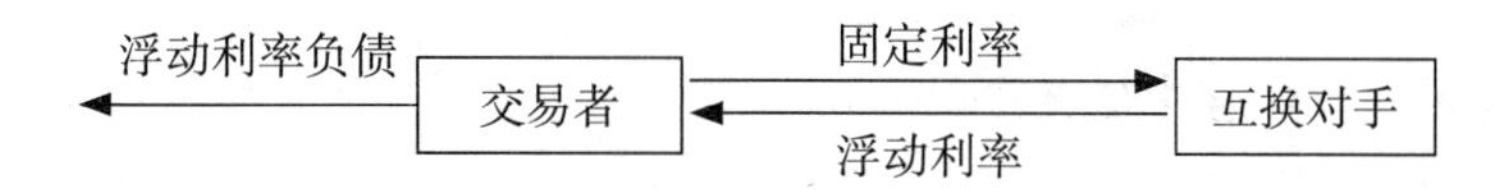

（a）运用利率互换将浮动利率负债转换为固定利率负债

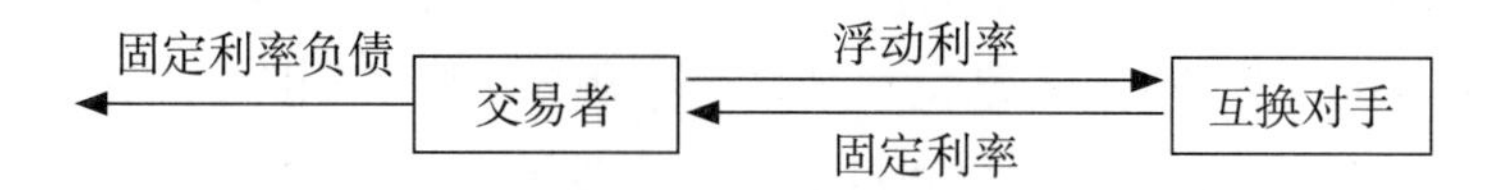

（b）运用利率互换将固定利率负债转换为浮动利率负债

图 9-6　运用利率互换转换负债的利率属性

（3）运用利率互换进行久期套期保值

作为利率敏感性资产，利率互换与利率远期、利率期货一样，经常被用于进行久期套期保值，管理利率风险。利率互换协议与固定附息债券的久期相当接近，可以提供类似的久期对冲功能，而所需成本则低得多，因而利率互换成为久期风险管理的重要工具。利率互换协议最长可达 30 年，在互换市场发展起来之前，长期固定收益产品比较少，流动性通常较差，因此利率互换是长期利率风险管理的重要工具之一。

9.2.2　运用货币互换管理汇率风险

与利率互换类似，货币互换也可以通过转换资产或负债的货币属性的方式，规避汇率风险。货币互换为市场投资者提供了管理汇率风险，尤其是长期汇率风险的工具。其互换的情景可以是这样的：乙公司有一笔 5 年期的年收益率为 6%，本金为 2 000 万美元的投资，但是乙公司认为美元相对于英镑有可能会走弱。于是，通过这笔互换，将投资转换成等价值的英镑投资。也可以是：乙公司有一笔本金为 1 000 万为期 5 年的负债，为了规避汇率风险，实施这样的互换。总之，用货币互换管理风险，主要就是通过改变资产或负债的货币属性来实现的。

【例 9-5】

一个英国的国际债券投资组合管理者手中持有大量以欧元标价的法国国债，剩余期限为 10 年，年利率这 5.2%，每年支付一次利息。债券的价格等于其面值，为 4 615 万欧元。如果以当时的汇率 1 欧元等于 0.65 英镑计算，该债券价格等于 3 000 万英镑。因担心汇率风险，该管理者打算将手中的这些法国国债转换为英镑标价的固定利率投资。请问除了直接出售这笔法国国债，将之投资于英镑固定利率债券之外，该组合管理者是否还有其他的选择？

显然，该组合管理者还可以通过英镑与欧元的货币互换实现这笔资产货币属性的转换。假设当时这位组合管理者在货币互换市场上可以得到的价格是：英镑固定利率为4.9%，而欧元固定利率为5.7%。具体操作过程如下：

第一步：继续持有法国国债头寸，未来10年内每年定期获取5.2%的欧元利息；

第二步：签订一份支付欧元利息和收到英镑利息的货币互换合约：名义本金为4 615万欧元和3 000万英镑，利息交换日期和到期日与原国债投资相匹配；

第三步：货币互换协议初始，该组合管理者应得到3 000万英镑，支付4 615万欧元，因其相互抵消，没有实际现金流动期（起初不交换本金）；

第四步：每年利息交换日，在互换协议中支付5.7%的欧元利息，得到4.9%的英镑利息，与国债利息收入相抵消后，该管理者的真实现金流为每年支付4 615万欧元的0.5%欧元利息，得到3 000万英镑的4.9%英镑利息；

第五步：到期日在法国国债投资上收回4 615万欧元本金，在互换协议中将4 615万欧元与3 000万英镑互换，最终获得3 000万英镑本金。

当然，这个例子中并没有把汇率风险完全规避掉，因为其还要每年支付0.5%的欧元利息。但是，已经把汇率风险降到非常低的程度了。

9.3 运用互换进行金融创新

互换一经产生，人们就开始用它与基础性金融工具或其他衍生金融工具结合，创新出人们所需要的金融产品来。这里仅举例来说明其在金融创新方面的应用，不做其他过多的阐述。

根据前面的介绍，我们知道，如果一笔名义本金为A的浮动利率资产与一份名义本金相同的利率互换空头组合在一起，将构造出一份合成的固定利率资产。现在，设想一下，如果该笔利率互换空头的名义本金是2A而非A，会发生什么？

【例9-6】

假设乙公司拥有一份2年期的本金为A、利率为1年期LIBOR的浮动利率资产（为简要起见，这里设定浮动期限为1年）。现在乙公司与甲银行签订一份名义本金为$2A$的2年期利率互换，支付LIBOR，收到年利率r，利息每年交换一次，见图9-7。

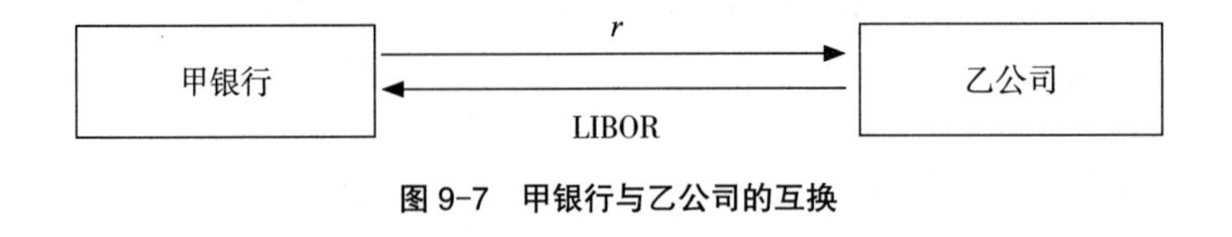

图9-7 甲银行与乙公司的互换

在签订了此笔利率互换协议后，乙公司面临 3 个利息现金流：

（a）从资产中获得 $A \times$ LIBOR 的浮动利息收入；

（b）从互换中收入 $2A \times r$ 的固定利息；

（c）在互换中支付 $2A \times$ LIBOR 的浮动利息。

这样乙公司的利息现金流就转化为 $A \times (2r - \text{LIBOR})$。也就是说，当市场利率上升的时候，该资产的利息收入下降，这样的资产被称为反向浮动利率债券。因此，一笔名义本金为 A 的浮动利率资产与一份名义本金为 $2A$ 的利率互换空头组合在一起，将构造出一份合成的反向浮动利率债券。

由于利率互换既可以分解为债券头寸的组合，也可以拆解为远期协议的组合，在现实中，根据实际市场状况、投资者预期与需要的不同，它与其他金融资产可以再组合，构造出符合投资者需要的新金融产品，这也成为了互换的一个重要的运用领域。总之，互换在现今的金融市场上有着丰富的应用，这正是互换市场飞速发展，影响越来越大的原因。

本章小结

1. 互换在套利、风险管理、构造新的金融产品方面都有着重要的应用。

2. 互换套利主要有信用套利和税收及监管套利。

3. 互换用于风险管理主要是通过转换资产或债务的利率属性、货币属性等完成的。利率互换在久期套期保值方面也有重要应用。

4. 互换在创新金融产品方面也有重要的应用。

5. 互换还有其他一些方面的应用。总之，互换对于降低成本、提高市场效益、改善市场完全性方面有着重要的作用。

习　题

1. 公司 A 和公司 B 从市场上获得如表 9-3 所示的 5 年期 1 000 万美元的贷款年利率报价：

表 9-3　公司 A 与公司 B 的贷款年利率

项目	浮动利率	固定利率
公司 A	LIBOR	5%
公司 B	LIBOR+0.4%	6.2%

公司 A 希望借入浮动利率贷款，公司 B 希望借入固定利率贷款，假设互换银行作为中介的收益为 20 个基点，试设计一个以互换银行为中介的互换合约。

2. 有人对公司 A 与公司 B 的 500 万元 10 年期投资许诺如表 9–4 所示的利率：

表 9–4　公司 A 和公司 B 的 10 年期投资利率

项目	浮动利率	固定利率
公司 A	SHIBOR	8.0%
公司 B	SHIBOR+0.4%	9.8%

公司 A 希望得到固定收益的投资，公司 B 希望得到浮动收益投资，设计一个互换，使作为中介的银行的收益为 20 个基点，并使该互换对于公司 A 和公司 B 具有同样的吸引力。

3. 商业银行的资产与负债的期限往往并不匹配，因为其吸收存款的期限一般较短，而发放贷款的期限则相对要长很多，这样银行就会面临比较大的利率风险。试思考银行用互换怎样才能抵消或降低这种风险敞口。

4. 公司 A 和公司 B 面临的借款利率如表 9–5 所示：

表 9–5　公司 A 和公司 B 的借款利率

项目	美元（浮动利率）	加元（固定利率）
公司 A	LIBOR	5.0%
公司 B	LIBOR+0.5%	6.5%

假定公司 A 想以浮动利率借入美元，公司 B 想以固定利率借入加元。一家金融机构计划安排一个货币互换并从中盈利 40 个基点。如果这一互换对于公司 A 和 B 有同样的吸引力，A 和 B 最终支付的利率分别为多少？

5. 公司 A 希望以固定利率借入人民币，公司 B 希望以固定利率借入美元，经即期汇率转换后，双方所需要的金额大体相当。经过税率调整后，两家公司可以得到的利率报价如表 9–6 所示：

表 9–6　公司 A 与公司 B 可得到的利率报价

项目	人民币	美元
公司 A	9.6%	5.0%
公司 B	10.0%	6.5%

设计一个互换，使作为中介的银行有 50 个基点的净收益，并使得该互换对双方具有同样的吸引力，且让银行承担所有的汇率风险。

第十章　期权概述

1973 年美国年轻的经济学家布莱克与斯科尔斯合作推导出后来被称为布莱克 - 斯科尔斯模型（Black-Scholes Model）的期权定价公式。这一公式较好地解决了欧式期权的定价问题，并且为其他形式的期权、其他金融资产的定价提供了思路。这一成就推动了随后世界金融衍生工具市场的迅速发展，带来了金融市场的空前繁荣，引发了第二次华尔街革命，或期权革命。它不仅对金融领域产生了重大影响，对其他财务经济领域，甚至社会领域都产生了深远影响。本章讲述期权的基本概念、形式、类型，以及期权市场的相关情况。在随后的几章中讲述期权的定价、投资策略等内容。

10.1　期权的定义与种类

10.1.1　期权的定义及其基本要素

期权，也称选择权，是指赋予其购买者在约定的期限内按交易双方事先确定的价格简称执行价格（exercise price），或敲定价格（striking price）购买或出售一定数量某种资产——称为标的资产——的权利的合约。

作为一种衍生金融工具，期权所交易的是未来能否以特定价格从对方买进特定数量的特定资产或者以特定价格卖出特定资产给对方的选择权，其涉及的基本要素包括：

期权的价格，又称为权利金、期权费、保险费，是期权买方为获得在约定期限内按约定价格购买或出售某种资产的权利而支付给卖方的费用。

标的资产，又称标的物，是期权合约的标的，是期权合约中约定的，买方行使权利时所购买或出售的资产。

期权的标的资产可以是现货资产，也可以是期货资产；可以是实物资产，也可以是金融资产或金融指标（股票价格指数等）。

例如，上海证券交易所交易的上证 50ETF 期权，合约标的是以上证 50 指数成份股为标的的交易所交易开放式指数基金；大连商品交易所交易的豆粕期权、郑州商品交易所交易的白糖期权都是商品期货期权；中金所推出的仿真期权是股指期权，合约标的有上证 50 股票价格指数和沪深 300 股票价格指数；而美国芝加哥期权交易所、芝加哥商业交易所集团等世界性交易所交易的期权品种更加丰富多样。

行权方向，是指期权买方行权时的操作方向。期权买方的权利可以是买入标的资产，也可以是卖出标的资产。所以，行权方向有买入和卖出两种。行权方向由期权类型为看涨期权还是看跌期权决定。

执行价格，执行价格又称履约价格、行权价格、敲定价格，是期权合约中约定的，买方行使权利时购买或出售标的资产的价格。

有效期限。期权是一种权利凭证，购买方支付期权费后获得在约定期限内，行使其以约定价格购买或出售特定资产的权利。如果在特定期限内没有行使该权利，期权将过期失效。这一特点使得期权宛如一张球票或车票。在现实生活中，一张球票或车票，到期如果没去看球赛或者没有乘车出行，过期就作废了，期权也是同样的道理，这一期限即是期权的有效期限。当然，因期权有着不同的类型，期权有效期限的规定也不尽相同。

10.1.2 期权的基本类型

根据期权购买者的行权方向、执行时限、标的资产等的不同，可以将期权分成多种不同的类型。

（1）看涨期权和看跌期权

按照买方行权方向的不同，可将期权分为看涨期权和看跌期权。如果赋予期权买方未来按约定价格购买标的资产的权利，就是看涨期权，或称买权，我国各交易所把其推出的看涨期权称为认购期权；如果赋予期权买方未来按约定价格出售标的资产的权利，就是看跌期权，或称卖权，我国各交易所将其称为认沽期权。

【例 10-1】

表 10-1 是从 2017 年 8 月 1 日自 CBOE 网站上获取的通用电气股票的一种看涨期权的报价情况。该期权 2017 年 8 月 4 日到期，执行价格为 25.50 美元，期权代码为 GE1704H25.5（2017 Aug 25.50 Call）。当时通用电气股票的市场价格为 25.52 美元。

表 10-1 GE1704H25.5（2017 Aug 25.50 Call）报价

2017 年 8 月 1 日 @ 00:38 ET（时间延迟 15 分钟）

项目	内容	项目	内容
最新成交价	0.24 美元	涨跌	上涨
最新成交时间	07/31/2017，下午 15:25	交易所	CBOE

（续表）

项目	内容	项目	内容
净变化	+0.03 美元	昨收盘	0.21 美元
开盘价	0.22 美元	最高价	0.24 美元
买入价	0.22 美元	最低价	0.18 美元
卖出价	0.28 美元	成交量	207 手
持仓量	1 383 手	到期日	08/04/2017

例 10–1 是一个股票看涨期权的典型例子。它意味着，最新的交易者在美国中部时间 2017 年 7 月 31 日下午 15:25，以 0.24 美元的成交价格达成了该通用电气看涨期权的交易。交易的买方支付 0.24 美元 / 股买入一份期权之后，有权在 2017 年 8 月 4 日之前按照 25.50 美元的价格买入 1 股通用电气股票。以期权的买方（也叫多方）购买期权一直持有到 2017 年 8 月 4 日尚未行权为例，如果该日股票价格高于 25.50 美元，应该执行这个权利。股票市场价格比 25.50 美元高多少，就从股票上获利多少，当然要扣除 0.24 美元的期权费才是最终收益。反之，如果 8 月 4 日股票市场价格低于 25.50 美元，多方应该放弃行权，从而完全损失掉 0.24 美元 / 股的期权费，这是多方从事这笔期权交易可能遭受的最大损失。如果直到 2017 年 8 月 4 日多方都没有行权，期权到期，多方的权利随之也就失效了。

交易的卖方以 0.24 美元 / 股的价格卖出 1 份该通用电气看涨期权之后，就成了该看涨期权的空方。在收取了 0.24 美元 / 股的期权费后，空方就只有义务而没有权利了。当股票的市场价格高于 25.50 美元，多方要执行期权时，空方必须按照 25.50 美元的价格将股票卖给多方；当股票市场价格低于 25.50 美元，多方放弃行权时，空方获得了这笔交易的最大收益——全部的期权费。

从这个例子中可以看出，所谓看涨期权，就是赋予了多方未来按约定价格买入某种资产的权利。未来如果价格上涨到执行价格以上，多方将执行这个权利；如果价格下跌，多方有权放弃这个权利。而期权费，就是购买这个权利所支付的费用。显然，多方正是因为对标的资产未来行情看涨，才愿意付出期权费买入这样一个权利，这就是此类期权被称为看涨期权的原因。

例 10–2 是股票看跌期权的一个例子。该例子也是从 2017 年 8 月 1 日 CBOE 网站上获取的通用电气股票期权的报价情况。期权是通用电气股票的看跌期权，2017 年 8 月 4 日到期，执行价格同样为 25.50 美元。期权代码为 GE1704T25.5（2017 Aug 25.50 Put）

【例 10-2】

表 10-2　GE1704T25.5（2017 Aug 25.50 Put）报价

2017 年 8 月 1 日 @ 10:06 ET（时间延迟 15 分钟）

项目	内容	项目	内容
最新成交价	0.15 美元	涨跌	上涨
最新成交时间	08/01/2017，上午 09:40	交易所	CBOE
净变化	+0.06 美元	昨收盘	0.09 美元
开盘价	0.10 美元	最高价	0.15 美元
买入价	0.11 美元	最低价	0.10 美元
卖出价	0.17 美元	成交量	20 手
持仓量	1 537 手	到期日	08/04/2017

从表 10-2 所示的报价表可以了解，交易者达成的最新一笔该看跌期权的交易是在美国中部时间 2017 年 8 月 1 日上午 9:40 以 0.15 美元 / 股的价格成交的。在这一交易中，交易的买方支付 0.15 美元 / 股买入一份该期权之后，有权在 2017 年 8 月 4 日之前按照 25.50 美元的价格卖出 1 股通用电气股票。以期权的买方（同样称为多方）购买期权一直持有到 2017 年 8 月 4 日尚未行权为例，如果该日股票市场价格低于 25.50 美元，应该执行这个权利。股票市场价格比 25.50 美元低多少，就从股票上获利多少，当然要扣除 0.15 美元的期权费才是最终收益。反之，如果 8 月 4 日股票市场价格高于 25.50 美元，多方应该放弃这个权利，从而完全损失掉 0.15 美元的期权费，这是多方从事这笔期权交易可能遭受的最大损失。与看涨期权的情况相同，如果直到 2017 年 8 月 4 日多方都没有行权，期权到期，多方的权利随之失效。

如果一个投资者在 2017 年 8 月 1 日按照 0.15 美元的价格卖出 1 份通用电气的这一看跌期权，那么他就成为该看跌期权的空方。在收取了 0.15 美元 / 股的期权费后，空方就承担了随时以 25.50 美元买进通用电气股票的义务：2017 年 8 月 4 日到期之前，只要多方要执行期权，空方就必须按照 25.50 美元的价格买进股票；当然，只有在股票的市场价格低于执行价格 25.50 美元时，多方才会行权。如果一直到期权到期失效多方都没有行权，空方就获得了这笔交易的最大收益——全部的期权费。

这一例子清楚地说明，看跌期权就是赋予了多方未来按约定价格卖出某种资产的权利。未来如果标的资产的价格下跌到执行价格以下，多方将执行这个权利；如果未来标的资产的价格上升，多方有权放弃这个权利。而期权费，就是购买这个权利所支付的费用。显然，只有对标的资产未来的价格看跌，投资者才愿意买进这种卖权，因而称其为看跌期权。

可以看到，在期权交易中存在着双重的买卖关系：对期权选择权本身的购买和出售形成了期权的多方和空方；多方有权按执行价格购买（对看涨期权而言）或出售（对看跌期权而言）标的资产。其中的权利义务可用表10-3说明。

表10-3 期权交易中的权利义务

项目	看涨期权	看跌期权
期权买方	以执行价格买入标的资产的权利	以执行价格卖出标的资产的权利
期权卖方	以执行价格卖出标的资产的义务	以执行价格买入标的资产的义务

从表10-3可以看出，对期权的多方来说，期权合约赋予他的只有权利，而没有任何义务。他可以在期权合约规定的时间内行使其购买或出售标的资产的权利，也可以不行使这个权利。对期权的出售者来说，他只有履行合约的义务，而没有任何权利。当期权买者按合约规定行使其买进或卖出标的资产的权利时，期权卖者必须依约相应地卖出或买进该标的资产。当然，天下没有免费的午餐，作为给期权卖者承担义务的报酬，期权买者要支付给期权卖者一定的费用，是期权费或期权价格。期权费视期权种类、期限、标的资产价格的易变程度不同而不同，期权费的确定正是后面要讲到的期权定价问题。显然，期权费是对上述不对称权利义务关系的弥补。一经支付，无论买方是否行使权利，其所付出的期权费均不退还。

由此，我们看到，期权与期货有着很大的不同。期货是事先定约，未来交易，合约双方均无需成本（不考虑准备金成本）即可定交；而期权则像球票、车票，买者付费，卖者担责。

（2）欧式期权、美式期权与百慕大期权

按对多方行权时间限定的不同进行划分，期权可分为欧式期权、美式期权以及百慕大期权。欧式期权的多方只有在期权到期日才能执行期权（即行使买进或卖出标的资产的权利），而美式期权允许多方在期权到期前的任何时间执行期权。

以一份到期日为2018年1月18日、执行价格为10元、标的资产为XYZ股票的看涨期权为例，若该期权为欧式期权，则期权持有者只有在2008年1月18日到期后的规定时间内才能执行该期权——以10元的价格买入XYZ股票；若该期权为美式期权，则在2008年1月18日前的任意时刻，期权持有者都可以执行该期权——以10元的价格买入XYZ股票。一般来说，美国交易所交易的股票期权，多数是美式期权，如例10-1和例10-2中的通用电气股票期权即为美式期权。

显然，在其他条件（标的资产、执行价格和到期时间）都相同的情况下，由于美式期权的持有者除了拥有欧式期权的所有权利之外，还拥有一个在到期前随时执行期权的权利，其价值肯定不应小于对应的欧式期权的价值。

欧式期权和美式期权分别为期权执行时限的两极。作为一种合约，只要交易双方能达成一致，执行时限自然可以表现为既非到期日才能执行，也非到期日前随时可以执行的其他形式。现实中确有执行时限既非到期日，也不是到期日前的所有时间，而是到期日前的某一段时间的期权。这种期权被称为百慕大期权。

（3）以标的资产划分的期权

按期权合约标的资产的不同进行划分，期权首先被划分为商品期权和金融期权。以实际商品作为标的资产的期权称为商品期权，以金融资产作为标的资产的期权称为金融资产。金融期权又有股票期权（stock options）、股价指数期权（index options）、期货期权（futures options）、利率期权（interest rate options）、信用期权（credit options）、货币期权（currency options，或称外汇期权）及互换期权等。

股票期权，是指以单一股票作为标的资产的期权合约，美国交易所交易的股票期权一般是美式期权，我国上海证券交易所交易的上证 50ETF 期权为欧式期权。与例 10-1 和例 10-2 一样，一般来说每份股票期权合约中规定的交易数量都是 100 股股票，即每个股票期权合约的买方有权利按特定的执行价格购买或出售 100 股股票。在报价上，无论是执行价格还是期权费则都是以 1 股股票为单位报出的。

最著名的股价指数期权是在 CBOE 交易的 S&P 100 和 S&P 500 指数期权。前者为美式期权，后者为欧式期权。除此之外，还有大量的针对不同行业和市场的指数期权。一般来说，每份指数期权合约购买或出售的金额为特定指数执行价格的 100 倍。指数期权的最大特点在于其使用现金结算而非真实交割指数的证券组合，也就是说，按照执行指数价格与执行日当天交易结束时的指数价格之差以现金进行结算。例如，假设 S&P 100 看涨期权的执行价格为 280，如果在指数为 292 时履行期权合约，则看涨期权的卖方将支付买方 1 200 美元，即（292−280）×100＝1 200。管理着复杂的投资组合的机构投资者是指数期权最主要的交易者。通过现金结算，可以让这些机构投资者以最简单的方式为他们的投资组合进行套期保值。

期货期权可进一步分为基于利率期货、外汇期货和股价指数期货、农产品期货、能源期货和金属期货等标的资产的期权，其标的资产为各种相应的期货合约。在美国，大多数期货合约都有相应的期货期权合约。期货合约的到期日通常紧随着相应的期货期权的到期日。期货期权的重要特点之一在于其交割方式：期货期权的买方执行期权时，将从期权卖方处获得标的期货合约的相应头寸（多头或空头），再加上执行价格与期货价格之间的差额。由于期货合约价值为 0，并且可以立即结清，因此期货期权的损益状况就和以期货价格代替标的资产价格时相应期权的损益状况一致。由于交割期货合约往往比交割标的资产本身更为方便和便宜，期货期权产生以后，受到市场的广泛欢迎，成为最主要的期权品种之一。

期货是一种金融工具，因此，期货期权一般被看做金融期权。但是农产品期货、能源期货、金属期货等，本来都是商品期货。在实践中，为了方便，也常把这些商品期货期权归于商品期权。比如，我国大连商品交易所 2017 年 3 月 31 日上市交易的豆粕期货期权，以及郑州商品交易所 2017 年 4 月 19 日上市交易的白糖期货期权，我国业界就直接称二者为豆粕期权和白糖期权，并归类为商品期权。

利率期权，是指以各种利率相关资产（如利率和各种债券）作为标的资产的期权，主要包括交易所交易的利率期权、场外交易的利率期权和内嵌在其他金融工具中的利率期权。

信用期权则以特定公司的信用情形作为标的资产。在期权买方支付期权费后，当标的公司出现信用问题（包括破产或信用等级下降）时，期权的卖方将支付事先约定的金额给期权的买方；倘若在期权存续期内标的公司没有出现信用问题，则期权卖方就无须支付。

货币期权，或者称外汇期权，是以各种货币为标的资产的期权。

互换期权，是以互换协议作为标的资产的期权（尽管它常常被列入互换产品的种类）。

标的资产不同，期权的特性、定价和风险管理也呈现出不同的特点。

期权自20世纪80年代以后开始大规模交易，其创新非常活跃，且从未停歇。除了上面提到的一些基本的期权种类之外，后来又发展起来丰富多彩的各种形式的奇异期权，后面的章节将专门介绍。

10.2 期权市场

10.2.1 场外市场与场内市场

期权最早是场外交易工具，在17世纪30年代的荷兰郁金香热时已经出现。1973年，芝加哥期权交易所成立，并推出了第一张标准化的期权合约。从此，各种标准化、集中化的交易所交易期权蓬勃发展起来。与此同时，交易所期权的发展反过来刺激、推动了场外期权的发展，场外期权的发展又进一步推动了交易所交易期权的发展。时至今日，两者都有非常大的交易量，成为现代金融市场重要的、不可或缺的衍生金融工具。

现实中，人们也根据交易市场的不同分别把它们称为场内期权和场外期权。在交易所上市交易的期权即场内期权，也称为交易所期权；在交易所以外交易的期权称为场外期权。

场内期权都是标准化的期权合约。与此相比，场外期权则具有如下特点：

第一，合约非标准化。场外期权合约的条款不受限制和规范，像合约规模、执行价格、到期日条款等，均可由交易双方自行拟定。而交易所内的期权合约则是以标准化的条款交易、结算，而且有严格的监管及规范。

第二，交易品种多样、形式灵活、规模巨大。由于场外交易双方可以直接商谈，期权品种、交易形式和交易规模等均可以按照交易者的需求进行定制，所以场外期权更能够满足投资者的个性化需求，场外期权交易也促进了新的复杂产品的诞生和交易。与场内期权相比，场外期权交易更为活跃，交易规模更大，交易形式更为多样化和复杂化。

第三，交易对手机构化。场外期权交易多在机构投资者之间进行，对于一般法人和机构投资者，其交易对手多为经验丰富的投资银行、商业银行等专业金融机构，期权合约的内容、交易方式等均由经验丰富的交易对手设计。

第四，流动性风险和信用风险较大。交易所期权随时可以转让，结算机构可以保证卖方履约。而场外期权交易，以上两点都无法保证。所以，场外交易具有较高的流动性风险和信用风险。

10.2.2 国际场内期权交易发展简况

从1973年CBOE开始经营并获得巨大成功开始，世界各国的交易所纷纷引进期权交易。尤其在20世纪80年代以后，世界各国的交易所期权取得了前所未有的发展，其中，美国在交易所期权交易方面一直居于世界前列。场内期权既可以在专门的期权交易所交易，也可以在传统的证券交易所、期货交易所交易。以美国为例，表10–4给出了美国主要的期权交易所情况，交易场内期权的交易所主要有如下几种。

第一种是专门的期权交易所。芝加哥期权交易所是美国首家期权交易所，也是世界上最重要的期权交易所。国际证券交易所有三个组成部分：期权市场、股票市场和另类市场。其中，期权市场是2000年5月成立的，是美国首家全电子交易的期权市场，也是目前世界上最大的股票期权交易所。

第二种是传统的股票交易。美国费城股票交易所和美国股票交易所属于传统的股票市场，同时也提供期权产品交易。值得注意的是，在这些交易所里交易的期权涵盖多种标的资产，交易量也逐年增加。

表10–4　美国主要的期权交易所及其期权品种

交易所	主要期权产品
CBOE	股票期权、股指期权、国债期权、ETFs期权、HOLDRs期权、长期期权、灵活期权、信用期权、周期权、季节期权等
PHLX	股票期权、股指期权、外汇期权、期货期权、商品期权、长期期权、灵活期权和季节期权
ICE	股票期权、ETFs期权、股指期权、外汇期权、季节期权
KOFEX	股票期权、股指期权、ETFs期权、HOLDRs期权、长期期权和灵活期权
AMEX	股票期权、股指期权、ETFs期权、HOLDRs期权、长期期权、灵活期权等
CBOT	基于农产品、稀有金属、股指和债务工具的期货期权
CME	基于农产品、股指、债务工具和外汇的期货期权

注：

长期期权（LEAPs）是指期限较长的股票期权或指数期权，例如，在CBOE，它们的到期期限可以长达3年。

HOLDRs（holding company depositary receipts）的投资者拥有普通股或美国的存托凭证（ADR），而HOLDRs期权是以控股公司存托凭证（HOLDRs）为标的的期权。

周期权（weeklys options）是在每周五开始交易，到下周五到期的短期期权。

季节期权（quarterlys options）是到期日为该季度最后一个交易日的一种新型期权。

灵活期权（FLEX options) 指期权的主要条款可以量身定制。

CBOE：芝加哥期权交易所。

PHLX：费城股票交易所；

ICE：洲际交易所；
KOFEX：韩国期货交易所。
AMEX：美国股票交易所；
CBOT：芝加哥商品交易所；
CME：芝加哥商业交易所。
资料来源：根据各交易所网站资料整理而成。
目前，全球有影响力的场内期权市场有芝加哥期权交易所、欧洲交易所等。

第三类期权交易所则由期货交易所组成，如芝加哥商业交易所（包括芝加哥商品交易所）、洲际交易所、堪萨斯期货交易所、明尼阿波利斯谷物交易所等。这些期货交易所只提供期货期权的买卖，且往往只交易以本交易所上市的期货合约为标的的期权产品。

10.2.3 国际市场期权交易的新趋势

回顾期权的历史，交易所期权的巨大成功及其对期权交易的重要推动作用已经成为不可否认的事实。人们一般认为，这主要源于以下三个原因：第一，交易所交易的集中性和合约的标准化极大地便利了期权的交易管理和价格信息、产品信息的发布，为投资者提供了期权工具的流动性，使得交易者能够更灵活地管理他们的资产头寸，因而极大地促进了期权市场的发展；第二，清算所解决了场外市场长期为之困扰的信用风险问题；第三，无纸化交易带来了更为通畅的交易系统和更低的交易成本。

尽管交易所交易期权有着上述的优越性，然而，这并不意味着场外期权交易的衰落。场外期权最大的好处在于金融机构可以根据客户的需要为客户“量身定制”许多非标准的个性化期权合约。事实上，20 世纪 70 年代以后，交易所期权所带来的巨大冲击，反而在一定程度上促进了场外市场的创新和发展。面对激烈的竞争，场外市场的金融机构充分利用自身的灵活性优势，不断创新，吸引客户，抢夺市场，这反过来又引发了交易所期权的变革和创新。这些竞争在 20 世纪 90 年代之后日益明显，全球期权市场出现了以下这些新的发展动态和趋势。

首先，奇异期权日益增多。20 世纪 90 年代之后，场外市场的金融机构越来越意识到期权市场的激烈竞争和普通期权利润空间的缩小，这迫使它们不得不进一步利用其非标准的特点，开发出更复杂的期权产品。期权结构越复杂，复制所需时间越长，客户发现其定价过高的可能性就越小，就越能保证开发者的利润空间。这类竞争的结果，导致了期权创新的迅速发展和奇异期权的日益增多。

其次，交易所交易产品也更加灵活。事实上，随着金融创新的发展，期权的场外市场越来越具有竞争力，场外交易日渐普遍。这使得期权交易所开始寻求新的竞争手段，保持和开拓市场空间。相较于场外期权，交易所期权合约的最大劣势就在于其标准化条款不具备灵活性。因此，一些交易所开始提供非标准的期权交易，如灵活期权，即在交易所内交易但具有非标准的执行价格和到期日条款的期权。显然，这样的期权具有场外市场的灵活性，但仍然由清算所而非交易方来承担交易的信用风险，因而可以被看做是交易所企图从场外市场争夺客户的一种尝试。

再三，交易所之间的竞争与合作更趋激烈，国际化趋势进一步加强。在金融市场全球化的趋势下，期权交易所开始希望它们的合约能在全球范围内进行交易并为此作出努力，从而使交易所之间的合作和联系更加紧密。例如，一家交易所上市的期权产品可以在其他交易所进行交易，或者在一家交易所交易，而在其他交易所平盘或交割；另外有一些交易所则允许其他交易所的会员在本所进行交易等等。这也促成了收购兼并的浪潮。例如，纽约泛欧交易所收购了群岛交易所和美国股票交易所，纳斯达克 -（ARCA）OXM 集团收购了费城股票交易所。

最后，高频交易日益盛行。高频交易，是指常常每秒发送多达数千条委托的交易行为。高频交易者通常运用复杂的算法，试图抢在其他人之前发现趋势并捕捉价格的微小波动，他们通常运用高速计算机与交易所的委托处理系统直接连接以减少时滞。目前，高频交易已达美国股票交易量的 50% 至 70%，在期权市场所占份额也日趋增多。

10.2.4 我国期权交易的发展状况

进入 21 世纪之后，随着我国经济市场化程度和国际化程度的加强，我国衍生金融工具市场在探索中稳步前行，呈现出飞速发展的态势。2002 年 12 月 12 日，中国银行上海分行在中国人民银行的批准下，宣布推出个人外汇期权交易“两得宝”，打响中国内地市场期权交易的第一枪。初期，外汇期权业务交易的品种为普通欧式期权，客户只能办理买入外汇看涨或看跌期权业务。2011 年外汇管理局规定客户可以同时买入或卖出期权，形成外汇看跌风险逆转期权组合和外汇看涨风险逆转期权组合。在股票投资等领域，我国的场外期权交易也在如火如荼地开展中。

在场内交易方面，2015 年 2 月 9 日，上证 50ETF 期权正式在上海证券交易所挂牌上市交易。上海证券交易所和深圳证券交易所都有个股期权仿真交易。中国金融期货交易所目前也有沪深 300 指数期权的仿真交易。2017 年 3 月 31 日大量商品交易所上市交易豆粕期货期权，2017 年 4 月 19 日郑州商品交易所上市交易白糖期货期权，从此，拉开了我国商品期权场内交易的序幕。我国的场内期权交易有望在近几年内有一个大的发展。

10.3 场内期权交易机制

与期货交易相同，场内期权交易的是标准化的合约，也有一套严格的交易机制。本节主要以美国的期权交易所为例（主要以 CBOE 为代表），说明场内期权市场的基本运行和交易机制。

10.3.1 CBOE 产品简介

芝加哥期权交易所自 1973 年建立以来，业务发展迅速，交易规模增长很快，产品越来越丰富。

总的来看，CBOE 把标准化的期权产品按标的不同大致分为股票期权、指数期权、ETN 期权、ETFs 期权、HOLDRs 期权、信用期权等。

按照存续期的长短，CBOE 的标准化期权产品又可分为长期期权、周期权、季度期权等。

另外，CBOE 为了让期权合约更加符合投资者的需求，还专门设计了一种较为灵活的期权合约：FLEX 期权，它允许投资者自己设定执行价格、执行方式和到期时间等。这种期权合约使得投资者能够按照自己的要求来定制期权条款，是期权交易所与场外市场争夺客户的结果。

10.3.2 标准化合约

显然，交易所期权的最大特征和成功原因之一就是期权合约的标准化，每个交易所都对每种期权合约的各种规格分别进行了预先规定，其主要包括以下内容：

（1）标的资产和期权类型

期权合约首先需明确合约买卖的标的资产，并表明期权是看涨期权还是看跌期权。这在每个上市期权的代码中都可以清楚地看出。场内期权都有各自的交易代码，代码的编制基本上由合约标的、合约类型、到期月份、行权价格等部分组成。例 10-1 中的期权代码——GE1704H25.5 中，GE 代表合约标的为通用电气公司股票，1704H 代表到期日为 2017 年 8 月 4 日，25.5 代表执行价格为 25.5 美元。CBOE 在编码上用英文字母代表各个到期月份，从 A 到 L 代表看涨期权编码中的 1 至 12 月；从 M 到 X 代表看跌期权编码中的 1 至 12 月。这样，就不必特意标明是看涨期权还是看跌期权了。看到上面的代码，我们就明白，这是一张 2017 年 8 月 4 日到期，执行价格为 25.5 美元的通用电气公司股票看涨期权。又如我国上海期权交易所交易的上证 50ETF 期权，以代码 510050C1803A02600 为例。510050 恰是上证 50ETF 的交易代码，代表本期权的合约标的是上证 50ETF 基金，C 代表看涨期权，1803 代表 2018 年 3 月到期，02600 代表执行价格为 2.600 元，而 A 代表合约曾调整一次。如果是看跌期权，则代码中用 P 来表示。

（2）交易单位

交易单位，也称合约规模，是指一张期权合约中标的资产的交易数量。标的资产不同，期权合约的交易单位显然是不一样的，即使是相同标的资产的期权，在不同的交易所上市，其合约大小也不一定相同。

一般来说，在美国市场上，股票期权的交易单位是 100 股股票；指数期权的交易单位是标的指数执行价格与 100 美元的乘积；期货期权的交易单位是一张标的期货合约；至于各种外汇期权的交易单位，则视交易所和货币种类的不同而不同，例如在 PHLX，一个英镑期权合约的交易单位为 31 250 英镑，而欧元期权合约的交易单位则为 62 500 欧元。我国上海证券交易所交易的上证50ETF期权的合约规模为10 000份基金份额；大连商品交易所交易的豆粕期权以及郑州商品交易所交易的白糖期权都是期货期权，规模均为一张相应的标的期货合约。

（3）执行价格

期权合约中的执行价格是由交易所事先选定的。一般来说，当交易所准备上市某种期权合约时，将首先根据该合约标的资产的最近收盘价，以某一特定的形式来确定一个中心执行价格，然后再根据特定的幅度设定该中心价格的上下各若干级距（intervals）的执行价格。因此，在期权合约规格中，交易所通常只规定执行价格的级距。

例如，在CBOE的股票期权交易中，当股票价格在5美元至25美元之间时，执行价格的变动级距为2.5美元；当股票价格高于25美元但低于200美元时，执行价格的变动级距为5美元；当股票价格高于200美元时，执行价格的变动级距为10美元。当引入新的到期日时，交易所通常选择最接近股票现价的那两个执行价格，如果其中有一个很接近股票现价，交易所也可以另外选择最接近股票现价的第三个执行价格。如果股票价格的波动超过了最高和最低执行价格的范围，交易中通常需要引入新的执行价格。比如，假定10月份到期的期权刚开始交易时，股票价格为53美元，交易所最初提供的看涨期权和看跌期权的执行价格分别为50美元和55美元；如果股票价格上升到55美元以上，交易所将提供执行价格为60美元的期权；如果股票价格跌到50美元以下，交易所将提供执行价格为45美元的期权。以此类推。

上海证券交易所交易的上证50ETF期权，每个到期月份的期权，在上市首日，交易所会挂出5个不同执行价格的期权。其中一个为平值或接近平值，另外是两个实值和两个虚值（平值、虚值、实值的含义见后面的章节）。之后，随着上证50ETF基金价格的变化，交易所会适时挂出新的执行价格的期权。

（4）到期循环、到期月、到期日、最后交易日和执行日

与期货交易类似，到期循环、到期月、到期日、最后交易日和执行日等是期权交易所对期权有效时间的预先规定。尽管在细节上可能不甚相同，但基本原理都是一样的。

在到期月方面，期权交易中使用与期货交易类似的到期循环规则。例如，在CBOE，所有的期权（除了LEAPs）都将在以下三个月份的基础上循环：1月、2月和3月。1月循环期权的到期月包括1月、4月、7月和10月；2月循环期权的到期月包括2月、5月、8月和11月；3月循环期权的到期月则包括3月、6月、9月和12月。从实际交易情况来看，每个月在CBOE交易的股票期权都有以下四个到期月：离当前最近的两个日历月和本期权所属循环中的下两个到期月，而特定期权到底属于哪一个循环是由交易所预先指定的。例如，在12月1日，一个属于1月循环的期权包括以下四个到期月：12月、1月、4月和7月。当12月的到期日已经过去之后，一个属于1月循环的期权则包括以下4个到期月：1月、2月、

4 月和 7 月。

交易所会在期权合约中进一步规定期权到期日，即期权买方可以享有期权赋予的权利的最后日期。例如，CBOE 股票期权的到期日为到期月第三个星期五之后紧随的那个星期六，更精确地说，是当天美国东部时间下午 5:00。但事实上，CBOE 要求期权买方在到期日的前一个交易日（如果为非营业日，则往前顺延）美国东部时间下午 5:30 之前就必须对其是否打算执行期权作出表示。

其他的相关概念还包括最后交易日和执行日。最后交易日是和到期日紧密相连的日期，是期权交易者可以交易期权的最后日期。例如，CBOE 股票期权的最后交易日就是到期月的第三个星期五。如果在这一天期权买方没有进行平仓交易，就面临放弃或者执行期权的选择。而执行日是指交易所规定的，期权买方可以实际执行该期权的日期。

上海证券交易所交易的上证 50ETF 期权的到期月有四个：当月、下月及随后两个季月。最后交易日和到期日为同一天，均为合约月份的第四个星期三，行权交收日为下一交易日。

（5）股票分红和股票分割的处理

股票期权和股价指数期权往往还涉及红利和股票分割的问题。早期的场外期权是受红利保护的，也就是说如果公司派发现金红利，则除权日后，公司股票期权的执行价格要减去红利金额。而现在，派发现金红利时大多数交易所交易的期权都不进行调整。但是当股票分割或者是送红股的时候，交易所一般规定期权要进行调整，其调整方法如下：在 n 对 m（即 m 股股票分割为 n 股）股票分割之后，执行价格为原来执行价格的 m/n，每一期权合约所包含的交易数量为原来的 n/m 倍。同时，$k\%$ 的股票红利等同于 $100+k$ 对 100 的分割，从而可以应用股票分割的方式对期权合约进行调整。

（6）交割规定

在场内期权交易中，如果交易者不想继续持有未到期的期权头寸，就可以在最后交易日结束之前，随时进行反向交易，结清头寸。这与期货交易中的平仓是完全相同的。相反，如果最后交易日结束之后，交易者所持有的头寸仍未平仓，买方就有权要求执行，而卖方就必须作好相应的履约准备。当然，如果是美式期权，期权买方随时有权利决定交割。从实际来看，期权交割的比例要比期货高得多。

不同的期权，其规定的交割方式也各不相同。一般来说，各种现货期权在交割时，交易双方都直接以执行价格对标的资产进行实际的交收；指数期权是按照执行价格与期权执行日当天交易结束时的市场价格之差以现金进行结算；而期货期权的买方执行期权时，将从期权卖方处获得标的期货合约的相应头寸，再加上执行价格与期货价格之间的差额。

下面展示两个期权合约的基本情况：表 10–5 是 CBOE 的部分期权合约，表 10–6 是上证 50ETF 期权合约的基本条款。

表 10-5　CBOE 部分期权合约

期权类型	股票期权	S&P 100 指数期权	S&P 500 指数期权	Nasdaq100 指数期权
标的资产	标的股票或 ADRs	100 只指数成分股的市场价值加权	500 只指数成分股的市场价值加权	100 只指数成分股的市场价值加权
标的资产水平	股票或 ADRs 价格	指数值	指数值	指数值
乘数	100 股	100 美元	100 美元	100 美元
执行类型	美式	美式	欧式	欧式
到期月	两个最近的日历月和所属循环中的下两个月	四个最近的日历月和三月循环中的下一个月	三个最近的日历月和三月循环中的下三个月	三个最近的日历月和三月循环中的下三个月
执行价格级距	2.5、5 或 10 个基点	5 个基点	5 个基点	5 个基点
结算方式	标的资产交割	现金结算	现金结算	现金结算
交易时间（美国中部时间）	8:30—15:00	8:30—15:15	8:30—15:15	8:30—15:15

资料来源：http://www.cboe.com

表 10-6　上证 50ETF 期权合约基本条款

项　目	内　容
合约标的	上证 50 交易型开放式指数证券投资基金（“50ETF”）
合约类型	认购期权和认沽期权
合约单位	10 000 份
合约到期月份	当月、下月及随后两个季月
行权价格	5 个（1 个平值合约、2 个虚值合约、2 个实值合约）
行权价格间距	3 元或以下为 0.05 元，3 元至 5 元（含）为 0.1 元，5 元至 10 元（含）为 0.25 元，10 元至 20 元（含）为 0.5 元，20 元至 50 元（含）为 1 元，50 元至 100 元（含）为 2.5 元，100 元以上为 5 元
行权方式	到期日行权（欧式）
交割方式	实物交割（业务规则另有规定的除外）
到期日	到期月份的第四个星期三（遇法定节假日顺延）
行权日	同合约到期日，行权指令提交时间为上午 9:15—9:25、9:30—11:30，下午 13:00—15:30
交收日	行权日次一交易日
交易时间	上午 9:15—9:25、9:30—11:30（9:15—9:25 为开盘集合竞价时间） 下午 13:00—15:00（14:57—15:00 为收盘集合竞价时间）
委托类型	普通限价委托、市价剩余转限价委托、市价剩余撤销委托、全额即时限价委托、全额即时市价委托以及业务规则规定的其他委托类型
买卖类型	买入开仓、买入平仓、卖出开仓、卖出平仓、备兑开仓、备兑平仓以及业务规则规定的其他买卖类型

（续表）

项　目	内　　容
最小报价单位	0.0001 元
申报单位	1 张或其整数倍
涨跌幅限制	认购期权最大涨幅 = max（合约标的前收盘价 ×0.5%，min（（2 × 合约标的前收盘价 − 行权价格），合约标的前收盘价）×10%） 认购期权最大跌幅 = 合约标的前收盘价 ×10% 认沽期权最大涨幅 = max（行权价格 ×0.5%，min（（2 × 行权价格 − 合约标的前收盘价），合约标的前收盘价）×10%） 认沽期权最大跌幅 = 合约标的前收盘价 ×10%
熔断机制	连续竞价期间，期权合约盘中交易价格较最近参考价格涨跌幅度达到或者超过 50% 且价格涨跌绝对值达到或者超过 5 个最小报价单位时，期权合约进入 3 分钟的集合竞价交易阶段
开仓保证金最低标准	认购期权义务仓开仓保证金 = [合约前结算价 +max（12%× 合约标的前收盘价 − 认购期权虚值，7%× 合约标的前收盘价）] × 合约单位 认沽期权义务仓开仓保证金 = min（合约前结算价 + max（12%× 合约标的前收盘价 − 认沽期权虚值，7%× 行权价格），行权价格）× 合约单位
维持保证金最低标准	认购期权义务仓维持保证金 = [合约结算价 + max（12%× 合约标的收盘价 − 认购期权虚值，7%× 合约标的收盘价）] × 合约单位 认沽期权义务仓维持保证金 = min [合约结算价 + max（12%× 合标的收盘价 − 认沽期权虚值，7%× 行权价格），行权价格] × 合约单位

10.3.3　基本交易规定

（1）头寸限额和执行限额

交易所为每种期权都规定了期权交易的头寸限额，即每个投资者在市场的一方（即多方或空方，可以认为看涨期权的多头和看跌期权的空头均处于多方，因为他们未来可能都以约定的价格买入标的资产，这说明他们都预期标的资产未来看涨；反之看涨期权的空头和看跌期权的多头都处于空方）中所能持有的期权头寸的最大限额。与之相关的是期权的执行限额（exercise limit），即一个期权买方在规定的一段时间内所能执行的期权合约的最大限额。一般来说，在连续五个交易日内的执行限额大小往往等于头寸限额。显然，交易所之所以做出这样的规定，主要是为了防止某一投资者承受过大的风险或对市场有过大的操纵能力。但事实上，这样的限制是否合理及有无必要，仍然是一个有争议的问题。

具体来看，对不同的交易所、不同的期权、不同的市场状况，头寸限额和执行限额都有不同的规定。有的交易所以合约的数量作为限制标准，有的则以合约的总金额作为限制的标准；在期货期权中，有的交易所将期权头寸与相应的期货头寸合并计算，有的则将这两者分开计算。除此之外，标的资产的性质和具体市场状况不同，限额也各自不同。例如，

CBOE 股票期权的头寸限额和执行限额要视公司发行在外的股份数量和标的股票过去六个月内的交易量大小而定，从 25 000 份合约到 250 000 份合约不等。

（2）买卖指令

与期货交易类似，所有的期权买卖指令都分属于以下四种类型：

（a）买入建仓，即买入一个期权（可能是看涨或看跌期权），建立一个新头寸；

（b）卖出建仓，即卖出一个期权（可能是看涨或看跌期权），建立一个新头寸；

（c）买入平仓，即买入一个期权（可能是看涨或看跌期权），对冲原有的空头头寸；

（d）卖出平仓，即卖出一个期权（可能是看涨或看跌期权），对冲原有的多头头寸。

平仓指令都是用于对冲和结清现有头寸的，因而又被称为对冲指令（off setting order）。当一份期权合约正在交易时，如果交易双方都是建仓，则市场中的未平仓合约数增加一份；如果其中一方是建仓而另一方是平仓，则未平仓合约数保持不变；如果双方都是对冲平仓，则未平仓合约数将减少一份。

10.3.4 清算制度与保证金制度

（1）期权的清算与执行

① 期权清算公司

期权清算公司（option clearing corporation, OCC）类似于期货交易中的期货结算机构，其作为期权交易的中间人，是每一个期权买方的卖方，同时是每一个期权卖方的买方。期权清算公司的存在有效地降低了期权交易的信用风险，保证了期权的履约。期权交易所内完成的期权交易都必须通过期权清算公司进行清算和交割。期权清算公司也是由一定数量的会员（称为清算行或清算会员）组成的。一般来说，清算会员必须满足资本的最低限额要求，并且必须提供特种基金。若有任一会员在清算时无法提供需要的资金，则可使用该基金。

② 期权交易的清算

例 10-3 给出了一个期权清算公司进行期权交易清算的例子。

【例 10-3】

假设投资者 A 通过经纪公司甲买入了一份期权费为 4 美元、执行价格为 100 美元、1 月到期的 XYZ 股票看涨期权；投资者 B 通过经纪公司乙以 4 美元的期权费卖出了这个相应的看涨期权。

这个交易完成后，A 必须在下一个营业日的清晨全额支付期权费，这之后的清算过程为：OCC 将该笔相互匹配的交易记录在册，使得甲的代理清算公司账户上增加了一份 XYZ 股票看涨期权多头，减少一笔期权费，而乙的代理清算公司账户上则增加了一份 XYZ 股票看涨期权空头，增加一笔期权费；同时，期权头寸和期权费将在清算公司、经纪公司和投资者之间出现相应的变动，最终使得 A 在甲经纪公司、甲在其对应清算公司的账户上同样增加一个看涨期权多头，减少一笔期权费；而 B 在乙经纪公司、乙在其对应清算公司的账户上同样增加一个看涨期权空头，增加一笔期权费。

但是，OCC 的清算只和其清算成员有关，具体的真实交易者和经纪公司的名字都不会在 OCC 出现。

由例 10-3 可以看出 OCC 清算具有两个基本特点。

第一，非会员的经纪公司和自营商所完成的期权交易都必须通过清算会员在 OCC 进行清算。

第二，对每一个期权买方来说，OCC 就是他的卖方；对每一个期权卖方来说，OCC 又是他的买方。这样，OCC 的存在实际上为期权交易的买卖双方提供了重要的中介和担保，使得交易者都无须担心具体交易对手的信用情形，信用风险都集中在 OCC 身上。由于 OCC 资金雄厚，并且设计了保证金制度来防止违约风险，因此 OCC 的信用等级很高，从而促进了期权交易的迅速发展。同时，作为每个期权买方的卖方和每个期权卖方的买方，OCC 拥有的期权净头寸为 0，因而不存在价格风险。

③ 期权执行的实施

当期权买方想要执行某份期权时，投资者需要首先通知其经纪人，经纪人接着通知负责结清其交易的 OCC 清算会员。在该会员向 OCC 发出执行指令后，OCC 随机选择某个持有相同期权空头的会员，该会员再按照事先规定的程序，选择某个特定的出售该期权的投资者（又称为被指定者，其英文为 the assigned）。如果是看涨期权，出售该期权的投资者必须按执行价格出售标的资产（如果他没有标的资产，需要从市场上购入现货）；如果是看跌期权，出售该期权的投资者必须按执行价格购入标的资产。显然，当期权执行时，该期权的未平仓合约数将相应减少。

在期权的到期日，所有实值期权都应该执行，除非交易成本很高，抵消了期权的收益。一些经纪公司和交易所设定了一些规则，到期时自动执行那些对客户有利的实值期权。

（2）保证金制度

除了通过净头寸为 0 来防止价格风险，期权清算公司还采用和期货交易相似的保证金制度来预防期权卖方的违约，即在期权空方开始期权交易时要求交纳初始保证金，之后随着市场价格的变化规定维持保证金的水平，在价格出现不利变化时，投资者需要追加保证金。期权保证金是由清算所直接向各清算成员收取，再由清算成员向自己所代表的经纪公司收取，最后经纪公司再向具体投资者收取。

从期权保证金账户的操作方式来看，其与投资者从事期货交易时保证金账户的操作原理基本一致。由于期权交易与期货交易之间的差异，期权的保证金制度存在如下一些特殊之处。

第一，对期权多方而言，必须在交易后的第二个营业日支付全部期权费。之后，由于期权买方只有权利而没有义务，所以他们无须再缴纳保证金。

第二，对期权空方而言，情形则比较复杂。首先，期权卖方必须提交一定的保证金，这是因为交易所和经纪人必须确保当期权执行时，出售期权的投资者不会违约，因此所谓的初始保证金和维持保证金都是针对期权卖方而言的。其次，根据期权种类和市场状况的不同，对保证金的要求也各有不同，下面列出简单股票期权的保证金规定。

对股票期权出售方来说，未来只有按照期权多方的意愿以执行价格买卖标的股票的义务，为了防止其违约，有的期权交易要求空方事先提交期权交割时所需的100%标的股票（针对看涨期权）或是100%资金（针对看跌期权），作为履约保证，这实际上就是100%的保证金要求，此类期权被称为有担保的期权（covered options）。如果投资者出售的是无担保的期权，初始保证金就是以下计算结果中较大的一个：

A. 出售期权的期权费收入加上期权标的股票价值的20%减去期权处于虚值状态的数额（如果有这一项的话）。

B. 出售期权的期权费收入加上标的股票价值的10%。

例10-4给出了计算股票看涨期权空方的初始保证金的一个例子。

【例10-4】

假设某个股票看涨期权的相关参数是：股票市价为15美元，执行价格为20美元，期权费为1美元。则按照A、B公式计算出来的结果分别为

A：$[1+15\times20\%-(20-15)]\times100=-100$（美元）；

B：$(1+15\times10\%)\times100=250$（美元）。

因此，卖出这一看涨期权的投资者，除了要将期权费收入100美元冻结之外，还要向经纪公司缴纳150美元的初始保证金。

从例10-4中可以看出，期权费收入可以直接冲减需要缴纳的保证金。当期权处于虚值状态时，期权卖方保证金可以有所减少，这显然和卖方所承担的市场义务是相一致的。同时，之所以引入B公式，是因为如果期权处于深度虚值状态，A公式的计算结果有可能小于0，因而需要引入B公式作为保证金要求。

如果投资者卖出的是股价指数期权，其初始保证金计算和股票期权保证金的计算几乎相同，只是要将以上计算过程中的20%替换成15%，因为指数的波动性通常小于单个股票的波动性。

在期权卖方缴纳了规定的初始保证金之后，在期权平仓或者执行之前，每天都要进行与初始保证金类似的计算，只是期权费收入要用当时的期权市场价格来替代。当计算结果表明要求的保证金金额低于保证金账户的现有金额时，投资者可以随时从保证金账户中提取资金；反之，当保证金账户严重不足时，交易所将发出保证金催付通知（margin call）。

上文描述的是简单期权交易的保证金要求。事实上，市场上很多投资者进行的是更为复杂的期权组合交易。当投资者运用这些期权交易策略时，其保证金要求往往需要根据组合头寸的特殊风险状况进行计算。对很多组合期权来说，由于风险可以内部互相抵消，其保证金反而常常低于单个看涨或看跌期权的保证金要求。

关于更多的期权交易保证金规则知识可以通过《芝加哥期权交易所保证金手册》（*CBOE Margin Mannal*）了解。该手册在 CBOE 的网站（www.cboe.com）上可以下载。上海证券交易所交易的上证 50ETF 期权的保证金规定可以在其基本条款中看到。

10.3.5 期权报价与行情表解读

人们可以从许多渠道得到期权报价的信息，如传统的报纸媒体、各种财经网站，以及各大期权交易所的网站等。例 10-5 给出了 2018 年 2 月 13 日这一天雅虎网站上披露的 2018 年 3 月 16 日到期的不同执行价格的 IBM 公司股票看涨和看跌期权的行情（见表 10-7）。从网站上还可以看到，2 月 12 日 IBM 公司股票的收盘价为 160.26 美元。

【例 10-5】

表 10-7 2018 年 2 月 13 日 IBM 公司股票期权行情

Contract Name	Last Trade Date	Strike	Last Price	Bid	Ask	Change	% Change	Volume	Open Interest	Implied Volatility
IBM180316C00090000	2018-02-21 1:30PM EDT	90	66.03	63.15	67.6	0	-	3	0	0.00%
IBM180316C00100000	2018-02-09 10:28AM EDT	100	54.33	46.8	51.15	0	-	45	0	0.00%
IBM180316C00105000	2018-01-19 4:58PM EDT	105	57.22	42	46.2	0	-	1	0	0.00%
IBM180316C00115000	2018-01-19 10:38AM EDT	115	49.97	32.1	36.2	0	-	3	0	0.00%
IBM180316C00120000	2018-02-05 11:03AM EDT	120	37.2	27.1	31.4	0	-	10	0	0.00%
IBM180316C00125000	2018-01-05 4:05PM EDT	125	36.98	22.15	26.6	0	-	10	0	0.00%
IBM180316C00130000	2018-03-06 3:00PM EDT	130	26.25	23.85	26.05	-2.15	-7.57%	95	107	0.00%
IBM180316C00135000	2018-02-16 11:43AM EDT	135	21.95	21.55	24.2	5.75	35.49%	3	104	0.00%
IBM180316C00140000	2018-03-12 1:51PM EDT	140	20.76	0	0	0	-	22	0	0.00%
IBM180316C00145000	2018-03-12 2:30PM EDT	145	15.48	0	0	0	-	21	0	0.00%

（续表）

Contract Name	Last Trade Date	Strike	Last Price	Bid	Ask	Change	% Change	Volume	Open Interest	Implied Volatility
IBM180316C00148000	2018-03-08 10:54AM EDT	148	10.93	9.05	13.6	0	-	1	1	83.84%
IBM180316C00149000	2018-03-09 1:30PM EDT	149	9.75	10.25	10.75	1.95	25.00%	20	79	0.00%
IBM180316C00150000	2018-03-12 3:16PM EDT	150	10.44	0	0	0	-	62	0	0.00%
IBM180316C00152500	2018-03-12 2:20PM EDT	152.5	8.01	0	0	0	-	5	0	0.00%
IBM180316C00155000	2018-03-12 3:56PM EDT	155	5.83	0	0	0	-	139	0	0.00%
IBM180316C00157500	2018-03-12 3:57PM EDT	157.5	3.45	0	0	0	-	531	0	0.00%
IBM180316C00160000	2018-03-12 3:59PM EDT	160	1.59	0	0	0	-	1 626	0	0.00%
IBM180316C00162500	2018-03-12 3:57PM EDT	162.5	0.55	0	0	0	-	1 031	0	3.13%
IBM180316C00165000	2018-03-12 3:59PM EDT	165	0.15	0	0	0	-	824	0	6.25%
IBM180316C00167500	2018-03-12 3:38PM EDT	167.5	0.04	0	0	0	-	12	0	12.50%
IBM180316C00170000	2018-03-12 3:53PM EDT	170	0.02	0	0	0	-	318	0	12.50%
IBM180316C00172500	2018-03-12 11:48AM EDT	172.5	0.01	0	0	0	-	9	0	12.50%
IBM180316C00175000	2018-03-12 2:00PM EDT	175	0.01	0	0	0	-	82	0	25.00%
IBM180316C00177500	2018-03-07 11:11AM EDT	177.5	0.03	0.03	0.08	-0.02	-40.00%	20	100	49.41%
IBM180316C00180000	2018-03-12 3:59PM EDT	180	0.01	0	0	0	-	10	0	25.00%
IBM180316C00182500	2018-02-24 12:51AM EDT	182.5	0.08	0.03	0.07	0	-	6	6	56.64%
IBM180316C00185000	2018-03-12 10:35AM EDT	185	0.02	0	0	0	-	27	0	25.00%
IBM180316C00187500	2018-02-24 12:51AM EDT	187.5	0.06	0	0.07	0	-	10	10	63.28%
IBM180316C00190000	2018-02-27 11:02AM EDT	190	0.03	0.03	0.05	0	-	4	759	69.14%
IBM180316C00195000	2018-03-06 3:28PM EDT	195	0.02	0	0.02	-0.01	-33.33%	15	508	67.19%
IBM180316C00200000	2018-02-23 3:40PM EDT	200	0.01	0	0.02	0	-	11	1 622	75.00%
IBM180316C00205000	2018-02-22 10:42AM EDT	205	0.01	0	0.01	0	-	200	1 642	78.13%
IBM180316C00210000	2018-02-16 3:04PM EDT	210	0.01	0	0.01	0	-	96	950	84.38%
IBM180316C00215000	2018-02-16 10:39AM EDT	215	0.01	0	0.01	-0.01	-50.00%	50	1 866	90.63%
IBM180316C00220000	2018-02-06 10:30AM EDT	220	0.01	0	0.57	-0.03	-75.00%	21	179	154.30%
IBM180316C00225000	2018-02-08 3:21PM EDT	225	0.01	0	0	0	-	18	200	50.00%

（续表）

Contract Name	Last Trade Date	Strike	Last Price	Bid	Ask	Change	% Change	Volume	Open Interest	Implied Volatility
IBM180316P00100000	2018-02-06 11:36AM EDT	100	0.23	0	0.15	0	–	1	132	190.23%
IBM180316P00105000	2018-03-02 4:51PM EDT	105	0.01	0	0.01	−0.01	−33.33%	100	223	131.25%
IBM180316P00110000	2018-02-26 4:44PM EDT	110	0.01	0	0.02	−0.02	−66.67%	9	502	125.00%
IBM180316P00115000	2018-03-09 10:50AM EDT	115	0.03	0	0.01	0.02	200.00%	5	675	103.13%
IBM180316P00120000	2018-03-06 3:00PM EDT	120	0.02	0.02	0.03	−0.02	−50.00%	101	1 548	107.81%
IBM180316P00125000	2018-03-07 11:16AM EDT	125	0.04	0	0.04	0.03	300.00%	25	1 330	91.41%
IBM180316P00130000	2018-03-12 3:50PM EDT	130	0.03	0	0	0	–	12	0	50.00%
IBM180316P00133000	2018-03-06 7:43PM EDT	133	0.05	0.01	0.12	0	–	409	0	81.64%
IBM180316P00135000	2018-03-12 3:50PM EDT	135	0.07	0	0	0	–	86	0	25.00%
IBM180316P00136000	2018-03-13 6:12AM EDT	136	0.01	0	0	0	–	1	0	25.00%
IBM180316P00137000	2018-03-12 11:46AM EDT	137	0.01	0	0	0	–	1	0	25.00%
IBM180316P00138000	2018-03-12 12:19PM EDT	138	0.02	0	0	0	–	1	0	25.00%
IBM180316P00139000	2018-03-09 11:55AM EDT	139	0.06	0.01	0.13	−0.02	−25.00%	34	22	65.43%
IBM180316P00140000	2018-03-12 12:19PM EDT	140	0.03	0	0	0	–	77	0	25.00%
IBM180316P00141000	2018-03-12 10:43AM EDT	141	0.01	0	0	0	–	12	0	25.00%
IBM180316P00142000	2018-03-09 3:05PM EDT	142	0.07	0	0.13	−0.02	−22.22%	9	981	56.25%
IBM180316P00143000	2018-03-05 10:35AM EDT	143	0.26	0.07	0.24	0	–	5	20	61.91%
IBM180316P00144000	2018-03-12 2:09PM EDT	144	0.03	0	0	0	–	1	0	25.00%
IBM180316P00145000	2018-03-12 3:49PM EDT	145	0.04	0	0	0	–	106	0	25.00%
IBM180316P00146000	2018-03-09 3:05PM EDT	146	0.1	0.05	0.15	−0.14	−58.33%	5	105	52.15%
IBM180316P00147000	2018-03-09 2:08PM EDT	147	0.12	0.05	0.15	−0.18	−60.00%	3	88	49.02%
IBM180316P00148000	2018-03-09 3:01PM EDT	148	0.11	0.06	0.17	−0.29	−72.50%	3	84	47.07%
IBM180316P00149000	2018-03-12 9:46AM EDT	149	0.09	0	0	0	–	81	0	12.50%
IBM180316P00150000	2018-03-12 3:59PM EDT	150	0.08	0	0	0	–	417	0	12.50%
IBM180316P00152500	2018-03-12 3:59PM EDT	152.5	0.13	0	0	0	–	87	0	12.50%
IBM180316P00155000	2018-03-12 3:51PM EDT	155	0.2	0	0	0	–	332	0	6.25%

（续表）

Contract Name	Last Trade Date	Strike	Last Price	Bid	Ask	Change	% Change	Volume	Open Interest	Implied Volatility
IBM180316P00157500	2018-03-12 3:59PM EDT	157.5	0.42	0	0	0	-	199	0	3.13%
IBM180316P00160000	2018-03-12 3:58PM EDT	160	0.96	0	0	0	-	1,098	0	0.39%
IBM180316P00162500	2018-03-12 3:46PM EDT	162.5	2.17	0	0	0	-	63	0	0.00%
IBM180316P00165000	2018-03-12 3:33PM EDT	165	4.65	0	0	0	-	70	0	0.00%
IBM180316P00170000	2018-03-12 9:34AM EDT	170	10.7	0	0	0	-	10	0	0.00%
IBM180316P00175000	2018-03-12 10:30AM EDT	175	14.1	0	0	0	-	10	0	0.00%
IBM180316P00180000	2018-03-12 10:32AM EDT	180	19.55	0	0	0	-	2	0	0.00%
IBM180316P00185000	2018-01-26 12:11PM EDT	185	20.78	34.3	38.35	0	-	1	0	303.52%
IBM180316P00190000	2017-10-27 11:47PM EDT	190	31.15	37.8	39	0	-	18	18	276.88%
IBM180316P00200000	2018-02-21 12:58PM EDT	200	44.18	42.4	47	0	-	100	0	246.14%

资料来源：http://finance.yahoo.com

可以看到，像期货的报价表一样，期权报价表同样给出了期权的最新价（Last Price）、最优买价（Bid）、最优卖价（Ask）、涨跌（Change）、未平仓合约数（Open Interest）、交易量（Volume）等。但是，与期货不同的是同一到期时间的同种标的资产的期权，有多种不同的执行价格。而且在期货交易中，市场所报出的价格是标的资产本身的价格；期权市场所报出的是期权合约的价格，即期权费。而且，对股票期权而言，行情表上所报出的价格是购买或出售一股股票的期权的价格，由于每份股票期权合约的交易单位为 100 股股票，因此投资者每买入一个期权合约实际支付的价格是行情表所列期权费的 100 倍。由于大多数期权的价格低于 10 美元，而且一些期权的价格低于 1 美元，投资者不需要很大的资金就可以进行期权交易，所以期权交易可以创造较大的杠杆效应。读者还可以通过下面从上海证券交易所网站下载的上证 50ETF 期权的价格和行情表（表 10-8、表 10-9）来理解这一问题。

表 10-8　2018 年 3 月 13 日上证 50ETF 价格

代码	名称	当前价	涨跌	涨跌幅	振幅	成交量（手）	成交额（万元）
510050	50ETF	2.873	−0.032	−1.1%	1.62%	6 110 263	176 428.885

资料来源：www.sse.com.cn

表 10-9　2018 年 3 月 13 日上证 50ETF 期权行情

合约到期月份：2018 年 3 月、2018 年 4 月、2018 年 6 月、2018 年 9 月

更新时间：2018 年 03 月 13 日 15:15:07

认购				3 月份	认沽			
合约交易代码	当前价	涨跌幅	前结价	行权价	合约交易代码	当前价	涨跌幅	前结价
510050C 1803A02600	0.3246	−8.82%	0.3560	2.553A	510050P 1803A02600	0.0018	38.46%	0.0013
510050C 1803A02650	0.2751	−11.40%	0.3105	2.602A	510050P 1803A02650	0.0033	73.68%	0.0019
510050C 1803A02700	0.2340	−10.72%	0.2621	2.651A	510050P 1803A02700	0.0052	79.31%	0.0029
510050C 1803A02750	0.1818	−14.89%	0.2136	2.700A	510050P 1803A02750	0.0074	60.87%	0.0046
510050C 1803A02800	0.1352	−20.33%	0.1697	2.749A	510050P 1803A02800	0.0129	67.53%	0.0077
510050C 1803A02850	0.0962	−23.41%	0.1256	2.798A	510050P 1803A02850	0.0225	58.45%	0.0142
510050C 1803A02550	0.3755	−7.67%	0.4067	2.504A	510050P 1803A02550	0.0014	27.27%	0.0011
510050C 1803A02500	0.4181	−8.11%	0.4550	2.455A	510050P 1803A02500	0.0011	22.22%	0.0009
510050C 1803A02900	0.0631	−29.97%	0.0901	2.847A	510050P 1803A02900	0.0388	48.66%	0.0261
510050C 1803A02950	0.0389	−34.18%	0.0591	2.896A	510050P 1803A02950	0.0624	42.14%	0.0439
510050C 1803A03000	0.0224	−39.95%	0.0373	2.946A	510050P 1803A03000	0.0969	35.52%	0.0715
510050C 1803A03100	0.0070	−47.37%	0.0133	3.044A	510050P 1803A03100	0.1794	22.46%	0.1465
510050C 1803A03200	0.0029	−40.82%	0.0049	3.142A	510050P 1803A03200	0.2696	13.76%	0.2370
510050C 1803A03300	0.0009	−57.14%	0.0021	3.240A	510050P 1803A03300	0.3672	9.61%	0.3350
510050C 1803M02800	0.0940	−24.38%	0.1243	2.800	510050P 1803M02800	0.0231	62.68%	0.0142
510050C 1803M02850	0.0610	−29.89%	0.0870	2.850	510050P 1803M02850	0.0407	54.17%	0.0264
510050C 1803M02900	0.0376	−34.15%	0.0571	2.900	510050P 1803M02900	0.0657	40.38%	0.0468
510050C 1803M02950	0.0214	−40.72%	0.0361	2.950	510050P 1803M02950	0.0994	32.89%	0.0748
510050C 1803M03000	0.0115	−46.01%	0.0213	3.000	510050P 1803M03000	0.1396	27.84%	0.1092
510050C 1803M02750	0.1330	−20.36%	0.1670	2.750	510050P 1803M02750	0.0133	68.35%	0.0079
510050C 1803M02700	0.1781	−16.62%	0.2136	2.700	510050P 1803M02700	0.0076	65.22%	0.0046
510050C 1803M02650	0.2271	−13.62%	0.2629	2.650	510050P 1803M02650	0.0050	72.41%	0.0029
510050C 1803M03100	0.0037	−51.32%	0.0076	3.100	510050P 1803M03100	0.2296	16.25%	0.1975
510050C 1803M03200	0.0020	−33.33%	0.0030	3.200	510050P 1803M03200	0.3287	11.42%	0.2950
510050C 1803M03300	0.0010	−44.44%	0.0018	3.300	510050P 1803M03300	0.4277	8.28%	0.3950

（续表）

认购				3月份	认沽			
合约交易代码	当前价	涨跌幅	前结价	行权价	合约交易代码	当前价	涨跌幅	前结价
510050C 1803M03400	0.0007	−36.36%	0.0011	3.400	510050P 1803M03400	0.5269	6.44%	0.4950
510050C 1803M03500	0.0005	−16.67%	0.0006	3.500	510050P 1803M03500	0.6266	5.31%	0.5950
510050C1 803M03600	0.0005	−16.67%	0.0006	3.600	510050P 1803M03600	0.7265	4.53%	0.6950
510050C 1803M02600	0.2733	−12.07%	0.3108	2.600	510050P 1803M02600	0.0036	89.47%	0.0019

资料来源：www.sse.com.cn

从表10−9可知，2018年3月13日，上证50ETF交易的期权到期月有3月、4月、6月、9月四个月份。3月看涨和看跌期权的交易情况也很清楚。

10.4 期权与其他衍生产品的区别与联系

10.4.1 期权与期货的区别与联系

期权和期货都是关于未来交易的一种事先约定，但两者在很多方面存在差异。

（1）权利和义务

期货合约的双方都被赋予相应的权利和义务，除非用相反的合约进行对冲，否则这种权利和义务在到期日必须行使和履行，也只能在到期日行使和履行。期货的空方常常拥有在交割月选择在哪一天交割的权利。而期权合约只赋予买方权利，卖方则无任何权利，只有在对方履约时进行对应买卖标的物的义务。特别是美式期权的买方，可在约定期限内的任何时间执行权利，也可以不行使这种权利；期权的卖方则需准备随时履行相应的义务。

（2）标准化

期货合约都是标准化的，因为它们都是在交易所中进行交易的，而期权合约则不一定。在美国，场外交易的现货期权是非标准化的，但在交易所交易的现货期权和所有的期货期权则是标准化的。

（3）盈亏风险

对期货交易来说，空方的亏损可能是无限的，盈利则可能是有限的；多方最大的亏损可能是标的资产价格跌至0，盈利可能是无限的。而期权交易空方的亏损可能是无限的（看涨期权），也可能是有限的（看跌期权），盈利则是有限的（以期权费为限）；期权交易多方的亏损风险是有限的（以期权费为限），盈利则可能是无限的（看涨期权），也可能是有限的（看跌期权）。关于这个问题，在第十一章将加以具体分析。

（4）保证金

期货交易的买卖双方都需交纳保证金。期权的多方则无须交纳保证金，因为其亏损不会超过他已支付的期权费；而在交易所交易的期权空方也要交纳保证金，这与期货交易一样。场外交易的期权空方是否需要交纳保证金则取决于当事人的意见。

（5）买卖匹配

期货合约的买方到期必须买入标的资产，而期权合约的买方在到期日或到期前则有买入（看涨期权）或卖出（看跌期权）标的资产的权利。期货合约的卖方到期必须卖出标的资产，而期权合约的卖方在到期日或到期前则有根据买方意愿相应卖出（看涨期权）或买入（看跌期权）标的资产的义务。

（6）套期保值

运用期货进行的套期保值，在把不利风险转移出去的同时，也把有利风险转移出去。而期权多头在运用期权进行套期保值时，只把不利风险转移出去而把有利风险留给自己。

10.4.2 股票期权与权证的区别与联系

（1）权证的定义和类型

权证（warrants），是发行人与持有者之间的一种契约，其发行人可以是上市公司，也可以是上市公司股东或投资银行等第三者。权证允许持有人在约定的时间（行权时间），按约定的价格（行权价格）向发行人购买或卖出一定数量的标的资产。

根据认股权证的权利不同，权证可以分为认购权证（call warrants）和认沽权证（put warrants）。

认购权证赋予权证持有者在一定期限内按照一定的价格向发行人购买一定数量的标的资产的权利。而认沽权证则赋予权证持有者在一定期限内按照一定的价格向发行人出售一定数量的标的资产的权利。

按照发行者的不同，权证一般分为股本权证与备兑权证。

如果权证由上市公司自己发行，就叫做股本权证。它授予持有人一项权利：在到期日或到期日之前按执行价向上市公司买卖该公司股票。股本权证的两个主要特点是：第一，期限通常较长，可能长达数年；第二，股本权证持有人执行权利时，由于上市公司不能持有自己的股票，往往必须通过新发行股票或注销公司股票的方式进行，因此会导致公司股本扩张（认购权证）或收缩（认沽权证）。目前大部分股本权证都是认购权证。上市公司发行股本权证的主要情形有二：一是赋予本公司员工或者经理人一定数量的认股权作为激励机制，这类激励权证通常不可转让且交易期限较长；二是公司在发行新股或是其他类型的公司证券如债券时，将权证附送给证券购买方，用以增加其公司证券的吸引力。尤其是认沽权证，由于赋予持有者按特定价格出售公司股票的权利，具有很强的向市场传达公司经营层信心、保证股价一定会高于执行价格的信息的作用。

如果权证由独立的第三方（通常是投资银行）发行，则称为备兑权证。实际上，备兑权证的标的资产除了可以是个股股票外，还可以是股价指数、一篮子股票或其他标的物（如利率、汇率和商品）。

股本权证与备兑权证的差别主要在于：

第一，发行目的不同。股本权证的发行通常作为公司员工激励机制的一部分，或是作为促进融资和传达公司信心的手段；而备兑权证则是由投资银行或其他第三方根据市场需求或特殊目的（如中国股权分置改革时大股东作为支付对价的手段）而发行的。

第二，发行人不同。股本权证的发行人为上市公司，而备兑权证的发行人为独立的第三方，一般为投资银行。

第三，对总股本的影响不同。股本权证行权后，公司总股本的增减等于行使股本权证时所买卖的股票数量，从而对股票价格有压低或提升的作用；备兑权证到期行权时由其发行者，即独立于公司的第三方来进行股票或现金的交割，行权时所需股票完全从市场上购入，上市公司的总股本并不会增减。

虽然最早的权证是从股本权证开始的，但在如今的全球权证市场巾，占绝对主导地位的却是备兑权证，股本权证的市场地位则呈衰落的趋势。以我国的香港市场和台湾市场为例，在香港证券交易所交易的大部分是备兑权证（在香港被称为衍生权证），而在台湾证交所交易的权证全部都是备兑权证。2012 年 3 月底，香港市场共有备兑权证 4 094 只。

（2）权证与股票期权的区别

股本权证与股票期权的区别主要在于：

第一，有无发行环节。股本权证在进入交易市场之前，必须由发行股票的公司向市场发行；而期权无须经过发行环节，只要买卖双方同意，就可直接成交。

第二，数量是否有限。股本权证由于先发行后交易，在发行后，其流通数量是相对固定的。而期权没有发行环节，只要有人愿意买，有人愿意卖，就可以成交。因此其数量在理论上是无限的。

第三，是否影响总股本。股本权证行权后，公司总股本的增减等于行使股本权证时所买卖的股票数量，从而对股票价格有压低或提升的作用；股票期权行权时所需股票完全从市场上购入，上市公司的总股本并不会增减，因此期权行权对上市公司无任何影响。

备兑权证比股本权证更贴近于股票期权，因为备兑权证的行权也不会影响公司的总股本。因此两者的区别仅在于有无发行环节和数量是否有限。

10.4.3 内嵌期权与实物期权

期权在现实中还常常以其他多种方式存在，主要体现为内嵌期权和实物期权，在这里加以简要介绍。

（1）内嵌期权

所谓内嵌期权，是指在普通的金融产品中，加上一个具有期权性质的条款，使得该产品成为普通金融工具和期权的一个组合。可转换债券、可赎回债券、可回售债券以及很多结构性产品都是内嵌期权的典型代表。表 10-10 给出了中国金融市场上可赎回债券的一个真实例子。

表 10-10　可赎回债券（02 国开 06）

项　目	内　容
债券代码	02 国开 06
发行人	国家开发银行
期限	10 年期
起息日	2002 年 6 月 16 日
利率	每年付息一次，本债券前 5 年（2002 年 6 月 16 日至 2007 年 6 月 15 日）的票面利率为 2.1466%，后 5 年（2007 年 6 月 16 日至 2012 年 6 月 16 日）的票面利率为 3.3466%
面额	100 元
发行规模	100 亿元
特殊赎回条款	本期债券仅设定一次发行人选择提前赎回的权利，即发行人可选择在 2007 年 6 月 16 日以面值全部赎回债券。发行人选择赎回前，将至少提前一个月，即于 2007 年 5 月 16 日之前告知全体债券持有人，同时通知中央国债登记结算有限责任公司

资料来源：wind.

可赎回债券是一只普通债券加上一个特殊条款，发行人有权利在债券到期前某个事先约定的时间按事先约定的价格将债券赎回。在这个例子中，如果到时债券价格低于面值，发行人一定不会执行这个权利；如果到时债券价格高于面值，发行人会执行这个权利，因为这意味着他们可以以更低的利率在市场上发行同样面值的债券融资。这显然是以债券为标的资产、以面值为执行价格的看涨期权。这个看涨期权是由债券的持有人卖给发行者的，因此通常可赎回债券的收益率要高于同样信用等级的普通债券，高出来的这部分就相当于这个看涨期权的期权费。

2007 年 6 月 16 日，02 国开 06 的利率为 3.3466%，而当时 5 年期银行贷款利率为 7.2%。显然该债券价值低于其面值，02 国开 06 没有按面值被赎回。

（2）实物期权

随着期权理论的发展，人们发现现实生活中的不少现象可以被视作期权，而期权的分析思想和定价方法也越来越多地被运用到金融市场之外的其他领域，由此产生了实物期权的概念，即以实物资产为标的物的未来选择权。实物期权方法最主要的运用领域就是实物资产投资决策分析。例 10-6 给出了一个典型的实物期权案例。事实上，除了油气开采权，实物期权的思想还被广泛地运用于土地、房屋、工厂、企业和设备的投资决策分析过程中，涉及制造业、不动产、自然资源、信息与生物技术、收购兼并、竞争战略等诸多领域。只要是一项未来以一定价格出售或购入某种资产的选择权，都可运用实物期权的思想加以分析，这已成为金融工程方法应用的一个重要方面。

【例 10-6】

一些国家的政府通常将本国海上油田的开采权租给石油公司，期限一般为 10 至 15 年，获得开采权的石油公司可以在此期间的任意时间开始开采石油。那么，租金应如何确定呢？石油公司又应如何确定这个项目是否值得投资呢？

在传统的净现值分析法下，决策者计算出未来投资的可能收益并加以贴现，据此来决定此项目的价值以及是否值得投资，但这种分析方法忽略了油气开采权中的隐含权利。简单地说，石油公司付出一笔租金获得（例如）15 年开采权后，在这 15 年内，其决策条件可以简化表示为 $\max(S_t-X,0)$，即根据石油价格 S_t 是否大于勘探开采和提炼成本 X 以及大多少，来决定是否开采和何时开采。若 S_t 大于 X 的程度高于预先要求的收益，公司决定开采，则回报为 S_t-X；反之，公司决定不开采，则回报为 0。但无论如何，公司要损失预先支付的租金。因此，石油开采权实际上相当于一份以石油价格为标的、以开采期限为到期日、以勘探开采和提炼成本为执行价格的美式期权，所支付的租金即为期权费。因此，租金的确定和投资决策均可以运用期权定价的原理进行分析。

而在进行开采之后，石油公司在开采过程中还可以选择放弃开采、追加投资、紧缩投资以及延长油田的租期等决策，这些决策实际上又可以分别被视为放弃投资权、追加投资权、紧缩投资权和延期期权等。

本章小结

1. 金融期权，是指赋予其购买者在规定期限内按双方约定的价格购买或出售一定数量某种金融资产的权利的合约。按购买者的权利划分，期权可以分为看涨期权和看跌期权；按期权多方执行期权的时限划分，期权又可以分为欧式期权和美式期权。

2. 金融期权的标的可以是股票、股价指数、金融期货、利率、信用、货币及互换等。

3. 期权买者只有权利而没有义务，卖者只有义务而没有权利，因此买者要向卖者支付期权费。

4. 在交易所中，期权合约在交易单位、执行价格、到期日、红利，以及股票分割、交割方式等方面都规定了统一明确的标准。

5. 在交易所中完成的期权交易都必须通过期权清算公司进行清算和交割。期权清算公司采用保证金制度来防止信用风险。

6. 期权与期货的最大区别在于权利与义务是否对等。

7. 期权与权证的最大区别在于有无发行环节和数量是否有限。

8. 期权在现实中还常常以其他多种方式存在，主要体现为内嵌期权和实物期权。

习　题

1. 为什么美式期权价格至少不低于同等条件下的欧式期权价格？

2. 为什么交易所向期权卖方收取保证金而不向买方收取保证金？

3. 一个投资者出售了 5 份无担保的某股票看涨期权，期权价格为 3.5 美元，执行价格为 60 美元，而标的股票目前市场价格为 57 美元。其初始保证金要求是多少？

4. 在 CBOE，一种股票期权交易是属于 2 月循环的，那么在 4 月 10 日和 5 月 31 日将会交易什么时候到期的期权？

5. 简要说明股票期权与权证的区别。

第十一章　期权的支付特征及基本应用策略

投资者购买期权之后就有权在合约规定的行权时间内行权。具体说来，美式期权的多头方可以在到期前随时以执行价格买进（看涨期权）或卖出（看跌期权）合约规定数量的标的资产；欧式期权在期权到期时才可以以执行价格买进（看涨期权）或卖出（看跌期权）合约规定数量的标的资产；百慕大期权则在合约规定的时间区间内可以行权。由于期权多头方掌握行权与否的主动权，因此只有在对其有利时才会行权。如果一直到期权的有效期限结束，行权选择仍对多头方不利，多头方就会任由期权到期失效。即使像美式期权、百慕大期权那样可以提前行权，提前行权是否有利、何时行权对投资者最佳，也需要具体的分析和判断。标的资产的价格变化状况、是否有分红等因素都会影响分析的结果。而且，除了行权了结拥有的期权头寸之外，期权持有者还可以像期货那样通过对冲平仓了结自己的头寸。有时，平仓比行权盈利更高。因此，期权投资的收益需根据具体的投资情形做具体的分析。我们首先分析持有到期时期权的支付与收益特征，以及期权投资的一些最基本的策略。在随后的章节中循序渐进地分析期权是否应提前行权、在有红利支付等情况时期权价格特征的变化等问题。

11.1　持有到期时期权多头的支付与收益特征

在本章后面部分中，我们以股票和股票期权为例，分析期权持有到期时的支付和收益特征，并介绍期权投资的一些基本策略。

11.1.1　看涨期权多头持有到期的支付和收益特征

我们通过比较购买股票与购买该股票看涨期权并持有到期的支付和收益状况，来说明看涨期权多头持有到期的支付和收益特征。

（1）购买股票的收益特征

假设股票 A 的市价为 40 元，某投资者预期该股票的价格将上涨，因而买入该股票，并持有一段时间，则该投资者到期时的收益特征如图 11–1 所示（忽略货币时间价值，假定股票无分红）。

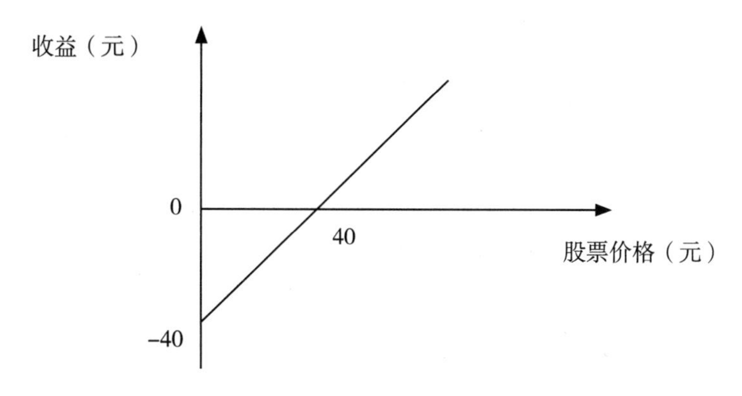

图 11–1　股票多头的收益特征

可以看出，以股票的购置成本为盈亏平衡点，投资者的盈亏与股票市场价格的变化呈线性关系。如果股票价格下跌到购置成本 40 元以下，投资者将发生亏损，最大亏损为 40 元；如果股票价格上升，投资者盈利，盈利无上限。

（2）购买看涨期权的收益特征

如果市场上股票 A 的执行价格为 40 元，到期时间与上述股票的持有时间相同的看涨期权，价格为 6 元。投资者用购买上述股票 A 的看涨期权的形式进行投资，他就购买了一个到期可以以 40 元买入股票 A 的权利，他当然也是期望股价上涨的。在期权到期时其支付（现金流）与收益特征如图 11–2 所示。

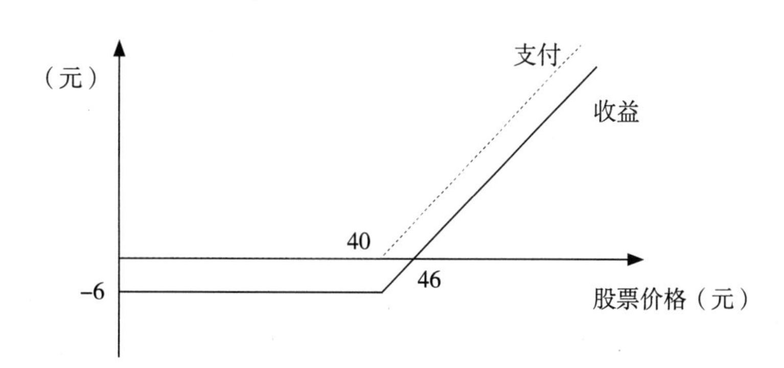

图 11–2　看涨期权的支付收益特征

假定持有到期时股票的市场价格为 S，期权的价格为 C（在上例中为 6 元），执行价格为 K（在上例中为 40 元）。由上例可见，当 $S<K$ 时，投资者不行权，支付为 0，亏损 C；当 $S>K$ 时，投资者行权，支付为 $S-K$，收益为 $S-(K+C)$。

在股票价格上涨幅度小于期权价格 C 的所有情况下，投资者均亏损。因此，股票价格变化的方向与幅度都很重要。投资者的最大损失为 C，而其盈利理论上则无上限。

（3）购买看涨期权与购买标的股票的对比

假如上述第一个投资策略是在40元的价格上购买股票100股，这需要初始投资4 000元。如果第二个投资策略是以 6 元的期权费购买该股票执行价格 40 元的看涨期权 1 手，是届时购买 100 股股票的权利，需要的初始投资为 600 元。这两种策略到期时的支付收益状况如表 11-1 和图 11-3 所示。

表 11-1　到期日可能的盈亏状况

单位：元

股票价格	股票多头盈亏（1）	期权支付	期权多头盈亏（2）	（1）-（2）
0	-4 000	0	-600	-3 400
10	-3 000	0	-600	-2 400
20	-2 000	0	-600	-1 400
30	-1 000	0	-600	-400
34	-600	0	-600	0
40	0	0	-600	600
46	600	600	0	600
50	1 000	1 000	400	600
60	2 000	2 000	1 400	600
70	3 000	3 000	2 400	600
80	4 000	4 000	3 400	600
90	5 000	5 000	4 400	600
100	6 000	6 000	5 400	600

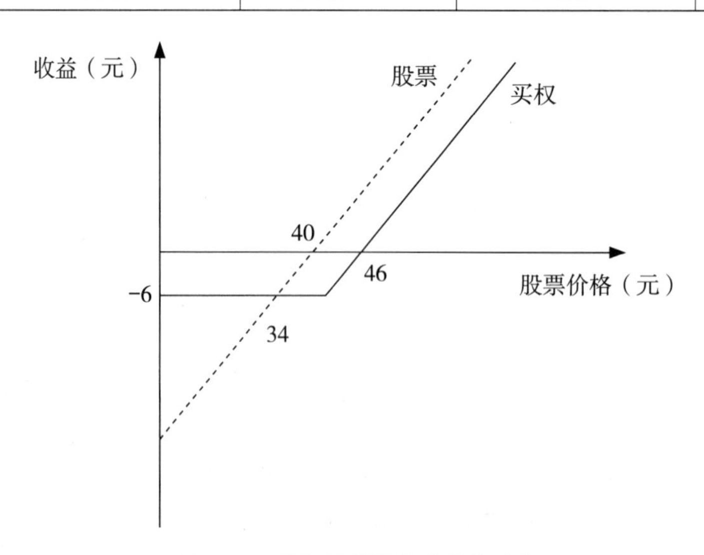

图 11-3　期权及股票多头收益对比

通过上面的分析，可以看出，与购入股票多头相比较，购入看涨期权为投资者提供了一个避免股价下跌受损的保护，相当于买了一份保险。但是，正如上面例子所显示的，在股票价格没有下跌时，购买股票的收益高于购买看涨期权的收益，高出的部分正好等于期权价格。如果期权是欧式期权，购买看涨期权，就相当于购买期货并同时为期货购买一份保险，保费就是期权费。在英文里面，期权费与保险费是同一个词：premium, 也正是因为这个道理。

11.1.2 看跌期权多头持有到期的支付和收益特征

在这里，我们通过比较卖空股票与购买该股票看跌期权并持有到期的支付和收益状况来说明看跌期权多头持有到期的支付和收益特征。

（1）卖空股票的收益特征

投资者如果预期股票价格会下跌，可以借入股票出售，待股票价格下跌后买回归还，从而赚取价差收益，此为卖空交易。

假设投资者预期 A 股票价格会下跌，以 40 元的市价卖空股票。如果股票价格果真下跌，比如跌至 20 元，投资者以此价格买回并物归原主，则可盈利 20 元。相反，如果预测错误，股价不跌反涨，比如涨至 70 元，则投资者将损失 30 元。卖空股票的损益情况如图 11-4 所示。

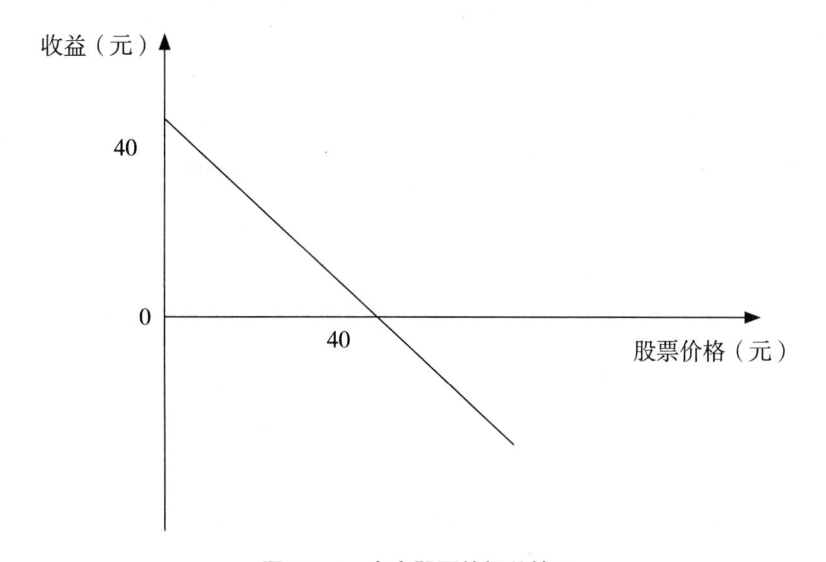

图 11-4 卖空股票的损益情况

由图 11-4 可以看出，卖空股票在股票价格下跌时盈利。但是盈利最多限于卖空股票的价格。但是，如果股票价格不跌反涨，投资者的亏损则没有限度。

（2）买进看跌期权的收益特征

投资者预期股价下跌，也可以通过买进看跌期权的方式进行投资。假设投资者以 $P=5$

元的期权价格买入执行价格为 40 元的 A 股票的看跌期权，他就得到了一个到期以 40 元的价格卖出 A 股票的权利。在期权持有到期时，投资者的支付收益特征如图 11-5 所示。

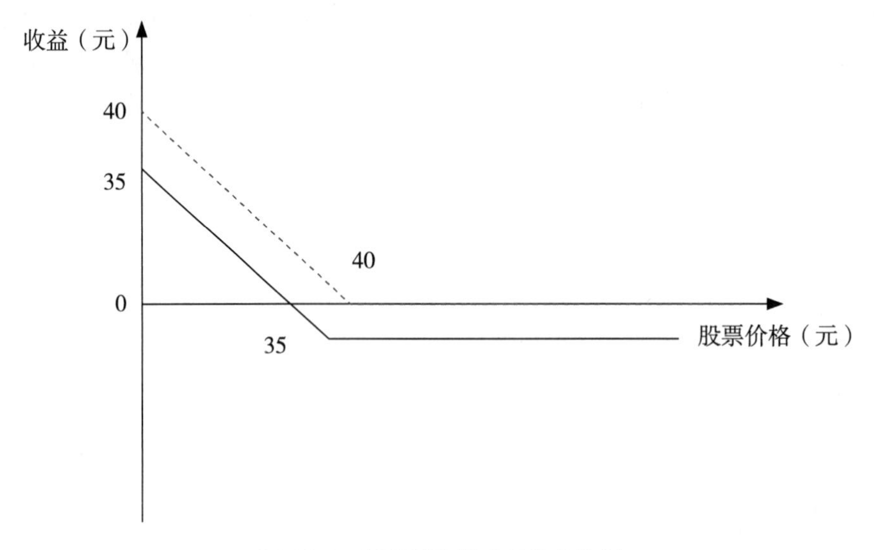

图 11-5　看跌期权的支付收益特征

如果看跌期权的执行价格为 K（在上例中为 40 元），期权价格为 P（在上例中为 5 元），到期时标的股票价格为 S。则当 $S \geqslant K$ 时，期权多头方不行权，损失掉全部期权费；当 $S < K$ 时，期权多头方行权，支付为 $K-S$，盈亏为 $K-S-P$。投资者的最大损失为期权费，最大收益发生在标的股票降为 0 时，为 $K-P$。

（3）购买看跌期权与卖空股票的对比

假如上述第一个投资策略是在 40 元的价格上买空股票 100 股，这产生初始现金流入 4 000 元；第二个投资策略如果是以 5 元的期权费购买该股票执行价格 40 元的看跌期权 1 手，则是购买了到期以 40 元的价格卖出股票 100 股的权利，需要的初始投资为 500 元。

上面两种策略在期权到期时可能的盈亏状况呈现在表 11-2 与图 11-6 中。

表 11-2　到期日可能的盈亏状况

单位：元

股票价格	股票空头盈亏（1）	期权支付	期权多头盈亏（2）	（1）-（2）
0	4 000	4 000	3 500	500
10	3 000	3 000	2 500	500
20	2 000	2 000	1 500	500
30	1 000	1 000	500	500
35	500	500	0	500
40	0	0	-500	500

（续表）

股票价格	股票空头盈亏（1）	期权支付	期权多头盈亏（2）	（1）-（2）
45	-500	0	-500	0
50	-1 000	0	-500	-500
60	-2 000	0	-500	-1 500
70	-3 000	0	-500	-2 500
80	-4 000	0	-500	-3 500
90	-5 000	0	-500	-4 500
100	-6 000	0	-500	-5 500

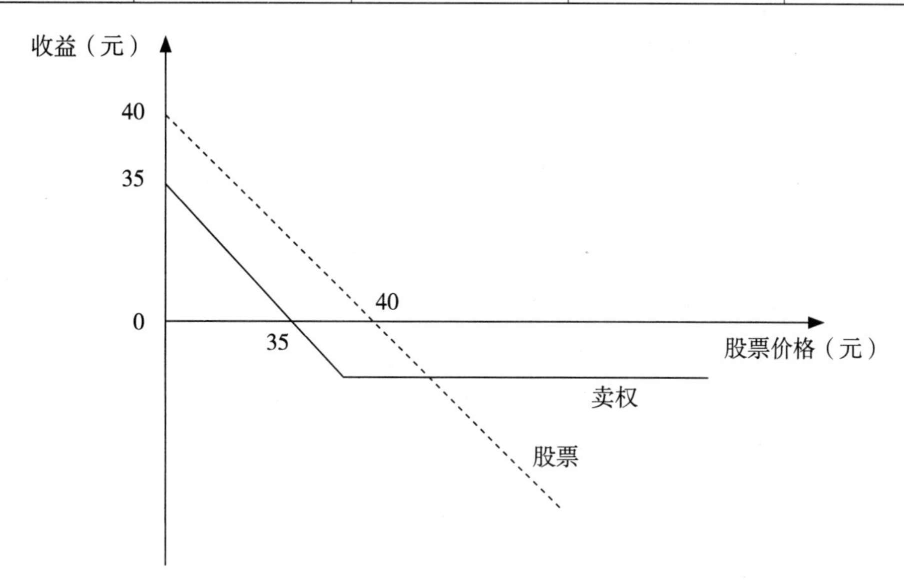

图 11-6　股票空头与看跌期权多头盈亏对比

与卖空股票相比较，购买看跌期权为投资者提供了一个防范股价上涨的保护。然而，当股票价格没有上涨时，卖空股票获取的收益比买同样数量的看跌期权获取的收益要高，高出的部分等于期权价格。

因此，购买看跌期权相当于卖空股票并为卖空头寸买了一个防范股价下跌的保险，期权的价格就是保费；或者也可以看做卖空一个股票期货，同时购买一份股价上涨保险，只要股价上涨到合约约定的价格以上，保险公司即给予赔付。

通过上面的分析，我们知道了看涨和看跌期权多头持有到期时的支付收益特征。显然，期权空头的收益风险特征与上述多头的情况正好相反。除此之外，关于期权投资、期货投资以及现货投资还有以下几点需要注意。

第一，期权多头对其投资者是有限责任。投资者最大的损失限于支付的期权费。但是，期权到期不行权即失效，而购买标的资产则还有扭亏为盈的机会。

第二，相对于购买现货，购买期权血本无归的机会要高得多。

第三，相对于现货投资，购买期权有很大的杠杆效应。在前面的例子中我们看到了，同样规模的资产投资，购买期权比直接购买资产需要的成本要小得多。因此，在标的资产价格的变化方向与投资者预测的方向相同，而变化量又比较大时，同样的投资额，期权投资会带来多得多的收益。但是，如果标的资产价格变化的方向与投资者的预期相反，也会带来更多的亏损。因而，对于期权投资，准确估计下列问题非常重要：

（a）标的资产价格运动变化的方向；

（b）标的资产价格运动变化的幅度（波动率）；

（c）标的资产价格运动变化的时间。

11.2 持有到期时期权空头的收益特征

11.2.1 看涨期权空头持有到期的支付和收益特征

无疑，期权空头持有到期与多头的支付和收益特征正好相反。接上节的例子，如果投资者卖空股票A执行价格为40元的看涨期权，得到期权费6元。假设投资者并无股票在手，期权到期时的收益状况如下（图11–7）：

当 $S \leqslant K$ 时，买方不行权，空头持有者获利 C；

当 $S > K$ 时，买方行权，当 $S > K+C$ 时，空头持有者遭受损失，损失为 $S-(K+C)$。

可见，卖空看涨期权，最高获利为期权费 C，而潜在的损失没有上限。

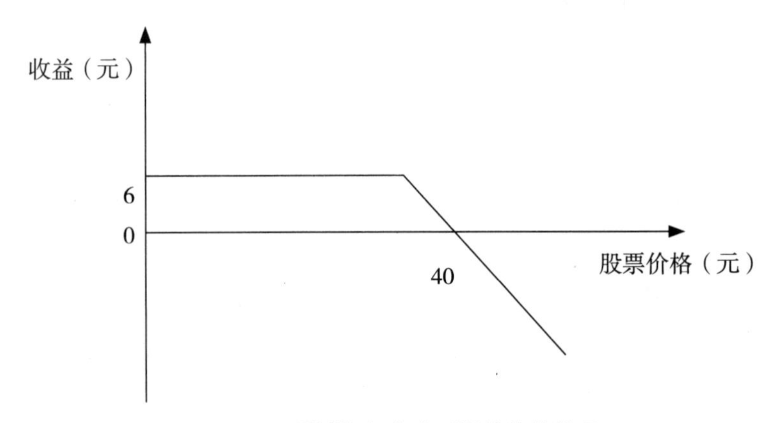

图 11–7　看涨期权空头到期的收益状况

投资者预期市场价格一定时间内不太可能有明显变化，或者可能下降的时候，可以卖空看涨期权以赚取期权费，也可以在资产组合中加入看涨期权空头，增加组合的盈利或者控制组合的风险。例如，投资者相信黄金价格今后一段时间内无大变化，或者会略有下降，则以每盎司21美元的期权费卖出现价与执行价格都是500美元的黄金看涨期权1手。假设每手合约规模为黄金100盎司，到期时的盈亏如表11–3所示。

表 11-3　一张黄金看涨期权空头到期的盈亏状况

黄金价格 ($)	期权支付 ($)	期权收益 ($)
470	0	2 100
500	0	2 100
500＋21＝521	2 100	0
550	5 000	−2 900
600	10 000	−7 900

11.2.2　看跌期权空头持有到期的支付和收益特征

接上一节的例子。如果投资者卖空股票 A 执行价格为 40 元的看跌期权，得到期权费 5 元。期权到期时的收益状况如图 11-8 所示。

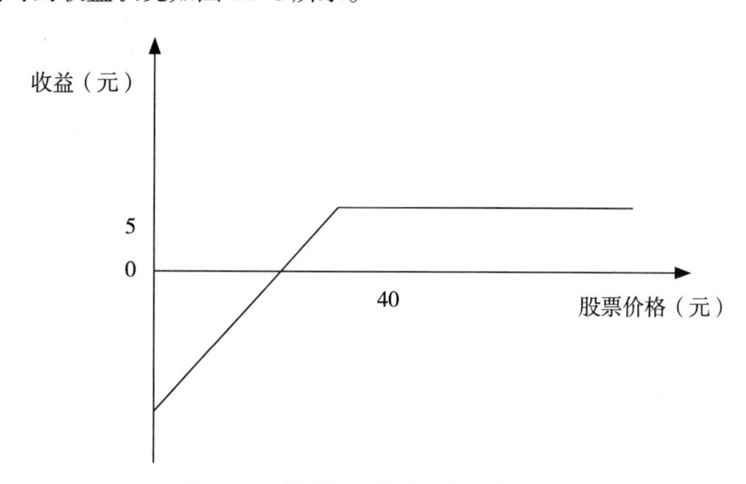

图 11-8　看跌期权空头到期的收益状况

可见，看跌期权空头的收益也与多头相反。当 $S \geqslant K$ 时，买方不行权，空头持有者获利 P；当 $S < K$ 时，买方行权，当 $K > S+P$ 时，空头持有者遭受损失，损失为 $K-(S+P)$。

因此，卖空看跌期权，最高获利为期权费 P，而潜在的最大损失为当价格降为零时的 $K-P$。

卖空看跌期权是投资者预测股价无大变化或会上涨时赚取期权费的策略。

11.3　跨式期权组合与宽跨式期权组合

本节介绍几个简单的期权投资策略，帮助读者进一步认识期权的特性以及期权投资的特点。更复杂的期权投资、套利、风险管理等应用，将在后面的章节中另行介绍。

11.3.1 跨式期权组合

跨式期权组合，也叫同价对敲组合期权。相同数量的，以同一基础资产为标的资产的，具有相同执行价格、相同到期日的看涨期权与看跌期权多头头寸，称为多头跨式期权组合。上述看涨期权与看跌期权的空头头寸，称为空头跨式期权组合。

【例 11-1】多头跨式期权组合

2017 年 8 月 8 日，股票 A 的市场价格为 40 元，执行价格同样为 40 元。以 9 月为到期月的看涨和看跌期权的价格分别为 $C=8$ 元，$P=5$ 元。投资者购进上述看涨期权和看跌期权各一手构建跨式期权组合。到期时，其收益状况如图 11-9 所示。

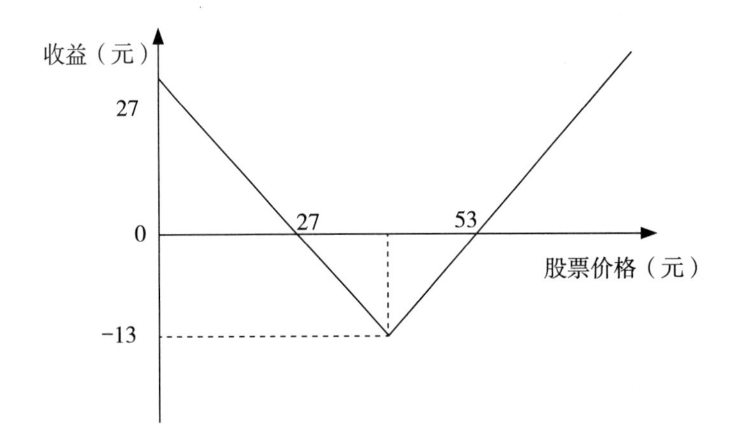

图 11-9　跨式期权多头到期时的收益情况

由图 11-9 可以看出，当股价发生大幅波动时，对多头跨式期权组合有利。因此，在现实中，投资者不确定股票的价格变动方向，而判断股价有可能大幅波动时，做多跨式期权组合是有利的。比如，公司卷入一场合并谈判，又比如公司正等待法院的反垄断判决等情况，结果好坏未卜，影响难料。这时，做多公司股票的跨式期权组合是合适的。

【例 11-2】空头跨式期权组合

与上例相反，如果投资者同时卖空上述看涨期权和看跌期权各一手，就建立了一个空头跨式期权组合。到期时的收益状况如图 11-10 所示。

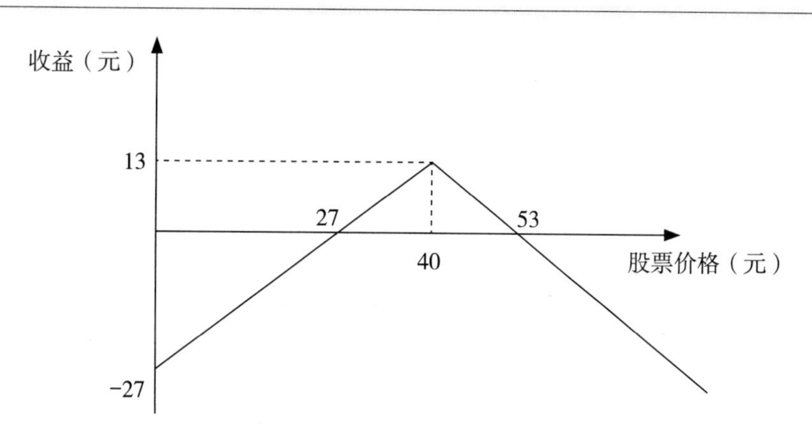

图 11-10　跨式期权空头到期时的收益情况

可见，与多头的情况相反，如果投资者不知道股价会上升还是下降，但判断股价会比较稳定，则可以做空跨式期权组合。

11.3.2　宽跨式期权组合

宽跨式期权组合，也叫异价对敲组合期权。相同数量的以同一基础资产为标的资产的具有不同执行价格、相同到期日的看涨期权与看跌期权多头头寸，称为多头宽跨式期权组合。上述看涨期权与看跌期权的空头头寸，称为空头跨式期权组合。

多头宽跨式期权组合最常见的形式是所购入的看跌期权的执行价格低于购入的看涨期权的执行价格的情况。

【例 11-3】多头宽跨式期权组合

接前例。2017 年 8 月 8 日，股票 A 的市场价格为 40 元，9 月到期，执行价格 35 元的看跌期权的价格 $P=1$ 元，执行价格为 40 元的看涨期权的价格 $C=8$ 元。投资者购进上述期权的宽跨式期权组合。

构建上述期权组合的成本为 $8+1=9$(元)；该组合的盈亏平衡点有两个：$35-9=26$(元)，$40+9=49$(元)。到期时的盈亏状况如表 11-4 与图 11-11 所示。

表 11-4　多头宽跨式期权组合到期盈亏情况

项　目	$S<35$	$35<S<40$	$S>40$
买进 35Sep.Put	执行 Put: $35-S$	0	0
买进 40Sep.Call	0	0	执行 Call：$S-40$

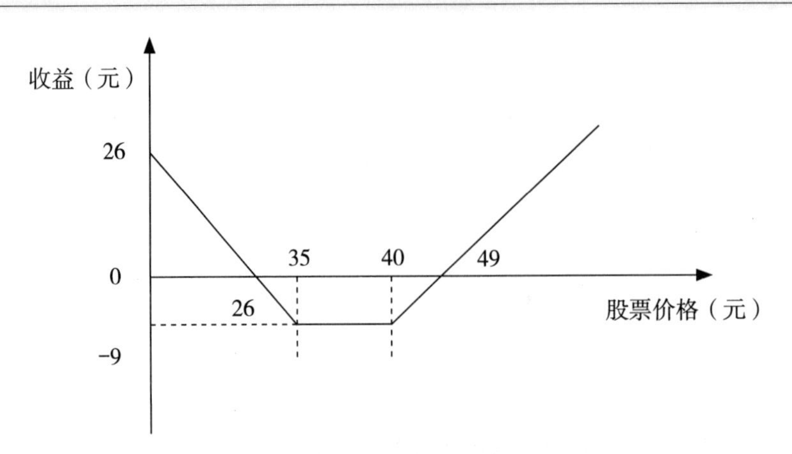

图 11-11　多头宽跨式期权组合到期盈亏情况

宽跨式期权组合因两期权执行价格不同而节约了购买期权的成本，但却加大了获利所需标的资产波动的幅度。

【例 11-4】空头宽跨式期权组合

接前例。如果投资者构建空头宽跨式期权组合，同时卖出两个期权，则在期初收入现金流为 8+1=9(元)。盈亏平衡点仍然是 26 元和 49 元，持有到期时的盈亏状况如表 11-5 和图 11-12。

表 11-5　空头宽跨式期权组合到期盈亏状况

项　目	$S<35$	$35<S<40$	$S>40$
卖出 35Sep.Put	Put 被执行 : $S-35$	0	0
卖出 40Sep.Call	0	0	Call 执行：$40-S$

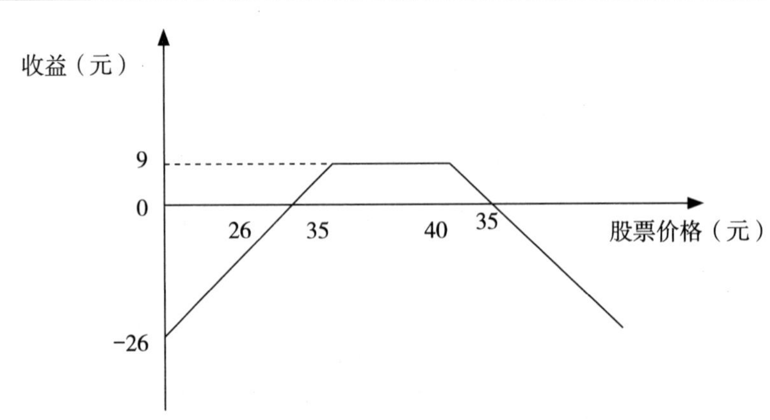

图 11-12　空头宽跨式期权组合到期盈亏情况

空头宽跨式期权组合是在认为资产价格可能有不明方向的小的波动的情况下使用的策略。相对于空头跨式期权组合的最大收益发生在一个价位点上的情况，空头宽跨式期权组合可以在一个更宽广的范围内获利，但是其最大收益有所减少。

11.4 期权用于风险管理

像远期、期货等其他金融衍生工具一样，期权的一个重要作用就是在投融资等经济活动中用于风险管理。但是，用期权进行风险管理与期货、远期等其他衍生金融工具有所不同。期货、远期等用于套期保值之类的风险管理，在保护投资者免受现货价格不利变动而遭受损失的同时，投资者也需承受丧失现货价格有利变动而带来意外盈利的机会。与之不同的是，期权是一种保险合同。买进期权，在买进了防备现货价格不利变动的保护的同时，还保留了现货价格意料之外的有利变动带来盈利机会的潜在可能性。当然，正像买保险需要承担保险费那样，通过购买期权进行风险管理，需要事先支付期权费，期货等工具则无需这一支出。

用期权进行风险管理，为了给现货价格下跌带来的损失提供保险，最直接的方式是买进看跌期权；而为了给现货价格上涨带来的损失提供保险，最直接的方式则是买进看涨期权。

通过期权的套期保值进行风险管理有三种基本的策略。

（a）下限策略：设定买卖资产价格的下限。

（b）上限策略：设定买卖资产价格的上限。

（c）双限策略：既设定买卖资产价格的上限，又设定买卖资产价格的下限。

11.4.1 下限策略——保护性看跌期权策略

这一策略的基本组合是在持有现货资产的情况下，买进资产的看跌期权。

假如投资者在股票市场上做多股票，打算持有较长的一段时间。如果持有期间，担心股票在某个时间内价格有可能下跌，则可以买进该股票的看跌期权，为其设定一个最低的卖出价格，这就是保护性看跌期权策略。

【例 11-5】保护性看跌期权策略

假设投资者持有的股票A的价格已连续上涨一段时间，其目前的市场价格为500元。为防止股价下跌，巩固投资成果，投资者买进执行价格也是500元的看跌期权，期权费为20元。期权到期时投资者的收益情况如图 11-13 所示。

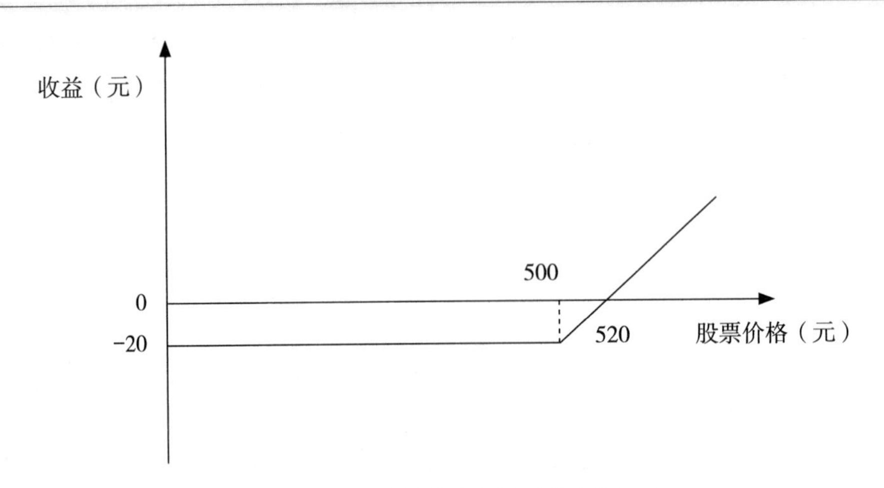

图 11-13　保护性看跌期权到期收益情况

可以看到,保护性看跌期权的购进为资产价格可能下跌带来的损失构建了一个下限。如果资产价格下跌，投资者的损失限于期权的价格。购买保护性看跌期权的盈亏平衡点等于期权的执行价格加上期权费。如果标的资产价格没有下降，甚至继续上升，投资者同样可以获得更高的收益。因此，保护性看跌期权相当于为资产买了一份保险，保费就是期权费。

图 11-13 与一个执行价格为 500 元的看涨期权的收益图是一样的。由此我们看到，看涨期权多头就相当于持有资产并为其买了一份保险，而保险费就等于同样执行价格的看跌期权的期权费。

11.4.2　上限策略——用看涨期权设定成本上限

用买入看涨期权的方式可以为要进行的购置活动设定成本上限。

【例 11-6】用看涨期权设定成本上限

一家供暖公司某年 7 月时担心当年冬天会比往年寒冷，从而供暖油需求上升，价格上涨，希望采取措施控制冬天购油成本。可以采取如下措施:

（a）假如当时 12 月到期燃料油期货价格为 2 850 元 / 吨，公司可以买入燃料油期货，进行套期保值，则未来不论油价如何，公司购油成本均为 2 850 元 / 吨。

（b）如果市场有 12 月到期的燃料油期权交易，公司也可利用其看涨期权实现控制成本的目的。假设市场交易的 12 月到期执行价格为 2 850 元的燃料油期权价格为 200 元，则买入该期权可以将未来买入燃料油的成本最高限定为 2 850+200=3 050(元)，而当燃料油的价格上涨较少或者没有上涨，甚至下跌时，仍保留了节约成本的可能，如图 11-14 所示。

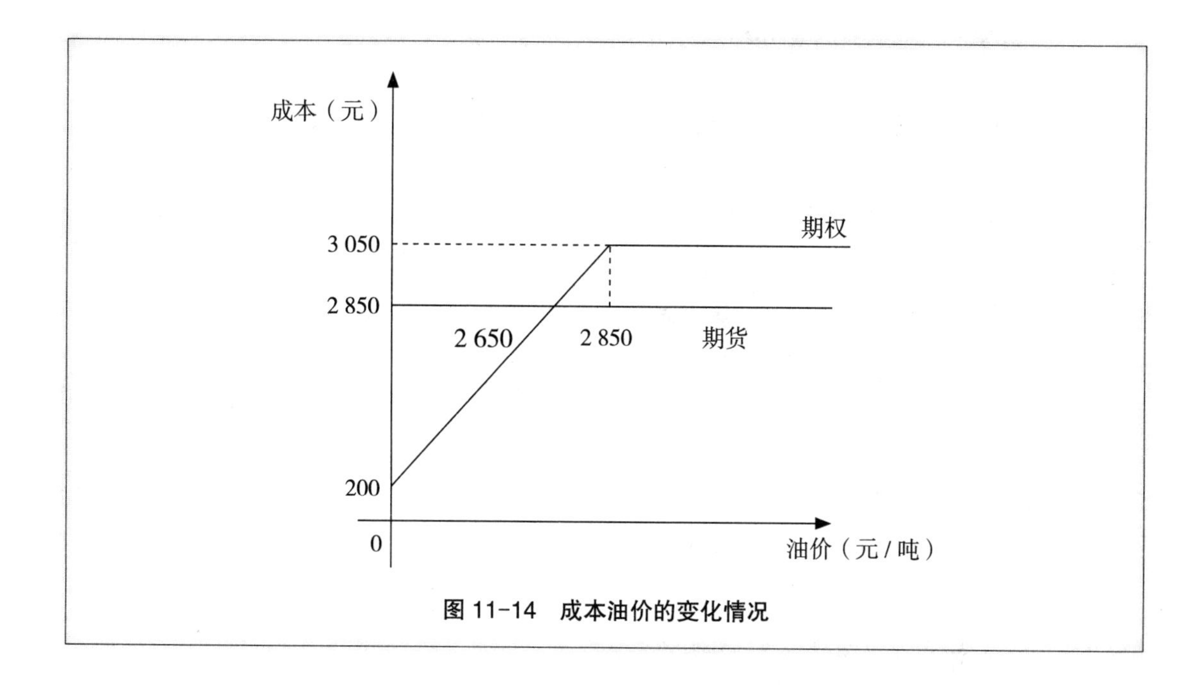

图 11-14　成本油价的变化情况

比较期权、期货套期保值的效果可见，期货锁定了未来购进成本。当资产价格上升时，避免了成本的提高，但是，也不因未来市场价格下跌而节约成本。期权则不同。如果到期资产价格下降到期权执行价格以下，则期权失效。如果资产价格持续下降，放弃期权后，用市场价格买入资产可以继续享有节约成本的机会。

11.4.3　双限策略——用期权同时设定买卖资产的上下限

上面的上限策略固然设定了买进资产的成本上限，但是也需要付出期权费用，这相当于另外支付的保险费用。如果资产价格果真向着不利的方向变化了，购买资产的成本要在期权执行价格的基础上加上期权费，效果就不如期货套期保值了。为了降低购买期权的保险费用，可以在买进看涨期权的同时，卖出看跌期权，从而形成双限组合，降低保险费用，这就构成了双限策略。

【例 11-7】双限策略

某年 3 月，一基金经理对其三个月后到期的一笔债券投资的收回资金规划再投资业务。该基金经理准备届时投资美国面值为 10 万美元、票面利率为 8% 的 15 年期国债。如果未来三个月国债的市场利率下降，国债的价格将上升。为避免多付成本，可以用前面的方法买进 6 月到期的国债看涨期权设定价格上限，也可以买进 6 月期货，锁定未来价格。但是，这两种策略各有其优缺点。用看涨期权设定上限需付出相应的期权费，而期货则限制了市场有利时进一步降低成本的机会。为此，可以在买进看涨期权的同时，卖出看跌期权，从而形成双限组合。

假设6月到期执行价格为82 000美元的国债看涨期权价格为2 000美元。同样到期月份、执行价格为80 000美元的看跌期权的价格为750美元。该基金经理在买进100份上述看涨期权的同时，卖出100份上述看跌期权。则其每份国债的保险费用从只买看涨期权的2 000元降为2 000−750＝1 250（美元）。总的费用为1 250×100＝125 000（美元）。

如果到期市场利率下降，国债价格高于82 000美元，则执行看涨期权，买进国债的总费用为100×(82 000＋1 250)＝8 325 000（美元）。

如果到期市场利率上升，国债价格低于80 000美元，看跌期权被执行，每张国债需支付80 000美元。因此，相对于设有下限的情况，成本有了一个最小值为100×（80 000+1 250)＝8 125 000（美元）。

如果到期时国债的价格在80 000美元与82 000美元之间，两个期权都不行权。投资人将以市场价格购入国债，损失费用125 000美元。成本情况如图11-15所示。

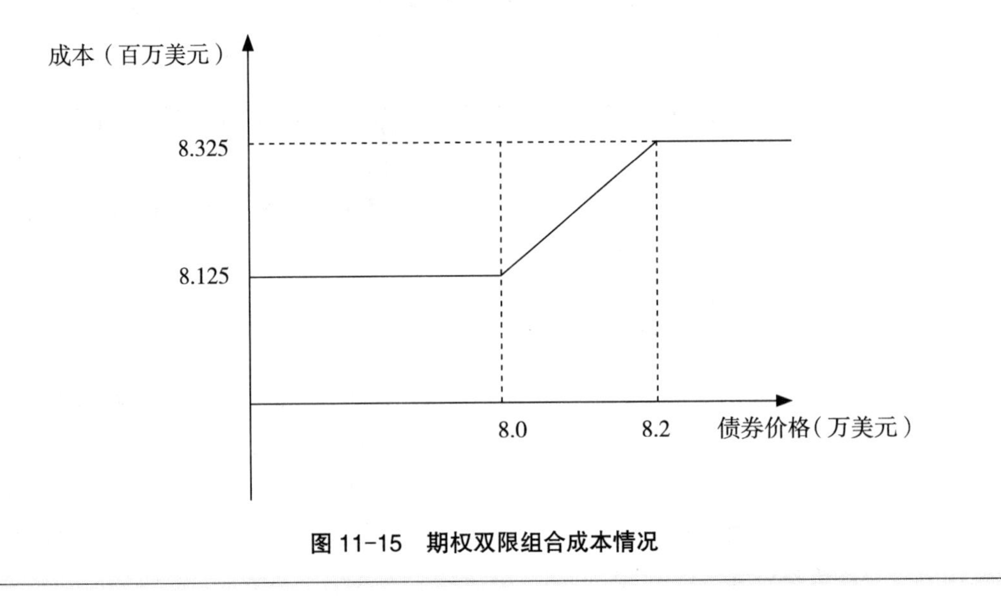

图11-15 期权双限组合成本情况

当然，我们看到，相对于期权上限策略，双限组合固然减少了初始成本，然而也牺牲了以更低的价格购入资产的机会。

总结上面的讨论，我们看到，当我们用期货进行套期保值控制风险时，我们可以锁定特定的价格（假定完美套期保值）。当市场价格向不利的方向变化时，期货套保的效果是令人满意的。但是，如果市场价格向有利方向变化，带来的损失也会侵吞掉我们的利益。

期权用于套期保值的风险管理几乎总能够规避不利的价格变化，而不妨碍价格有利变化带来盈利的机会，但是期权需付出成本购得。

用期权进行套期保值而减少成本的方式就是卖出另一相关的期权，这就构成了双限期权组合。

我们再看一个双限策略与保护性看跌期权策略比较的例子。

【例 11-8】双限策略与保护性看跌期权策略比较

投资者拥有 100 股波音股票，股票价格为 90 美元。假设投资者买进一手执行价格为 90 美元的波音股票看跌期权，期权价格 $P=3.50$ 美元。这是为资产提供保护的保护性看跌期权策略。

为减少这一策略的费用，投资者卖出 1 手同样到期时间，执行价格为 95 美元的看涨期权，期权价格 $C=2.5$ 元。这样套期保值的费用就从最初的 3.5 美元 / 股降为 1 美元 / 股，构成了双限策略。到期时每股损益如表 11-6 所示。

表 11-6　双限策略期权到期时的损益情况

$S<90$	$S=90$	$S=91$	$S=95$	$S>95$
损失净期权费 1 美元	损失净期权费 1 美元	损益平衡	净盈利 4 美元	净盈利 4 美元
看跌期权行权，每股卖价 90 美元，看涨期权失效	两期权均失效，资产无盈亏	两期权均失效，资产盈利 1 美元	两期权均失效，资产盈利 5 美元	看跌期权失效，看涨期权行权，每股卖价 95 美元

可以看出，双限套期保值，降低了初始费用，同时也失去了价格大幅上升带来巨额盈利的潜力，其与保护性看跌期权策略的比较如图 11-16 所示。

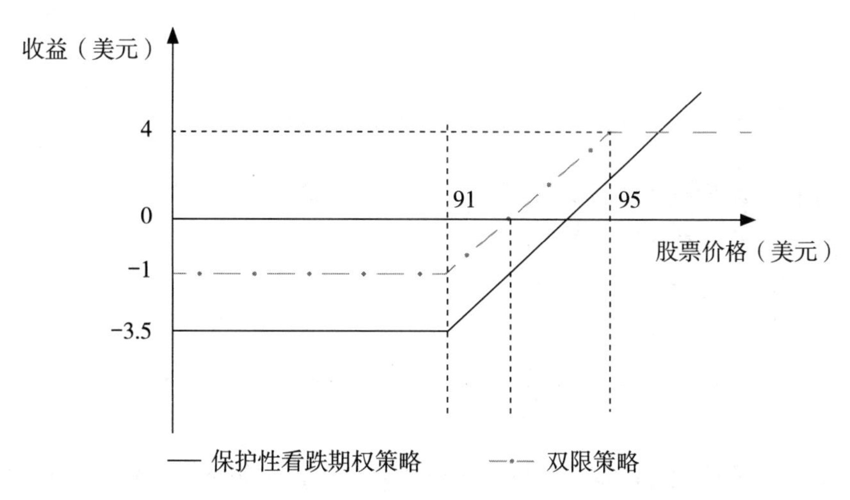

图 11-16　保护性看跌期权策略与双限策略的比较

双限期权策略还可以通过改变其中的看涨与看跌期权的执行价格，来降低或增加组合的初始成本，增大或缩小盈利的价格区间。

11.4.4　卖空抛补性看涨期权策略

现实投资中，还有一种基本的期权策略，称为卖空抛补性看涨期权策略。这一策略是指投资者持有资产，并出售该资产的看涨期权。如果卖空期权的资产规模与持有的资产规模相同，则称为完全抛补看涨期权组合。

【例 11-9】卖空抛补性看涨期权策略

投资者持有 A 股票 100 股，并卖空 1 手 A 股票看涨期权。相关参数为：股票市价 $S=500$ 元，期权执行价格 $K=500$ 元，期权价格 $C=20$ 元。到期时，收益状况如图 11-17 所示。

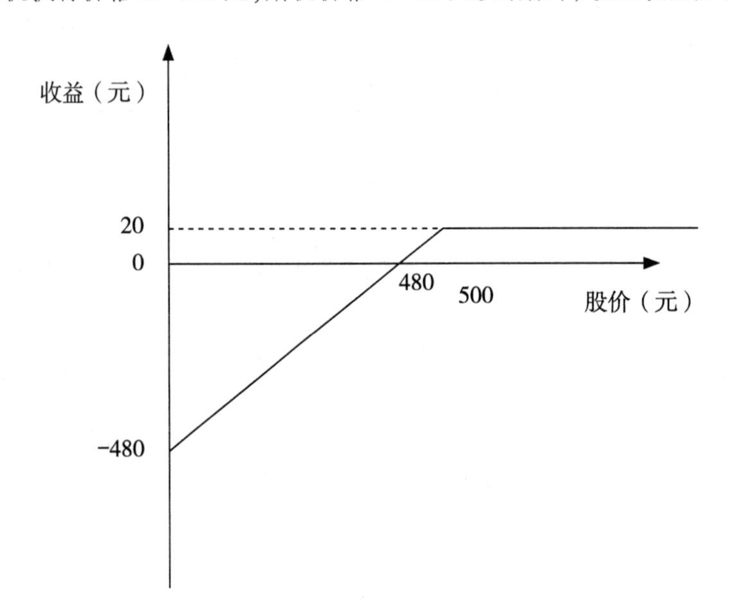

图 11-17　卖空抛补性看涨期权收益情况

可以看到，本项投资到期时的盈亏平衡点为 480 元，最大可能收益为 $20\times100=2\,000$（元），最大可能损失为 $480\times100=48\,000$（元）。

仅持有资产与使用卖空抛补性看涨期权或买进保护性看跌期权相比较，有如下几个特点：

第一，卖空抛补性看涨期权盈利的潜力受到限制，但为标的资产价格下跌提供了以期权价格为限的有限保护。在资产价格下降、不变以及小幅上涨时，本策略的盈利优于仅持有资产。在资产价格大幅上涨时，仅持有资产优于卖空抛补性看涨期权策略。

第二，保护性看跌期权限制了价格下跌的风险。看跌期权如同买了一份保险，将价格下跌带来的损失限制在有限范围内，而不妨碍价格上涨获取更多收益。如果价格上升或不变，仅持有资产优于本策略。

第三，如果资产价格变动甚微，卖空抛补性看涨期权优于买进保护性看跌期权。

第四，如果资产价格变动巨大，买进保护性看跌期权优于卖空抛补性看涨期权。

第五，卖空抛补性看涨期权或买进保护性看跌期权两种策略均对冲价格的运动，减少现金流的波动性。保护性看跌期权策略、仅持有资产以及卖空抛补性看涨期权策略收益情况如图 11-18 所示。

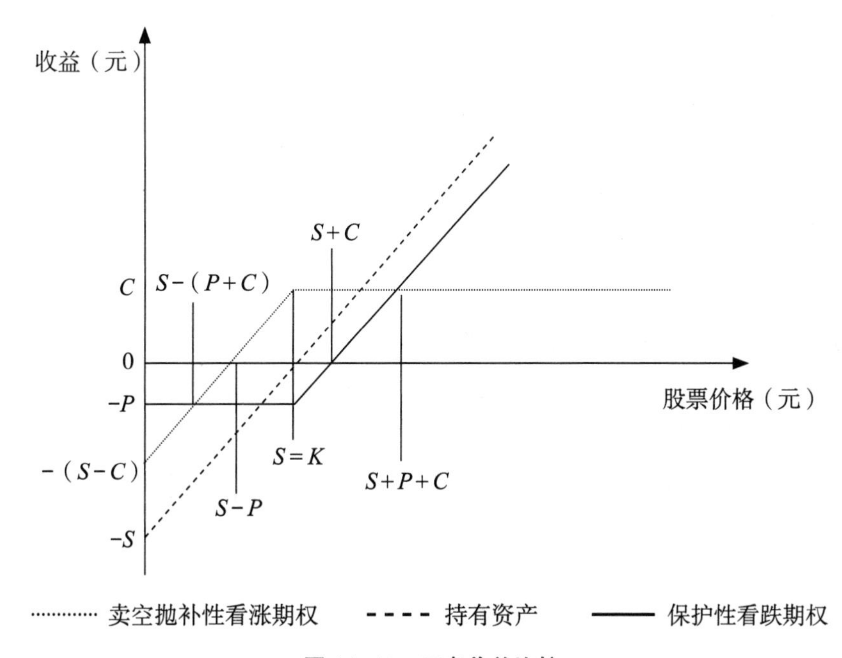

图 11-18　三者收益比较

本章小结

1. 期权到期时的支付和收益特征可以通过绘制盈亏分布图的方式进行分析和比较。与购入标的资产多头相比较，购入看涨期权为投资者提供了一个避免标的资产价格下跌受损的保护，相当于买了一份保险。购买看跌期权相当于卖空标的资产并为卖空头寸买了一份防范股价下跌的保险，期权的价格就是保费；也可以将其看做卖空一个期货，同时购买一份标的资产价格上涨保险，只要资产价格上涨到合约约定的价格以上，保险公司即给予赔付。

2. 跨式期权组合，也叫同价对敲组合期权。相同数量的，以同一基础资产为标的资产的，具有相同执行价格、相同到期日的看涨期权与看跌期权多头头寸，称为多头跨式期权组合。上述看涨期权与看跌期权的空头头寸，称为空头跨式期权组合。多头跨式期权组合是在预期标的资产价格有大的波动，而不能确定波动方向时常用的策略；而空头跨式期权组合则相反。

宽跨式期权组合，也叫异价对敲组合期权。相同数量的以同一基础资产为标的资产的具有不同执行价格、相同到期日的看涨期权与看跌期权多头头寸，称为多头宽跨式期权组合。上述看涨期权与看跌期权的空头头寸，称为空头跨式期权组合。宽跨式期权组合是为了节约投资成本对跨式期权组合的修改。

3. 期权用于风险管理有多种组合形式，如上限策略、下限策略、双限策略，还有卖空抛补性看涨期权等。它们各有优劣，各有其适用的条件和范围，与期货用于套期保值也有很大差异。

习 题

1. 假设你是某只股票的牛市者，以下行为的好处和劣势各是什么？

（a）买入看涨期权；（b）出售看跌期权。

2. 为什么本章讨论的典型的损益图表只在期权到期日有效？

3. 假设你是一笔捐赠基金的投资管理者，在你完全预料到投资期权可能会失去全部投资时，你有时还会毫不犹豫地购买有保护的看跌期权，这是为什么？

4. 解释期权套期保值的上限、下限、双限策略，比较它们的优点和不足。

5. 比较以下两种防范市场走低策略的相对优势：

（a）购买看跌期权；（b）买空抛补性看涨期权。

6. 假设某投资者认为在接下来的几个月里股票价格会比较稳定，那么出售跨式期权组合与出售宽跨式期权组合各有什么利弊？

7. 多头 100 股股票的投资者如果出售基于该股票的两份看涨期权，其收益风险特征是怎样的？

8. 用表 10-7 的数据，画出 IBM 多头 3 月 16 日到期 90/100 异价对敲组合的期权的损益图。

第十二章　期权的价格分析

12.1　合成资产

合成资产（synthetic assets）是金融学里的一个重要概念，它是指用两项或两项以上的资产构造出与某一项资产具有同样收益风险特征的资产组合的投资策略。自从无套利分析方法广泛应用于金融领域，金融工程迅速兴起，资产的合成分解技术就成了资产定价、资产的风险收益特征分析、资产组合构建与风险管理等的主要手段。

在第十一章的分析中，我们看到，在有效市场中，看涨期权多头与保护性看跌期权组合的收益风险特征相同。在期权上限下限等策略中，我们也看到多种用两项或两项以上的资产构建出来的与某一项金融工具具有同样的风险收益特征的资产组合。表 12-1 列示的是一些合成资产以及与它们具有相同收益风险特征的资产或金融工具头寸。

表 12-1　合成资产及对应的实际资产

实际资产	合成资产
看涨期权多头	标的资产多头 + 看跌期权多头
看涨期权空头	标的资产空头 + 看跌期权空头
看跌期权多头	标的资产空头 + 看涨期权多头
看跌期权空头	标的资产多头 + 看涨期权空头
标的资产多头	看涨期权多头 + 看跌期权空头
标的资产空头	看涨期权空头 + 看跌期权多头

在表 12-1 中，左栏的实际资产头寸与右栏的合成资产到期时的收益平衡点并不一致，但其收益的变化规律相同，收益风险特征相同，到期时损益图的形状完全相同。我们可以借以分析相关联的金融工具之间的价格关系。

12.2 看涨看跌期权平价关系

考虑具有相同的标的资产的欧式看涨期权、欧式看跌期权以及它们的标的资产三种金融工具。假设上述看涨期权和看跌期权具有相同的执行价格、到期日。使用上述三种金融工具投资，投资期限与期权的到期日相同，并假定所用到的符号如表 12-2 所示。

表 12-2 符号一览

项目	内　容
S	标的资产的当前价格
S^*	标的资产在期权到期时的价格
C	看涨期权价格
P	看跌期权价格
K	期权执行价格
D	标的资产在期权有效期内支付收益的现值
r	当前至期权到期日的无风险利率

由于合成资产与实际资产具有相同的风险收益特征，因而，可以用表 12-3 中斜线连接的三项资产构建无风险资产组合。

表 12-3 无风险资产组合的构建关系

实际资产	合成资产
标的资产多头	看涨期权多头 + 看跌期权空头
标的资产空头	看跌期权空头 + 看涨期权空头
看涨期权多头	标的资产多头 + 看跌期权多头
看涨期权空头	标的资产空头 + 看跌期权空头
看跌期权多头	标的资产空头 + 看涨期权多头
看跌期权空头	标的资产多头 + 看涨期权空头

12.2.1 无风险资产组合策略 I

组建下面的资产组合：

① 以价格 C 卖出一份看涨期权；

② 以价格 P 买进一份看跌期权；

③ 以价格 S 买进一份股票。

本策略的初始投资 $=P+S-C$，期权到期（投资结束）时现金流情况如表 12-4 所示。

表 12-4　策略 I 到期现金流

项目	现金流		
	$S^* < K$	$S^* = K$	$S^* > K$
卖空看涨期权	0	0	$K - S^*$
买进看跌期权	$K - S^*$	0	0
买进股票	S^*	K	S^*
净现金流	K	S^*（$=K$）	K
到期操作方式	执行看跌期权，交付股票，获得现金 K	期权失效，卖出股票，获得现金 K	对手执行看涨期权，交付股票，获得现金 K

可见，这一资产组合投限结束时的价值恒为 K，是一个无风险的资产组合。

如果股票在期权有效期内支付股利，由于投资者拥有股票，自然会分得股利，把股利投资到期权到期日，获得终值［$(1+r)\times D$］（前已说明 D 是所获收益的现值）。这时，到期时的终值为 $K+$［$(1+r)\times D$］。

在无套利假设下，无风险资产组合的收益率必然等于市场无风险利率，因此有：

$$\frac{K+[(1+r)\times D]}{P+S-C}=1+r \tag{12.1}$$

12.2.2　无风险资产组合策略 II

再看下面的资产组合：

① 以价格 C 买进一份看涨期权；

② 以价格 P 卖出一份看跌期权；

③ 以价格 S 卖空一份股票。

本策略获初始现金流为 $P+S-C$，用作无风险投资至期权到期。

期权到期时现金流情况如表 12-5 所示。

表 12-5　策略 II 到期现金流

项目	现金流		
	$S^* < K$	$S^* = K$	$S^* > K$
买进看涨期权	0	0	$S^* - K$
卖出看跌期权	$S^* - K$	0	0
卖空股票	$-S^*$	K	$-S^*$
净现金流	$-K$	$-S^* =$（$-K$）	$-K$
到期操作方式	对手执行看跌期权，支付 K，得到股票，交付出借方，了结股票空头	期权失效。支付 K，购回股票，交付出借方，了结股票空头	执行看涨期权，支付 K，得到股票，交付出借方，了结股票空头

这也是一个无风险的资产组合，因为最后都需支付 K。同样，如果股票在期权有效期内支付股利，由于投资者卖空股票，需支付股票出借方分红的损失，在期权到期日多支付［$(1+r)\times D$］。在无套利假设下，有：

$$[(1+r)\times(P+S-C)]-\{k+[(1+r)\times D]\}=0 \quad (12.2)$$

经过变换，同样得到式（12.1）。

12.2.3 看涨、看跌期权平价关系

根据式（12.1）得到：

$$P=\left[\frac{K}{1+r}-(S-D)+C\right] \quad (12.3a)$$

或者：

$$C=\left[(S-D)-\frac{K}{1+r}\right]+P \quad (12.3b)$$

式（12.3a）和式（12.3b）即是欧式看涨期权与看跌期权的平价关系（put-call parity）。这一平价关系反映了具有同一标的资产、同一到期期限和同一执行价格的欧式看涨期权和欧式看跌期权的价格，以及期权的标的资产的市场价格之间的关系。掌握这一价格关系之后，知道三者中的任意两个，就可以求得另外一个。在这里，我们看到，两期权与其标的资产的价格关系，实际反映了因资产价格上升获利与因资产价格下跌获利两种选择权的获得成本，与因标的资产价格变化在到期行权时可能获得的现金流，以及无风险利率之间紧密联系在一起的关联关系。

对于标的资产而言，持有资产就可以分得资产的红利，而卖空资产则除了到期归还资产之外，还需支付卖空资产期间资产的分红。因此，标的资产到期价格的现值应该由其当前的市场价格减去红利的现值得到，为 $S-D$，不能使用 S。

到期执行看涨期权时，支付 K；得到资产。K 的现值为 $K/(1+r)$，资产当前的价格为 $S-D$。

到期执行看跌期权时，得到 K；交付资产。K 的现值为 $K/(1+r)$，资产当前的价格为 $S-D$。

当股票在期权有效期内没有分红时，$D=0$。欧式看涨、看跌期权的平价关系为：

$$P=\left[\frac{K}{1+r}-S\right]+C \quad (12.3c)$$

以及

$$C=\left[S-\frac{K}{1+r}\right]+p \quad (12.3d)$$

为简化起见，上述分析假定一个投资期的利率为 r。现实中，我们常用年化利率，有时用连续复利年利率，因而需对上述公式做如下变化：假定年化利率为 r，期权有效期为 T 年（6 个月为 1/2 年，3 个月为 1/4 年等），则公式中的 $K/(1+r)$ 应为 $K/(1+r)^T$，如果使用连续复利年利率则为 Ke^{-rT}。

【例 12-1】计算均衡的看涨期权价格

假设一只不付红利股票的市场价格为 40 元，当前的无风险年利率为 4%。该股票三个月到期、执行价格为 40 元的欧式看跌期权的价格为每股 3 元。计算该股票三个月到期、执行价格为 40 元的欧式看涨期权的价格。

该问题的解答思路如下。

无风险年利率为 4%，则三个月的利率为 4%/4=1%。将相关变量带入式（12.3d），有：

$$C=[S-K/(1+r)]+P=(40-40/1.01)+3=3.4\text{（元）}$$

现在来看得出的结果。假如采取下列投资策略：

（1）卖空一股看跌期权，得到 3 元；（2）卖空一股股票，得到 40 元；（3）买进一股看涨期权，支付 3.4 元；（4）用所获资金（40+3−3.4）=39.60（元），以 4% 年利率投资三个月，实际三个月的收益率为 1%。

这一策略到期时，无论股票价格在执行价格之上还是之下，最终的结果总是需要支付资金 40 元。而当前通过上述操作融得的资金额为 39.6 元，无风险投资的结果为，恰好等于要支付的金额。因而，当前投资为 0，未来净收益为 0，正符合无套利机会的要求。由此可见，欧式期权平价关系确实反映了标的资产、欧式看涨和看跌期权以及无风险利率之间在无套利机会时的相对关系。

12.3 期权的价格特征及影响因素

12.3.1 期权价格的影响因素

我们通过一个例子再次讨论看涨看跌期权的平价关系，并进而认识欧式期权价格的特征及影响因素。

【例 12-2】

2017 年 8 月 10 日，投资者 A 和 B 均预测股票 XYZ 的价格在未来的一个月内会上涨，于是决定对其投资。两人所用投资策略如下。

A：买进一份交易规模为100股，9月10日到期，交割价格为50元的远期合约。同时，为防止因股票价格下跌遭受损失，买入一份同样规模，到期日相同，执行价格为50元的看跌期权。A在期初在远期合约上并无现金支付，但需支付期权费P。

B：购买一手9月10日到期，执行价格为50元的欧式看涨期权，需支付期权费C。

到期日两者的现金流状况如表12-6所示。

表12-6 例12-2中投资期末的现金流

9月10日股价	A	B
低于50元	远期合约以每股50元购进100股股票，执行看跌期权，以每股50元的价格卖出100股股票。净现金流为0	看涨期权无价值，净现金流为0
等于50元	远期合约以每股50元购进100股股票，看跌期权无价值。股票以同样价格卖出，净现金流为0	看涨期权无价值，净现金流为0
55元	远期合约以每股50元购进100股股票，看跌期权无价值。股票以每股55元价格卖出，净现金流为500元	执行看涨期权，净现金流为500元
60元	远期合约以每股50元购进100股股票，看跌期权无价值。股票以每股60元价格卖出，净现金流为1000元	执行看涨期权，净现金流为1000元

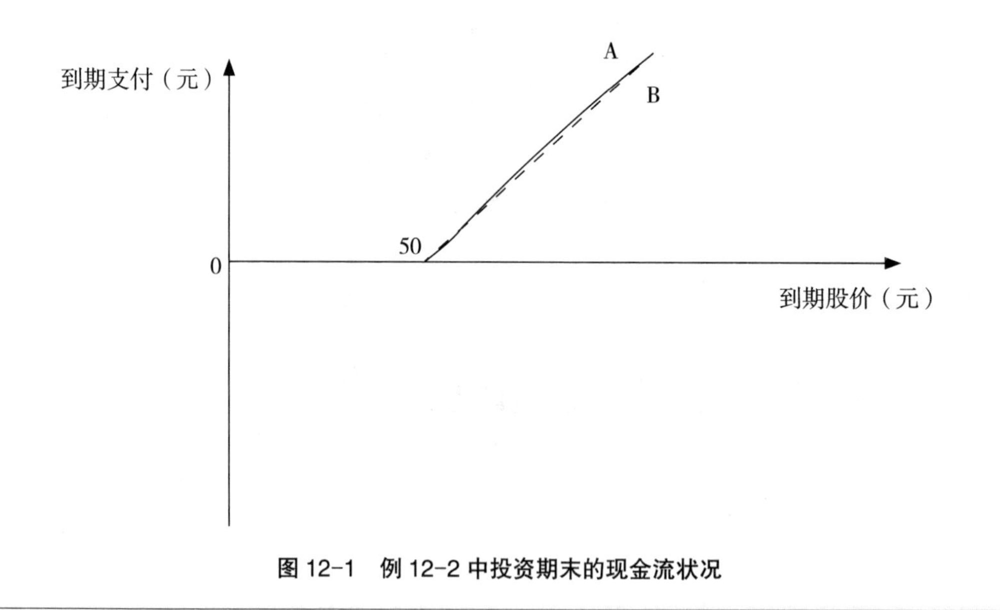

图12-1 例12-2中投资期末的现金流状况

图12-1和表12-5表明，两者的到期支付状况完全相同。可见，买进看涨期权策略与买进交割价格相同、到期日相同的远期合约，并购买同样到期日和执行价格的看跌期权作为保险的策略，效果是一样的。因此，购买看涨期权等价于下面的资产组合：

① 购买一份到期日交割价格为期权执行价格K的远期合约。到期日，支付价格K获得

现价为 S 的股票。收益的现值为 $S-K/(1+r)$。

② 远期合约不论盈亏均需履约。为防损失，需要一份保险，当到期日价格低于 K 时获得赔付。为此，需支付保费。这一保险就是买入的欧式看跌期权，价格为 P。

因此，看涨期权的价格 $=S-K/(1+r)+P \Rightarrow C=[S-K/(1+r)]+P$。

也可以以看跌期权多头等价于卖空远期合约并买进看涨期权作为保险的方式理解这一关系。这正是我们前面曾经推导过的看涨、看跌期权的平价关系。

通过看涨看跌期权的平价关系，很容易理解期权的价格特征及影响期权价格的因素。持有看涨期权的情况是，在行权时，支付 K，得到资产。而持有看跌期权的情况是，在行权时，得到 K，交付资产。以无风险利率折现的 K 的现值为 $K/(1+\mathrm{r})$，资产当前的价格为 $S-D$。因此标的资产价格、期权存续期标的资产的红利、执行价格、无风险利率是期权价格的影响因素而且对看涨、看跌期权二者的影响方向相反。除了这四个因素之外，对于期权这种最大损失有限，收益随着标的资产价格的有利变动而增加的选择权，其价格无疑与标的资产价格波动的大小有关，而且波动越大对期权的持有者越有利。因此，标的资产价格的波动率也是期权价格的影响因素之一，且对看涨、看跌期权的影响都是正向的。上述五个因素对看涨、看跌期权价格的影响方向见表 12-7。

表 12-7 期权价格的影响因素及影响方向

因素	看涨期权影响方向	看跌期权影响方向
S	+	−
D	−	+
K	−	+
r	+	−
σ	+	+

12.3.2 期权价格的构成

看涨期权即使执行价格高于标的资产的价格，其价格一般也大于 0；看跌期权即使资产价格高于执行价格，价格一般也大于 0。这是因为在期权未到期之前，随着资产价格的变化，存在着因价格有利变化获取收益的可能性。而价格如果向相反的方向变动，期权持有者则充其量只是到期时放弃行权，而不再有更多的损失。

正因为这个原因，期权的价格可以分成两个部分：内涵价值和时间价值。

（1）期权的内涵价值

期权的内涵价值（intrinsic value 或 embedded value）也称为内在价值，是指在不考虑交易费用和期权费的情况下，多头方立即执行期权合约可获取的收益。欧式期权只有到期才可以行权，其内涵价值是假设可以立即行权而获得的收益。因为只有在有利时多头方才会行权，因此，内涵价值最小为 0。

内涵价值体现的是执行价格与标的资产即期价格的关系，是期权购买者支付给期权出售者的期权已有价值（累计收益）的补偿。

看涨期权内涵价值 $=\max(S-K,0)$；

看跌期权内涵价值 $=\max(K-S,0)$。

其中，S—— 标的资产的即期价格；

K—— 期权的执行价格。

依据内涵价值的不同，可将期权分为实值期权、虚值期权和平值期权。

实值期权（in-the-money options），也称期权处于实值状态，是指内涵价值大于 0 的期权。在不考虑交易费用和期权费的情况下，买方立即执行期权合约所获得的行权收益大于 0，且行权收益等于内涵价值。

实值看涨期权的执行价格低于标的资产的市场价格，实值看跌期权的执行价格高于其标的资产的市场价格。

当看涨期权的执行价格远远低于其标的资产的市场价格，或看跌期权的执行价格远远高于其标的资产的市场价格时，该期权被称为深度实值期权。

虚值期权（out-of-the-money options），也称期权处于虚值状态。是指内涵价值等于 0，而且标的资产价格不等于期权的执行价格的期权。

虚值看涨期权的执行价格高于其标的资产价格，虚值看跌期权的执行价格低于其标的资产价格。

当看涨期权的执行价格远远高于其标的资产价格，或看跌期权的执行价格远远低于其标的资产价格时，被称为深度虚值期权。

平值期权（at-the-money options），也称期权处于平值状态，是指内涵价值等于 0，而且标的资产价格等于期权的执行价格的期权。

虚值期权与平值期权的多头方都不会行权（表 12-8）。

表 12-8　实值、平值与虚值期权的关系

项目	看涨期权	看跌期权
实值期权	执行价格＜标的资产价格	执行价格＞标的资产价格
虚值期权	执行价格＞标的资产价格	执行价格＜标的资产价格
平值期权	执行价格 = 标的资产价格	执行价格 = 标的资产价格

如果某个看涨期权处于实值状态，同一标的资产，执行价格相同的看跌期权一定处于虚值状态；反之亦然。

（2）期权的时间价值

期权的时间价值（time value），又称外涵价值，是指期权的价格超出内涵价值的部分，它是期权有效期内标的资产价格波动为期权持有者带来收益的可能性所隐含的价值。

显然，标的资产价格的波动率越高，期权的时间价值就越大。期权的价格、内涵价格、时间价格三者有如下关系：

时间价值 = 期权价格 − 内涵价值。

如果内涵价值等于 0，期权价格即期权的权利金等于其时间价值。

【例 12-3】

表 12-9 是 CBOE 网站上 2017 年 8 月 11 日交易的 S&P 500 股价指数看涨期权报价，当时 S&P 500 股价指数为 2 441.32 点。后两列是根据上面知识计算的各不同执行价格的期权的内涵价值和时间价值。

表 12-9　S&P 500 指数看涨期权报价、内涵价值、时间价值

2017 年 8 月到期 S&P 500 股指看涨期权（到期日：8 月 14 日），交易所：CBOE

2017 年 8 月 11 日 @ 21:45 ET，S&P 500 股价指数值：2 441.32

执行价格	成交价	净变化	买价	卖价	未平仓数	内涵价值	时间价值
2 435	12.94	−2.36	12.40	14.10	244	6.32	6.62
2 440	9.36	−3.04	8.90	10.30	319	1.32	8.08
2 445	5.90	−3.92	5.80	6.10	159	0	5.90
2 450	3.20	−4.30	3.10	3.90	822	0	3.20

【例 12-4】

表 12-10 是 CBOE 网站上 2017 年 8 月 11 日交易的 S&P 500 股价指数看跌期权报价，当时 S&P 500 股价指数为 2 441.32 点。后两列是计算的各不同执行价格的期权的内涵价值和时间价值。

表 12-10　S&P 500 指数看跌期权报价、内涵价值、时间价值

2017 年 8 月到期 S&P 500 股指看跌期权（到期日：8 月 14 日），交易所：CBOE

2017 年 8 月 11 日 @ 21:45 ET，S&P 500 股价指数值：2 441.32

执行价格	成交价	净变化	买价	卖价	未平仓数	内涵价值	时间价值
2 435	5.80	−4.88	5.50	6.00	3 838	0	5.80
2 440	7.11	−5.99	6.90	7.70	4 681	0	7.11
2 445	8.88	−4.47	8.70	10.10	3 138	3.68	5.20
2 450	11.60	−5.55	11.10	12.10	2 629	8.68	2.92

（3）不同期权的时间价值

第一，平值期权和虚值期权的时间价值总是大于或等于 0。

由于平值和虚值期权的内涵价值等于 0，而期权的价值不能为负，所以平值期权和虚值期权的时间价值总是大于或等于 0。

第二，美式期权的时间价值总是大于或等于 0。

对于实值美式期权，由于美式期权在有效期的正常交易时间内可以随时行权，如果期权的权利金低于其内涵价值，在不考虑交易费用的情况下，买方立即行权便可获利。因此，在不考虑交易费用的情况下，权利金与内涵价值的差总是大于 0，或者说，处于实值状态的美式期权的时间价值总是大于等于 0。

由于平值期权和虚值期权的时间价值也大于 0，所以，美式期权的时间价值均大于或等于 0。

由于存在佣金、行权费等交易成本，期权实际交易中，也存在实值美式期权时间价值小于零的情形。

第三，实值欧式看跌期权的时间价值可能小于 0。

欧式期权由于只能在期权到期时行权，所以在有效期的正常交易时间内，即使期权的权利金低于内涵价值，即处于实值状态的欧式期权具有负的时间价值，买方也不能够立即行权获利。这就使得处于实值状态的欧式期权的时间价值有可能小于 0。

但是，根据对期权价格范围的分析，只有实值欧式看跌期权和标的资产支付较高收益的实值欧式看涨期权的时间价值存在小于 0 的可能；而标的资产不支付收益和支付较低收益的实值欧式看涨期权的时间价值不会小于 0。

（4）期权价格的一些其他特征

除了以上影响因素期权价格还有一些其他特征。

第一，是在到期日，期权价格等于其内在价值。期权到期，时间价值不复存在，因而期权价格只剩内涵价值。

第二，存续时间越长美式期权的价格越高。因为对于具有同样标的资产的同样执行价格的美式期权，它们具有同样的内涵价值，而由于其具有随时可执行性，因而存续时间越长，会有更大的时间价值，从而具有更高的价格。

第三，看涨期权的价格不会大于标的资产的价格。没有人会愚蠢到花比资产本身的价格还要高的代价去购买未来以一定的成本购买该资产的权利。

第四，看跌期权的价格不会大于其执行价格（执行价格是看跌期权的最大可能盈利）。这个道理与第三点中所说看涨期权有价格上限的道理是一样的，没有人会愚蠢到花比销售价格还要高的代价去购买未来以一定的价格卖出某种资产的权利。

12.3.3 美式期权的提前行权问题

下面就不同情况下美式期权的提前行权问题加以讨论。

（1）**有效期内不付红利股票美式看涨期权提前行权的合理性**

对于同一标的资产、同一到期期限的欧式看涨期权与美式看涨期权，给定符号如下：

C_{EU}——欧式看涨期权价格；

P_{EU}——欧式看跌期权价格；

C_A——美式看涨期权价格。

当 $D=0$ 时，欧式看涨看跌平价关系为 $C_{EU}=[S-K/(1+r)]+P_{EU}$。

因为 $P_{EU}\geqslant 0$，得到 $C_{EU}>[S-K/(1+r)]$，而 $K>K/(1+r)$，所以，$C_{EU}>S-K$。

而 $C_A\geqslant C_{EU}$，因此有 $C_A>S-K$。

上述推导说明，如果提前行权，所获收益为 $S-K$，低于出售期权所获收益 C_A，因此，美式期权提前行权不如转让期权更有利。由此可见，有效期内无收益资产的美式看涨期权提前行权是不合理的。因此，此类期权可提前行权的特征的价值为 0。由此得出结论，有效期内无收益资产的美式看涨期权的价格等于同等条件的欧式看涨期权的价格。

我们同样可以用看涨看跌期权的平价关系加深对上述问题的理解。

如前所述，当期权处于虚值或平价状态时，内在价值为 0，期权的价格等于其时间价值，自然不能提前行权。在实值状态时，其内涵价值为正，时间价值等于期权的价格减去内涵价值。后面的分析将使我们看到，期权的时间价值反映了三个方面的收益：

第一，购买期权而不是即刻买卖标的资产本身所节省的资金的利息成本；

第二，避免到期时期权处于虚值状态遭受更大损失而可以不行权的便利性或保险成本；

第三，持有资产获得的红利或其他收益。

期权处于实值状态时，由欧式期权的平价关系得到：

$$C=S-D-\frac{K}{1+r}+P=(S-K)+\left(\frac{r\times K}{1+r}+P-D\right) \tag{12.4}$$

因此，对于处于实值状态的看涨期权，时间价值为 $(r\times K)/(1+r)+P-D$。

其中，第一项：$(r\times K)/(1+r)$，测度的是执行价格利息的现值，即如果持有期权到期才行权，就可以节省因不用当前付款而产生的利息。

第二项：P，如前所述，是防止资产价格下降到执行价格以下，造成更大损失的可能性支付的保险费。由于 P 是看跌期权的价格，也是非负值。

第三项：D，是资产分红的现值。D 前的符号为负，因为到期前不持有资产就不能得到分红。分红之后资产的价格将做等额下降。

在标的资产不支付红利的情况下，第三项 D 为 0，实值状态的看涨期权的时间价值为 $(r\times K)/(1+r)$，因而不会为负值。在这种情况下，欧式看涨期权的时间价值总是正值。

又由于美式期权的时间价值不会低于同等条件欧式期权的时间价值，因此，实值状态的美式期权的时间价值也总是正值。

因此，在无收益支付的条件下，美式期权与欧式期权价格相等。

（2）**有效期内支付红利股票美式看涨期权提前行权的合理性**

如果标的股票支付红利，股票所有者可以把红利再用于无风险投资，赚取利息。而看涨期权多头如不行权，则不能得到红利。

根据欧式期权平价关系：

$$C=S-D-K/(1+r)+P=(S-K)+[(r\times K)/(1+r)+P-D]$$

因此，如果 $(r\times K)/(1+r)+P<D$, 则 $C<S-K$，这时，应执行期权。

由此得出结论：有效期内支付红利股票美式看涨期权在红利较大时提前行权是合理的。因此，其价格可以高于同等条件下的欧式期权。

（3）**美式看跌期权的提前执行**

对欧式期权，在不考虑分红时，有：

$$P=K/(1+r)-S+C=(K-S)+[-(r\times K)/(1+r)+C]$$

当期权处于实值状态时，其时间价值为：

$$-(r\times K)/(1+r)+C$$

因两项中一正一负，欧式看跌期权的时间价值可能为负。

$-(r\times K)/(1+r)$ 反映立即执行期权，获得 K，可以马上投资赚取利息。因此，不付红利美式看跌期权提前执行有时是合理的。

不付红利美式看跌期权的价格一般高于同等条件的欧式看跌期权的价格。

支付红利美式看跌期权有时提前执行也是合理的。

本章小结

1. 合成分解技术是现代金融分析的重要技术之一，合成资产是现代金融学里的重要概念。通过不同金融工具的合成与分解，有助于我们掌握各种金融工具的收益风险特征，有助于理解各种不同金融工具之间的联系与异同。

2. 看跌、看涨期权平价关系是期权定价中最重要的关系之一。通过看涨、看跌期权的平价关系，我们能够更好地理解看涨期权或看跌期权。比如，买进看涨期权，就等价于买进交割价格相同、到期日相同的远期合约，并购买同样到期日和执行价格的看跌期权作为保险。反之，购买看跌期权，就等价于买空远期，同时购买看涨期权作为保险。看涨看跌期权平价关系使得理解期权价格的影响因素、期权定价更加容易。

3. 影响期权价格的因素主要有标的资产价格、期权执行价格、期权有效期限、标的资产价格波动性、市场利率，以及标的资产分红等。期权的价格有内涵价值和时间价值两部分构成。

4. 美式期权因其可提前执行，因此，其价格一般高于同等条件的欧式期权。但是，美式期权到底能否提前执行，需根据期权看涨、看跌的类型，以及标的资产是否有分红等因素具体分析。期权有效期内无分红的美式看涨期权就不能提前执行，因而其价格等于同等条件欧式看涨期权的价格。

习 题

1. 假设股票 XYZ 的市场价格为 45 元，在未来的 1 年内没有分红计划。市场上交易的有效期 1 年、执行价格为 45 元的股票 XYZ 的欧式看涨和看跌期权的价格都是 3 元。不考虑交易费用和税收影响。

（a）构建组合如下：买进一份 XYZ 股票，买进一份股票的欧式看跌期权，卖出一份股票的欧式看涨期权。计算到期时组合的现金流。说明到期时现金流与股票价格的关系及其原因。

（b）假设无风险年利率为 0，上述期权定价合理吗？

（c）假设市场无风险年利率为 4.65%，上述期权定价合理吗？假如不合理：第一，假定看涨期权价格为 3 元，试计算看跌期权的价格；第二，假定看跌期权的价格为 3 元，试计算看涨期权的价格；第三，解释利率的上升有什么影响以及什么原因影响了看涨和看跌期权的价格。

（d）假设市场无风险利率为 4.65%，而股票的价格下降到了 43 元。题中两期权定价合理吗？假如不合理：第一，假定看涨期权价格为 3 元，试计算看跌期权的价格；第二，假定看跌期权的价格为 3 元，试计算看涨期权的价格；第三，解释股票价格的下降有什么影响以及什么原因影响了看涨和看跌期权的价格。

（e）假设市场无风险利率为 4.65%，股票市场价格为 45 元。在期权有效期内股票有红利分配，每股分配红利的现值为 2 元。在这一条件下重新回答（c）、（d）中的问题，答案有何不同？

（f）假设市场无风险利率为 4.65%，股票市场价格为 100 元，而在 1 年内股票价格下跌到低于 45 元的可能性为 0，股票在此期间不支付红利。第一，上述看跌期权的价格为多少？第二，上述看涨期权的均衡价格为多少？第三，假如可以提前行权取得股票，当前你会行权吗？为什么？

（g）在（f）中，假定今天是股票除权日，今天持有股票，可获得 5 元的分红。之后一年内，股票将不再分红。重新考虑 F 中的问题，答案将发生怎样的变化？

2. 一只股票当前的市场价格为 32 美元，一个执行价格为 35 美元的 6 个月期看涨期权的价格为 2.27 美元。假设无风险连续复利年利率为 4%，股票无分红计划。相应的看涨期权的价格应该是多少？

3. 下面说法是否正确：“如果你在三月份买入一份 XYZ 股票 6 月 25 元的看涨期权，你能获利的唯一希望是 6 月到期日那天 XYZ 的收盘价高于 25 元。”

第十三章　布朗运动与几何布朗运动

从前面的学习中我们看到，期权的价格取决于未来标的资产价格的高低和变化。因此，为期权定价，首先要掌握标的资产价格的变化规律，而标的资产未来价格的变化则是不确定的。以股票为例，股票未来一段时间的变化就是变化莫测的。为了对股票等资产未来价格运动变化的规律做出符合实际的假定，早在1900年，法国数学家路易斯·巴舍利耶（Louis Bachelier）就曾作出过股票价格的变化符合布朗运动的假定，但当时并没有引起人们足够的重视。直到1955年，萨缪尔森才重新发现巴舍利耶工作的价值。又经过后来众多经济学家的研究，最后发现，假定有效市场中的股票价格服从几何布朗运动更为合理。现在的金融经济学理论就是认为有效市场假定下，股票价格的运动服从几何布朗运动规律。本章简单介绍布朗运动与几何布朗运动，为期权定价奠定基础。

13.1　随机过程概述

在概率论中可以用一个或有限个随机变量来描述和研究随机现象的统计规律性。而在现实世界中许多随机现象是随着时间而演化发展的，给定一个时间点，就有一个随机变量与之对应。对这类随机现象必须用一系列随机变量来进行描述和研究。

先来看几个例子。

【例 13-1】

乘客到火车站买票，当所有售票窗口都在忙碌时，来到的乘客就要排队等候。乘客的到来和每个乘客所需的服务时间都是随机的。所以如果用 $X(t)$ 表示 t 时刻排队的长度，用 $Y(t)$ 表示 t 时刻到来的顾客所需等待的时间，给定 t 时，$X(t)$ 和 $Y(t)$ 都是一维随机变量。T 表示一天中所有时点组成的集合，如果以分钟作为时间单位 $T=[0,1\,440]$，则可以用两组随机变量 $\{X(t),t\in T\}$ 和 $\{Y(t),t\in T\}$ 来描述上述随机现象。

【例 13-2】随机变量族

设 $X(t,\omega)$ 表示某电话台在 $[0, t)$ 时间内收到用户的呼叫次数，对每个固定的 $t\,(0 \leqslant t \leqslant +\infty)$，$X(t,\omega)$ 是一个随机变量，它可以取非负整数 0,1,2,⋯，随着时间 t 的变化，可以得到一族随机变量。

【例 13-3】伯努利过程和二项记数过程

设 $X(n,\omega), n=1,2,\cdots$ 是相互独立同分布的伯努利随机变量序列，参数如下：

$X(n,\omega)$	0	1
P	q	p

其中，$n=1,2,\cdots$；$0<p<1$；$p+q=1$。

称 $\{X(n,\omega), n=1,2,\cdots\}$ 为伯努利过程。

设 $Y(n,\omega)=\sum_{k=1}^{n} X(k,\omega)$，它取值 $0,1,2,\cdots,n$，称 $Y(n,\omega)$ 为二项计数过程。

【例 13-4】随机相位正弦波

令 $X(t,\omega)=\alpha\cos(\beta t+\theta)\ (-\infty<t<+\infty)$，

其中 α 和 β 是正常数；θ 是在 $[0,2\pi]$ 上均匀分布的随机变量。当 t 固定时，$X(t,\omega)$ 是一个随机变量；当 t 变化时，$X(t,\omega), 0<t<+\infty$ 是一族随机变量，被称为随机相位正弦波。

定义 13.1

设 $(\Omega,\mathcal{F},P)$ 是一个概率空间，T 是一个参数集 $(T\in R)$。$X(t,\omega)(t\in T,\omega\in\Omega)$ 是 $T\times\Omega$ 上的二元函数，如果对于每一个 $t\in T$，$X(t,\omega)(\omega\in\Omega)$ 是 $(\Omega,\mathcal{F},P)$ 上的随机变量，则称随机变量族 $\{X(t), t\in T\}$ 为定义在 $(\Omega,\mathcal{F},P)$ 上的随机过程（或随机函数）。为方便起见，简记为 $\{X(t), t\in T\}$。其中，t 为参数，T 为参数集或指标集。

由于在大多数情况下，t 表示时间，指标集 T 也被称为时间集。

由上述定义可知，随机过程 $X(t,\omega)$ 是定义在 $T\times\Omega$ 上的二元函数。一方面，当 $t\in T$ 固定时，$X(t,\omega)$ 是定义在 Ω 上的随机变量。另一方面，当 $\omega\in\Omega$ 固定时，$X(t,\omega)$ 是定义在 T 上的函数，称为随机过程的样本函数。

如果时间集 T 是由有限个或可列无限多个元素组成的集合，则称随机过程 $\{X(t), t\in T\}$ 为离散时间（或离散参数）的随机过程，例 13-3 就是这种情况。离散时间的随机过程也被称为时间序列或随机序列。如果时间集 T 是由一个或几个区间组成的结合，则称随机过程 $\{X(t), t\in T\}$ 为连续时间（或连续参数）的随机过程，例 13-1，例 13-2、例 13-4 都是连续时间随机过程。随机过程在各个时点上的取值也可以是离散的或连续的，分别称为离散状态的随机过程和连续状态的随机过程。读者可以自己判断前面的例子哪些是连续状态的随机过程，哪些是离散状态的随机过程，在此不再赘述。

13.2 布朗运动

13.2.1 布朗运动

定义 13.2

如果随机过程 $\{X(t), t\geqslant 0\}$ 满足：

条件 1：$X(0)$ 为一给定常数；

条件 2：对任何一个给定的正数 y 和 t，$X(y+t)-X(y)$ 是独立于 y 之前的所有过程值的随机变量，且服从均值为 μt，方差为 $\sigma^2 t$ 的正态分布。

则称 $\{X(t), t\geqslant 0\}$ 为服从漂移系数为 μ，方差参数为 σ^2 的布朗运动，也称维纳过程。

如果 $X(0)=0, \mu=0, \sigma=0$，则 $\{X(t), t\geqslant 0\}$ 称为标准布朗运动，或标准维纳过程。

条件 2 表明过程从任意大于 0 的时刻 y 起，经过时间 t 后，过程的改变是一个均值为 μt，方差 $\sigma^2 t$ 为的正态随机变量。任意将来值 $X(y+t)$ 等于 y 时刻的值 $X(y)$ 加上改变值 $X(y+t)-X(y)$。这一条件表明正是过程的现值而不是任意过去值决定了将来值的概率分布。

布朗运动的一个重要性质是，$X(t)$ 以概率 1 是 t 的连续函数。为了证明 $X(t)$ 是连续的，只需证明：

$$\lim_{h\to 0}\left[X(t+h)-X(t)\right]=0$$

因为随机变量 $X(t+h)-X(t)$ 的均值、方差分别是 μh 和 $h\sigma^2$，当时 $h\to 0$，它收敛于一个均值为 0，方差为 0 的随机变量，也就是说，它收敛于常数 0。这就证明了其连续性。

尽管 $X(t)$ 以概率 1 是 t 的连续函数，但是它有一个令人惊诧的性质：它是处处不可微的。为了得出这一点，只要注意到 $\dfrac{X(t+h)-X(t)}{h}$ 的均值为 μ，方差为 σ^2/h。因为该比率的方

差当 $h \to 0$ 时趋向无穷大，所以该比率不收敛就不足为奇了。

13.2.2　布朗运动的二叉树模型近似

设 Δ 是一个很小的时间增量。考虑一个过程，使其在每个时间长度 Δ 上，或以概率 p 增加 $\sigma\sqrt{\Delta}$，或以概率 $1-p$ 减少 $\sigma\sqrt{\Delta}$，其中有：

$$p=\frac{1}{2}\left(1+\frac{\mu}{\sigma}\sqrt{\Delta}\right)$$

且该过程后面的改变值与前面的改变值是独立的。

前面已经假定了该过程值仅按 Δ 的整数倍时间变化，在每个变化点过程值增加或减少的量为 $\sigma\sqrt{\Delta}$，且过程值增加的概率为 $p=\frac{1}{2}\left(1+\frac{\mu}{\sigma}\sqrt{\Delta}\right)$。这种做法使我们构建了一个过程变化的二叉树模型。以股票价格变化服从上面假定的模型为例。假定股票的初始价格为 s，我们可以描绘出其经过多次变化的情况，如图 13-1 所示。

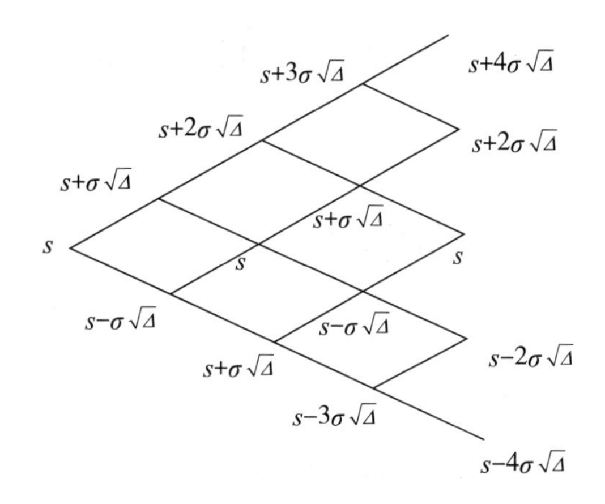

图 13-1　股票价格变化的二叉树 I

当 Δ 越来越小时，股票价格的改变就变得越来越频繁（虽然变化量也越来越小），该过程就变成了一个漂移参数为 μ，方差参数为 σ^2 的布朗运动。因此，布朗运动可由一个相对简单的过程近似，即可由一个在每一段固定的时间长度上有一确定量的增加或减少的二叉树模型来近似。下面证明这一结论。

首先，设

$$X_i=\begin{cases}1, \text{如果在第 } i \text{ 个时间 } \Delta \text{ 内变量增加,}\\ 1, \text{如果在第 } i \text{ 个时间 } \Delta \text{ 内变量减小}\end{cases}$$

那么，如果 $X(0)$ 表示过程在 0 时刻的值，在经过 n 次变化之后，过程值为：

$$X(n\Delta)=X(0)+\sigma\sqrt{\Delta}(X_1+X_2+\cdots+X_n)$$

因为在 t 时刻共经过 $n=t/\Delta$ 了次变化，所以有：

$$X(t)-X(0)=\sigma\sqrt{\Delta}\sum_{i=1}^{t/\Delta}X_i$$

由于 $X_i(i=1,2,\cdots,t/\Delta)$ 是相互独立的，当 $\Delta\to 0$ 时，求和式 $\sum_{i=1}^{t/\Delta}X_i$ 中有无穷多个项，中心极限定理告诉我们这个和收敛于一个正态随机变量。所以，当 $\Delta\to 0$ 时，这个过程在 t 时刻变成了一个正态随机变量。下面计算其均值和方差，注意到：

$$E(X_i)=1\times p-1\times(1-p)=2p-1=\frac{\mu}{\sigma}\sqrt{\Delta}$$

且

$$Var(X_i)=E(X_i^2)-[E(X_i)]^2=1-(2p-1)^2$$

因此有：

$$E[X(t)-X(0)]=E\left(\sigma\sqrt{\Delta}\sum_{i=1}^{t/\Delta}X_i\right)=\sigma\sqrt{\Delta}\sum_{i=1}^{t/\Delta}E(X_i)=\sigma\sqrt{\Delta}\frac{t}{\Delta}\frac{\mu}{\sigma}\sqrt{\Delta}=\mu t$$

而且：

$$Var[X(t)-X(0)]=Var\left(\sigma\sqrt{\Delta}\sum_{i=1}^{\frac{t}{\Delta}}X_i\right)=\sigma^2\Delta\sum_{i=1}^{\frac{t}{\Delta}}Var(X_i)\text{（由独立性）}=\sigma^2 t\left[1-(2p-1)^2\right]$$

因为当 $\Delta\to 0$ 时，$p\to 1/2$，故有：

$Var[X(t)-X(0)]\to t\sigma^2$，当 $\Delta\to 0$ 时。

所以当 Δ 越来越小时，$X(t)-X(0)$ 收敛于一个均值为 μt, 方差为 $\sigma^2 t$ 的正态随机变量。由于过程后面的变化与前面的变化是相互独立的，且每次改变增加与减小的概率是相同的，所以得到 $X(y+t)-X(y)$ 与 $X(t)-X(0)$ 有相同的分布，且 $X(y+t)-X(y)$ 与 y 时刻之前的过程改变是独立的。因此，当 Δ 趋于 0 时，过程在时间上的极限是一个漂移参数为，方差参数为 σ^2 的布朗运动。

布朗运动的一个重要性质是在给定过程 t 时刻值的条件下，过程到 t 时刻为止的所有值的联合分布不依赖于漂移参数的值，该结果利用近似过程是很容易证明的。

定理 13.1

给定 $X(t)=x$，$X(y)(0\leqslant y\leqslant t)$ 的条件概率分布与 μ 无关。

证明：

设 $s=X(0)$ 是布朗运动 0 时刻的值。考虑近似二叉树模型，其变量在的整数倍时间上变化，且每次改变量的绝对值相同，为 $c\equiv\sigma\sqrt{\Delta}$，注意 c 不依赖于 μ。到 t 时刻已经变化了 t/Δ 次，因此从 0 时刻到 t 时刻，变量的增加量为 $x-s$。

所以在这 t/Δ 次改变中，有 $\frac{t}{2\Delta}+\frac{x-s}{2c}$ 次正改变，有 $\frac{t}{2\Delta}-\frac{x-s}{2c}$ 次负改变。因为这样正改变多出 $\frac{x-s}{c}$ 次，则变量将增加 $c\times\frac{x-s}{c}=x-s$。

由于每次改变都是独立的，正改变的概率为 p，因而在给定条件下，$\frac{t}{2\Delta}+\frac{x-s}{2c}$ 次正改变在 t/Δ 次改变中出现的位置在所有可能情况中是等可能的。这相当于在抛硬币试验中，正面朝上的概率为 p，在 m 次实验中，假定有 k 次正面朝上，那么这 k 次正面朝上共有 $\binom{m}{k}$ 种可能，每种情况出现的概率是相同的。

因此，尽管 p 依赖于 μ，但到 t 时刻的历史变量值的条件分布不依赖于 μ，但是由于与 c 有关，故它是依赖于 σ 的。因为 $X(t)=x$，每次变化的大小依赖于 σ，所以当 σ 变化时，t/Δ 相应地改变。

取 Δ 趋近于 0，定理得证。

布朗运动有着显赫的背景，它是以英国植物学家罗伯特·布朗（Robert Brown）的名字命名的。布朗在 1827 年，首次描述了散布在液体或气体中微粒的不规则运动。关于这种运动的解释，在 1905 年由阿尔伯特·爱因斯坦（Albert Einstein）首次给出，他指出布朗运动在数学上可以通过假定散布的微粒连续不断地受到周围大分子的碰撞来解释。而布朗运动简练的数学定义，以及对它的某些数学性质的说明，则是由美国应用数学家诺伯特·维纳（Norbert Wiener）在 1918 年发表的一系列文章中给出的，因此其又被称为维纳过程。

本章开头提到，1900 年法国数学家路易斯·巴舍利耶曾作出过股票价格的变化符合布朗运动的假定。但是，假定股价的变化服从布朗运动存在两个主要缺陷。第一，如果股票价格服从正态分布，则它在理论上可以取负值。第二，在布朗运动的模型里，假定无论初始价格为何值，固定时间长度的价格差都具有相同的正态分布。这个假设不是很合理，例如，许多人可能不会认为股价一个月后从现价 20 元降到 15 元的概率（下降了 25%），与股价一个月后从现价 10 元降到 5 元的概率（下降了 50%）相同。

实践中，对随时间变化的证券价格建模常采用几何布朗运动过程。

13.3 几何布朗运动

13.3.1 几何布朗运动

定义 13.3

设 $X(t)(t\geqslant 0)$ 是一个漂移参数为 μ，方差参数为 σ^2 的布朗运动过程，又设：

$$S(t)=\mathrm{e}^{X(t)},\ t\geqslant 0$$

则称过程 $S(t)(t\geqslant 0)$ 是一个漂移参数为 μ，方差参数为 σ^2 的几何布朗运动过程。

$S(t)(t\geqslant 0)$ 是漂移参数为 μ，方差参数为 σ^2 的几何布朗运动过程，意味着 $\ln[S(t)]\ (t\geqslant 0)$ 是漂移参数为 μ，方差参数为 σ^2 的布朗运动，且 $\ln[S(t+y)]-\ln[S(y)]=\ln\dfrac{S(t+y)}{S(y)}$。由布朗运动的定义知，对任意正数 y 和 t，过程 $\ln\dfrac{S(t+y)}{S(y)}$ 独立于 y 时刻之前的所有历史过程值，且服从均值为 μt，方差为 $\sigma^2 t$ 的正态分布。

假定随时间变化的证券价格服从几何布朗运动，就避免了前面其服从布朗运动假设的缺陷。正像刚讨论过的情况那样，假定证券价格服从几何布朗运动等同于假定证券价格的对数增量为正态随机变量，这首先确保了证券的价格不会出现负数；其次，假定相隔相同时间长度的证券价格比值的对数值具有相同的分布，实质上是假定证券的对数收益率，或称连续复利收益率服从相同的分布。这显然是比假定证券价格在同样时间长度上的绝对变化值服从相同的分布更合理的假定。

关于几何布朗运动还有如下几点说明：

第一，假定证券的价格服从几何布朗运动时，通常称 σ 为波动率参数。

第二，如果 $S(0)=s$，那么有下列表达式：

$$S(t)=s\mathrm{e}^{X(t)},t\geqslant 0$$

其中 $X(t)(t\geqslant 0)$ 是满足 $X(0)=0$ 的布朗运动过程。

第三，如果 X 是一个正态随机过程，可以证明：

$$E(\mathrm{e}^X)=\exp[E(X)+Var(X)/2]$$

因此，如果 $X(t)(t\geqslant 0)$ 是一个漂移参数为 μ，方差参数为 σ^2 的几何布朗运动过程，且 $S(0)=s$，那么有：

$$E\left[S(t)\right]=s\mathrm{e}^{\mu t+\sigma^2 t/2}=s\mathrm{e}^{\left(\mu+\frac{\sigma^2}{2}\right)t}$$

因此，在几何布朗运动的假设下，证券价格以$\mu+\dfrac{\sigma^2}{2}$的增长率增长，通常称$\mu+\dfrac{\sigma^2}{2}$为几何布朗运动的增长率。所以一个增长率参数为μ_r，波动率为σ的几何布朗运动，其漂移参数为$\mu_r-\sigma^2/2$。

很多教材以及专业文献中常以下列方式表述遵循几何布朗运动的股票价格运动：

$$\mathrm{d}S=\mu S\mathrm{d}t+\sigma S\mathrm{d}z$$

或者：

$$\mathrm{d}\ln S=\left(\mu-\frac{\sigma^2}{2}\right)\mathrm{d}t+\sigma\mathrm{d}z$$

这一表述中的μ对应本书的μ，都是增长率参数，就是在随机状态下股票的连续复利收益率。

13.3.2 几何布朗运动的二叉树模型近似

如果$S(t)\,(t\geqslant 0)$是一个漂移参数为μ，方差参数为σ^2的几何布朗运动过程，则$X(t)=\ln[S(t)]\,(t\geqslant 0)$是一个对应的布朗运动。而布朗运动有二叉树模型的近似形式。因而，我们可以相应地得到几何布朗运动的二叉树模型近似形式。

由$\dfrac{S(y+\varDelta)}{S(y)}=\mathrm{e}^{X(y+\varDelta)-X(y)}$，可以得到：

$$S(y+\varDelta)=S(y)\mathrm{e}^{X(y+\varDelta)-X(y)}$$

而作为布朗运动的$X(t)$在二叉树模型近似中，在固定时间长度$\varDelta$上的变化$X(y+\varDelta)-X(y)$是以p的概率取值$\sigma\sqrt{\varDelta}$，以$1-p$的概率取值$-\sigma\sqrt{\varDelta}$。其中，$p=\dfrac{1}{2}\left(1+\dfrac{\mu}{\sigma}\sqrt{\varDelta}\right)$。

因此，几何布朗运动可以看作下列的二叉树模型的近似：

假定过程值的变化仅发生在固定时间长度$\varDelta$的整数倍时刻，且变化只有两种可能，或以概率p上涨u倍，或以概率$1-p$下降d倍，其中有：

$$u=\mathrm{e}^{\sigma\sqrt{\varDelta}},\ d=\mathrm{e}^{-\sigma\sqrt{\varDelta}}$$

且

$$p=\frac{1}{2}\left(1+\frac{\mu}{\sigma}\sqrt{\Delta}\right)$$

回顾对布朗运动近似二叉树模型的讨论，不难理解，当$\Delta\to 0$时，上面的二叉树模型就变成了一个几何布朗运动。几何布朗运动是每次的上升或下降都是原来的值乘上固定的倍数。以股票价格服从几何布朗运动为例，近似的二叉树模型如图 13-2 所示，图中 u、d 的取值同上文所述。

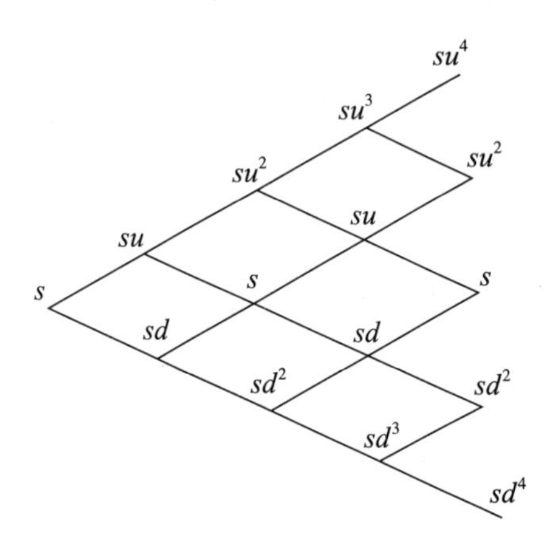

图 13-2　股票价格变化的二叉树 II

本章小结

1. 现实中，资产价格是随着时间的推移不断变化的，是随机过程。

2. 布朗运动是一种典型的随机过程。它具有 Markov 性，即未来的取值只与变量当前的值有关，而与变量变化的历史无关。这正与金融学上假定市场是有效市场相吻合。

3. 一般假定股票等资产价格的变化服从几何布朗运动。

4. 布朗运动与几何布朗运动均可看作二叉树模型的极限形式。

习　题

1. 设是一个漂移参数为 μ，方差参数为 σ^2 的布朗运动，且 $X(0)=0$。求证 $-X(t)\,(t\geqslant 0)$ 是一个漂移参数为 $-\mu$, 方差参数为 σ^2 的布朗运动。

2. 设 $X(t)\,(t\geqslant 0)$ 是一个漂移参数为 $\mu=3$，方差参数为 $\sigma^2=9$ 的布朗运动，且 $X(0)=10$，求：

（a）$E\left[X(2)\right]$；（b）$Var\left[X(2)\right]$；（c）$P\left[X(2)>20\right]$；（d）$P\left[X(0.5)<10\right]$.

3. 在上题的布朗运动近似模型中，设 $\Delta=0.1$，对该近似模型，求：

（a）$E\left[X(1)\right]$；（b）$Var\left[X(1)\right]$；（c）$P\left[X(0.5)>10\right]$

4. 设 $S(t)\,(t\geqslant 0)$ 是一个漂移参数为 $\mu=0.1$，波动参数为 $\sigma^2=0.2$ 的几何布朗运动，求：

（a）$P\left[S(1)>S(0)\right]$；（b）$P\left[S(2)>S(1)>S(0)\right]$；（c）$P\left[S(3)<S(1)>S(0)\right]$.

5. 设 $S(t)\,(t\geqslant 0)$ 是一个漂移参数为 μ，波动参数为 σ^2 的几何布朗运动。假设 $S(0)=s$, 求 $Var(S(t))$。

第十四章　期权定价的二叉树方法

既然可以把股票等资产价格的变化假定为服从几何布朗运动，而几何布朗运动又可以用二叉树模型来近似，我们就可以通过二叉树模型近似计算期权的价格。夏普（Sharpe, 1978）最先用二叉树方法直观解释期权的定价问题，随后考克斯等（Cox, et al., 1979）、伦德尔曼与巴特（Rendleman and Bartter, 1979）进一步发展了二叉树期权定价模型，展示了如何使用这一模型为期权定价，并论证了二叉树模型与布莱克－斯科尔斯模型之间的内在联系。相对于布莱克－斯科尔斯模型，二叉树模型更加灵活，且在处理可能提前行权的期权，如美式期权、奇异期权等的定价方面有其独特的优势，从而极具实用性。而且计算机技术的发展，使多步二叉树模型的使用极为便捷，在 CBOE 等很多交易所的网站上都有现成的二叉树模型程序供交易者使用，交易者可以很方便地使用它们计算关心的期权的价格。为纪念考克斯等人的卓越贡献，二叉树期权定价模型也被称为考克斯－罗斯－罗宾斯坦（Cox-Ross-Rubinstein）定价模型。

14.1　单期二叉树模型

14.1.1　无风险分析方法用于单期二叉树模型定价

在第十二章中，我们曾用看涨期权、看跌期权等实际资产和与其有相同的风险收益特征的合成资产构建出各种无风险的资产组合。第十二章中的无风险资产组合策略Ⅰ、策略Ⅱ中，我们使用了看涨期权、看跌期权，以及它们的标的股票全部三种资产。它们的数量都是一对一的关系，即一份看涨期权、一份看跌期权、一份标的股票的头寸组合，当然头寸方向有多头、有空头。我们还指出，在无套利的假设下，任何无风险的资产组合都具有同样的收益率——无风险利率。

因为期权的价格依赖于其标的资产的价格及其变化，它们有着相同的风险源。我们不使用全部三种资产，仅使用看涨期权与其标的资产，或仅使用看跌期权与其标的资产也同样可以得到无风险的资产组合，这种组合的收益率当然也只能是无风险利率。否则，就会有无风险的套利机会。

这样，在已知标的资产价格变化规律与无风险利率的情况下，通过这种方法可以求得期权的价格。这就是无套利分析定价法。现在我们就在标的股票价格遵从二叉树模型变化规律的假定下，用无套利分析方法为期权定价。

【例 14-1】看涨期权

假设股票的当前价格为 $S=50$ 元，一段时期后价格只有两种可能，上升为 $S_u=70$ 元或者下降为 $S_d=30$ 元；并假设一期的无风险利率 $r=25\%$。计算这一段时期后到期的以 $K=50$ 元为执行价格的看涨期权的价格 C，其定价过程见图 14-1。

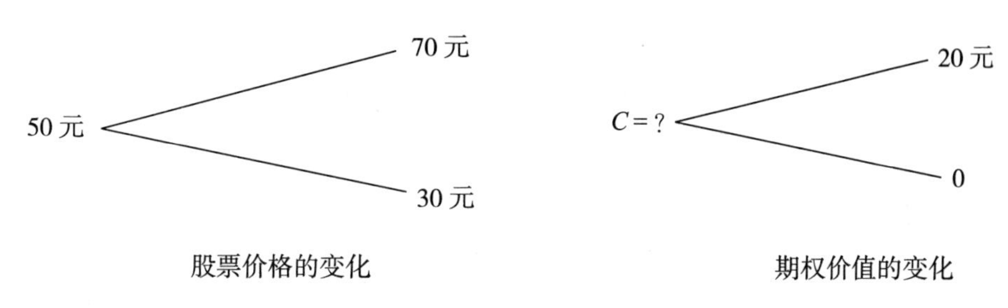

图 14-1　看涨期权定价过程

现在，我们用 1 股股票与 Δ 股看涨期权构建一个无风险的资产组合，所需成本为 $50+\Delta\times C$。既然是无风险组合，投资的收益就是确定的。即在投资期结束时，不论股票价格上升还是下降，组合的价值应该是相等的。股票价格和期权价值在一期后的变化如图所示。

当股票价格上升为 70 元时，期权被执行，上述组合的价值为（$70+20\Delta$）元；当股票价格下降至 30 元时，期权无价值，上述组合的价值为 30 元。

令二者相等，有 $70+20\Delta=30$ 从而得到 $\Delta=(70-30)/(-20)=-2$。

这说明买卖期权的头寸是标的资产的两倍，头寸方向相反。因为标的资产价值与看涨期权价值随标的资产价格变化的方向相同，头寸相反才能对冲风险。这正是构建无风险组合的应有之义。

这一组合未来的价值等于 30 元。其当前的价值为 $50+\Delta\times C=50-2C$ 元。

由于是无风险的组合，$50-2C$ 应该等于 30 元按一期无风险利率折现的现值。因此，有：

$50-2C=30/(1+r)=30/(1+25\%)=24$, 求得：$C=13$（元）。

上述方法就是通过无套利分析的方法为期权定价：在假定标的资产价格变化规律的条件下，通过构建无风险的资产组合，求得期权的价格。

14.1.2 风险中性定价方法

对上面的无套利分析方法可以总结如下。

假设不付红利股票当前的价格为 S，经过一个时期其价格要么上升为原来的 u 倍，变为 uS，要么下降为原来的 d 倍，变为 dS。执行价格为 K 的看涨期权未来的价值可以写为：$C_u = \max(uS - K, 0)$，$C_d = \max(dS - K, 0)$。该时期二叉树定价过程如图 14-2 所示。

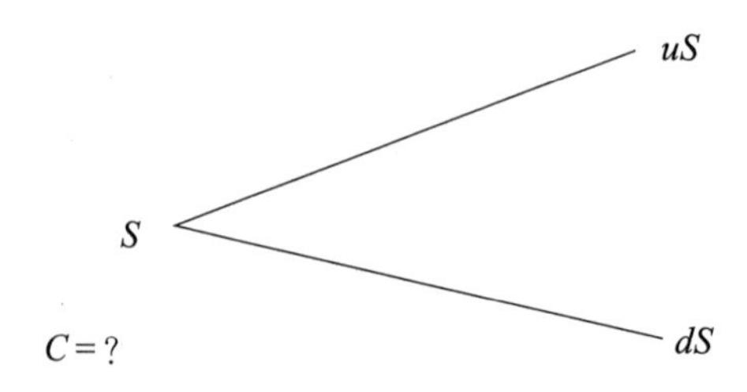

图 14-2 单期二叉树定价过程

考虑买进 1 股股票，卖空 Δ 股看涨期权，构建无风险资产组合。则有：

$$uS - \Delta C_u = dS - \Delta C_d$$

因此，有：

$$\Delta = \frac{uS - dS}{C_u - C_d}$$

可见，Δ 是构建无风险资产组合时标的资产与其看涨期权的头寸比例，等于到期时股价变化与期权价值变化的比例。

因此，有：

$$S - \Delta \times C = \frac{uS - C_u}{1+r} = \frac{dS - C_d}{1+r}$$

将 $\Delta = \frac{uS - dS}{C_u - C_d}$ 代入上式得：

$$C = \frac{\frac{1+r-d}{u-d}C_u + \frac{u-1-r}{u-d}C_d}{1+r}$$

记 $p = \frac{1+r-d}{u-d}$，$1-p = \frac{u-1-r}{u-d}$，有：

$$C = \frac{pC_u + (1-p)C_d}{1+r}$$

上式分子中的 C_u 与 C_d 分别为股票价格上涨与下跌时，该看涨期权的到期价值。而它们的系数之和等于 1，因而可看作股价上升与下降的概率。当我们这样做时，可以把股票未来的价格看做可以取 uS 与 dS 二值的随机变量 $\tilde{S}_1$；同样地，把看涨期权看做可以取 C_u 和 C_d 的二值随机变量 $\tilde{C}_1$。这样一来，就可把上式写作 $C=\dfrac{E^Q\left(\tilde{C}_1\right)}{1+r}$，即看涨期权的价格等于在这一概率测度 Q 下的期望值以无风险利率折现的现值。这一概率测度被称为风险中性概率测度，这一定价方法被称为风险中性定价方法。

这一定价方法之所以被称为风险中性定价方法，是因为在这一概率测度下，证券的价格就是其期望值用无风险利率折现的结果，而与证券的风险大小无关。这一概率测度的本质，是无套利的风险测度。

【例 14-2】看跌期权

延续上面的例子。股票的当前价格为 $S=50$ 元。股票一个时期后价格只有两种可能，上升为 $S_u=70$ 元或者下降为 $S_d=30$ 元。一个时期的无风险利率为 25%。计算一个时期后到期的以 $K=50$ 元为执行价格的看跌期权的价格 P，具体定价过程见图 14-3。

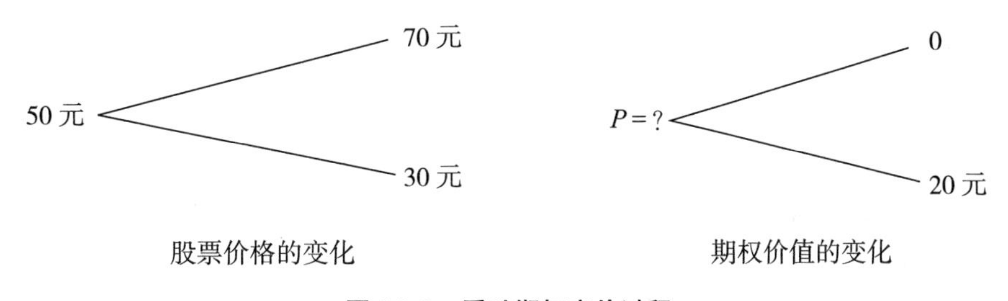

图 14-3　看跌期权定价过程

对于看跌期权，由于标的资产价格的变化与期权价格的变化方向相反，要构建无风险的资产组合，二者头寸的持有方向应该相同。为此，用 1 股股票与 Δ 股看跌期权构建无风险的资产组合。同样在到期时，不论股票价格上升还是下降，组合的价值应该相等。

当股票的价格上升为 70 元时，看跌期权的价值为 0，组合的价值即是所持有的一个单位股票的价值，等于 70 元；当股票的价格下降为 30 元时，股票的价值为 30 元，看跌期权的价值为 20 元，组合的价值为（$20\Delta+30$）元。因此，有：

$$70=20\Delta+30$$

从而得到：

$$\Delta=\frac{70-30}{20}=2$$

股票与期权的投资比例仍然为 1 ：2，这一资产组合未来的价值为 70 元，其当前的价值为 $50+\Delta\times P=50+2P$，应该等于 70 元按无风险利率的折现值。所以，有：

$$50+2P=\frac{70}{1+r}=\frac{70}{1+25\%}=56$$

求得：$P=3$ 元。

可见，对于看跌期权，其到期时的价值为：

$$P_u=\max\left(K-uS,0\right),\ P_d=\max\left(K-dS,0\right)$$

构建无风险组合时的投资比例为：

$$\Delta=\frac{uS-dS}{P_d-P_u}$$

组合的当前价格与未来值的关系为：

$$S+\Delta\times P=\frac{uS+P_u}{1+r}=\frac{dS+P_d}{1+r}$$

仍然令 $p=\dfrac{1+r-d}{u-d}$，$1-p=\dfrac{u-1-r}{u-d}$，二者分别表示股票价格上涨与下跌的概率，可得：

$$P=\frac{pP_u+(1-p)P_d}{1+r}=\frac{E^Q\left(\tilde{P}_1\right)}{1+r}$$

其中，$\tilde{P}_1$ 是表示看跌期权未来价值的随机变量，分别以上述概率取 P_u 和 P_d 两个值。

由此，我们仍然得到期权的价格等于其风险中性概率测度下按无风险利率的折现值的结论。

风险中性的概率测度当然不是现实中证券价格实际上升或下跌的概率。现实中，由于各证券风险大小不同，价格上升或下跌的概率也各不相同。但是，当市场是完善的有效市场时，不应该有无风险套利的机会。因为一旦出现这样的机会，投资者就会大量套利，推动市场价格回归其本来的价值。因此，市场中各个相互关联的证券的市场价格是互相影响的。而风险中性的概率测度恰是根据它们之间相互作用的关系得到的没有无风险套利机会的各个状态出现的概率测度。也正是这个原因，只要我们求出来风险中性的概率测度，就可以用在这一概率测度下证券未来价值的期望值，用无风险利率折现得到其当前的价格，而无需在意证券的风险以及投资者的风险偏好等因素，这也正是我们称其为风险中性概率测度的原因。因为在这一概率测度下，我们可以把投资者看做风险中性的，购买高风险的证券不需要风险补偿，购买低风险甚至无风险的证券也不允许有收益率的降低，所有证券都具有统一的收益率——无风险利率，这为我们的定价带来了极大的方便。这是自莫蒂格利亚尼和米勒首次使用无套利均衡分析以来，众多经济学家经过不懈努力总结出的金融资产定价的成功而有效的方法，是金融学的一大进步。

14.1.3 单期二叉树期权定价模型总结

假设不支付红利股票当前的价格为 S，期末股票的价格可能上涨为 uS，或下跌为 dS。一期的无风险利率为 r。以该股票为标的资产的看涨期权的期末价值在股票价格上涨时的价值为 C_u，在股票价格下跌时的价值为 C_d；而以该股票为标的资产的看跌期权的期末价值在股票价格上涨时的价值为 P_u，在股票价格下跌时的价值为 P_d。如果分别用看涨、看跌期权与其标的股票构建无风险的资产组合，期权与股票的投资比例分别为：

$$\Delta_{call}=\frac{uS-dS}{C_u-C_d}$$

$$\Delta_{put}=\frac{uS-dS}{P_d-P_u}$$

在风险中性的概率测度下，股票价格上涨的概率为：

$$p=\frac{1+r-d}{u-d} \tag{14.1}$$

下跌的概率为：

$$1-p=\frac{u-1-r}{u-d} \tag{14.2}$$

以 $\tilde{C}_1$ 表示看涨期权期末价值的随机变量，$\tilde{P}_1$ 表示看跌期权期末价值的随机变量。则期权的价格为：

$$C=\frac{pC_u+(1-p)C_d}{1+r}=\frac{E^Q\left(\tilde{C}_1\right)}{1+r} \tag{14.3}$$

$$P=\frac{pP_u+(1-p)P_d}{1+r}=\frac{E^Q\left(\tilde{P}_1\right)}{1+r} \tag{14.4}$$

14.2　二期二叉树模型

在期权的有效期较长时，或者标的资产的价格变化期限较长时，用单期二叉树模型描述资产价格的变化显然背离实际很远。正如我们在第十章中讲到的那样，二叉树的极限才是比较符合实际的资产价格变化遵循的几何布朗运动。因此，对有效期较长的期权需要把时间划分为很多时间段，用多步二叉树模型近似才能得到比较正确的期权价格。

14.2.1　二期二叉树期权定价模型

假设不付红利的股票在每段时间内要么上升为期初的 u 倍，要么下跌为期初的 d 倍。每一期的无风险利率都为 r。经过两个时期，股票与以其为标的资产，执行价格为 K 的看涨期权的价值变化过程如图 14-4 所示。

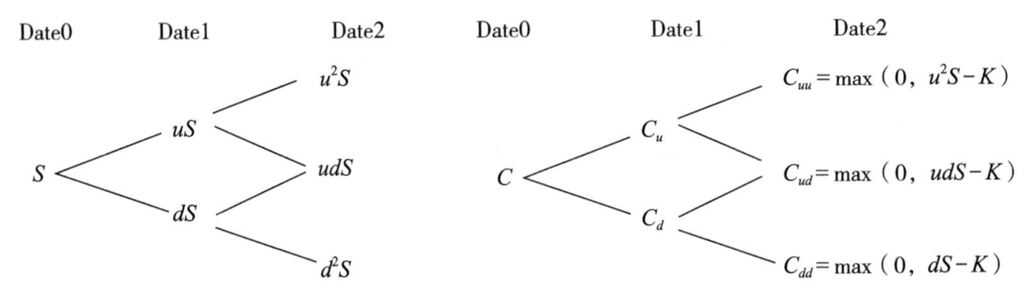

图 14-4　二期二叉树模型股票及看涨期权价值变化

在上面的二叉树模型中，我们有一个暗含的假设，即 $ud=1$。这样，股价在第一期上涨、第二期下跌产生的价格与股价在第一期下跌、第二期上涨产生的价格与原股价是相同的。这被称为重合树，我们在第十三章中讲到的可以作为几何布朗运动的二叉树模型就是这样的重合树。如果 $ud\neq 1$，股价先上涨后下跌或先下跌后上涨产生的价格将与原股价不同，那样的二叉树被称为非重合树。在期限比较多时，重合树的节点比非重合树要少得多，因此处理起来要简单得多。非重合树当然也可以用于建模和定价，但是就要进行更多的计算，从而繁琐了不少。因而，一般用重合树就可以了。

在上面这个二期二叉树模型中，在两个时期结束时，期权可能的价值 C_{uu}，C_{ud}，C_{dd} 就等于它们的内在价值。由于在第一期结束时期权尚未到期，其价格 C_u，C_d 不等于各自的内在价值，其中还有反映尚有时间获取更大收益的可能性的时间价值。我们可以根据上一节讲的单期二叉树模型首先计算出第一期结束时期权的两个价格 C_u，C_d：

$$C_u=\frac{pC_{uu}+(1-p)C_{ud}}{1+r}$$

$$C_d=\frac{pC_{ud}+(1-p)C_{dd}}{1+r}$$

其中，$p=\dfrac{(1+r)-d}{u-d}$，为股价上涨的风险中性概率测度。由于各期的 r、u、d 均相同，风险中性概率 p 在各期均相同。

将上述 C_u、C_d 代入第一期，继续使用一期二叉树模型公式 $C=\dfrac{pC_u+(1-p)C_d}{1+r}$，即得到期权当前的价格：

$$C=\frac{p^2C_{uu}+2p(1-p)C_{ud}+(1-p)^2C_{dd}}{(1+r)^2}=\frac{E^Q\left(\tilde{C}_2\right)}{(1+r)^2} \tag{14.5}$$

同样，这里的 $\tilde{C}_2$ 表示的是到期时期权价值的随机变量，$E^Q\left(\tilde{C}_2\right)$ 是风险中性概率测度下期权到期价值的期望值。由此，我们看到，二期二叉树模型下，看涨期权的价值仍然是期权未来价值在风险中性概率测度下的期望值，用无风险利率折现的结果。而风险中性的概率测度与一期二叉树模型的情况完全相同。

对于看跌期权，我们可以通过同样的方法和步骤，得到其价格为：

$$P=\frac{p^2P_{uu}+2p(1-p)P_{ud}+(1-p)^2P_{dd}}{(1+r)^2}=\frac{E^Q\left(\tilde{P}_2\right)}{(1+r)^2} \tag{14.6}$$

同样是在风险中性的概率测度下期权到期值的期望值，用无风险利率折现的结果。而风险中性的概率测度则是一样的。

14.2.2　几何布朗运动假设下二期二叉树期权定价模型

上面我们是假定标的资产价格变化在每一步的无风险利率为 r。现实中，习惯的做法是给出名义年利率，常假定股票价格服从几何布朗运动，而几何布朗运动则可看做二叉树模型的极限形式。在假定连续复利无风险年利率为 r，股票价格遵从的几何布朗运动的波动率为的情况下，在二叉树模型中，每步股价上涨和下跌的倍数分别是：

$$u=\mathrm{e}^{\sigma\sqrt{\Delta t}},\ d=\mathrm{e}^{-\sigma\sqrt{\Delta}}$$

其中，Δ 是每步的时间长度。

而在风险中性的概率测度下每步股价上涨的概率则由前面的 $p=\dfrac{1+r-d}{u-d}$ 变为 $p=\dfrac{\mathrm{e}^{r\Delta}-d}{u-d}$，股价下跌的概率变为 $1-p=\dfrac{1+d-\mathrm{e}^{r\Delta}}{u-d}$。假设期权（包含看涨与看跌期权）的价格为 f，则一期二叉树模型得到的期权价格为：

$$f=\mathrm{e}^{-r\Delta}\left[pf_u+(1-p)f_d\right]=\mathrm{e}^{-r\Delta}E^Q\left(\tilde{f}_1\right)=\begin{cases}\mathrm{e}^{-r\Delta}E^Q\left(\tilde{S}_1-K\right)^+\\ \mathrm{e}^{-r\Delta}E^Q(K-\tilde{S}_1)^+\end{cases} \tag{14.7}$$

式（14.7）中上面的等式表示看涨期权的价格，下面的等式表示看跌期权的价格。其中，x^+（称为 x 的正部）定义为：当 $x\geqslant 0$ 时取值 x，$x\leqslant 0$ 时取值 0。对于看涨期权，$\tilde{f}_1=\left(\tilde{S}_1-K\right)^+$；对于看跌期权，$\tilde{f}_1=\left(K-\tilde{S}_1\right)^+$，$\tilde{f}_1$ 是期权一期结束时的价值的随机变量。期权的价格仍然是到期时风险中性概率测度下的期权价值期望值按无风险利率的折现值。

相应地，在二期二叉树模型下，期权的价格为：

$$f=\mathrm{e}^{-r\Delta}\left[2pf_{uu}+2p(1-p)f_{ud}+2(1-p)f_{ud}\right]=\mathrm{e}^{-2r\Delta}E^Q\left(\tilde{f}_2\right)=\begin{cases}\mathrm{e}^{-2r\Delta}E^Q(\tilde{S}_2-K)^+\\ \mathrm{e}^{-2r\Delta}E^Q(K-\tilde{S}_2)^+\end{cases} \tag{14.8}$$

仍然是上面一行表示看涨期权的价格，下面一行表示看跌期权的价格。

14.3　二叉树模型与美式看跌期权定价

14.3.1　多期二叉树模型

当期权有效期较长时，只有把时间分成更小的区间，二叉树模型对于股票价格的模拟才更加合理，求出来的期权的价格才更精确。因此实践中需要使用多期二叉树模型。使用多期二叉树模型与上面二期二叉树模型的基本做法或步骤是类似的，知道每步中标的资产上涨或下跌的倍数 u 和 d，计算出风险中性的概率 p，从到期日往前推就可得到相关期权的价格。

由二期二叉树模型推广到多期二叉树模型是很容易的。使用我们在第十三章中几何布朗运动的近似形式，假设股票的价格每经过一个小的时间段 Δ 发生一次上涨或下跌的变化：要么上涨为原价格的 $u=\mathrm{e}^{\sigma\sqrt{\Delta}}$ 倍，要么下降为原价格的 $d=\mathrm{e}^{-\sigma\sqrt{\Delta}}$ 倍。在 t 时间长度内共发生 $n=t/\Delta$ 次这样的变化。图 14-5 是 $n=4$ 时的二叉树模型图。

风险中性概率测度下的股票价格每步上涨的概率为：

$$p=\frac{\mathrm{e}^{r\Delta}-d}{u-d}=\frac{\mathrm{e}^{r\Delta}-\mathrm{e}^{-\sigma\sqrt{\Delta}}}{\mathrm{e}^{\sigma\sqrt{\Delta}}-\mathrm{e}^{-\sigma\sqrt{\Delta}}}=\frac{\mathrm{e}^{rt/n}-\mathrm{e}^{-\sigma\sqrt{t/n}}}{\mathrm{e}^{\sigma\sqrt{t/n}}-\mathrm{e}^{-\sigma\sqrt{t/n}}} \tag{14.9}$$

这就是在 n 期二叉树模型中唯一的风险中性概率测度：在每一个时间段，证券价格要么以概率 p 上涨为原来的倍，要么以概率 $1-p$ 下跌为原来的 $\mathrm{e}^{-\sigma\sqrt{t/n}}$ 倍。

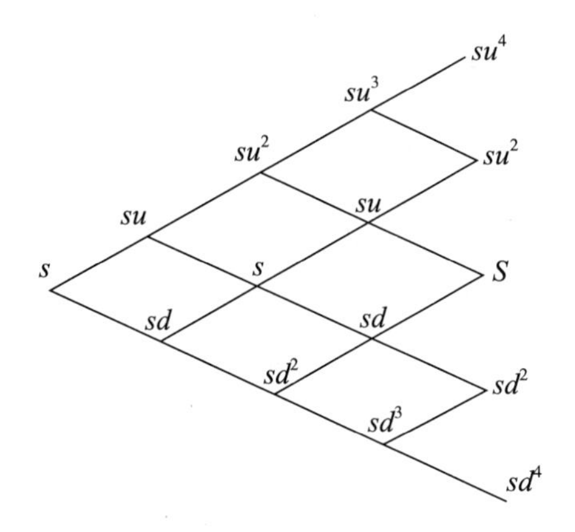

图 14-5　股票价格变化二叉树

由二期二叉树模型，可以很自然地得到，在多期二叉树模型下，欧式期权价格的计算方式为：

$$f=\mathrm{e}^{-nr\Delta}E^{Q}\left(f_n\right)=\begin{cases}\mathrm{e}^{-nr\Delta}E^{Q}\left(\tilde{S}_n-K\right)^{+}=\mathrm{e}^{-rt/n}\left\{\mathrm{E}^{Q}\left[(\tilde{S}_n\mid\tilde{S}_n>K)\right]-KP(\tilde{S}_n>K)\right\}\\ \mathrm{e}^{-nr\Delta}E^{Q}\left(K-\tilde{S}_n\right)^{+}=\mathrm{e}^{-rt/n}\left\{KP\left(\tilde{S}_n<K\right)-\left[E^{Q}(\tilde{S}_n\mid\tilde{S}_n<K)\right]\right\}\end{cases}\qquad(14.10)$$

期权价格仍然是到期时在风险中性的概率测度下求出的期望值，用无风险利率折现的结果。上面一行是看涨期权的价格，下面一行是看跌期权的价格。

总结用二叉树模型为期权定价的步骤如下。

第一步，假设标的证券价格变化服从几何布朗运动，把执行价格为 K，有效期为 T 的期权分为 n 个小时期，每个时期长 $\Delta=t/n$ 。在每个小时间段上股票价格发生上涨或下跌的运动。此时，风险中性的概率测度及涨跌倍数分别为：

$$p=\frac{e^{r\Delta}-d}{u-d},\quad u=\mathrm{e}^{\rho\sqrt{\Delta}},\quad d=\mathrm{e}^{-6\sqrt{\Delta}}$$

第二步，对期权从到期日价值的风险中性期望值逐步以无风险利率折现，前推即可求得其价格，即从二叉树模型结构图的末端 T 时刻开始往回倒推折现，为期权定价。

我们注意到，在证券价格的上述变化中，如果在前 k 个价格变化中有 i 次上涨及 $k-i$ 次下跌，那么在时刻 t_k（即第 k 次价格变化后）证券的价格是：

$$S\left(t_k\right)=u^{i}d^{k-i}S$$

由于 i 的值必须是 0, 1, ⋯, k 中的一个，则在 t_k，证券的价格就有 $k+1$ 种可能性。

为决定期权当前的价格，从后往前递推。先决定末端 T 时 i 有 $n+1$ 种可能值，对应地，期权的价值也有 $n+1$ 种可能值，设期权价值为 $V_n\left(i\right)$，有：

$$V_n(i)=\begin{cases}\max\left(u^i d^{n-i}s-K,0\right), & \text{对于看涨期权}\\ \max\left(K-u^i d^{n-i}s,0\right), & \text{对于看跌期权}\end{cases}$$

令 $\beta=\mathrm{e}^{-rt/n}$，假设标的证券的价格从 t_k 时刻的 $S(t_k)=u^i d^{k-i}s$ 上涨为 $S(t_{k+1})=u^{i+1}d^{k-i}s$ 时期权的价值为 $V_{k+1}(i+1)$，而标的证券的价格从 t_k 时刻的 $S(t_k)=u^i d^{k-i}s$ 下跌为 $S(t_{k+1})=u^i d^{k+1-i}s$ 时期权的价值为 $V_{k+1}(i)$。又知证券每次上涨的概率为 p，下跌的概率为 $1-p$，则在 t_k 期权的价值为：

$$p\beta V_{k+1}(i+1)+(1-p)\beta V_{i+1}(i)$$

这样，从后往前，一步步前推即可求出各个时间节点上期权的理论价格，最终求出期权当前的价格。

【例 14-3】

用二叉树模型为具有如下参数的欧式看涨期权定价（每个参数的含义同前文）：

$$s=9,\ t=0.25,\ K=10,\ \sigma=0.3,\ r=0.06$$

取 $n=5$（当然，n 取值越大，最后求得的期权值越精确），利用上面的参数，有：

$$u=\mathrm{e}^{0.3\sqrt{0.05}}=1.0694$$
$$d=\mathrm{e}^{-0.3\sqrt{0.05}}=0.9351$$
$$p=\frac{\mathrm{e}^{0.06\times0.05}-0.9351}{1.0694-0.9351}=0.5056$$
$$1-p=0.4944$$
$$\beta=\mathrm{e}^{-0.06\times0.05}=0.997$$

在时刻 t_5 该证券所有可能的价格为：

$$9u^5=12.588,\ 9u^4d=11.007,\ 9u^3d^2=9.625<10$$
$$9u^i d^{5-i}<10(i=2,1,0)$$

因此，有：

$$V_5(5)=2.588,\ V_5(4)=1.007,\ V_5(i)=0\ (i=0,1,2,3)$$

在 t_4 时刻，证券价格节点及各节点上期权的价值为：

$9u^4 = 11.771$，在这个节点上，有：

$$V_4(4) = p\beta V_5(5) + (1-p)\beta V_5(4) = 1.801$$

$9u^3d = 10.293$，在这个节点上，有：

$$V_4(3) = p\beta V_5(4) + (1-p)\beta V_5(3) = 0.508$$

$9u^2d^2 = 9$，在这个节点上，有：

$$V_4(2) = 0$$

另外两个节点分别为 $9ud^3 = 7.870, 9d^4 = 6.881$，期权的价值也为 0。

依此类推，可得到：

$$V_3(3) = 1.158,\ V_3(2) = 0.256,\ V_3(1) = V_3(0) = 0,$$
$$V_2(2) = 0.710,\ V_2(1) = 0.129,\ V_2(0) = 0,$$
$$V_1(1) = 0.421,\ \ V_1(0) = 0.065$$

最后推出：

$$C = p\beta V_1(1) + (1-p)\beta V_1(0) = 0.244$$

对于欧式看跌期权，用二叉树模型可做类似推导。

14.3.2 用多期二叉树模型为美式看跌期权定价

二叉树模型是一个很好的期权定价模型，不仅适用于一般欧式期权的定价，对于期间有分红等情况以及可能提前行权的美式期权的定价也有很好的适用性。而后面我们将介绍的布莱克－斯科尔斯模型则不具备这种广泛的适用特征。下面我们看如何用二叉树模型为可能提前行权的美式看跌期权定价。

假设证券 0 时刻的价格为 s, 波动率为 σ，无风险利率为 r。以该证券为标的资产的美式看跌期权的到期时间为 t。假定证券从 0 到 t 期间价格的变化遵循 n 期二叉树模型。令 $t_k = kt/n(k = 0,1,\cdots,n)$，并假设：

（a）期权只能在时刻 $t_k\,(k = 0,1,\cdots,n)$ 中的时间点行权；

（b）$S(t_{k+1}) = \begin{cases} uS(t_k), & \text{以概率 } p \\ dS(t_k), & \text{以概率 } 1-p \end{cases}$

其中，

$$u = e^{\sigma\sqrt{t/n}}, \quad d = e^{-\sigma\sqrt{t/n}}, \quad p = \frac{e^{rt/n} - d}{u - d}$$

（c）在各个可以行权的时刻 $t_k\left(k = 0,1,\cdots,n\right)$，期权持有者将比较其行权获得的收益与不行权期权的价值的大小，如果前者大于后者，期权持有者将行权；否则，将继续持有。

如前所述，如果在时刻不行权，期权的价值为：

$$p\beta V_{k+1}\left(i+1\right)+\left(1-p\right)\beta V_{k+1}\left(i\right)$$

而在 t_k 时刻行权获得的收益为：

$$K - u^i d^{k-i} s$$

因此，此时期权的价值应该等于上述两者之间的大者。

就是说，对于 $k = 0,1,\cdots,n-1$，有：

$$V_k(i) = \max\left(K - u^i d^{(k-i)} s, p\beta V_{k+1}(i+1) + (1-p)\beta V_{k+1}(i)\right), i = 0,1\cdots,k \qquad (14.11)$$

然后，再循着前面的步骤，从后往前就可以最终求得美式看跌期权的价格。

这个过程用手工计算固然比较复杂，但是用计算机编程计算却很容易。像 CBOE 等很多交易所的网站上都能找到现成的程序。注意到 $ud = 1$，并利用下面可以证明的结果，就可以简化上面的计算。

若在时刻 t_k 证券价格是 x 的看跌期权价值为 0，那么当证券价格高于 x 时，时刻 t_k 的期权价值也为 0，即：

$$V_k\left(i\right) = 0 \Rightarrow V_k\left(j\right) = 0 \text{，若 } j > i$$

若最优选择是在时刻 t_k 证券价格是 x 时执行期权，那么在时刻 t_k，如果证券价格低于 x，执行期权同样是最优的，即：

$$V_k\left(i\right) = K - u^i d^{k-i} s \Rightarrow V_k\left(j\right) = K - u^j d^{k-j} s \text{，若 } j < i$$

【例 14-4】

仍用例 14-3 中的参数，用二叉树模型方法求具有同样参数的美式看跌期权的价格。取 $n = 5$，仍然得到相同的参数如下：

$$u = e^{0.3\sqrt{0.05}} = 1.0694$$
$$d = e^{-0.3\sqrt{0.05}} = 0.9351$$

$$p=\frac{e^{0.06\times0.05}-0.9351}{1.0694-0.9351}=0.5056$$
$$1-p=0.4944$$
$$\beta=e^{-0.06\times0.05}=0.997$$

在时刻 t_5 该证券所有可能的价格为：

$$9d^5=6.435,\ 9ud^4=7.359,\ 9u^2d^3=8.416,$$
$$9u^3d^2=9.625,\ 9u^4d=11.007,\ 9u^5=12.588$$

因此，有：

$$V_5(0)=3.565,\ V_5(1)=2.641,\ V_5(2)=1.584,$$
$$V_5(3)=0.375,\ V_5(i)=0(i=4,5)$$

因为 $9u^2d^2=9$，有：

$$V_4(2)=\max\left[1,\beta pV_5(3)+\beta(1-p)V_5(2)\right]=1$$

说明在时刻 t_4，如果证券的价格是 9，那么执行期权优于继续持有期权。从上面的假设（b）可知，如果该时刻证券价格低于 9，也应该执行期权。所以有：

$$V_4(1)=10-9ud^3=2.130,\ V_4(0)=10-9d^4=3.119$$

当 $9u^3d=10.293$ 时，由式（11.10）有：

$$V_4(3)=\beta pV_5(4)+\beta(1-p)V_5(3)=0.181$$

类似地：

$$V_5(5)=\beta pV_5(5)+\beta(1-p)V_5(4)=0$$

继续下去，就得到：

$$V_3(0)=\max\left[2.641,\beta pV_4(1)+\beta(1-p)V_4(0)\right]=2.641$$
$$V_3(1)=\max\left[1.584,\beta pV_4(2)+\beta(1-p)V_4(1)\right]=1.584$$
$$V_3(2)=\max\left[0.375,\beta pV_4(3)+\beta(1-p)V_4(2)\right]=0.584$$
$$V_3(3)=\beta pV_4(4)+\beta(1-p)V_4(3)=0.089$$

类似地，有：

$$V_2(0)=\max\left[2.130,\beta pV_3(1)+\beta(1-p)V_3(0)\right]=2.130$$

$$V_2(1)=\max\left[1,\beta pV_3(2)+\beta(1-p)V_3(1)\right]=1.075$$

$$V_2(2)=\beta pV_3(3)+\beta(1-p)V_3(2)=0.333$$

以及：

$$V_1(0)=\max\left[1.584,\beta pV_2(1)+\beta(1-p)V_2(0)\right]=1.592$$

$$V_1(1)=\max\left[0.375,\beta pV_2(2)+\beta(1-p)V_2(1)\right]=0.698$$

由上面最后两式，即可求得最后的结果：

$$P=V_0(0)=\max\left[1,\beta pV_1(1)+\beta(1-p)V_1(0)\right]=1.137$$

本章小结

1. 由于股票等期权的标的资产价格的变化可合理地假定为服从几何布朗运动，而几何布朗运动又可以看作二叉树模型的极限形式，因此，可以用二叉树模型为期权进行近似定价。

2. 无套利分析方法是期权定价的最本质的方法，由此又演化出风险中性定价方法。将风险中性定价方法应用于服从二叉树变化规律的期权定价，从后往前一步步就可推导出期权的价格。

3. 期权的二叉树近似定价方法是适用性较强的定价方法，对欧式看涨看跌期权、有分红的标的资产情况，以及美式看涨看跌期权都可应用。而且，在当今计算机技术高度发达的条件下，计算起来并不困难。

习　题

1. 假设某只股票当前的价格是 50 元，经过一个时期其价格要么上涨为 55 元，要么下跌为 45 元。市场上有一执行价格 50 元，期末到期的该股票的欧式看涨期权在交易。一期的市场无风险利率为 4%。

（a）用上述期权与股票构建一无风险资产组合。

（b）计算期权当前的无套利均衡价格。该期权的内在价值、时间价值各是多少？

（c）假设期权的市场价格为 2.9 元，试问是否有一定会盈利的套利机会？如果有，设计一个套利策略，并计算其盈利。

（d）假设期权的市场价格为 4.2 元，试问是否有一定会盈利的套利机会？如果有，设计一个套利策略，并计算其盈利。

2. 假设某只股票当前的价格是50元，经过一个时期其价格要么上涨为55元，要么下跌为45元。市场上有一执行价格50元，期末到期的该股票的欧式看跌期权在交易。一期的市场无风险利率为4%。

（a）用上述期权与股票构建一无风险资产组合。

（b）计算期权当前的无套利均衡价格。该期权的内在价值，时间价值各是多少？

（c）假设期权的市场价格为2.9元，试问是否有一定会盈利的套利机会？如果有，设计一个套利策略，并计算其盈利。

（d）假设期权的市场价格为1元，试问是否有一定会盈利的套利机会？如果有，设计一个套利策略，并计算其盈利。

3. 用第2题的计算结果（a）验证欧式看涨看跌期权平价关系。

（a）如果市场无风险利率降为0，上述看涨、看跌期权的价格和时间价值会发生怎样变化？

（b）如果股票价格的波动加大，上述看涨、看跌期权的价格和时间价值会发生怎样的变化？

4. 以股票A为标的资产的欧式看涨和看跌期权的执行价格为60元，到期日为2个月后。投资者预估，股票每过1个月要么上涨为原来的u倍，要么下跌为原来的d倍，$u=1.171$，$d=0.854$。每月的市场无风险利率为0.15%。把到期时间平分为两个1个月，用二期二叉树模型计算上述期权的价格。

5. 假设第4题中的期权是美式期权，重新计算期权的价格。

6. 假设某股票收益率的年标准差为77.4%。以该股票为标的资产的欧式和美式看涨、看跌期权的执行价格与初始价格相等，到有效期为1个月。年连续复利收益率为3.6%，在期权有效期内股票无分红。

（a）计算一期二叉树模型下，股票上涨和下跌的因子u和d。其中$u=e^{\sigma\sqrt{\Delta}}$，$d=1/u$。

（b）假设把1个月等分为两期，用二期二叉树模型重新计算（a）中的问题。

（c）试编制计算程序计算美式看跌期权的n期二叉树模型价格，并计算上述美式看跌期权的5期二叉树模型价格。

第十五章　布莱克–斯科尔斯期权定价模型

1973 年，年轻的经济学家费雪・布莱克（Fischer Black）与梅隆・S. 斯科尔斯（Myron S. Scholes）在共同发表的论文《期权与公司债务定价》一文中，提出了后来被称为布莱克－斯科尔斯期权定价模型的期权定价公式，用于确定欧式股票期权的价格。同年，罗伯特・C. 默顿（Robert C. Merton）独立地提出了一个更一般化的期权定价模型。这在当时的学术界和实务界都引起了强烈的反响。该模型的提出极大地推动了衍生证券的定价工作，同时极大地推动了衍生金融市场的发展和繁荣。布莱克和默顿因此获得了 1997 年诺贝尔经济学奖。布莱克于 1995 年英年早逝，没能获得诺奖荣誉。经济学界普遍认为，这固然对布莱克是一个遗憾，更是诺贝尔经济学奖的遗憾。

15.1　布莱克–斯科尔斯期权定价模型的基本思路

布莱克－斯科尔斯期权定价公式推导的基本思路就是我们在前面已经反复使用过的无套利分析，即在有效的金融市场上，当市场达到均衡时，不应该存在无风险的套利机会，一价定律是成立的。任何风险相当、未来收益相同的资产或资产组合都应该具有同样的价格。

接下来，布莱克、斯科尔斯认为，对于期权等衍生产品，由于其衍生的性质，他们与原生资产受到同样不确定因素的影响，具有相同的风险源，是原生资产价格的变化决定了衍生产品的价格高低。这样，布莱克与斯科尔斯首先在前人研究的基础上假定股票价格的变化服从几何布朗运动，因而有：

$$\frac{\mathrm{d}S}{S}=\mu\mathrm{d}t+\sigma\mathrm{d}z \tag{15.1}$$

$$\mathrm{dln}S=\left(\mu-\frac{\sigma^2}{2}\right)\mathrm{d}t+\sigma\mathrm{d}z \tag{15.2}$$

式中，$\mathrm{d}S$ 是股票价格在 $\mathrm{d}t$ 时间内的变化，μ 相当于我们在第十三章中的 μ_r，是股票的期望收益率，σ 是股票价格的年波动率，$\mathrm{d}z=\varepsilon\sqrt{\mathrm{d}t}$ 为标准布朗运动。其中，$\varepsilon\sim N(0,1)$，

服从标准正态分布。

布莱克和斯科尔斯认为，由于衍生品与其标的资产有着相同的风险源，经过它们之间的适当组合应能够消除不确定性，构建出无风险的组合资产来。显然，根据一价定律，组合资产的收益率应该等于无风险利率。

假设 f 是以股票为标的资产的衍生产品的价格，则 f 是 S 和 t 的函数。对股票价格变化遵循的随机微分方程式（15.1）运用伊藤引理，可以推出：

$$\mathrm{d}f=\left(\frac{\partial f}{\partial S}\mu S+\frac{\partial f}{\partial t}+\frac{1}{2}\frac{\partial^2 f}{\partial S^2}\sigma^2 S^2\right)\mathrm{d}t+\frac{\partial f}{\partial S}\sigma S\mathrm{d}z \tag{15.3}$$

式（15.1）和式（15.3）的离散形式为：

$$\Delta S=\mu S\Delta t+\sigma S\Delta z \tag{15.4}$$

$$\Delta f=\left(\frac{\partial f}{\partial S}\mu S+\frac{\partial f}{\partial t}+\frac{1}{2}\frac{\partial^2 f}{\partial S^2}\sigma^2 S^2\right)\Delta t+\frac{\partial f}{\partial S}\sigma S\Delta z \tag{15.5}$$

式中，ΔS 和 Δf 是在 Δt 时间内，股票及其衍生产品价格的变化。从两个式子可以看出，二者受到同样的不确定因素的影响。因此，可以通过选择一个适当的股票与衍生品持有比例来消除这一不确定因素。

由式（15.4）与式（15.5）知，只要投资者在持有一份衍生品的同时，持有 $\frac{\partial f}{\partial S}$ 份股票的相反头寸，就可消除这一不确定因素。假设卖出一份衍生品，买入 $\frac{\partial f}{\partial S}$ 份股票，令 π 表示该组合的价值，则有：

$$\pi=-f+\frac{\partial f}{\partial S}S$$

应用式（15.4）与式（15.5），组合在 Δt 时间内的价值变化为：

$$\Delta\pi=-\Delta f+\frac{\partial f}{\partial S}\Delta S=\left(-\frac{\partial f}{\partial t}-\frac{1}{2}\frac{\partial^2 f}{\partial S^2}\sigma^2 S^2\right)\Delta t \tag{15.6}$$

式（15.6）不含 Δz 项，说明组合在 Δt 时间内是无风险的，由无套利原则可知，该组合的收益率必然等于无风险利率，否则，将产生无风险套利的机会，因此有：

$$\Delta\pi=\pi r\Delta t \tag{15.7}$$

式中，r 是无风险利率。

由式（15.5）、式（15.6）、式（15.7）得到：

$$\frac{\partial f}{\partial t}+\frac{\partial f}{\partial S}rS+\frac{1}{2}\frac{\partial^2 f}{\partial S^2}\sigma^2 S^2=rf \tag{15.8}$$

式（15.8）就是著名的布莱克－斯科尔斯微分方程，是包括远期、期权等在内的衍生金融工具都遵循的约束方程。这个方程不含有受制于主管风险收益偏好的标的证券的预期收益率，只包括价格、波动率、时间、无风险利率等客观变量。这样，方程的解就只取决于这些客观变量，而与各证券的预期收益率无关。在这种情况下，假定投资者是风险中性的，也就不影响衍生工具的定价了。

不同的衍生工具有不同的初始条件和边界条件。初始条件和边界条件包括标的证券的初始价格、标的证券价格的波动率、无风险利率，以及持有到期衍生工具的收益等。对执行价格为 K 的欧式看涨期权，其最后的收益是 $\max(S_T-K, 0)$，而远期合约多头最后的收益为 S_T-K。通过解不同初始条件和边界条件下的偏微分方程（15.8）就可得到不同衍生工具的价格。布莱克与斯科尔斯正是这样推导出了欧式看涨期权的定价公式。

布莱克－斯科尔斯期权定价公式的假设很严格，例如假定无风险利率 r 为常数、标的股票在期权有效期内没有分红等。这些假定限制了公式的适用性。默顿放松了公式的假设条件，对布莱克－斯科尔斯模型进行了改进，极大地拓展了公式的应用范围，也为衍生金融工具的理论和实践作出了重大的贡献。

我们后面的章节将继续循第十四章的思路推导布莱克－斯科尔斯期权定价模型，我们认为，这样的推导方式更有利于读者的理解和掌握。

15.2 布莱克–斯科尔斯期权定价公式

15.2.1 布莱克－斯科尔斯期权定价公式

考虑一个以某一股票为标的证券、执行价格为 K，到期时间为 t 的欧式看涨期权。假设标的股票价格的变化过程服从漂移参数为 μ, 波动参数为 σ 的几何布朗运动。

令 $S(y)$ 表示股票在 y 时刻的价格。由于 $\{S(y), 0\leqslant y\leqslant t\}$ 服从漂移参数为 μ, 波动参数为 σ 的几何布朗运动，作为该模型的 n 阶近似，可假设每过长度为 t/n 的时间，证券的价格变化一次。其新价格等于旧价格乘以因子 u:

$$u=\mathrm{e}^{\sigma\sqrt{t/n}}，概率为\frac{1}{2}\left(1+\frac{\mu}{\sigma}\sqrt{t/n}\right)$$

或者等于旧价格乘以因子 d:

$$d=\mathrm{e}^{-\sigma\sqrt{t/n}}，概率为\frac{1}{2}\left(1-\frac{\mu}{\sigma}\sqrt{t/n}\right)$$

因此，这个 n 阶近似就是一个 n 期二叉树模型。这个二叉树模型里每一个时间段 t/n 后的价格要么上涨为原来的价格乘以系数 u，要么下跌为原来的价格乘以系数 d。所以，令

$$X_i=\begin{cases}1,\text{若}S(it/n)=uS[(i-1)t/n]\\0,\text{若}S(it/n)=dS[(i-1)t/n]\end{cases}$$

由第十四章的内容可知，此模型中唯一风险中性的概率是：

$$p=P(X_i=1)=\frac{\mathrm{e}^{rt/n}-d}{u-d}=\frac{\mathrm{e}^{rt/n}-\mathrm{e}^{-\sigma\sqrt{t/n}}}{\mathrm{e}^{\sigma\sqrt{t/n}}-\mathrm{e}^{-\sigma\sqrt{t/n}}}$$

而在 n 较大时，有：

$$\mathrm{e}^{rt/n}\approx 1+rt/n$$

$$\mathrm{e}^{\sigma\sqrt{t/n}}\approx 1+\sigma\sqrt{t/n}+\frac{\sigma^2 t}{2n}$$

$$\mathrm{e}^{-\sigma\sqrt{t/n}}\approx 1-\sigma\sqrt{t/n}+\frac{\sigma^2 t}{2n}$$

$$p\approx\frac{\dfrac{rt}{n}+\sigma\sqrt{\dfrac{t}{n}}-\dfrac{\sigma^2 t}{2n}}{2\sigma\sqrt{\dfrac{t}{n}}}=\frac{1}{2}\left(1+\frac{r-\sigma^2/2}{\sigma}\sqrt{\frac{t}{n}}\right)\tag{15.9}$$

这就是说，在 n 期近似模型里，唯一的风险中性概率测度是基于下面的假设得到的：在每一个时间段，股票价格要么以 p 的概率上涨为原来的 $\mathrm{e}^{\sigma\sqrt{t/n}}$ 倍，要么以 $1-p$ 的概率下跌为原来的 $\mathrm{e}^{-\sigma\sqrt{t/n}}$ 倍，而概率 p 由式（15.9）给出。由第十三章几何布朗运动的近似形式可知，当时 $n\to\infty$，这个风险中性分布收敛于漂移参数为 $r-\sigma^2/2$，波动参数为 σ 的几何布朗运动。即与变化过程服从漂移参数为 μ，波动参数为 σ 的几何布朗运动的股票价格变化相对应的风险中性的随机过程是漂移参数为 $r-\sigma^2/2$，波动参数为 σ 的几何布朗运动。

现在，在风险中性几何布朗运动下，$S(t)/S(0)$ 是一个均值参数为 $(r-\sigma^2/2)t$，方差参数为 $\sigma^2 t$ 的对数正态随机变量。根据第十四章的式（14.10），以上述股票为标的资产、执行价格为 K，到期时间为 t 的欧式看涨期权的价格是：

$$C=\mathrm{e}^{-rt}E^{Q}\left[\left(S(t)-K\right)^{+}\right]=\mathrm{e}^{-rt}E\left[\left(S(0)\mathrm{e}^{W}-K\right)^{+}\right]\tag{15.10}$$

其中，W 是一个均值参数为 $(r-\sigma^2/2)t$，方差参数为 $\sigma^2 t$ 的正态随机变量。

由式（15.10）即可推导出布莱克 – 斯科尔斯欧式看涨期权定价公式：

$$C=S(0)\Phi(\omega)-K\mathrm{e}^{-rt}\Phi\left(\omega-\sigma\sqrt{t}\right)\tag{15.11}$$

其中：

$$\omega=\frac{rt+\frac{\sigma^2 t}{2}-\ln\left[K/S(0)\right]}{\sigma\sqrt{t}}$$

而 $\Phi(x)$ 是标准正态分布函数。

【例 15-1】

假设一只股票当前的价格为 30 元，市场无风险连续复利年利率为 8%，股票的波动率为 0.2。求一个 3 个月后到期且执行价格为 34 元的看涨期权的价格。

本题的参数如下：

$$t=0.25,\ r=0.08,\ \sigma=0.20,\ K=34,\ S(0)=30$$

所以有：

$$\omega=\frac{0.08\times0.25+0.20^2\times\frac{0.25}{2}-\ln(34/30)}{0.20\times\sqrt{0.25}}\approx-1.0016$$

由此得到：

$$\begin{aligned}C&=30\times\Phi(-1.0016)-34\times e^{-0.08\times0.25}\Phi\left(-1.0016-0.20\sqrt{0.25}\right)\\&=30\times0.15827-34\times0.9802\times0.13532\approx0.2383\end{aligned}$$

因此，这个期权的合理价格约为 0.24 元。

15.2.2 以下是关于布莱克 – 斯科尔斯期权定价公式的几点说明

第一，当证券的价格为 s 时，令 $C(s,t,K)$ 表示到期日是 t，执行价格为 K 的期权的合理价格，也就是说，$C(s,t,K)$ 就是当 $S(0)=s$ 时由布莱克 – 斯科尔斯期权定价公式所计算出的 C。如果在时刻 y，标的证券的价格为 $S(y)=s_y$，那么 $C(S_y,t-y,K)$ 就是期权在 y 时刻唯一的无套利价格。这是因为，在 y 时刻，期权会在经过时间 $t-y$ 后以相同的执行价格 K 到期，并且在之后 $t-y$ 的时间内该证券服从初始价格为 S_y 的几何布朗运动。

第二，记以初始价格为 s 的证券为标的资产，到期日为 t，执行价格同样为 K 的欧式看涨期权的价格为 $C(s,t,K)$，欧式看跌期权的无套利价格为 $P(s,t,K)$。使用连续复利率计算，欧式看跌期权的平价公式（12.3c）变为：

$$P(s,t,K)=C(s,t,K)+k\mathrm{e}^{-rt}-s \tag{15.12}$$

用此平价公式，根据欧式看涨期权的计算公式，可得到欧式看跌期权的定价公式：

$$P=K\mathrm{e}^{-rt}\Phi\left(\sigma\sqrt{t}-\omega\right)-S(0)\Phi(-\omega) \tag{15.13}$$

第三，由于风险中性几何布朗运动仅依赖于 σ 的变化，而不依赖于证券实际遵循的几何布朗运动的漂移参数 μ，因而也就不依赖于证券实际的预期收益率，这与我们前面的分析相同。正因为这样，期权的价格仅依赖于证券的波动率，而与漂移参数，进而与证券的预期收益率无关。

第四，如果假定证券价格服从的几何布朗运动的波动率固定不变，而漂移参数是随时间变化的，期权的价格也不会受到影响。这是因为，尽管在 t 时刻之前价格的漂移参数是不断变化的，但 n 期近似模型仍是一个二叉树模型，价格要么上涨为原来的 $\mathrm{e}^{\sigma\sqrt{t/n}}$ 倍，要么下跌为原来的 $\mathrm{e}^{-\sigma\sqrt{t/n}}$ 倍，其唯一的风险中性概率分布与漂移参数为常数时并无不同，从而对推导期权的无套利价格也没有什么影响，由此得到的期权价格显然是相同的。（漂移参数对于价格变化的影响在于影响价格上涨或下跌的真实概率方面，但这不影响风险中性概率的大小，无套利的期权价格则是由风险中性的概率测度得到的。）

15.3 期权价格的性质

布莱克－斯科尔斯期权定价公式 $C=C(s,t,K,\sigma,r)$ 是一个含有下面 5 个变量的函数：证券的初始价格 s、期权的有效期限 t、期权的执行价格 K、证券价格的波动参数 σ 以及市场无风险利率 r。这与我们在第十二章中已经分析过的影响期权价格的因素完全相同。在第十二章中，我们曾经定性分析过这 5 个参数对于期权价格的影响，本节中，我们通过已经了解的布莱克－斯科尔斯公式进一步研究期权价格作为这些变量的函数所具有的性质。

由式（15.10）有：

$$C(s,t,K,\sigma,r)=\mathrm{e}^{-rt}E\left[\left(s\mathrm{e}^{W}-K\right)^{+}\right] \tag{15.14}$$

其中，$W=\left(r-\dfrac{\sigma^2}{2}\right)t+\sigma\sqrt{t}\varepsilon$，服从标准正态分布。也就是说，$W$ 是均值为 $\left(r-\dfrac{\sigma^2}{2}\right)t$，方差为 $\sigma^2 t$ 的正态随机变量。

$C=C(s,t,K,\sigma,r)$ 有如下性质：

第一，C 是关于 s 的单调递增凸函数。

也就是说，在其他四个变量保持不变的情况下，看涨期权的价格是关于标的证券初始价格的一个单调递增凸函数。首先，对任意一个正常数 α，函数 $\mathrm{e}^{-rt}(s\alpha-K)^{+}$ 关于变量 s 是一个单调递增凸函数，如图 15-1 所示。又因为 W 的概率分布不依赖于 s 的变化，所以，

对 W 的任一取值，$e^{-rt}\left(se^{W}-K\right)^{+}$ 关于 s 单调递增并且是凸的。根据式（15.14），C 是上式的期望值，因而必然是 s 的一个单调递增凸函数。

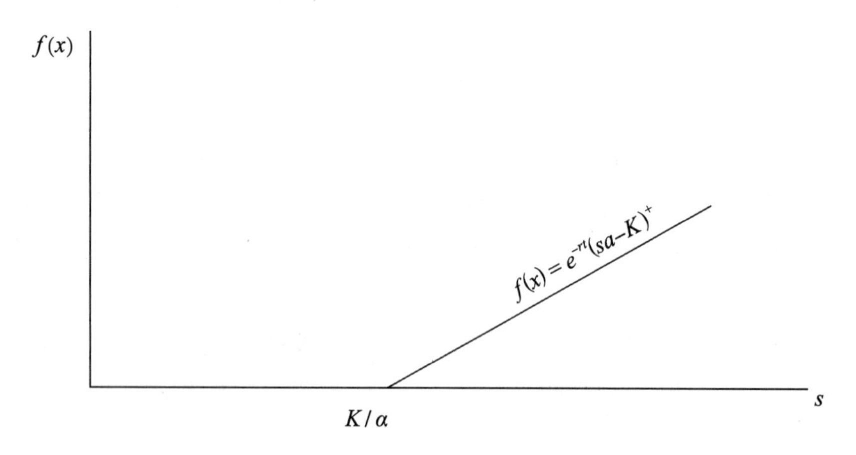

图 15-1　递增凸函数 $f\left(x\right)=e^{-rt}\left(s\alpha-K\right)^{+}$

第二，C 是关于 K 的单调递减凸函数。

这个结论可以由下面的事实得到：对 W 的任一取值，$e^{-rt}\left(se^{W}-K\right)^{+}$ 关于 K 是单调递减并且是凸的（图 15-2），因此它的期望也是关于 K 的一个单调递减凸函数。

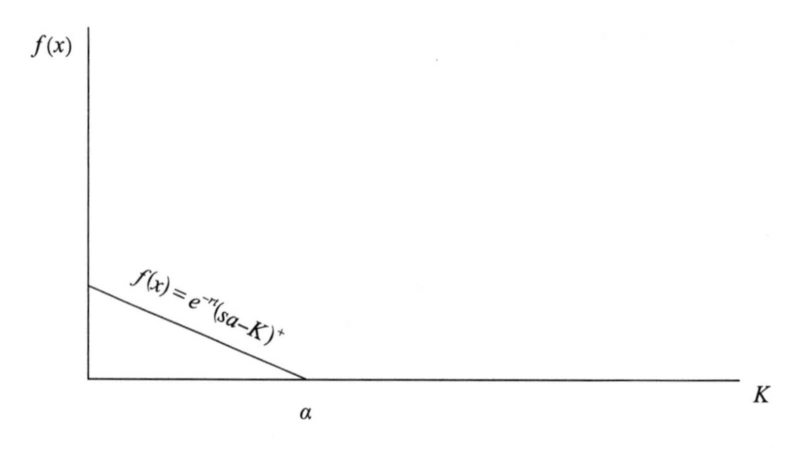

图 15-2　递减凸函数 $f\left(x\right)=e^{-rt}\left(s\alpha-K\right)^{+}$

第三，C 关于 t 是单调递增的。

这个性质很好理解。因为如果是美式看涨期权，期限的延长只会增加期权的权利，而无任何负面效应，那么对美式看涨期权，C 必然是随 t 单调增加的。在第十二章，我们讨论了美式期权的提前行权问题，知道对于有效期内没有现金流发生的看涨期权不能提前行权，而使其价格与欧式看涨期权的价格相同。因而，C 关于 t 是单调递增的。当然，我们还可以通过更精确的数学方法得当这个结果。

第四，C 关于 σ 是单调递增的。

注意到证券的价格在到期日下跌到执行价格以下再多也不会给期权持有者造成更多的损失，但是如果届时证券的价格变得很高，期权的持有者则会获得很大的收益，因而这个结论看起来是很直观的。然而，事实上，它比表面上看上去要更复杂。因为σ的增加不仅导致在风险中性的概率测度下，最终价格取对数之后的方差的增加，而且会导致它的期望值减少，这是因为$E\{\ln[S(t)/S(0)]\}=(r-\sigma^2/2)t$。尽管这样，这个结论还是正确的。后面我们将给出数学证明。

第五，C关于r是单调递增的。

由式（15.14），有：

$$C=E\left[\left(s\mathrm{e}^{-\sigma^2 t/2+\sigma\sqrt{t}}-K\mathrm{e}^{-rt}\right)^+\right]$$

由于$\left(s\mathrm{e}^{-\sigma^2/2+\sigma\sqrt{t}}-K\mathrm{e}^{-rt}\right)^+$关于$r$是单调递减的，所以它的期望值关于$r$也是单调递减的，这样就得到了所要的结论。也可以通过前面的讨论得到这个结论，在无套利几何布朗运动模型中，增加利率所产生的唯一影响就是它降低了期权交割时所付金额的当前价值，因此也就增加了期权的价格。

15.4 布莱克－斯科尔斯期权定价公式的推导

重新引述式（15.14）如下：

$$C(s,t,K,\sigma,r)=\mathrm{e}^{-rt}E\left[\left(s\mathrm{e}^{W}-K\right)^+\right]$$

其中，$W=\left(r-\dfrac{\sigma^2}{2}\right)t+\sigma\sqrt{t}\varepsilon$，$\varepsilon$为标准正态分布。

在标的证券的价格服从波动率为σ的几何布朗运动的情况下，我们注意到有以下的事实成立，即在风险中性概率测度下，$S(t)$可以表示为：

$$S(t)=s\exp\left[\left(r-\frac{\sigma^2}{2}\right)t+\sigma\sqrt{t}\varepsilon\right] \tag{15.15}$$

令I为期权到期时以实值结束这一事件的示性随机变量，即：

$$I=\begin{cases}1, & 若S(t)>K\\ 0, & 若S(t)\leqslant K\end{cases} \tag{15.16}$$

引理 15.1 利用式（15.15）、式（15.16），有：

$$I=\begin{cases}1, & 若\varepsilon>\sigma\sqrt{t}-\omega \\ 0, & 其他\end{cases} \tag{15.17}$$

其中：

$$\omega=\frac{rt+\frac{\sigma^2 t}{2}-\ln(K/s)}{\sigma\sqrt{t}}$$

证明：

$$\begin{aligned}S(t)>K &\Leftrightarrow \exp\left[\left(r-\frac{\sigma^2}{2}\right)t+\sigma\sqrt{t}\varepsilon\right]>K/s \\ &\Leftrightarrow \varepsilon>\frac{\ln(K/s)-(r-\sigma^2/2)t}{\sigma\sqrt{t}} \\ &\Leftrightarrow \varepsilon>\sigma\sqrt{t}-\omega\end{aligned}$$

引理 15.2

$$E(I)=P[S(t)>K]=\Phi(\omega-\sigma\sqrt{t}) \tag{15.18}$$

其中，Φ 是标准正态分布函数。

证明：由定义可知，

$$E(I)=P[S(t)>K]=P(\varepsilon>\sigma\sqrt{t}-\omega)=P(\varepsilon<\omega-\sigma\sqrt{t})=\Phi(\omega-\sigma\sqrt{t})$$

引理 15.3

$$\mathrm{e}^{-rt}E[IS(t)]=s\Phi(\omega) \tag{15.19}$$

证明：取 $c=\sigma\sqrt{t}-\omega$，由式（15.15）和引理 15.1 得到：

$$\begin{aligned}E[IS(t)]&=\int_c^\infty s\exp\left[(r-\sigma^2/2)t+\sigma\sqrt{t}\varepsilon\right]\frac{1}{\sqrt{2\pi}}\mathrm{e}^{-x^2/2}\mathrm{d}x \\ &=\frac{1}{\sqrt{2\pi}}s\exp\left[(r-\sigma^2/2)t\right]\int_c^\infty\exp\left[-(x^2-2\sigma\sqrt{t}x)/2\right]\mathrm{d}x \\ &=\frac{1}{\sqrt{2\pi}}s\mathrm{e}^{rt}\int_c^\infty\exp\left[-(x-\sigma\sqrt{t})^2/2\right]\mathrm{d}x=s\mathrm{e}^{rt}\frac{1}{\sqrt{2\pi}}\int_{-\omega}^\infty\mathrm{e}^{-\frac{y^2}{2}}\mathrm{d}y\left(令y=x-\sigma\sqrt{t}\right) \\ &=s\mathrm{e}^{rt}P(\varepsilon>-\omega)=s\mathrm{e}^{rt}\Phi(\omega)\end{aligned}$$

因此有：

$$e^{-rt}E\left[IS(t)\right]=s\Phi(\omega)$$

定理 15.1（布莱克 – 斯科尔斯定价公式）

$$C(s,t,K,\sigma,r)=s\Phi(\omega)-Ke^{-rt}\Phi\left(\omega-\sigma\sqrt{t}\right)$$

证明：

$$C(s,t,K,\sigma,r)=e^{-rt}E\left[\left(S(t)-K\right)^{+}\right]=e^{-rt}E\left[IS(t)-K\right]=e^{-rt}E\left[IS(t)\right]-Ke^{-rt}E(I)$$

由引理 15.2 和引理 15.3 即可得到所需的结论。

15.5 欧式看跌期权价格的性质

由前文可知，欧式看涨期权的价格 $C(s,t,K,\sigma,r)$，在风险中性几何布朗运动条件下，其未来期望回报值是以无风险利率折现的现值。类似的，欧式看跌期权的价格 $P(s,t,K,\sigma,r)$，在是风险中性几何布朗运动条件下，其未来的期望回报值是以无风险利率折现的现值。

因为：

$$S(t)=s\exp\left[\left(r-\frac{\sigma^2}{2}\right)t+\sigma\sqrt{t}\varepsilon\right]$$

其中，ε服从标准正态分布。

所以：

$$P(s,t,K,\sigma,r)=e^{-rt}E\left[\left(K-S(t)\right)^{+}\right]=e^{-rt}E\left[\left(K-se^{\left(r-\frac{\sigma^2}{2}\right)t+\sigma\sqrt{t}\varepsilon}\right)^{+}\right]=E\left[\left(Ke^{-rt}-se^{-\frac{\sigma^2t}{2}+\sigma\sqrt{t}\varepsilon}\right)^{+}\right]$$

当ε取一个固定值时，函数$\left(Ke^{-rt}-se^{-\frac{\sigma^2t}{2}+\sigma\sqrt{t}\varepsilon}\right)^{+}$满足：

（a）关于 s 是单调递减与凸的。因为，当 $b>0$ 时，$(a-bs)^{+}$是关于 s 的单调递减凸函数。

（b）关于 r 是单调递减与凸的。因为，当 $a>0$ 时，$(ae^{-rt}-b)^{+}$是关于 r 的单调递减凸函数。

（c）关于 K 是单调递增与凸的。因为，当 $a>0$ 时，$(aK-b)^{+}$是关于 K 的单调递减凸函数。

因为上述性质对取数学期望后的值仍成立，所以有：

（a）$P(s,t,K,\sigma,r)$ 关于 s 是单调递减与凸的；

（b）$P(s,t,K,\sigma,r)$ 关于 r 是单调递减与凸的；

（c）$P(s,t,K,\sigma,r)$ 关于 K 是单调递增与凸的。

又因为 $C(s,t,K,\sigma,r)$ 关于 σ 是单调增加的，由看涨看跌期权平价公式 $P(s,t,K,r,\sigma)=C(s,t,K,r,\sigma)+ke^{-rt}-s$ 知：

（d）$P(s,t,K,\sigma,r)$ 关于 σ 是单调增加的；

（e）$P(s,t,K,\sigma,r)$ 关于 t 不存在单调性。

本章小结

1. 布莱克-斯科尔斯期权定价模型的构建是金融学发展史上的一个重大突破。这一模型的构建不仅使长期困扰人们的期权定价问题得以逐步解决，而且为很多经济金融问题的解决提供了思路和方法。

2. 布莱克-斯科尔斯期权定价模型的构建基本思路是，布莱克、斯科尔斯认为，由于衍生品与其标的资产有着相同的风险源，经过它们之间的适当组合应能够消除不确定性，构建出无风险的资产组合来。当市场均衡时，由于不存在无风险的套利机会，一价定律成立，组合资产的收益率应该等于无风险利率。这样，他们就推导出了衍生品价格所应遵循的约束方程——偏微分方程，见式（15.6）。这一方程不含有受制于主管风险收益偏好的标的证券的预期收益率，从而演化出风险中性定价原理。在此基础上，最终推导出欧式看涨期权的定价公式，见式（15.11）。

3. 由于布莱克-斯科尔斯期权定价模型就是假定期权标的资产价格的变化服从几何布朗运动，而几何布朗运动又可看作特定二叉树模型的极限形式，本章中采用这种方式推导了布莱克-斯科尔斯期权定价公式和其它相应的一些关系。

4. 由布莱克-斯科尔斯定价公式可以看出期权价格随其影响因素的变化规律。详见本章第三节和第五节的内容。

习　题

1. 试述布莱克-斯科尔斯期权定价模型的基本假设和适用范围。

2. 某种证券的价格服从参数 $\mu=0.10$ 和 $\sigma=0.25$ 的几何布朗运动。如果该证券当前的价格是40元，那么对于一个有效期为4个月、执行价格为42元的看涨期权，它会被执行的概率有多大？

3. 如果市场无风险利率为6%，习题2中期权的风险中性价值是多少？

4. 已知市场无风险利率为6%，某一证券当前的价格为60元，证券的波动率为25%。一个执行价格为55元，6个月到期的该证券的欧式看跌期权的风险中性价值为多少？

5. 某种证券的价格服从参数 $\mu=0.06$ 和 $\sigma=0.30$ 的几何布朗运动。证券的当前价格为40元。

（a）如果市场无风险利率为 4%，求一个 3 个月到期、执行价格为 42 元的看涨期权的无套利价格。

（b）上述看涨期权到期日价值为 0 的概率是多少？

6. 为了决定一个欧式看涨期权以实值结束的概率，知道 $K, S(0), r, t, \sigma$ 这 5 个参数就足够了吗？如果不够，还需要知道其他什么条件？

7. 如果一个看涨期权的执行价格为 0，那么这个看涨期权的价格应该为多少？

8. 当波动率越来越小时，一个 (K, t) 看涨期权的价格应该怎样变化？

第十六章　期权定价模型的扩展及应用

布莱克－斯科尔斯期权定价的基本模型是在一系列严格假设下推导出来的，这些假设有的严重与现实背离，从而大大限制了模型的适用范围。与斯科尔斯同获诺贝尔经济学奖的默顿对于期权定价的一个很大贡献就是放松了模型原有条件，并通过对模型进行拓展，使其适用于更一般的经济环境。本章介绍期权定价模型的一些典型拓展及应用。

16.1　连续红利率与期权定价

基本期权定价模型假定标的证券在期权的有效期内没有分红，然而在现实中，很多证券在期权的有效期内会有确定的分红或者会以一定的收益率获得收益。首先来看标的证券以对证券的价格的固定比率连续支付红利的情况。

假设股票的价格为 S，股票的连续复利红利率为 f。那么，经过一个很小的时间段 $\mathrm{d}t$ 后，每一股股票应得的红利近似为 $fS\mathrm{d}t$。

首先，我们构建股票价格的变化模型。为了得到一个可行的模型，一个思路是假设所有的红利都被再投资于购买标的股票。这样，股票数量将以连续复合比率 f 增长。因此，如果在 0 时刻购买了一股股票，到了 t 时刻就会有 e^{ft} 股该股票，它的总市值为：

$$M(t)=\mathrm{e}^{ft}S(t) \tag{16.1}$$

与前面的做法一样，假设 $M(t)$ 服从某个波动率为 σ 的几何布朗运动是合理的。因此，关于 $M(t)$ 的风险中性概率就是波动参数为 σ，漂移参数为 $r-\sigma^2/2$ 的几何布朗运动的概率。这样，以上述股票为标的资产的欧式看涨期权的无套利价格是以下面的假定为基础的，即股票在 $y\,(y\geqslant 0)$ 时刻的价格为 $S(y)$，股票的连续复利红利率为 f。则 $\mathrm{e}^{fy}S(y)\,(y\geqslant 0)$ 服从波动参数为 σ、漂移参数为 $r-\sigma^2/2$ 的风险中性几何布朗运动。

考虑一个欧式看涨期权，它允许持有者在时刻 t 以价格 K 买入上述股票。在关于 $M(t)$ 的风险中性概率下，有：

$$\frac{S(t)}{S(0)}=\frac{e^{-ft}M(t)}{M(0)}=e^{-ft}e^{W}$$

其中，$W=\left(r-\frac{\sigma^2}{2}\right)t+\sigma\sqrt{t}\varepsilon$服从标准正态分布。因此有：

$$S(t)=S(0)e^{-ft}e^{W}$$

因此，如果$S(0)=s$, 则以上述股票为标的资产，执行价格为K、到期时间为t的看涨期权的价格为：

$$C(s,f,K,t,\sigma,r)=e^{-rt}E\left[\left(S(t)-K\right)^{+}\right]=e^{-rt}E\left[\left(se^{-ft}e^{W}-K\right)^{+}\right]=C\left(se^{-ft},K,t,\sigma,r\right) \quad (16.2)$$

其中，$C(s,t,K,\sigma,r)$是布莱克－斯科尔斯公式所给出的价格。这就是说，当初始价格是s时，有固定连续分红的看涨期权的无套利价格就是初始价格为se^{-ft}的无分红股票的看涨期权价格。

将$C(s,t,K,\sigma,r)$中的s换为se^{-ft}，利用式（15.11）、式（15.13），经整理后得到：

$$C(s,f,K,t,\sigma,r)=se^{-ft}\Phi(\varpi)-Ke^{-rt}\Phi\left(\varpi-\sigma\sqrt{t}\right) \quad (16.3)$$

$$p(s,f,K,t,\sigma,r)=Ke^{-rt}\Phi\left(\sigma\sqrt{t}-\varpi\right)-se^{-ft}\Phi(-\varpi) \quad (16.4)$$

其中，

$$\varpi=\frac{(r-f+\sigma^2/2)t-\ln(K/s)}{\sigma\sqrt{t}} \quad (16.5)$$

此时，看涨看跌期权的平价关系为：

$$c+Ke^{-rt}=p+se^{-ft} \quad (16.6)$$

【例 16-1】

假设 2018 年 4 月 23 日，沪深 300 股价指数为 3 804 点，沪深 300 指数的红利率为 1.5%，波动率为 14.12%，5 个月期无风险利率为 3.33%，当天距 9 月到期的沪深 300 股指仿真期权 IO1809 的到期时间正好为 5 个月。计算执行价格为 3084 点的 IO1809 看涨期权的价格。

解： 本题中的参数为

$$t=\frac{5}{12},\ r=3.33\%,\ \sigma=14.12\%,\ K=3084,\ S(0)=3084,\ f=1.5\%$$

所以有：

$$\varpi=\frac{\left(3.33\%-1.5\%+\frac{(14.12\%)^2}{2}\right)\times 5/12-\ln(3804/3804)}{14.12\%\times\sqrt{5/12}}\approx 0.1292$$

由此得到：

$$C=3804\times\exp(-1.5\%\times 5/12)\times\Phi(0.1292)-3084\times\exp(-3.33\%\times 5/12)\times$$
$$\Phi\left(0.1292-14.12\%\sqrt{5/12}\right)=1689.92-1566.91\approx 123.01$$

因此，这个期权的合理价格约为 123.01 点。

16.2 特定时刻分红与期权定价

如果证券在某个时刻有固定数额的红利支付，证券的价格会相应下跌，下跌的数量等于所付红利。因为如果证券价格下跌的量低于支付的红利，投资者在支付红利前的瞬间买入该证券并在支付红利后立刻将其卖出就可以套利。所以，证券价格下跌的数量至少要和支付的红利一样多。由于支付红利时证券价格发生向下的跳跃，所以不能用几何布朗运动来模拟证券价格的变化。需要对基本的布莱克－斯科尔斯期权定价公式作适当的调整。下面分两种情况讨论这一问题。

16.2.1 每股证券在时刻 t_d 单次分红 $fS(t_d)$

假设证券按证券价格的固定比例 f 分红，在时刻 t_d 分红的数量为 $fS(t_d)$。仍然假定分得的红利立刻购买成该证券。由于红利支付后短期内每股证券的价格是 $S(t_d)-fS(t_d)=(1-f)S(t_d)$，每股所得的红利可以额外购买 $f/(1-f)$ 股该证券。因此，若投资者在初始时刻拥有一股证券，假设在随后的 y 时刻其所拥有的资产的价值记为 $M(y)$, 则有：

$$M(y)=\begin{cases}S(y) & \text{若 } y<t_d \\ \frac{1}{1-f}S(y) & \text{若 } y\geqslant t_d\end{cases}\qquad (16.7)$$

这样，我们把 $M(y)$ 假设为服从几何布朗运动就是合理的了。假设 $M(y)$ 是一个波动参数为 σ 的几何布朗运动，这个过程的风险中性概率就是波动参数是 σ、漂移参数是 $r-\sigma^2/2$ 的几何布朗运动的概率。对于 $y<t_d$，有 $M(y)=S(y)$。所以，当 $t<t_d$ 时，对于该证券的一个执行价格为 K，到期时间为 t 的欧式期权，其价格就是基本布莱克－斯科尔斯公式给出的价格。对于 $t>t_d$，注意到：

$$\frac{S(t)}{S(0)}=(1-f)\frac{M(t)}{M(0)},\quad t>t_d$$

因此在风险中性概率测度下有：

$$\frac{1}{1-f}\frac{S(t)}{S(0)}=\frac{M(t)}{M(0)}=\mathrm{e}^W,\quad t>t_d$$

其中 W 是期望值为 $(r-\sigma^2/2)t$，方差为 $\sigma^2 t$ 的正态随机变量，且：

$$S(t)=(1-f)S(0)\mathrm{e}^W,\quad t>t_d$$

这样，当 $t>t_d$ 时，如果证券的初始价格为 s，一个执行价格为 K，到期时间为 t 的欧式期权的价格，恰恰就是初始价格为 $s(1-f)$ 的无红利支付的证券的期权价格。因此，对于 $t>t_d$ 有：

$$C=\mathrm{e}^{-rt}E\left\{\left[S(t)-K\right]^+\right\}=\mathrm{e}^{-rt}E\left\{\left[s(1-f)\mathrm{e}^W-K\right]^+\right\}=C\left[s(1-f),t,K,\sigma,r\right],$$

所以有：

$$C=s(1-f)\Phi(\omega)-K\mathrm{e}^{-rt}\Phi\left(\omega-\sigma\sqrt{t}\right)\tag{16.8}$$

此时：

$$\omega=\frac{(r+\sigma^2/2)t-\ln\left[K/s(1-f)\right]}{\sigma\sqrt{t}}\tag{16.9}$$

同样可以得到看跌期权的价格公式为：

$$P=K\mathrm{e}^{-rt}\Phi\left(\sigma\sqrt{t}-\omega\right)-s(1-f)\Phi(-\omega)\tag{16.10}$$

16.2.2 每股证券在时刻 t_d 以固定数额 D 分红

与前面一样，我们要首先确定证券价格过程 $S(y)(y\geqslant 0)$ 的合理模型。我们注意到，如

果证券在 t_d 时刻支付给持有者固定金额的红利 D，那么，在时刻 $y<t_d$，证券的价格必须至少为 $De^{-r(t_d-y)}$。这是因为，如果对于某些 $y<t_d$，存在 $S(y)<De^{-r(t_d-y)}$，就可以采用下面的策略实现无风险的套利：在时刻 y 以无风险利率 r 借入资金 $S(y)$，购入该证券，持有到时刻 t_d 来获取红利 D，然后归还贷款。这时，需要归还的金额为 $S(y)e^{r(t_d-y)}<D$，于是，就实现了套利。正是因为这个原因，对于支付固定金额 D 的证券，也不能用几何布朗运动来模拟其价格 $S(y)(0\leqslant y\leqslant t_d)$ 的变化过程。

为模拟 t_d 之前的价格变化，可以把证券的价格拆分成两部分，其中一部分是无风险的，是在 t_d 时刻支付红利 D 的折现值，即令：

$$S^*(y)=S(y)-De^{r(t_d-y)},\ \ y<t_d$$

则有：

$$S(y)=De^{r(t_d-y)}+S^*(y),\ \ y<t_d$$

这样把 $S^*(y)(y<t_d)$ 设定为一个波动参数为 σ 的几何布朗运动就是合理的了。这时，与 $S^*(y)(y<t_d)$ 对应的风险中性的几何布朗运动即为波动参数 σ、漂移参数 $r-\sigma^2/2$ 的几何布朗运动。

现在假设证券的初始价格为 s，我们来求执行价格为 K、到期日为 t 的欧式看涨期权的价格。

第一种情况：当 $t<t_d$ 时。

如果 $K<De^{-r(t_d-t)}$，那么看涨期权将肯定会被执行，因为 $S(t)\geqslant De^{-r(t_d-t)}>K$。此时买看涨期权等同于买证券。根据一价定律，期权的价值加上执行价格的当前价值就等于证券的价值。所以有：

$$c=s-Ke^{-rt}$$

如果 $K\geqslant De^{-r(t_d-t)}$，由于 $S^*(y)$ 是几何布朗运动，到 t 时刻其风险中性的价格可以表示为：

$$S^*(t)=S^*(0)e^W=(s-De^{-rt_d})e^W$$

其中 W 是一个均值为 $(r-\sigma^2/2)t$、方差为 $\sigma^2 t$ 的正态随机变量。因此有：

$$\begin{aligned}c&=e^{-rt}E\left\{\left[S(t)-K\right]^+\right\}=e^{-rt}E\left\{\left[S^*(t)+De^{-r(t_d-t)}-K\right]^+\right\}\\&=e^{-rt}E\left\{\left[(s-De^{-rt_d})e^W-(K-De^{-r(t_d-t)})\right]^+\right\}\\&=C\left[s-De^{-rt_d},t,K-De^{-r(t_d-t)},\sigma,r\right]\end{aligned}\qquad(16.11)$$

这就是说，如果分红在期权到期后进行，那么该看涨期权的价格就等于证券的初始价格为$s-De^{-rt_d}$时，根据基本的布莱克－斯科尔斯公式计算出来的执行价格为$K-De^{-r(t_d-t)}$的看涨期权的价格。

第二种情况：当$t>t_d$时。

对于分红在期权到期前进行的情况，同样假设证券的初始价格为s，由于在时刻t_d后，证券的价格会随之下跌D，所以有：

$$S(t)=S^*(t),\ t\geqslant t_d$$

那么，如果在时刻t_d之后几何布朗运动$S^*(y)$的波动率不变，执行价格为K的看涨期权的价格应该是：

$$\begin{aligned}c=e^{-rt}E\left\{\left[S(t)-K\right]^+\right\}&=e^{-rt}E\left\{\left[S^*(t)-K\right]^+\right\}=e^{-rt}E\left\{\left[S^*(0)e^W-K\right]^+\right\}\\&=e^{-rt}E\left\{\left[\left(s-De^{-rt_d}\right)e^W-K\right]^+\right\}\end{aligned}$$

由于上面等式的最后一行等于证券初始价格为$s-De^{-rt_d}$，执行价格为K，到期日为t的看涨期权的布莱克－斯科尔斯期权价格，所以：

$$c=C\left(s-De^{-rt_d},t,K,\sigma,r\right) \tag{16.12}$$

换句话说，如果标的证券在期权有效期内支付已知固定金额的红利，那么这个期权的价格就可以由基本的布莱克－斯科尔斯期权定价公式得到，只是要把红利的现值从证券初始价格中减掉。

16.3 标的证券价格的不连续变化与期权定价

16.3.1 在几何布朗运动中加入跳跃

用几何布朗运动模拟证券价格的变化过程有一个缺点，就是它不允许证券的价格有向上或向下的不连续的跳跃性变化，因为几何布朗运动是连续的随机过程。然而在现实中，无论是股票还是债券，其价格发生不连续的变化，甚至较大的起落，还是时有发生的。前面支付红利的证券就是证券价格发生跳跃的一种情形。只是这种跳跃是事先知道的，因而较易处理。现实中，股票价格还会发生事先难以预期的随机跳跃，对这种随机跳跃也需想办法加以处理。因此，在用几何布朗运动模拟证券价格的运动变化时，有必要合理地加入一些随机跳跃，以之作为新的证券价格的模拟，得到更加准确的结果。

由于现实中经济演化的随机性，证券价格发生跳跃的时间和幅度都是极其不确定的。鉴于此，我们可以把证券价格的跳跃变化合理地假定为服从泊松过程。

先考虑在一定时间内的跳跃次数。假设存在正数λ, h, 使得在任意长度的时间区间h内，证券价格发生一次跳跃的概率近似等于 λh。而且，假设这个概率不随先前跳跃的任何信息而变化。如果令 $N(t)$ 表示时刻 t 之前发生过的跳跃次数，那么，$N(t), t\geqslant 0$ 服从泊松过程。于是有：

$$P\left[N(t)=n\right]=\mathrm{e}^{-\lambda t}\frac{(\lambda t)^n}{n!}，\ n=0,1,\cdots \tag{16.13}$$

再考虑每次的跳跃幅度。假设当第 i 次跳跃发生时证券的价格变为原来价格的 J_i 倍，其中 $J_1, J_2, \cdots$ 是独立同分布的随机变量，而且与跳跃发生的时间相互独立。

令 $S(t)$ 表示证券在时刻 t 的价格，在我们做了上述假设之后，即可以把 $S(t)$ 写成式（16.14）：

$$S(t)=S^*(t)\prod_{i=1}^{N(t)}J_i, \quad t\geqslant 0 \tag{16.14}$$

其中 $S^*(t), t\geqslant 0$ 是一个波动参数为 σ、漂移参数为 μ 的几何布朗运动，它和 J_i 以及跳跃所发生的时间都是相互独立的。当 $N(t)=0$ 时，定义 $\prod_{i=1}^{N(t)}J_i$ 为 1。

为找到这个价格变化过程的风险中性概率，令：

$$J(t)=\prod_{i=1}^{N(t)}J_i$$

可以证明，在上面的假设下，有：

$$E\left[J(t)\right]=\mathrm{e}^{-\lambda t(1-E[J])} \tag{16.15}$$

其中 $E(J)=E(J_i)$ 是跳跃大小的期望值。由于 $S^*(t), t\geqslant 0$ 是一个波动参数为 σ、漂移参数为 μ 的几何布朗运动，故有：

$$E\left[S^*(t)\right]=S^*(0)\mathrm{e}^{(\mu+\sigma^2/2)t}$$

因此：

$$E\left[S(t)\right]=E\left[S^*(t)J(t)\right]=E\left\{S^*(t)E\left[J(t)\right]\right\}(\text{由独立性})=S^*(0)\mathrm{e}^{\left\{\mu+\sigma^2/2-\lambda\left[1-E(J)\right]\right\}t}$$

如果有：

$$\mu+\sigma^2/2-\lambda\left[1-E(J)\right]=r$$

那么购买证券的投资就是无风险的投资。也就是说，当几何布朗运动 $S^*(t)$ 的漂移参数 μ 由

$$\mu = r - \sigma^2 / 2 + \lambda\left[1 - E(J)\right]$$

给出时，就可以得到证券价格过程的风险中性概率测度。因此，与有服从泊松过程的随机跳跃的证券价格的变化过程相对应的风险中性的随机过程，是除去随机跳跃的价格变化过程 $S^*(t)$，对应漂移参数为 $r-\sigma^2/2+\lambda\left[1-E(J)\right]$，波动参数为 σ 的几何布朗运动。因此，一个时刻 t 到期，执行价格为 K 的欧式看涨期权的无套利价格为：

$$c = E\left\{e^{-rt}\left[S(t)-K\right]^+\right\} = e^{-rt}E\left\{\left[J(t)S^*(t)-K\right]^+\right\} = e^{-rt}E\left\{\left[J(t)se^W-K\right]^+\right\} \quad (16.16)$$

其中 $s=S^*(0)$ 是证券的初始价格，W 是一个均值为 $\left[r-\dfrac{\sigma^2}{2}+\lambda-\lambda E(J)\right]t$，方差为 $\sigma^2 t$ 的正态随机变量。

16.3.2 跳跃服从对数正态分布的情况

如果跳跃幅度 J_i 服从均值为 μ_0，方差为 σ_0^2 的对数正态分布，那么有：

$$E(J) = \exp\left(\mu_0 + \sigma_0^2/2\right)$$

令

$$X_i = \ln(J_i),\ i \geqslant 1$$

那么 X_i 就是均值为 μ_0，方差为 σ_0^2 的相互独立的正态随机变量，而且：

$$J(t) = \prod_{i=1}^{N(t)} J_i = \prod_{i=1}^{N(t)} e^{X_i} = \exp\left(\sum_{i=1}^{N(t)} X_i\right)$$

利用式（16.16）可得，一个时刻 t 到期，执行价格为 K 的欧式看涨期权的无套利价格为

$$c = e^{-rt}E\left\{\left[s\exp\left(W+\sum_{i=1}^{N(t)} X_i\right)-K\right]^+\right\} \quad (16.17)$$

其中 s 是证券的初始价格。假设在时刻 t 之前总共有 n 次跳跃，即，假设 $N(t)=n$，那么，$W+\sum_{i=1}^{N(t)} X_i$ 是一个正态随机变量，它的均值和方差由下式给出：

$$E\left[W+\sum_{i=1}^{N(t)} X_i \middle| N(t)=n\right] = \left[r-\frac{\sigma^2}{2}+\lambda-\lambda E(J)\right]t + n\mu_0$$

$$Var\left[W+\sum_{i=1}^{N(t)} X_i \middle| N(t)=n\right] = \sigma^2 t + n\sigma_0^2$$

如果设：

$$\sigma^2(n)=\sigma^2+n\sigma_0^2/t$$

且令：

$$r(n)=r-\frac{\sigma^2}{2}+\lambda-\lambda E(J)+\frac{n\mu_0}{t}+\frac{\sigma^2(n)}{2}=r+\lambda-\lambda E(J)+\frac{n}{t}\left(\mu_0+\frac{\sigma_0^2}{2}\right)$$
$$=r+\lambda-\lambda E(J)+\frac{n}{t}\ln\left[E(J)\right]$$

那么当$N(t)=n$时，$W+\sum_{i=1}^{N(t)}X_i$是一个方差为$\sigma^2(n)t$，均值为$\left[r(n)-\sigma^2(n)/2\right]t$的正态随机变量。对照一般布莱克—斯科尔斯公式，这意味着，当$N(t)=n$时，有：

$$e^{-r(n)t}E\left\{\left[s\exp\left(W+\sum_{i=1}^{N(t)}X_i\right)-K\right]^+\middle|N(t)=n\right\}=C\left[s,t,K,\sigma(n),r(n)\right]$$

把上式两边同时乘以$e^{(r(n)-r)t}$，有：

$$e^{-rt}E\left\{\left[s\exp\left(W+\sum_{i=1}^{N(t)}X_i\right)-K\right]^+\middle|N(t)=n\right\}=e^{(r(n)-r)t}C\left[s,t,K,\sigma(n),r(n)\right]$$

（16.17）式表明，如果已知时刻t之前有n次跳跃，上面的表达式就是所求的看涨期权的价格。因而，以带有跳跃幅度为对数正态分布的随机跳跃的证券为标的资产的看涨期权的价格，应该等于这些量的加权平均值，其中的权重为$N(t)=n$的概率，即：

$$c=\sum_{n=0}^{\infty}e^{-\lambda t}\frac{(\lambda t)^n}{n!}e^{(r(n)-r)t}C\left[s,t,K,\sigma(n),r(n)\right]=\sum_{n=0}^{\infty}e^{-\lambda tE(J)}\left[E(J)\right]^n\frac{(\lambda t)^n}{n!}C\left[s,t,K,\sigma(n),r(n)\right]$$
$$=\sum_{n=0}^{\infty}e^{-\lambda tE[J]}\frac{\left[\lambda tE(J)\right]^n}{n!}C\left[s,t,K,\sigma(n),r(n)\right]$$

综合上述，有下面定理：

定理 16.3.1 如果所有跳跃都服从均值参数为μ_0，方差参数为σ_0^2的对数正态分布。那么，一个到期日为t，执行价格为K的欧式看涨期权的无套利价格为：

$$c=\sum_{n=0}^{\infty}e^{-\lambda tE[J]}\frac{\left[\lambda tE(J)\right]^n}{n!}C\left[s,t,K,\sigma(n),r(n)\right] \tag{16.18}$$

其中：

$$\sigma^2(n)=\sigma^2+n\sigma_0^2/t$$

$$r(n)=r+\lambda\left[1-E(J)\right]+\frac{n}{t}\ln\left[E(J)\right]$$
$$E(J)=\exp\left(\mu_0+\sigma_0^2/2\right)$$

本定理涉及一个无穷级数。但是，在大多数应用中，λ 都比较小，因而级数收敛很快。

16.4 股指期权

以股票指数为标的资产的期权称为股指期权。股指期权的多头方支付一定的期权费给空头方，取得在未来某个时间或该时间以前，以某种价格水平，即指数点数买进或卖出某种股票价格指数的权利。从当今的全球金融市场来看，在世界各地的场外市场和交易所市场上进行着许多种不同股指期权的交易。这些作为期权标的的股票指数中，有些反映市场的整体走向（如 S&P 500 指数），有些则基于某些行业、某些板块或领域的行情（如计算机技术、能源、交通等行业指数）。我国场内市场尚未推出正式的股指期权交易，但是，中国金融期货交易所 2013 年 11 月即推出了沪深 300 股指期权的仿真交易。

16.4.1 股指期权合约

股指期权合约的价值与股指期货合约价值的确定方式相同，为指数点数与被称为合约乘数的每点所代表的金额的乘积。一般美国期权市场上的指数期权合约的一个指数点对应的金额是 100 美元，举例来说，假如 S&P 500 指数为 2 711 点，那么对应一份 S&P 500 股指期权合约的票面价值是 $2711\times100=271\ 100$（美元）。

与股指期货类似，股指期权也只能用现金交割。结算时，处于实值状态的股指期权的持有者收到的是由股指结算价格与行权价格之间的差额与合约乘数相乘而得到的金额。

表 16-1 给出了在 CBOE 交易的 S&P 500 指数期权的合约文本。

表 16-1　在 CBOE 交易的 S&P 500 指数期权的合约文本

项　目	内　　容
标的资产	S&P 500 指数
乘数	100 美元
行权价格间隔	5 点，远期月份为 25 点
行权价格	最初列出实值、虚值和平价状态的行权价格。当有标的资产在现行的最低行政权价或最高行权价交易时，逐渐加入新的品种序列
报价	以小数表示。1.00 点等于 100 美元。报价低于 3.00 点时最小变动为 0.05 点（5 美元），其余序列最小变动为 0.10 点（10 美元）
行权方式	欧式期权，通常只能在终止前的最后一个交易日执行

（续表）

项　目	内　　容
到期日期	在 2015 年 2 月 15 日之前，期权的到期日是每个到期月的第三个星期五之后的那个星期六。在 2015 年 2 月 15 日之后，期权的到期日改为每个到期月的第三个星期五
到期月份	12 个近期月，另外，交易所可能推出 10 个到期月从 12 个月到 60 个月的长期期权
交割方式	现金交割
交易时间	8:30—15:00（美国中部时间）

股指期权的期权费，也就是期权的价格以指数点报出。如某一 S&P 500 期权的报价显示 3.15 点，则相应的期权价格为 315 美元。在美国，股指期权有美式期权，也有欧式期权。中国金融期货交易所的沪深 300 指数期权的仿真期权合约条款见表 16–2。

表 16–2　沪深 300 股指期权仿真交易合约文本

<table>
<tr><th>项目</th><th colspan="2">内容</th></tr>
<tr><td>报价单位</td><td colspan="2">点</td></tr>
<tr><td>最小变动价位</td><td colspan="2">0.1 点</td></tr>
<tr><td>每日价格最大波动限制</td><td colspan="2">上一交易日沪深 300 指数收盘价 ±10%</td></tr>
<tr><td>合约月份</td><td colspan="2">当月、下 2 个月及随后 2 个季月</td></tr>
<tr><td rowspan="2">行权价格间距</td><td>当月与下 2 个月合约</td><td>季月合约</td></tr>
<tr><td>50 点</td><td>100 点</td></tr>
<tr><td>行权方式</td><td colspan="2">欧式</td></tr>
<tr><td>交易时间</td><td colspan="2">上午 9:15—11:30，下午 13:00—15:15</td></tr>
<tr><td>最后交易日交易时间</td><td colspan="2">上午 9:15—11:30，下午 13:00—15:00</td></tr>
<tr><td>最后交易日</td><td colspan="2">合约到期月份的第三个星期五，遇国家法定假日顺延</td></tr>
<tr><td>到期日</td><td colspan="2">同最后交易日</td></tr>
<tr><td>交割方式</td><td colspan="2">现金交割</td></tr>
<tr><td>交易代码</td><td colspan="2">IO</td></tr>
<tr><td>上市交易所</td><td colspan="2">中国金融期货交易所</td></tr>
</table>

16.4.2　股指期权的定价

在前面股指期货的部分，我们就已指出，股票价格指数可以看作支付连续红利率的资产。因此，股指期权的价格由式（16.3）到式（16.5）给出的计算公式计算，例 16–1 已有展示。再举一例如下。

【例 16-2】

考虑美国市场一个基于某股票指数的欧式看涨期权，期权期限为 2 个月，股指的当前值为 930，执行价格为 900，无风险利率为 8%，股指的波动率为每年 20%。在第一个月与第二个月内预计股指将分别支付收益率为 0.2% 和 0.3% 的股息。求该股指期权的价格。

解：本题中的参数为：

$$t=\frac{2}{12},\ r=8\%,\ \sigma=20\%,\ K=900,\ S(0)=930$$

在期权期限内的总股息率为 $0.2\%+0.3\%=0.5\%$，所对应的年股息率为 $f=60.5\%=3\%$。

所以有：

$$\varpi=\frac{\left[8\%-3\%+\frac{(20\%)^2}{2}\right]\times 2/12-\ln(900/930)}{20\%\times\sqrt{2/12}}\approx 0.5444$$

由此得到：

$$c=930\times\exp(-3\%\times 2/12)\times\Phi(0.5444)-900\times\exp(-8\%\times 2/12)\times$$
$$\Phi\left(0.5444-20\%\times\sqrt{2/12}\right)\approx 51.83$$

由于合约乘数为 100 美元，因此，一份合约的价值为 5 183 美元。

16.5 外汇期权

16.5.1 外汇期权合约

外汇期权也称货币期权，是以某种外汇为标的资产的期权。外汇期权的多头方支付一定的期权费给空头方，取得在未来某个时间或该时间以前，以某种汇率水平，买进或卖出一定数量某种外汇资产的权利。对于外汇期权，执行价格就是期权合约规定的买方行权时使用的汇率。

外汇期权主要在场外市场上交易。场外市场主要由机构投资者主导，可以进行大额交易，并且该市场可以对产品的执行价格、到期日以及其他特征进行特殊设计以满足交易双方的要求。据 BIS（国际清算银行）估计，2016 年 OTC 外汇期权日均交易额的名义本金为

2 544 亿美元，而交易所外汇期权的日均交易额的名义本金为 138 亿美元。从全球市场来看，外汇期权的主要市场包含了美元、欧元、日元等世界主要的通用货币。当然，只要有需求，任何货币对应的各种期权都可以随时在 OTC 市场被创造出来。我国于 2011 年推出外汇期权交易，目前我国工商银行、中国银行等大型商业银行都有外汇期权产品。

一个欧式看涨期权的例子如下：假设机构 A 通过外汇交易系统向机构 B 买入一笔金额为 10 000 000 美元、期限为 1 个月的美元看涨期权。双方约定期权费率为 2.00 个基点，执行价格为 6.1150。为此，机构 A 需向机构 B 支付期权费 100 000 000.0002 = 2 000（美元）。假如在期权到期时，美元的市场汇率为 6.3750，高于执行价格，机构 A 行权，机构 B 需支付机构 A × 10 000 000 × (6.3750 – 6.1150) = 260 000（元）。

16.5.2 外汇期权定价

外汇期权是典型的支付已知利率的期权，同样需要用式（16.3）至式（16.5）定价，式中的 f 等于外汇的无风险利率 r_f，举例如下。

【例 16–3】

一份为期 3 个月的美元计价英镑看涨期权，当前汇率为 1.35 美元 / 英镑，执行价格为 1.35 美元 / 英镑，英镑的无风险利率为 10%，美元的无风险利率为 8%，汇率的波动率为 20%，求此份期权的价格。

解：本题中的参数为：

$$t=\frac{3}{12},\ r=8\%,\ r_f=10\%,\ \sigma=20\%,\ \ K=1.35,\ S(0)=1.35$$

$$\varpi=\frac{\left(8\%-10\%+(20\%)^2/2\right)\times 3/12-\ln(1.35/1.35)}{20\%\times\sqrt{3/12}}=0$$

由此得到：

$$c=1.35\times\exp\left(-10\%\times 3/12\right)\times\Phi(0)-1.35\times\exp\left(-8\%\times 3/12\right)\times\Phi\left(0-20\%\sqrt{3/12}\right)\approx 0.023$$

16.6 期货期权

16.6.1 期货期权合约

期货期权是标的资产为期货合约的期权。与前面讲到的各种现货期权相比，期货期权交割的是期货合约。具体说来，期货期权给予其持有者在将来确定的时刻或期限内以一定的期货价格进入期货合约的权利。看涨期货期权给持有者在将来以一定期货价格持有合约多头的权利；看跌期货期权给持有者在将来以一定期货价格持有合约空头的权利。

利率期货、外汇期权、指数期货、商品期货等都可以作为期货期权的标的合约。为方便履约，期货期权一般在相关期货交易所上市交易。美国中长期国债期货、S&P 500 指数期货、欧洲美元期货、原油期货、玉米期货、糖期货等都有相应的期权交易。我国大连商品交易所交易的豆粕期权、郑州商品交易所交易的白糖期权都是商品期货期权。多数期货期权是美式期权，我国目前市场上交易的豆粕期权和白糖期权也是美式期权。

期货期权一般按期货合约的到期月，而不是以期权的到期月来识别，因此我们通常说的期权合约月份指的是期权的标的期货合约的到期月份。它与期货期权本身的到期时间不同。期货期权的到期日通常是标的期货合约最早交付日期的前几天。例如美国长期国债期货期权的到期日在相应期货合约到期月前的一个月内，具体日期为距月底至少两个工作日之前的倒数第一个星期五。

很多期货期权比相应的现货期权更受投资者青睐。主要原因是在多数情形下，期货比相应的标的资产有更好的流动性，而且可以平仓的机制使交易更加便利。另一个原因是期货的价格很容易从交易所取得，而得到合理的现货价格则相对困难。除此之外，期货期权一般不需要实物交割，这尤其在商品期货期权上更显示出其优势，这就省去了实物资产交割的麻烦和成本，提高了效率。表 16-3 是我国大连商品交易所交易的豆粕期权的合约情况。

表 16-3　大连商品交易所豆粕期权合约文本

项　目	内　容
合约标的物	豆粕期货合约
合约类型	看涨期权、看跌期权
交易单位	1 手 (10 吨) 豆粕期货合约
报价单位	元（人民币）/ 吨
最小变动价位	0.5 元 / 吨
涨 / 跌停板幅度	与豆粕期货合约涨 / 跌停板幅度相同
合约月份	1、3、5、7、8、9、11、12 月
交易时间	每周一至周五上午 9:00—11:30，下午 13:30—15:00，以及交易所规定的其他时间
最后交易日	标的期货合约交割月份前一个月的第五个交易日
到期日	同最后交易日
行权价格	行权价格覆盖豆粕期货合约上一交易日结算价上下浮动 1.5
	倍当日涨 / 跌停板幅度对应的价格范围
	行权价格≤ 2000 元 / 吨，行权价格间距为 25 元 / 吨
	2000 元 / 吨 < 行权价格≤ 5000 元 / 吨，行权价格间距为 50 元 / 吨
	行权价格 >5000 元 / 吨，行权价格间距为 100 元 / 吨

（续表）

项　目	内　　容
行权方式	美式。买方可以在到期日之前任一交易日的交易时间，以及到期日 15:30 之前提出行权申请
交易代码	看涨期权：M- 合约月份 -C- 行权价格 看跌期权：M- 合约月份 -P- 行权价格
上市交易所	大连商品交易所

对于看涨期货期权，如果期权被行权，期权持有者将进入一个期货合约的多头，并且得到数量等于最新期货结算价格减去期权执行价格的收益。当看跌期货期权被执行时，期权持有者将进入一个期货合约的空头，并且得到数量等于期权执行价格减去最新期货结算价格的收益。以下的例子说明，一个看涨期货期权的实际收益等于 max $(F-K, 0)$，而一个看跌期货期权的实际收益等于 max $(K-F, 0)$，F 是执行期权时的期货价格，K 为期权的执行价格。

【例 16-4】

某投资者持有 5 月份到期的豆粕期货看涨期权，执行价格为 2 900 元 / 吨，每个合约的规模为 10 吨。假设在 4 月 10 日期权到期时，豆粕期货的结算价格为 2 950 元 / 吨。4 月 11 日，期货的价格为 2 960 元 / 吨。由于大连商品交易所对于最后到期日仍未行权的实值期权有自动行权安排，期权被行权。

投资者从一份期权中收入现金为 $10\times(2\,950-2\,900)=500$（元）。与此同时，投资者进入了一个 5 月份到期的豆粕期货多头。如果投资者选择立即平仓，他还会从每份期货合约中获利 $10\times(2\,960-2\,950)=100$（元）。也就是说，投资者的总收益有两部分构成：一部分为期权合约到期时期货的当前价格与期权执行价格的差，另一部分为平仓期货合约时期货的平仓收益。二者合起来正好等于 $10\times(F-K)$。

16.6.2　期货期权的定价

期货的价格的变化类似于有固定收益率的资产，其中的收益率 $f=r$。因此，根据式（16.3）至式（16.5），有：

$$c=\mathrm{e}^{-rt}\left[F(0)\times\Phi(\varpi)-K\times\Phi\left(\varpi-\sigma\sqrt{t}\right)\right] \quad (16.19)$$

$$p=\mathrm{e}^{-rt}\left[\Phi\left(\sigma\sqrt{t}-\varpi\right)-s\times\Phi(-\varpi)\right] \quad (16.20)$$

其中，有：

$$\varpi = \frac{(\sigma^2/2)t - \ln(K/s)}{\sigma\sqrt{t}} \tag{16.21}$$

【例 16-5】

考虑一个原油期货欧式看跌期权，期权的期限为 4 个月，当前的期货价格为 60 美元，执行价格为 60 美元，无风险利率为 9%，期货波动率为 25%，求期权的价格。

解：本题中的参数为：

$$t = \frac{4}{12},\ r = 9\%,\ \sigma = 25\%,\ K = F(0) = 60$$

$$\varpi = \frac{\sigma\sqrt{t}}{2} = 0.07216$$

$$\sigma\sqrt{t} - \varpi = \varpi = 0.07216$$

由此得到：

$$p = \exp\left(-9\% \times \frac{4}{12}\right)\left[60 \times \Phi(0.07216) - 60 \times \Phi(-0.07216)\right] \approx 3.36$$

即期权价格为 3.36 美元。

本章小结

1. 布莱克－斯科尔斯期权定价的基本模型的假设条件严苛，模型仅适用于有效期内无分红的欧式期权。本章对于模型原有条件进行了放松，对模型进行了拓展，使拓展后的模型适用于更一般的经济环境。

2. 本章前两节讨论标的证券在期权有效期内有分红时，期权的定价模型。第一节谈论了假设证券的红利是连续支付的，支付率等于标的证券价格的某个比率时的情形；第二节讨论了特定时刻分红与期权定价的关系，其中又包括在特定时刻以某一固定数量分红和以证券价格的固定百分比分红两种形式。第三节则讨论了标的证券价格发生随机的不连续变化时，相应期权定价的处理方式。

3. 本章的后三节分别介绍了市场上交易比较活跃的三种期权：股指期权、外汇期权和期货期权。这三种期权从定价考虑都属于支付固定收益率的期权，书中介绍了它们的基本情况，也给出了它们的定价公式和应用实例。

习　题

1. 证券分红时，欧式看涨和看跌期权的平价公式还成立吗？

2. 对于第一节中的模型，在风险中性概率测度下，证券价格服从什么过程？

3. 求一个执行价格为 K，有效期为 t 的看涨期权的无套利价格，这个期权的标的证券在时刻 $t_{d_i}\left(i=1,2\right)$ 有分红 $fS\left(t_{d_i}\right)$，其中，$t_{d_1}<t_{d_2}<t$。

4. 考虑一个执行价格为 K，有效期为 t 的美式看涨期权。它的标的证券在时刻 t_d 有分红，其中 $t_d<t$。证明这个期权要么在时刻 t_d 之前的瞬间行权，要么在到期前不行权。

5. 假设 S&P 500 指数的市场值为 2 850 点，一份 3 个月到期的欧式看涨期权合约的执行价格为 2 860 点，指数的年波动率为 20%，市场无风险利率为 6%，在未来 3 个月里，预计每月股利率为 0.25%。计算该期权合约的价格。

6. 一份美元计价的欧式欧元看跌期权，当前的汇率为 1.16 美元 / 欧元，执行价格为 1.06 美元 / 欧元，欧元的利率为 5%，美元的利率为 6%，合约期限为 6 个月，汇率波动率为 25%，利用布莱克－斯科尔斯公式计算该期权的价格。

7. 2018 年 7 月某一天，大连商品交易所交易的豆粕期权 m-1901-C-2500，即以 2019 年 1 月到期的豆粕期货合约为标的合约、执行价格为 2 500 元 / 吨的看涨期权，根据规定其到期月份为 2018 年 12 月。当天 2019 年 1 月到期的豆粕期货的价格为 3 186 元 / 吨。假设市场年无风险利率为 4%，期货价格的波动率为 20%。求该期权的价格。（可看作期权的有效期为 4 个月。）

第十七章　期权的价格敏感性及风险对冲

由前面的章节我们看到，期权的价格受到标的资产价格、执行价格、市场利率、标的资产价格波动率、有效期限等多种因素的影响。这样，当其中的任何一个因素发生变化时，期权的价格都会发生相应的变化。因此，期权市场的参与者就面临着多种风险。为了规避风险，减少损失，期权市场参与者就必须了解期权价格对各变量变化的敏感性，采取相应的对冲措施。本章即介绍以希腊字母表示的期权价格对各变量变化的敏感性，并介绍相关的对冲策略。

17.1　Delta 与 Delta 套期保值策略

Delta（Δ）表示期权的价格相对于其标的资产价格变化的敏感性。其定义为期权价格相对于其标的资产价格的一阶偏导数，即 $\Delta = \dfrac{\partial f}{\partial S}$，其中 f 表示期权的价格（看涨期权为 c，看跌期权为 p），也就是在其他条件不变的情况下，标的资产价格每变化一个单位，期权价格的变化。在第十五章中，我们曾用标的资产与其期权复制无风险资产，而 delta 就是一单位期权所需要的标的资产的数量，也就是标的资产与期权的投资比例。反过来，我们当然可以用无风险资产与标的资产复制期权，delta 也就成了复制一个期权时投资组合中标的资产的数量。对于一个看涨期权，标的资产价格上涨，期权价格也上涨，delta 是正的；对于看跌期权，标的资产价格上涨，期权价格下跌，delta 是负的。如果一个股票期权由 0.8 股股票复制，那么这个期权大致会表现出 0.8 股股票的价格敏感性。

17.1.1　Delta 的计算

下面以看涨期权的 delta 为例，分析其计算和大小。

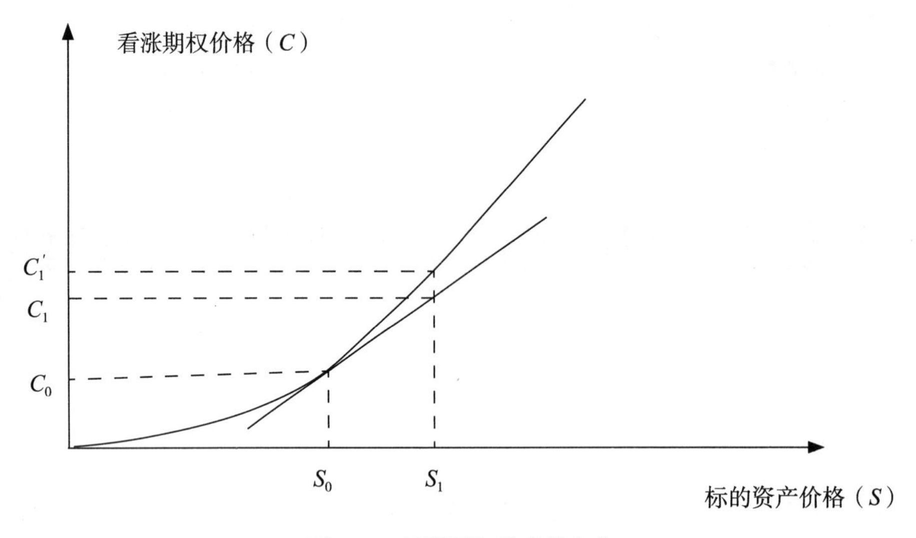

图 17.1　看涨期权价格的变化

如图 17.1 所示，期权的 delta 是期权价格随标的资产价格变化曲线上各切点的斜率。由于期权的价格是标的资产价格的非线性函数，因此，随着标的资产价格的变化，期权价格曲线的斜率也在变化，期权的 delta 也随之发生变化。

根据布莱克－斯科尔斯模型，式（15.11）和式（15.13），有：

$$C = S\Phi(\omega) - Ke^{-rt}\Phi(\omega - \sigma\sqrt{t}) \tag{15.11}$$

$$P = Ke^{-rt}\Phi(\sigma\sqrt{t} - \omega) - S\Phi(-\omega) \tag{15.13}$$

可以得到①：

$$\Delta_c = \frac{\partial C}{\partial S} = \Phi(\omega) \tag{17.1}$$

$$\Delta_p = \frac{\partial p}{\partial S} = -\Phi(-\omega) = \Phi(\omega) - 1 \tag{17.2}$$

$$\omega = \frac{rt + \frac{\sigma^2 t}{2} - \ln(K/S)}{\sigma\sqrt{t}} \tag{17.3}$$

对于期权有效期内有收益支付、标的资产价格有跳跃等特定情况，可依照前面讨论期权价格的思路进行分析。我们这里仅分析最基本的情况。显然，看涨期权与看跌期权的 delta 之差为 1，这也正好与看涨看跌期权的平价关系相呼应。

17.1.2　Delta 的性质

第一，由式（17.1）可知，看涨期权的 delta 是标准正态分布随机变量取值 $\Phi(\omega)$ 的累

① 用布莱克－斯科尔斯公式直接求导得出后面的结果并不严谨，但是后面的结论是正确的，可以用更严谨的方法得出。

积概率分布。而看跌期权的 delta 值则等于同等条件下看涨期权的 delta 值减 1。从概率分布的性质可知，看涨期权的 delta 值必介于 0 与 1 之间，而看跌期权的 delta 值则介于 −1 与 0 之间（图 17−2）。

第二，平值看涨期权的 delta 值接近 0.5，实值看涨期权的 delta 值大于 0.5，深度实值看涨期权的 delta 值接近于 1（图 17−3）。

第三，由式（17.1）至式（17.3）可知，期权的 delta 值取决于标的资产价格、无风险利率、标的资产价格波动率以及期权的到期时间。

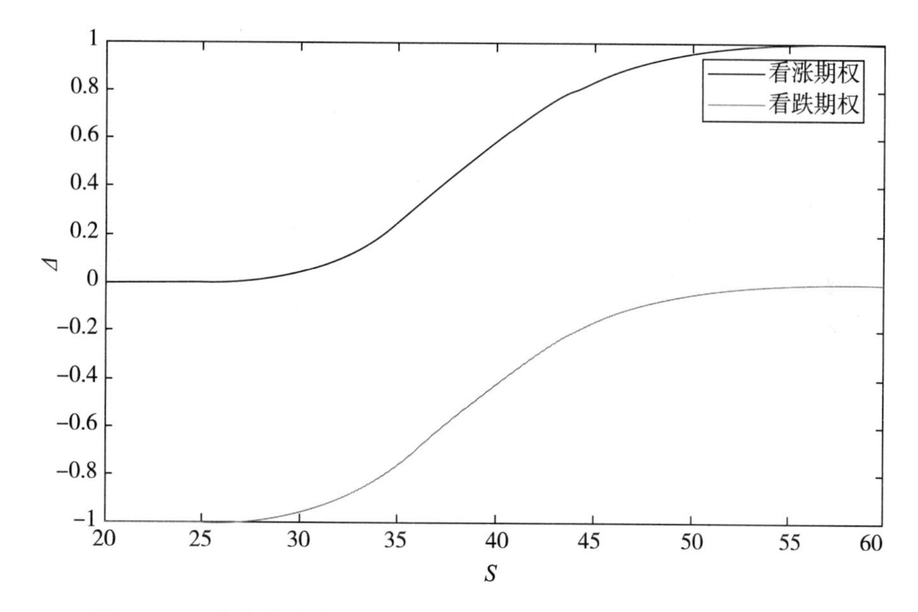

图 17−2　Δ 与标的资产价格的关系（$K = 40$, $r = 8\%$, $t = 0.25$, $\sigma = 30\%$）

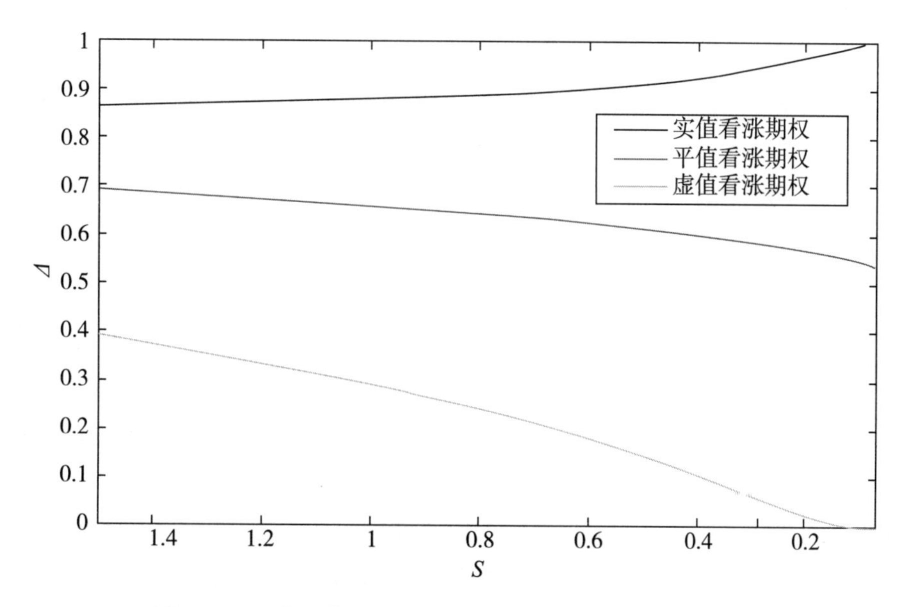

图 17−3　Δ 与到期时间的关系（$K = 40$, $r = 8\%$, $\sigma = 30\%$）

第四，随着到期时间的临近，期权的 delta 呈现如下变化：

看涨期权：实值看涨期权（资产价格＞行权价格）delta 收敛于 1；

平值看涨期权（资产价格 = 行权价格）delta 收敛于 0.5；

虚值看涨期权（资产价格＜行权价格）delta 收敛于 0。

看跌期权：实值看跌期权（资产价格＜行权价格）delta 收敛于 -1；

平值看跌期权（资产价格 = 行权价格）delta 收敛于 -0.5；

虚值看跌期权（资产价格＞行权价格）delta 收敛于 0。

图 17-4 展示了三个不同有效期的期权的 delta 的变化。该图表明，一个实值期权要比一个虚值期权对标的资产价格的变化更敏感。如果一个期权处于深度实值状态，就很有可能到期执行，并因此期权更像一个杠杆化的资产头寸。这种情况下，delta 趋近于 1。如果期权处于深度虚值状态，期权到期执行的可能性就小，而且期权还有一个低价位。这种情况下，delta 趋近于 0。从图中还可以看出，当期权期限增加时，标的资产价格处于高位时 delta 较小，标的资产价格较低时 delta 较大。这反映的事实是，对于一个有着更长有效期的期权，虚值期权有更大的可能变为实值期权；而实值期权也有更大的可能变为虚值期权。

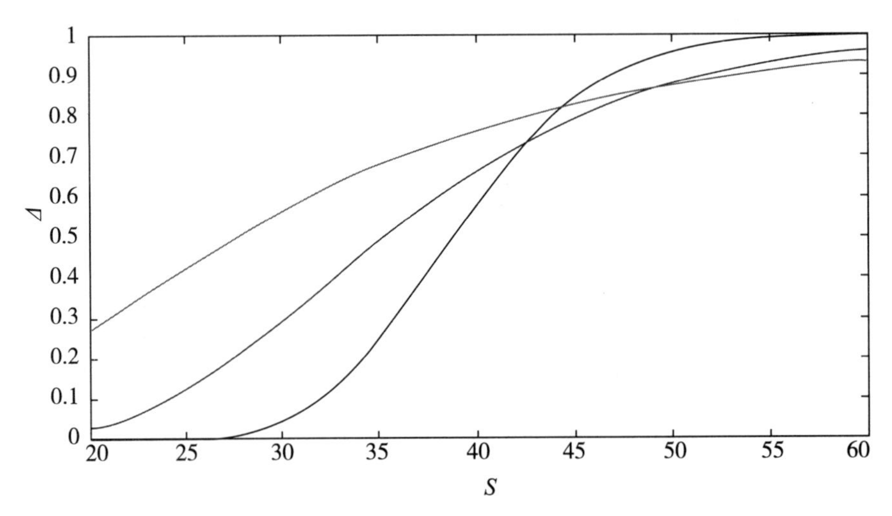

图 17-4　不同有效期看涨期权的 Δ（$K=40$, $r=8\%$, $\sigma=30\%$）

17.1.3　Delta 的应用

（1）反映期权的实值程度，或成为实值的概率大小

由上面介绍的 delta 的性质可知，虚值期权的 delta 的绝对值较小，实值期权的 delta 的绝对值较大。因而期权的 delta 值常用于表示期权的实值程度。另外，delta 的绝对值大小也可以反映期权到期时成为实值的可能性。Delta 的绝对值越大，期权收在实值的可能性越大。Delta 绝对值接近 1，期权收在实值的概率接近 100%；delta 绝对值接近 0，期权收在实值的概率接近 0。这也是前面提到的通常实值期权的 delta 的绝对值大于 0.5，虚值期权的 delta

的绝对值小于 0.5，而平值期权 delta 的绝对值接近 0.5 的原因。

当然，由布莱克－斯科尔斯模型，我们知道，在风险中性的概率测度下，或者在无套利假设下，期权到期时成为实值期权的概率为 $\Phi\left(\omega-\sigma\sqrt{t}\right)$，而不是等于 delta，即 $\Phi(\omega)$。显然，期权到期时成为实值的概率比 delta 要小。资产价格的波动率越小、到期期限越短，二者的差值越小；前两者越大，二者的差值越大。由于一般行情软件并不提供 $\Phi\left(\omega-\sigma\sqrt{t}\right)$，因而，当资产价格的波动率较小、到期时间较短时，还是可以用 delta 值近似表示期权到期时成为实值状态的概率的。

（2）投资组合的 Delta 以及 Delta 中性对冲套期保值

包括期权在内的衍生产品的 delta 是其价格对于其标的资产价格的一阶导数，是其价格相对于标的资产价格变化的敏感性。显然，标的资产本身的 delta 等于 1。如果一个投资组合包括标的资产以及其衍生产品，那么就可以通过计算整个组合的 delta 值来控制风险。投资组合的 delta 即组合中各资产的 delta 与其头寸的乘积之和。其公式为：

$$\Delta=\sum_{i=1}^{n}w_i\Delta_i \tag{17.4}$$

式中，Δ_i 是第 i 种资产的 delta 值；w_i 是该种资产的头寸。

【例 17-1】

像其他做市商一样，在期权市场上，期权做市商通过同时提供期权的买卖报价，提供期权市场的流动性，满足投资者随时买进或卖出期权的需求。在这个过程中，做市商通过赚取买卖差价来实现自己的盈利。如果做市商不进行对冲，他就随时可能因执行客户订单而持有一个任意规模的期权头寸。这种任意头寸具有很大的风险，一次不利的价格波动就有可能让做市商破产。因此，做市商必须时刻警惕头寸风险，努力对冲头寸风险。其中，delta 中性对冲就是一个常用的套期保值手段。

假设投资者希望购入 100 000 股不付红利股票的欧式看涨期权，做市商通过出售 1 000 手（一般股票期权的规模为每手 100 股）该股票的看涨期权完成订单。相关参数为：$S=49$ 元，$K=50$，$r=8\%$，$t=0.25$，$\sigma=30\%$。假设期权的市场价格与布莱克－斯科尔斯模型计算的结果相同，等于 2.9248 元。做市商因而获得出售期权的收入 292 480 元。每股期权的 delta 可以求出为 0.5294。这样，100 000 股期权的 delta 就是 52 940。由于做市商持有的是期权空头头寸，为达到 delta 中性的套期保值效果，做市商需买入 52 940 股标的股票。

做市商通过 delta 中性套期保值，可以实现降低期权头寸风险敞口，稳定赚取期权价差收入的目的。但是，由于 delta 是随着标的资产价格的变化，以及到期时间的变化而变化的，因而，这种套期保值的头寸不是一劳永逸的，需要随着标的资产价格的变化，随着时间的推移而不断调整，从而实现动态对冲。当然，现实中由于交易费用等的存在，频繁调整资产头寸会面临交易成本的增加。因此，当 delta 中性被打破后决定是否立即调整组合中的头寸，需权衡因而减少的风险与增加的成本之间的利害得失。表 17-1 与表 17-2 是保持 delta 中性的动态调整的一般策略。

表 17-1 根据标的资产价格变化进行的动态调整策略

期权类型	标的资产价格上升	标的资产价格下降
多头看涨	Delta 增加，出售多出的标的资产	Delta 降低，买进更多标的资产
空头看涨	Delta 降低，买进更多的标的资产	Delta 增加，出售多出的标的资产
多头看跌	Delta 增加，出售多出的标的资产	Delta 降低，买进更多的标的资产
空头看跌	Delta 降低，买进更多的标的资产	Delta 增加，出售多出的标的资产

表 17-2 根据到期时间变化进行的动态调整策略

多头看涨	随着到期时间的缩短	多头看跌	随着到期时间的缩短
实值	Delta 增加，出售多出的标的资产	实值	Delta 降低，买进更多的标的资产
平值	可不调整	平值	可不调整
虚值	Delta 降低，买进更多的标的资产	虚值	Delta 增加，出售多出的标的资产
空头看涨		**空头看跌**	
实值	Delta 降低，买进更多的标的资产	实值	Delta 增加，出售多出的标的资产
平值	可不调整	平值	可不调整
虚值	Delta 增加，出售多出的标的资产	虚值	Delta 降低，买进更多的标的资产

17.1.4 Delta 套期保值的局限性

首先，由于期权价格是标的资产价格的凸函数，delta 也是随着标的资产价格的变化而变化的。因此，delta 中性套期保值仅在 delta 对标的资产价格的变化不甚敏感，标的资产价格变化较小时才有效。当 delta 对标的资产价格的变化很敏感，而标的资产价格又有较大变化时，delta 中性套期保值效果就会大打折扣。

其次，前已指出，在进行对冲组合的动态调整时，需考虑交易费用的增加。而交易费用会随着调整频率的增加而增加。

最后，标的资产的波动率、无风险利率、到期时间都会对期权的 delta 造成影响，从而影响 delta 套期保值的效果。

鉴于上述原因，需考虑 delta 的影响因素，首当其冲者就是标的资产的价格。这就是反映期权风险程度的第二个希腊字母——gamma。

17.2 Gamma 与 Gamma-delta 套期保值策略

17.2.1 Gamma 的含义及计算

Gamma（Γ）衡量的是 delta 随标的资产价格变化的敏感性，度量当标的资产价格变化一个单位时，delta 变化的量，是 delta 对于资产价格的变化率。因此，delta 是期权价格对于标的资产价格变化的一阶导数，而 gamma 是期权价格对于标的资产价格的二阶导数，即

$$\Gamma=\frac{\partial\Delta}{\partial S}=\frac{\partial^2 C}{\partial^2 S^2} \tag{17.5}$$

根据 delta 的公式，可得：

$$\Gamma=\Phi(\omega)\frac{\partial\omega}{\partial S}=\frac{\Phi'(\omega)}{S\sigma\sqrt{t}} \tag{17.6}$$

其中，$\Phi'(\omega)$是标准正态分布，由下式给出：

$$\Phi(x)=\frac{1}{\sqrt{2\pi}}\mathrm{e}^{-x^2/2}$$

还可以看出，同样条件看涨期权与看跌期权的 gamma 是相同的。

17.2.2 Gamma 的性质

由上面对 gamma 的讨论，可以看出期权的 gamma 有以下性质：

第一，期权多头方的 gamma 总为正值，空头方的 gamma 总为负值。因为期权价格是标的资产价格的凸函数。

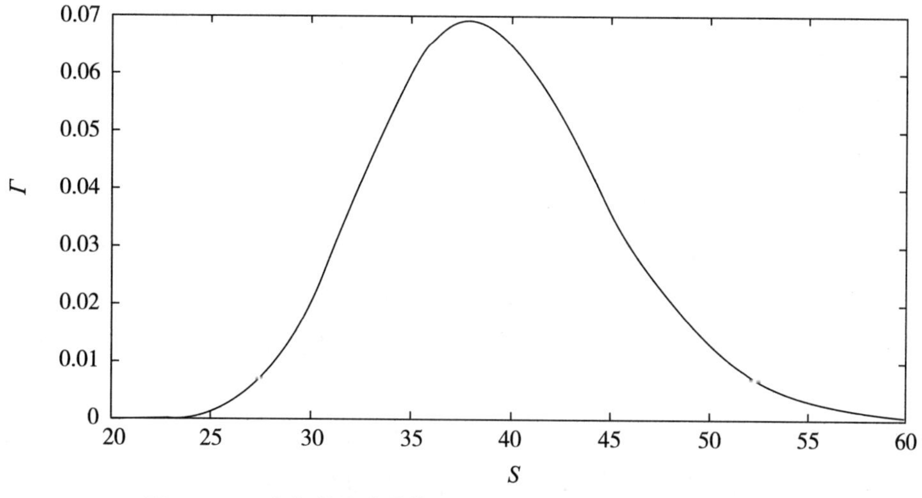

图 17-5　Γ 与标的资产价格 ($K=40$, $r=8\%$, $t=0.25$, $\sigma=30\%$)

第二，看涨与看跌期权的 gamma 相对于标的资产价格的变化如图 17-5 所示。平价期权 gamma 最大，表明此时 delta 对标的资产价格的变化最敏感。

第三，平值期权的 gamma 相对剩余期限的变化如图 17-6 所示，期限越长，gamma 越小，即 delta 变化越缓慢；越接近到期日，gamma 越大，delta 变化越剧烈。

实值和虚值期权的 gamma 值随时间的变化情况状如弓形，当期限逐渐变长时，gamma 变化渐平缓；当期限逐渐变短时，gamma 变化渐剧烈。

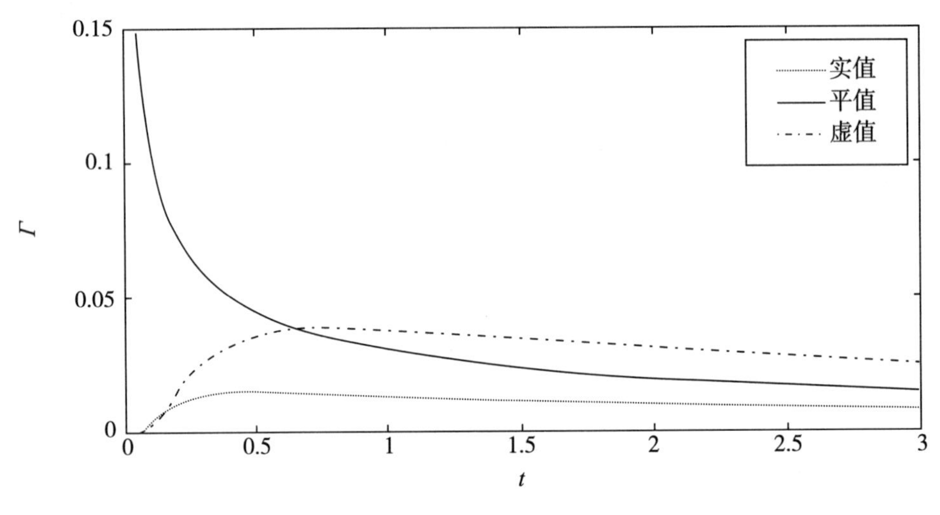

图 17-6　不同期权的 Γ 与剩余期限

17.2.3　Gamma 的应用

（1）Gamma 中性对冲

Gamma 对于判断 delta 中性套期保值的效果或可行性很有用。当 gamma 的值很小时，delta 也相应地变化很小，这就保证了 delta 套期保值调整的频率不会很频繁。而当 gamma 的值很大的时候，delta 对于标的资产价格的变化就会很敏感，此时为了保持 delta 中性，资产的调整就会很频繁。为了避免频繁的调整带来管理成本的大幅增加，可以在 delta 中性的基础上，运用 gamma 中性的对冲策略。

由于标的资产（如股票）的价格对其自身的二阶导数为 0，因此标的资产的 gamma 值为 0，也就不能通过买卖标的资产的方式来调整资产组合的 gamma 值。实现资产组合 gamma 中性的方法只能是通过买卖其他具有不同 gamma 值的期权来实现。也就是说。对于一个拥有 gamma 的资产组合，可以通过做多或做空另外一个具有相反 gamma 的期权，使得整个资产组合的 gamma 为 0。

实现这一策略时还需考虑的是，增加新期权使 gamma 中性后，资产组合的 delta 也会随之变化，还要通过标的资产的买卖以维持组合的 delta 值中性。

【例 17-2】

某 delta 中性的投资组合具有 5 000 的 gamma 值。投资者决定利用 delta 为 0.8，gamma 为 2 的期权对其进行 gamma 中性对冲。于是投资者将进行 $5000/2=2500$ 份期权的空头操作。这样做之后，新组合的 delta 变为 $-0.8\times 2500=-2000$。因此，为保持 delta 中性，应买进 2 000 份标的资产。

（2）Delta–gamma 近似

对于标的资产的一个“小”的价格变动，我们知道 delta 的变化率是由 gamma 的大小决定的。这样，如果在一个长度为 h 的时间段上股价变动如下：

$$\varepsilon = S_{t+h} - S_t$$

Gamma 就是股价变动 1 个单位时的 delta 的变化量，即

$$\Gamma\left(S_t\right)=\frac{\Delta\left(S_{t+h}\right)-\Delta\left(S_t\right)}{\varepsilon}$$

改写这个表达式，delta 的变化量就近似等于价格的变化乘以 gamma，即 $\varepsilon\Gamma$，所以：

$$\Delta\left(S_{t+h}\right)=\Delta\left(S_t\right)+\varepsilon\Gamma\left(S_t\right) \qquad (17.7)$$

如果 delta 的变化率固定，即 gamma 是常数，这个计算就是准确的。

要计算股价变动 ε 所引起的期权价格的变化，只要我们知道股价在（S_t，S_{t+h}）范围内 delta 的平均值，用此平均值乘以 ε 即可。如果 gamma 是常数，delta 的平均值是 $\Delta\left(S_{t+h}\right)$ 与 $\Delta\left(S_t\right)$ 的均值。或者：

$$\bar{\Delta}=\frac{\Delta\left(S_t\right)+\Delta\left(S_{t+h}\right)}{2}=\Delta\left(S_t\right)+\frac{1}{2}\varepsilon\Gamma\left(S_t\right) \qquad (17.8)$$

新股价处期权价格是初始期权价格加上平均 delta 乘以股价的变化：

$$C\left(S_{t+h}\right)=C\left(S_t\right)+\varepsilon\bar{\Delta}=C\left(S_t\right)+\varepsilon\left[\frac{\Delta\left(S_t\right)+\Delta\left(S_{t+h}\right)}{2}\right]$$

利用式（17.8），有：

$$C\left(S_{t+h}\right)=C\left(S_t\right)+\varepsilon\Delta\left(S_t\right)+\frac{1}{2}\varepsilon^2\Gamma\left(S_t\right) \qquad (17.9)$$

Gamma 的修正是独立于股价变动的方向的，因为进入公式的是 ε^2，它永远是正的。当股价上涨时，单独的 delta 把看涨期权价格的上升预测得过少，需要加上因 gamma 而增加的量；当股价下跌时，单独的 delta 把看涨期权价格的下降预测得过多，同样需要减去因 gamma 而减少的下降数量。很显然，式（17.9）不过是看涨期权价格经泰勒展开的二阶近似，我们当然可用多阶近似的方法求得更精确的解。但在现实中，二阶近似基本就可以满足实践的需要了。

图 17-7 给出了用 delta-gamma 近似得到的期权价格的预估结果。Delta 的近似值是与期权价格曲线相切的直线，并且一直在期权价格曲线的下方。所以仅用 delta 估计，不论股价上涨还是下跌，都低估了期权的价格。Delta-gamma 近似则产生了一条更接近于期权价格曲线的预估线。

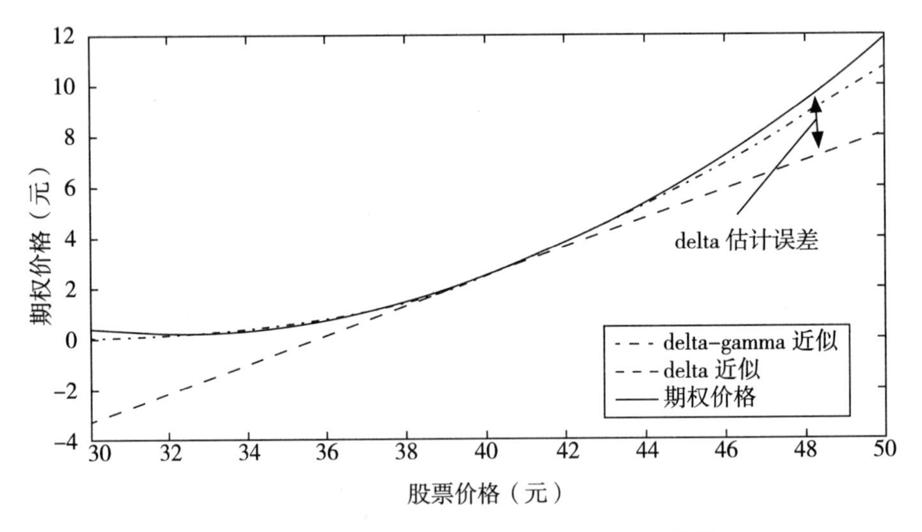

图 17-7　期权价格及其 delta、delta-gamma 估计

（3）Gamma 作为近似判断市场波动率的指标

前已表明，由于非线性的原因，当市场波动时，期权价格的变化是不对称的。若标的资产价格上涨 α，看涨期权价格将上涨：

$$\Delta \times \alpha + \frac{1}{2} \times \Gamma \times \alpha^2$$

若标的资产价格下跌 α，看涨期权价格将下跌：

$$-\Delta \times \alpha + \frac{1}{2} \times \Gamma \times \alpha^2$$

二者的不对称性使得当发生大的波动时，正的高 gamma 值的存在总是对期权多头方有利。因此，对正的高 gamma 头寸的持有也就反映了对市场预期的波动性较大。

17.3 期权价格的时间敏感性 theta

17.3.1 Theta 的含义及计算

Theta(θ) 描述期权时间价值损耗的快慢程度，表示随着期权剩余期限内每单位时间的流逝，期权价格的变化程度，也就是期权价格的时间敏感性。Theta 的计算是用期权的价格对时间求一阶偏导数，即：

$$\theta=-\frac{\partial f}{\partial t} \tag{17.10}$$

其中，f 是相关看涨期权或看跌期权的价格。

根据布莱克－斯科尔斯期权定价模型，对无收益资产欧式和美式看涨期权，其 theta 为：

$$\theta_c=-\frac{\sigma}{2\sqrt{t}}S\Phi(\omega)-Kre^{-rt}\Phi\left(\omega-\sigma\sqrt{t}\right) \tag{17.11}$$

而无收益资产欧式看跌期权的 theta 为：

$$\theta_p=-\frac{\sigma}{2\sqrt{t}}S\Phi'(\omega)+Kre^{-rt}\Phi\left(\sigma\sqrt{t}-\omega\right) \tag{17.12}$$

【例 17-3】

2018 年 6 月 28 日，从上海证券交易所网站可以看到，2018 年 12 月份到期、执行价格为 2.300 元的上证 50ETF 认购期权的价格为 0.2475 元，其 theta 为 −0.164。

假定该期权还有 6 个月到期。在其他条件不变，theta 也不变的情况下，如果再过半个月（0.0411 年），离行权日只有 5 个半月时，期权的理论价格将变为

$$0.2475-0.164\times0.0411=0.2408\text{（元）。}$$

17.3.2 Theta 的性质

图 17-8 给出了某看涨期权在不同到期期限下的价格走势图。随着到期期限的缩短，看涨期权价格逐渐下降，价格曲线越来越接近到期时的期权价格。

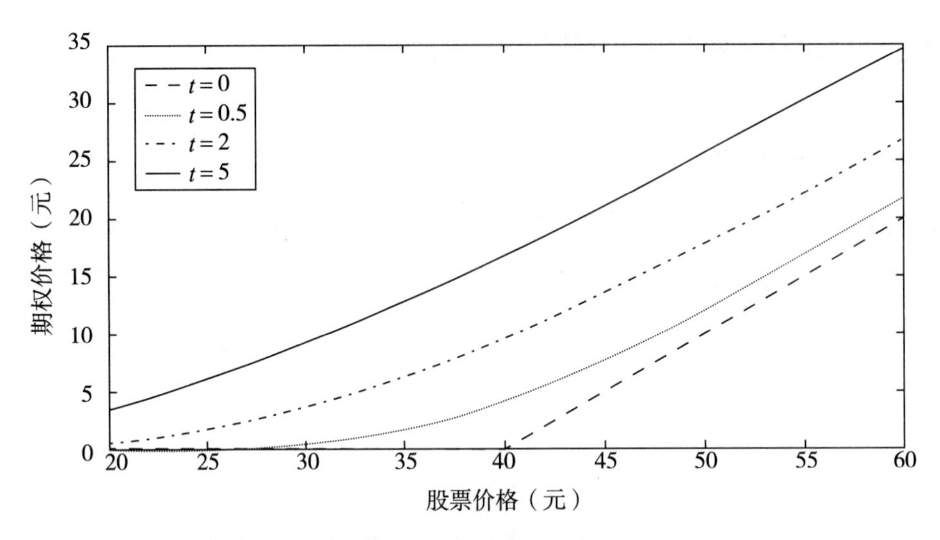

图 17-8　不同到期期限的看涨期权价格随股票价格变化情况 ($K=40$, $r=0.08$, $\sigma=30\%$)

图 17-9 给出了不同状态看涨期权的价格随距到期时间的缩短而衰减的情况。可以看出，平值期权（$K=40$）在快到期时价值随时间的衰减最快。实值和虚值看涨期权价值衰减比较稳定。

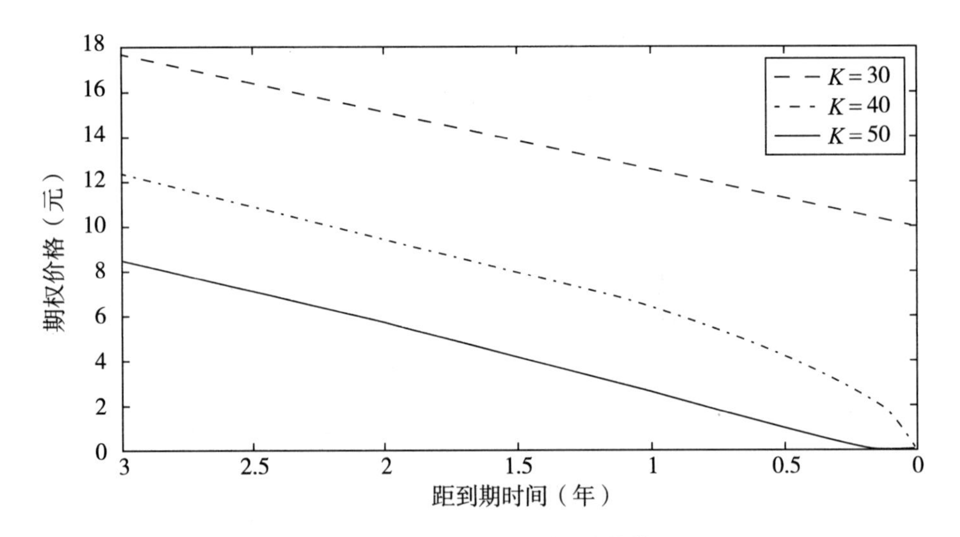

图 17-9　不同执行价格的看涨期权价格随距到期时间变化情况 ($S=40$, $\sigma=30\%$, $r=8\%$)

图 17-10 给出了三个不同到期期限的看涨期权 theta 值。

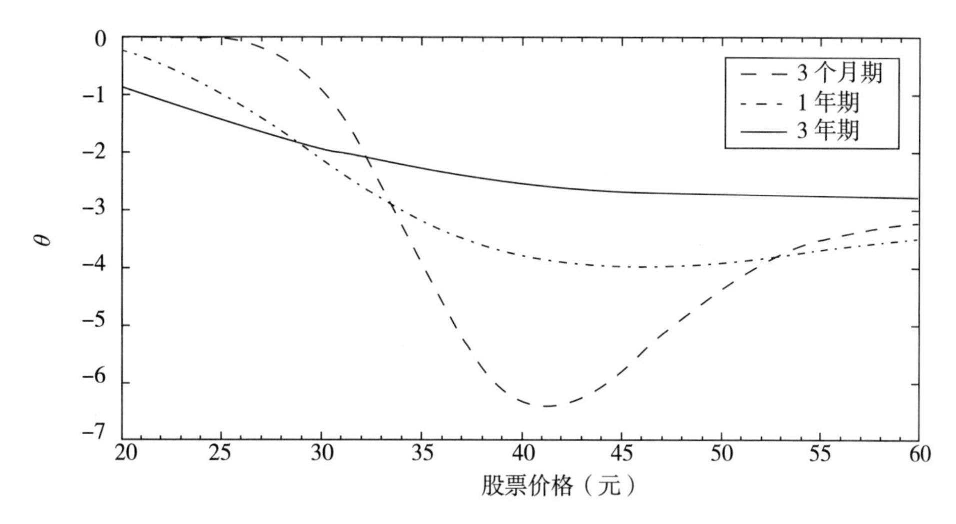

图 17-10　不同到期期限的看涨期权的 θ 随股票价格的变化情况 ($S = 40$, $\sigma = 30\%$, $r = 8\%$)

由上面三个图像，我们可以看到看涨期权的 theta 的特点：看涨期权的 theta 小于 0 且在平值附近 theta 的绝对值最大，这说明，平值看涨期权价格的时间敏感性最强。平值看涨期权越接近到期日，theta 的绝对值越大，说明在快到期时期权价值随时间的衰减最快；而实值和虚值看涨期权价值衰减比较稳定。

图 17-11 展示了相应的看跌期权，随着到期期限的变化其价格呈现出的不同的变化规律：在虚值区间，期权价格随到期期限的缩短而降低；而在深度实值区间，期权价格却逐渐增加。当然，都是逐渐接近到期价格。

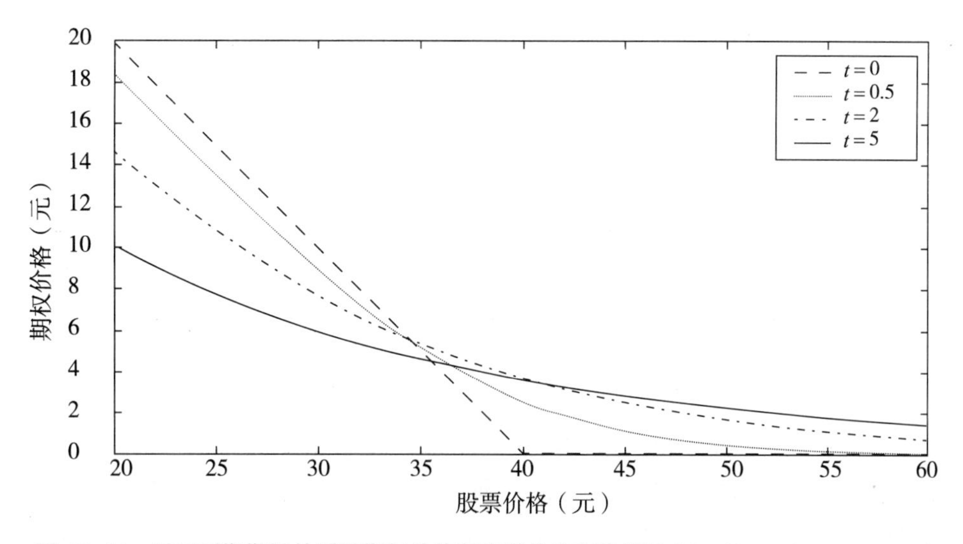

图 17-11　不同到期期限的看跌期权价格随股票价格变化情况 ($K = 40$, $r = 0.08$, $\sigma = 30\%$)

图 17-12 给出了三个不同到期期限的看跌期权 theta 值随标的股票价格的变化情况。图中清楚地显示，实值看跌期权的 theta 可以为正值，而且随着到期期限的缩短，其值更大。

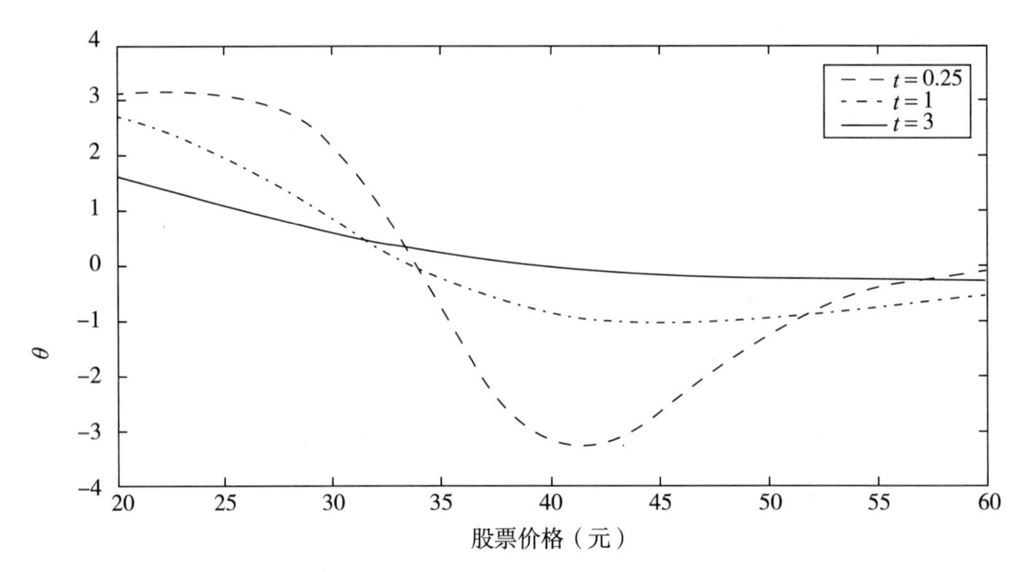

图 17-12　不同到期期限看跌期权的 θ 随股票价格的变化情况 ($S=40$, $\sigma=30\%$, $r=8\%$)

由上述分析，我们看到，看跌期权的 theta 呈现出如下特点：其值在期权的实值状态下可以为正。在平值期权时，theta 绝对值最大，这与看涨期权 theta 的情况相同。

17.3.3　Theta、delta 和 gamma 之间的关系

在第十五章，我们曾介绍衍生产品价格遵循的布莱克 – 斯科尔斯偏微分方程：

$$\frac{\partial f}{\partial t}+\frac{\partial f}{\partial S}rS+\frac{1}{2}\frac{\partial^2 f}{\partial S^2}\sigma^2 S^2=rf \tag{15.8}$$

根据本章的内容，$\frac{\partial f}{\partial \mathrm{t}}=-\theta$，$\frac{\partial f}{\partial S}=\varDelta$，$\frac{\partial^2 f}{\partial S^2}=\varGamma$。因此，上述偏微分方程即是：

$$-\theta+rS\varDelta+\frac{1}{2}\sigma^2 S^2\,\varGamma=rf \tag{17.13}$$

这一结果并不奇怪。因为衍生产品的价格是其标的资产的价格 S、标的资产价格波动率 σ、市场无风险利率 r、剩余时间 t 的函数。当然，期权价格的影响因素还有执行价格 K。如果把标的资产价格波动率 σ 和市场无风险利率 r 都看作常数（对于特定的期权 K 自然是常数），那么衍生产品的价格就是标的资产价格 S 与时间 t 的函数，将其进行泰勒展开得到：

$$\mathrm{d}f=\frac{\partial f}{\partial S}\mathrm{d}s+\frac{\partial f}{\partial t}\mathrm{d}t+\frac{1}{2}\frac{\partial^2 f}{\partial S^2}(\mathrm{d}S)^2+\frac{1}{2}\frac{\partial^2 f}{\partial t^2}(\mathrm{d}t)^2+\frac{\partial^2 f}{\partial S\partial t}\mathrm{d}S\mathrm{d}t+\cdots$$

上面展开式的前三项分别是 delta、theta、gamma 造成的衍生产品价格的变化，后面各

项是时间的高阶无穷小，可以忽略。因此，在无套利假设之下这一变化就应该是无风险收益，因而就得出了式（17.12）。

如果投资组合是delta中性的，则有：

$$\Delta = 0$$

$$-\theta + \frac{1}{2}\sigma^2 S^2 \ \Gamma = rf$$

此式说明，在delta中性的情况下，如果theta是较大的正数，gamma就是很大的负数，因此，theta可以近似作为gamma的替代指标。

如果一个组合既是delta中性的，又是theta中性的，则有：

$$-\theta = rf$$

这意味着组合相当于无风险资产。

17.4 期权价格的波动率风险vega与利率风险rho

17.4.1 Vega的含义及计算

在前面的分析中，我们一直假定证券价格变化的波动率是恒定的。事实上，证券价格的波动率也是不断变化的。前已明了，波动率是影响期权价格的重要因素。随着波动率的变化，期权的价格自然也会发生相应的变化。Vega (υ) 即是用来衡量期权价格对波动率的敏感性指标，是期权价格对波动率的一阶导数：

$$\upsilon = \frac{\partial f}{\partial \sigma} \quad (17.14)$$

【例17-4】

接续例17-3。2018年6月28日，从上海证券交易所网站还可以看到，2018年12月份到期、执行价格为2.300元的上证50ETF认购期权的价格为0.2475元，其vega为0.585. 假设上证50ETF的波动率为20%。

在其他条件不变的情况下，如果上证50ETF的波动率由20%上升到21%，即增加了1%，则期权理论价格将变化为：

$$0.2475 + 0.585 \times (0.21 - 0.20) = 0.2475 + 0.585 \times 0.01 = 0.2534(\text{元})。$$

根据布莱克–斯科尔斯期权定价公式，对于不付红利的看涨期权或看跌期权，可以得到：

$$\nu = S\sqrt{t}\ \ \Phi'(\omega) \quad (17.15)$$

17.4.2 Vega 的性质

第一，期权的 vega 是正的，波动率增加，期权的价值增加；波动率减小，期权的价值减小。

第二，期权的 vega 相对于标的资产价格的变化如图 17-13 所示。标的资产价格越偏离期权的执行价格，vega 越小，期权价格对波动率的变化越不敏感；执行价格越接近标的资产价格，期权的 vega 越大，期权价格对波动率的变化越敏感。

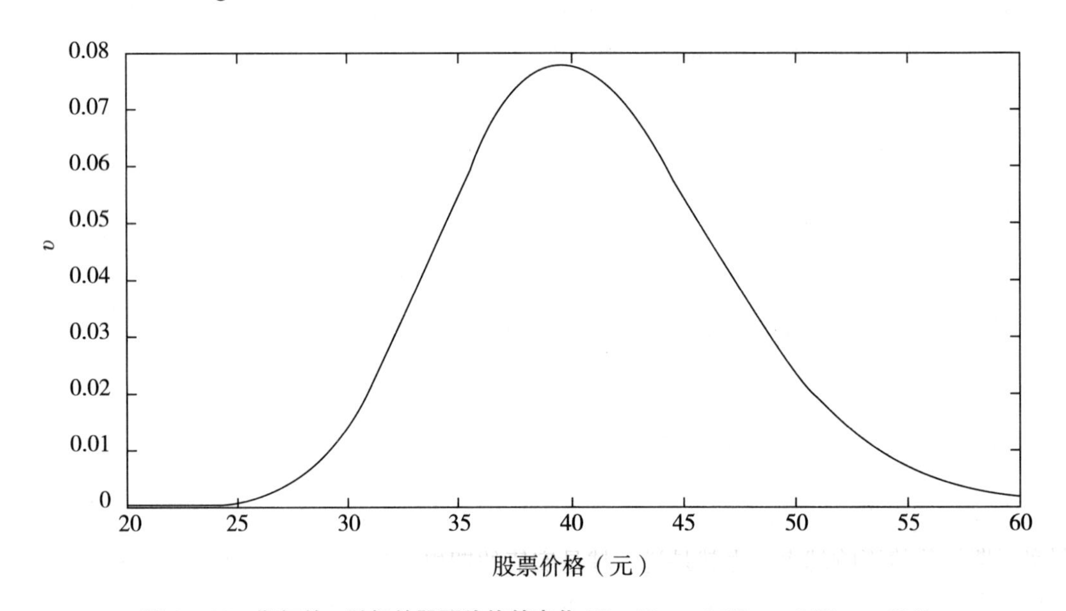

图 17-13　期权的 υ 随标的股票价格的变化 ($K=40$, $t=0.25$, $\sigma=30\%$, $r=8\%$)

17.4.3 Rho 的含义及计算

期权定价公式也假定无风险利率是恒定的，而在现实中无风险利率是变化的。当无风险利率变化时，期权的价格也会发生相应的变化。我们用 rho（ρ）衡量期权价格对无风险利率的敏感性。其定义为期权价格对无风险利率的一阶偏导数。

$$\rho=\frac{\partial f}{\partial r}\ . \tag{17.16}$$

【例 17-5】

2018 年 6 月 29 日，从上海证券交易所网站看到，2018 年 12 月份到期、执行价格为 2.300 元的上证 50ETF 认购期权的价格为 0.2769 元，其 rho 值为 0.741。

在其他条件不变的情况下，如果无风险利率由 3.5% 上升到 3.6%，即增加了 0.1%，则期权理论价格将变化为：

$0.2769+0.741(0.036-0.035)=0.2769+0.741\times0.001=0.2776$（元）。

根据布莱克－斯科尔斯期权定价公式，对于不付红利的看涨期权与看跌期权：

$$\rho_C=\frac{\partial C}{\partial r}=Kt\mathrm{e}^{-rt}\ \Phi\left(\omega-\sigma\sqrt{t}\right) \tag{17.17}$$

$$\rho_P=\frac{\partial P}{\partial r}=-Kt\mathrm{e}^{-rt}\ \Phi\left(\sigma\sqrt{t}-\omega\right) \tag{17.18}$$

17.4.4 Rho 的性质

图 17-14 展示了不同到期期限的看涨期权的 rho 随标的股票价格变化的情况，而图 17-15 是不同到期期限的看跌期权的 rho 随标的股票价格变化的情况，图 17-16 则是不同价值状态的看涨期权 rho 随到期时间的变化。由这三幅图，我们可以看出期权的 rho 具有如下性质：

第一，看涨期权的 rho 是正的，看跌期权的 rho 是负的。看涨期权的价格随利率单调递增，而看跌期权的价格随利率单调递减。

第二，Rho 随标的资产价格的变化：rho 的代数值随标的证券价格单调递增。对于看涨期权，标的证券价格越高，利率对期权价值影响越大；对于看跌期权，标的证券价格越低，利率对期权价值影响越大。也就是说，越是实值的期权，利率变化对期权价值的影响越大；越是虚值的期权，利率变化对期权价值的影响越小。

第三，Rho 随时间的变化：rho 随期权到期而单调收敛到 0。也就是说，期权越接近到期日，利率变化对期权价值的影响越小。

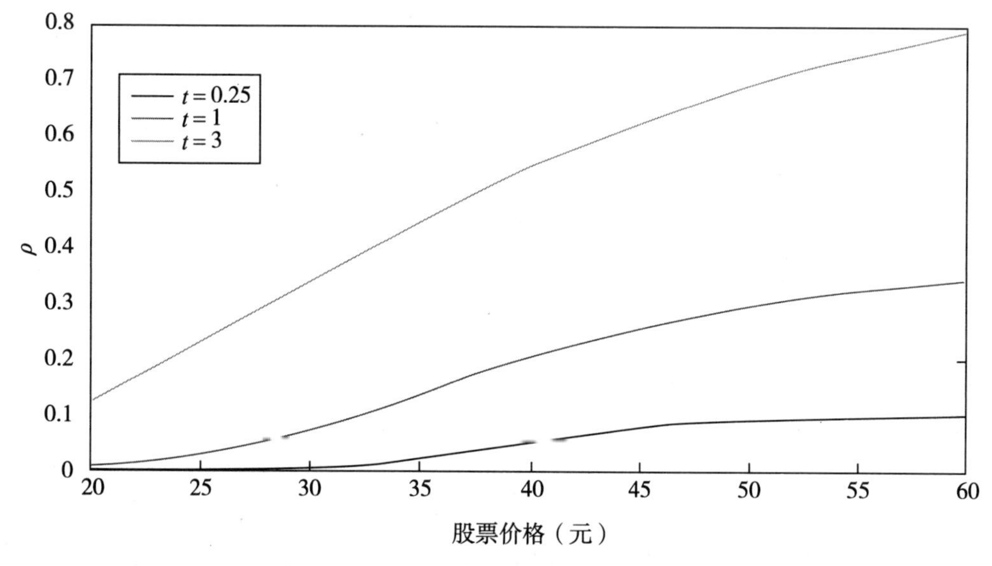

图 17-14 不同到期期限的看涨期权的 ρ 随标的股票价格的变化 ($K=40, t=0.25, \sigma=30\%, r=8\%$)

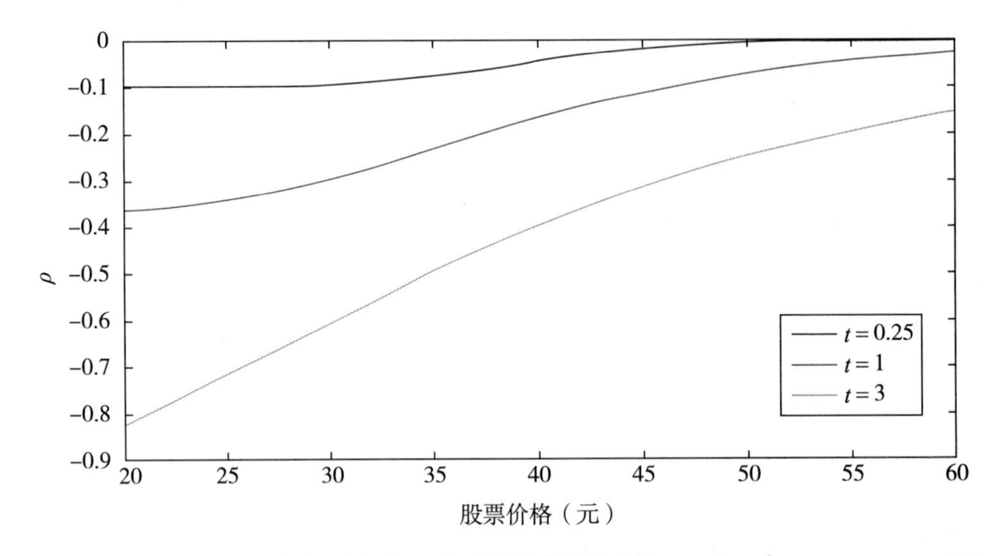

图 17-15　不同到期期限的看跌期权的 ρ 随标的股票价格的变化 ($K = 40, t = 0.25, \sigma = 30\%, r = 8\%$)

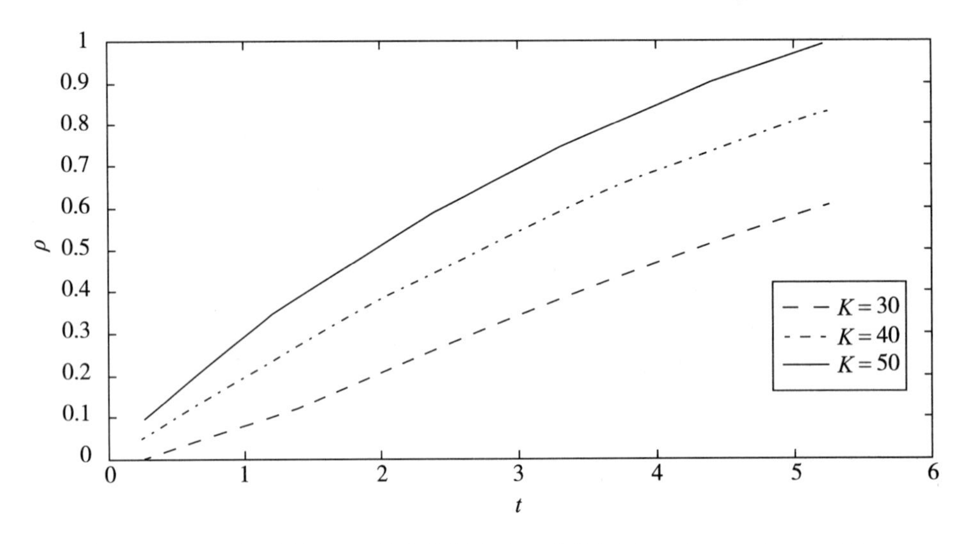

图 17-16　实值、平值、虚值看涨期权 ρ 随 t 的变化 ($S = 40, \sigma = 30\%, r = 8\%$)

本章小结

1. 影响期权价格的因素主要有标的资产价格 S、期权的剩余到期时间 t、标的资产价格的波动率 σ、市场利率水平 r、期权执行价格 K 等 5 个参量。当这些变量中的任何一个发生变化时，相关期权的价值就会发生变化。因此，在实践中，只有熟悉期权价格对这些变量变化的敏感性特征，才能有针对性地采取措施，减少风险，对冲保值。本章介绍的 5 个希腊字母正是描述期权价格对相关变量的敏感性的指标。

2. Delta 描述期权价格对标的资产价格变化的敏感性，是期权价格对标的资产价格的一阶导数。可以通过 delta 中性套期保值的策略控制投资组合相对于标的资产价格波动的风险。但是，

delta 本身是随着标的资产的价格、到期时间、标的资产价格的波动率等的变化而变化的，因此，要在投资期间实现 delta 中性，要求对投资组合作出动态的调整，而这样做的结果无疑会增加交易费用。在实践中，尤其要考虑 delta 随标的资产价格变化而变化的情况。

3. Gamma 是表示 delta 对标的资产价格敏感性的指标，是 delta 对标的资产价格的一阶导数，从而是期权价格对标的资产价格的二阶导数。考虑标的资产价格对期权价格的影响，或者做实施 delta 中性套期保值策略，把 gamma 考虑在内，才会更加准确。这就是 gamma-delta 套期保值策略。

4. Theta 表示期权价格对到期时间的敏感性，是期权价格对到期时间的一阶导数。由于期权的价值随着有效期的缩短而下降，因而 theta 取期权价格对到期时间一阶导数的负值，使其为正数。

5. 在假定期权的执行价格为常数、市场无风险利率为常数的情况下。Delta、gamma、theta 三者就近似得出布莱克–斯科尔斯偏微分方程。

6. Vega 是表示期权价格对标的资产价格波动率的指标，是期权价格对标的资产价格波动率的一阶导数。不管是看涨期权，还是看跌期权，其价值都是随标的资产价格波动性的增大而增大的，因而，期权的 vega 总是正值。

7. Rho 是表示期权价格对市场利率 r 敏感性的指标，是期权价格对 r 的一阶导数。看涨期权的 rho 为正值，看跌期权的 rho 为负值。

8. 上述 5 个希腊字母在现实期权投资中都有其重要应用，其具体性质在各自的章节里都有介绍。

习　题

1. 一个执行价格为 50 元，期限为 3 个月的股票看涨期权，其标的股票的当前价格为 45 元，股票价格的波动率为 25%，股票在期权的有效期内无分红。求该期权的 delta。对于 100 手该看涨期权空头的 delta 对冲，所需的股票投资是多少？

2. 求出第 1 题中的 gamma，用 gamma 为 0.05、delta 为 0.4 的期权做 gamma-delta 中性对冲，应怎样操作？

3. 对于第 1 题中的期权，求出该期权的 theta。假设现在买空 100 手该期权合约，2 周以后，其他变量都没有发生变化，求这期间投资者的收益。

4. 对于第 1 题中的期权，求出该期权的 vega。假设现在投资者卖空 100 手该期权合约，其他条件不变，股票价格的波动率由 25% 上升为 30%，求投资者的盈亏。

5. 在实务操作中，做多 gamma 和做多 vega 都希望市场有所波动，但两者之间存在什么区别？

6. 买进一份执行价格为 40 元的看涨期权同时卖出一份执行价格为 45 元的看涨期权的牛市差价组合，假定，标的股票无分红。

（a）假定股票价格 $S=40$ 元，delta、gamma、theta、vega、rho 各是多少？

（b）假定股票价格 $S=45$ 元，delta、gamma、theta、vega、rho 各是多少？

（a）和（b）的答案有什么不同，为什么？

第十八章　奇异期权

前面所讨论的期权也被称为普通期权或标准期权，以区别于后来发展起来的非标准化期权（nonstandard options），或者目前习惯上所称的奇异期权（exotic options）。前已述及，普通的欧式期权或美式期权可以帮助投资者有针对性地控制投资风险、优化投资组合。但是，普通期权存在着如下的不足：第一，期权的标的资产只有一个；第二，有效起始时间是固定在当前的一个时点；第三，期权的收益仅取决于标的资产在一个时点上的价格，而与资产价格在之前的变化过程无关；第四，期权在开始的时候就已确定为看涨期权或看跌期权；第五，期权到期的收益是简单的标的资产价格与期权执行价格的差价；等等。这些缺乏灵活性的缺陷限制了投资者进行多样化的风险控制，不利于降低投资成本以及实现其他各种个性化的金融需求。奇异期权正是针对普通期权的这些不足，通过改变普通期权到期收益的特征、附加期权激活或终止机制，将单一标的资产扩展到多种标的资产等的创新活动，创造出来，以满足市场多样化的金融产品需求的一种期权。

18.1　奇异期权概述

18.1.1　从标准期权到奇异期权

首先，我们来看一个例子。假设 A 公司是一家外贸出口型企业，每月都收到巨额的美元，需要结汇成人民币。为了预防美元汇率下跌带来损失，考虑用外汇衍生品进行套期保值。如果购买 1 年期的普通美元看跌期权进行套期保值，则只是针对期权到期日当天美元的汇率高低。由于到期日汇率的水平与 1 年内各个月份的汇率水平可能存在很大的差别，套期保值的效果会受到很大的限制。另一个选择是购买一系列到期日与结汇日期相匹配的看跌期权。这一套期保值策略效果肯定要好得多，但是成本也会高得多。事实上，由于汇率的上下波动可以相互冲抵，未来一年内汇率的平均水平对于套期保值才是最有意义的因素。这引导人们构造一种新的期权：有别于普通期权只基于单一时点的价格，这种期权以平均价格为基础，期权到期时的收益为期权有效期内标的资产的平均价格与执行价格的差。

这正是奇异期权的一种——亚式期权。

上面的例子说明,奇异期权确实能解决一些特殊的问题,满足投资者个性化的市场需求。总之，奇异期权是在合约设计上有别于普通期权的期权，是为了克服普通期权缺乏灵活性而进行的金融创新的结果。上面所举亚式期权的例子就是通过改变普通期权的到期支付只依赖于某一时点的特点，使之依赖于标的资产的价格路径而得来的。因而是路径依赖性奇异期权的一种。

部分奇异期权在交易所内交易，但是大多数奇异期权是场外交易的金融产品，奇异期权的使用者遍及大公司、金融机构、基金公司、投资银行等。在当今的金融市场上，奇异期权种类繁多，每一种奇异期权至少会在某一个方面不同于普通期权。但是，所有这些产品都是通过这样或那样的方式，直接或间接从普通期权演化而来。由于奇异期权的复杂性，对奇异期权种类的划分在业界也没有统一的口径。本章选择业界的一种分类方法把目前主流的奇异期权划分为以下五类（表 18-1），并在后面的内容中选择亚式期权等四种奇异期权向读者做简单的介绍，进而介绍奇异期权的定价思路和一般方法。奇异期权复杂多变，本章旨在介绍奇异期权的构建、定价、特点、应用等方面的基本原理，不做更多、更专业和更深入的展开。

表 18-1　奇异期权分类

奇异期权产品子类	各子类产品
路径依赖型期权	亚式期权、回望期权、阶梯期权
时间依赖型期权	选择性期权、远期起点期权
极值依赖型期权	障碍期权、自定义执行期权
支付修正期权	两值期权 / 数值期权、指数期权
多因子期权	复合期权、一篮子期权、交换期权、价差期权、彩虹期权

18.1.2　路径依赖型期权

路径依赖型期权（path-dependent options）不同于普通期权的特点在于，普通期权的行权收益取决于标的资产某一时点（欧式期权即到期日）的价格和期权执行价格之间的相对大小，与之前标的资产价格的高低以及上下波动的状况毫无关系；而路径依赖型期权则克服了这一局限，捕捉了资产价格的变动路径，其行权收益依赖于标的资产的价格路径，而不仅仅是特定时点期权标的资产的价格。从表 18-1，我们知道，路径依赖型期权有以下几种产品。

（1）亚式期权

亚式期权到期时的支付是以一段时间内的平均价格为基础的。根据把平均价格作为标的资产的结算价格，还是作为期权的执行价格的不同，又可把亚式期权分为平均价格期权

（average price option）和平均执行价格期权（average strike options）。

平均价格看涨期权的到期收益为 $\max(0, S_{ave}-K)$；平均价格看跌期权的到期收益为 $\max(0, K-S_{ave})$。S_{ave} 是按预定平均时期计算的标的资产的平均价格。

平均执行价格看涨期权的到期收益为 $\max(0, S-S_{ave})$；而平均执行价格看跌期权的到期收益为 $\max(0, S_{ave}-S)$。S_{ave} 仍然是按预定平均时期计算的标的资产的平均价格。

（2）回望期权

回望期权（lookback options）赋予期权的持有者在期权到期时选择最有利行权价格的权利。具体而言，欧式回望看涨期权的到期收益等于最后标的资产价格超过期权有效期内标的资产最低价格的差价。欧式回望看跌期权的到期收益等于期权有效期内标的资产最高价格超过最后标的资产价格的差价。

（3）阶梯期权

阶梯期权（ladder options）的行权价格将基于标的资产价格的变化而周期性地调整。对于欧式阶梯期权，如果行权价格的调整周期无限缩小，就等价于一个回望期权。

18.1.3 时间依赖型期权

时间依赖型期权（time-dependent options）是在期权到期前，赋予期权的多头方在某个时刻选择期权合约的某些特征，决定其到期收益的期权。最常见的时间依赖型期权是选择性期权和远期起点期权。

（1）选择性期权

选择性期权（chooser options）是在经过一段预先确定的时间后，期权持有人能任意选择期权是看涨期权还是看跌期权。假设作出选择的时刻是 t_1，此时，期权的价值为 $\max(c, p)$。其中，c 为在 t_1 时刻期权作为看涨期权的价值；p 为在 t_1 时刻期权作为看跌期权的价值。

（2）远期起点期权

普通期权在购买或卖出后立刻生效。而远期起点期权（forward start options）则是这样的一种期权，它在事先约定的未来的某个时间开始生效，执行价格为标的资产在开始生效时间点的价格。远期起点期权在实际开始时是一个平价期权，最开始时，执行价格是不确定的。

18.1.4 极值依赖型期权

有的分类把极值依赖型期权也归入路径依赖期权的一种，这当然是可以的，因为这种期权的收益广义上讲也是依赖于标的资产价格变化的路径的。只是它的依赖方式比较特别：当标的资产价格达到某个临界值时，期权合约将被激活（activated）或宣告失效（deactivated）。

常见的极值依赖型期权包括障碍期权和自定义执行期权。

（1）障碍期权

障碍期权（barrier option）的收益依附于标的资产的价格在一段特定的时间内是否达到预先设定的水平，该水平被称为障碍值。若标的资产价格达到这个障碍值，期权因而作废的，称为敲出期权（knock-out options）；若标的资产价格达到障碍值，期权才被激活的，则称敲入期权（knock-in options）。

根据障碍值 H 与期权标的资产初始价格之间的关系，看涨障碍期权可分两大类，如表 18-2 所示。

表 18-2 障碍期权分类

类型	$H < S$	$H > S$
敲出期权	下敲出看涨期权	上敲出看涨期权
敲入期权	下敲入看涨期权	上敲入看涨期权

对于看跌障碍期权，同样有上面的分类方法。

（2）自定义执行期权

自定义执行期权（defined exercise option）是一种特殊的障碍期权，决定期权敲出或者敲入的价格不是期权所依附的标的资产价格，期权的多空双方可以自行协商选择期权生效或作废的参考资产价格。

18.1.5 支付修正型期权

支付修正型期权是对普通期权的到期收益模式进行修正的结果。我们知道，普通看涨期权的到期支付为 $\max(0, S-K)$，而普通看跌期权的到期支付是 $\max(0, K-S)$。将这一支付函数进行修改，就得到支付修正型期权。常见的有数值期权和指数期权。

（1）数值期权

数值期权（digital options）又称两值期权（binary options），其中一种称为现金或不付期权（cash-or-nothing options），其到期支付函数为：

$$\text{看涨期权：到期支付} = \begin{cases} P, & \text{若} S > K \\ 0, & \text{若} S \leqslant K \end{cases}$$

$$\text{看跌期权：到期支付} = \begin{cases} 0, & \text{若} S > K \\ P, & \text{若} S \leqslant K \end{cases}$$

式中，P 为合约规定的固定支付额。以看涨期权为例，在到期日，若标的资产价格高于执行价格，则期权持有者获得固定的金额 P，而不是像普通期权那样获得资产价格与执行价格的差额；当标的资产价格低于执行价格时，期权价值为 0。

另一种数值期权称为资产或不付期权（asset-or-nothing）。看涨期权到期时，若资产价格高于某一特定水平，期权持有者获得一单位资产，否则将不获任何支付；看跌期权正好相反，若资产价格低于某一特定水平，期权持有者获得一单位资产，否则将不获任何支付。

（2）指数期权

指数期权的到期支付不再是标的资产价格与执行价格差价的线性函数，在期权到期时，指数看涨期权的收益是标的资产价格超过执行价格差额的幂函数。指数期权放大了普通期权在实值状态下的收益，因而价格高于普通期权。

18.1.6 多因子期权

多因子期权（multi-factor options）的标的资产不再局限于单个基础资产。其标的资产可以是普通期权，也可以是多个资产形成的组合。以普通期权作为标的资产的称为复合期权（compound options）。其他多因子期权还有一篮子期权（basket options）、交换期权（exchange options）、差价期权（spread options）、彩虹期权（rainbow options）等。

18.2 亚式期权

18.2.1 亚式期权的种类

亚式期权是以平均价格为基础的期权。前面已经提到有平均价格亚式期权和平均执行价格亚式期权，有亚式看涨期权和亚式看跌期权。由于对平均价格的计算方法有算术平均法与几何平均法两种，因计算方法的不同，亚式期权又可以分为两类：算术平均价格亚式期权与几何平均价格亚式期权。这样亚式期权一共有 8 种。

假设从时刻 0 到时刻 t，每隔 h 时间记录一次有价证券的价格，一共可以得到 $N=t/h$ 个价格，其算数平均值为：

$$A(t)=\frac{1}{N}\sum_{i=1}^{N}S_{ih} \tag{18.1}$$

其几何平均值为：

$$G(t)=\left(S_{h}\times S_{2h}\times\cdots\times S_{Nh}\right)^{1/N} \tag{18.2}$$

或者：

$$\ln G(t)=\frac{1}{N}\left(\ln S_{h}+\ln S_{2h}+\cdots+\ln S_{Nh}\right) \tag{18.3}$$

以几何平均值为基础的亚式期权有解析的定价公式。

上面的平均值是我们使用离散方法求得的，对于股票，现实中我们常使用每天的收盘价求价格的平均值。当我们把求平均值的时间间隔缩短时，所求出的平均值就会因而发生变化。当用连续方法求平均值时，公式变为下面的形式：

$$A(t)=\frac{1}{t}\int_0^t s_\tau \mathrm{d}\tau \tag{18.4}$$

$$\ln G(t)=\frac{1}{t}\int_0^t \ln S_\tau \mathrm{d}\tau \tag{18.5}$$

18.2.2　亚式期权的价格特点

表 18-3 给出了股票几何平均价格看涨期权与看跌期权的价格。若期数 $N=1$，则平均值即为终期的股票价格，在这种情况下，平均价格看涨期权就是普通看涨期权。

表 18-3　几何平均价格亚式期权的价格（$S=40, K=40, r=0.08, \sigma=0.3, t=1$）

N	平均价格		平均执行价格	
	看涨期权	看跌期权	看涨期权	看跌期权
1	6.285	3.209	0.000	0.000
2	4.708	2.645	2.225	1.213
3	4.209	2.445	2.748	1.436
5	3.819	2.281	3.148	1.610
10	3.530	2.155	3.440	1.740
50	3.302	2.052	3.668	1.843
1 000	3.248	2.027	3.722	1.868
∞	3.246	2.026	3.725	1.869

当对价格进行几何平均计算时，相比到期日的股价波动率，$G(t)$ 的波动率肯定会变低，因而可以推测平均价格期权的价值应该随着用于计算平均值的价格期数的增加而降低。表 18-3 清楚地显示了这一特点，看涨期权与看跌期权符合同样的规律。

表 18-3 同样表明，与平均价格期权相反，平均执行价格期权的价值随着计算平均值期数的增加而上升。这是因为时间 0 到 t 之间的平均价格与时点 t 的股价 S_t 正相关。若 $G(t)$ 较高，S_t 也可能处于较高的价位。当计算的频率增加时，会使得 S_t 与 $G(t)$ 相关性降低，因而使平均执行价格期权的价值增加。为理解这点，先考虑只用到期日的股价计算平均值的情况。此时看涨期权的价值为

$$\max\left[0, S_t - G(t)\right]$$

$N=1$ 时，$S_t=G(t)$，期权价值等于 0。随着计算的频率增加，二者之间相关性下降，期

权的价值也随之增加。

平均执行价格期权在什么情况下有意义呢？当期权存续期内资产的平均价格与到期日的价格不相等时，这类期权会带来收益。这类期权可以对以下这种情况提供保险：如果我们在一段时间内分期取得某项资产，然后在未来某一时点以一固定价格出售该资产。

18.2.3 亚式期权应用举例

假设美国某公司每月可收到 1 亿欧元收入。为避免欧元贬值带来损失，公司购买一份价值 12 亿欧元的亚式看跌期权进行套期保值。这样，期权每欧元到期的支付为：

$$\max\left(0,\ K-\frac{1}{12}\sum_{i=1}^{12}x_i\right),\ x_i \text{ 是第 } i \text{ 月欧元兑美元的汇率}$$

如果公司打算保证一个最低水平的平均汇率，使每欧元至少能兑换 0.9 美元，则可设 $K=0.9$。若实际平均汇率低于 0.9，公司将因期权的存在获得 0.9 美元与平均汇率之间的差额。

在这里，公司选择了一个算术平均价格看跌期权进行套期保值。公司还可以选择其他类型的期权进行套期保值，如几何平均价格看跌期权、一系列看跌期权的组合等。表 18-4 是几种不同套期保值方式保值成本的比较。

表 18-4　不同套期保值方式成本

套期保值工具	期权费（美元）
1 年后到期的看跌期权（1）	0.2753
一系列看跌期权的组合（2）	0.2178
几何平均价格看跌期权（3）	0.1796
算术平均价格看跌期权（4）	0.1764

上表中假设当前的汇率为 0.9 美元 / 欧元，各期权的执行价格为 0.9 美元，美元无风险利率为 6%，欧元无风险利率为 3%，欧元汇率的波动率为 10%。表中第 2 行是每月一个价值 1 亿欧元的看跌期权的组合，共 12 个普通看跌期权合约，合约分别在 1 个月后、2 个月后……1 年后到期，期权费是各个合约期权费的总和；第（1）、第（3）、第（4）行的期权费则是在 1 年期的假设下计算，并乘以 12 得到的。这样才与系列普通期权的组合在同一基础上形成比较。首先从表中可以看到，亚式期权更便宜，原因在于经价格平均后波动率减少了。还可以看到，用 1 年后到期的期权套期保值不仅效果不好，而且成本还高。另外，在这个例子中，几何平均价格期权在套期保值的效果上比算术平均价格期权略差，这是由于进行套期保值的资产数量本就是算术平均值而不是几何平均值。

18.3 障碍期权

18.3.1 障碍期权的构建和特点

为了构建一个具有执行价格为 K，到期日为 t 的欧式障碍期权，要先指定一个障碍值 H。当标的资产价格跨越障碍值时期权被激活还是被作废取决于其类型。下敲入障碍期权（down-and-in barrier option）仅在 t 以前标的资产价格降至 H 以下时才得以激活，并成为常规的期权；而下敲出障碍期权（down-and-out barrier option）当资产价格在 t 之前降至 H 以下时就作废了。对这两种期权而言，H 是某个小于标的资产初始价格 S 的指定价格。另外，在大多数应用中，突破障碍指的是证券价格的收盘价突破 H 的状况。这就是说，在交易日之中发生价格低于 H 的情况并不认为是突破了障碍。

同时拥有两个有相同的执行价格 K 和到期日 t 的下敲入看涨期权和下敲出看涨期权，在时刻 t 仅有一个期权有效。因此，同时持有这两个期权就相当于拥有一个具有执行价格 K 和到期日 t 的普通看涨期权。如果以 $D_i(s,t,K)$ 和 $D_o(s,t,K)$ 分别表示下敲入看涨期权和下敲出看涨期权的风险中性价值，那么：

$$D_i(s,t,K)+D_o(s,t,K)=C(s,t,K) \tag{18.6}$$

其中，$C(s,t,K)$ 是普通看涨期权的价值。由此，确定了 $D_i(s,t,K)$ 或者 $D_o(s,t,K)$ 中的一个，就可以获得另一个。

上敲入障碍期权（up-and-in barrier option）仅当 t 以前标的资产价格升至 H 以上时才得以激活，并成为常规的期权；而上敲出障碍期权（up-and-out barrier option）当资产价格在 t 之前升至 H 以上时就作废了。对这两种期权而言，H 是某个大于标的资产初始价格 S 的指定价格。对上敲障碍期权，有下面平价公式成立：

$$U_i(s,t,K)+U_o(s,t,K)=C(s,t,K) \tag{18.7}$$

其中 U_i 和 U_o 分别是上敲入看涨期权和上敲出看涨期权的价格，C 仍然是普通看涨期权的价格。

由于期权的价格一定是正值，式（18.6）和式（18.7）直接证明了障碍期权的价格比普通期权的价格便宜。

18.3.2 障碍期权的应用

障碍期权的吸引力就在于它比与之相应的普通期权便宜，用其进行套期保值成本更低。比如，某美国公司要为其 6 个月后收到的一笔欧元进行套期保值，我们比较使用普通期权与使用障碍期权有何不同。

首先，公司要对冲的是欧元汇率下跌的风险。这种情况下，应该选用怎样的障碍期权进行套期保值呢？显然，下敲出看跌期权是不可行的。因为在欧元汇率下跌需要保险的时候，这类期权反而敲出作废了，从而不能提供需要的保险。类似地，上敲入看跌期权也不可行，因为它仅能对下述情况提供一定的保险：欧元汇率水平先上升到一定的高度使期权"敲入"，然后再下降至执行价格以下。

这样就只剩下下敲入看跌期权与上敲出看跌期权值得考虑了。表 18-5 列举了具有不同执行价格与不同障碍价格的各种普通期权、下敲入看跌期权与上敲出看跌期权的价格。

表 18-5　不同执行价格、不同类型欧元看跌期权价格

执行价格（美元）	普通看跌期权（美元）	下敲入看跌期权（美元）		上敲出看跌期权（美元）		
		$H=0.80$	$H=0.85$	$H=0.95$	$H=1.00$	$H=1.05$
$K=0.80$	0.0007	0.0007	0.0007	0.0007	0.0007	0.0007
$K=0.90$	0.0188	0.0066	0.0167	0.0174	0.0188	0.0188
$K=1.00$	0.0870	0.0134	0.0501	0.0633	0.0847	0.0869

表 18-5 中的参数假设为：$x_0=0.90$，$\sigma=0.10$，$r_\$=0.06$，$r_€=0.03$，$t=0.50$。表中期权的价格反映了半年后汇率出现在不同水平上的相对可能性。执行价格为 0.80 的普通期权的价格反映了到期日欧元汇率跌至 0.80 以下的风险中性的概率。两个下敲入看跌期权的敲入价格一个是 0.80，一个是 0.85，只有欧元汇率跌过障碍值，期权才会被"敲入"而激活。然而，对于执行价格为 0.80 的看跌期权，也只有在未来的价格低于执行价格时才有意义。因此，一份障碍值高于执行价格的下敲入看跌期权与一份普通看跌期权是等价的。因此，$K=0.80$ 这一行中，前三份期权的期权费相等。

再看 $K=0.80$ 的敲出看跌期权。普通看跌期权与一份障碍价格为 0.95 的上敲出看跌期权之间的差别在于，欧元汇率有可能从 0.90 涨至 0.95，然后又跌回 0.80 以下。在这种情况下，普通看跌期权在到期日会有一定的收益，而敲出看跌期权则因已"敲出"而不存在了。这种情况有多大的可能性呢？注意到普通期权的期权费非常低，仅为 0.0007 美元，这说明 6 个月内欧元汇率从 0.90 跌至 0.80 的概率本就很小。在这种情况下，欧元汇率在 6 个月内先触及 0.95，再跌至 0.80 以下的概率就更小。因此，障碍期权被敲出，同时普通看跌期权又最终取得收益的概率显然就微乎其微。在这种情况下，敲出这一特性就不会对期权的价值造成大的影响。期权费与普通期权没显示出差别也就在情理之中了。

当执行价格为 1.00 时，障碍值分别为 1.00 和 1.05 的上敲出障碍期权与相同执行价格的普通看跌期权的价值几乎相等。理由是普通看跌期权大部分的价值来自期权处于实值状态的情况，而障碍期权被敲出之后，汇率又下跌到使期权处于实值状态的可能性微乎其微。

18.4 复合期权

18.4.1 复合期权及其种类

在本章第一节中，我们曾介绍复合期权属于多因子期权的一种。具体说来，复合期权（compound option）就是以期权为标的的期权。若将普通期权看作一项资产（类似一般的有价证券等），则复合期权与普通期权类似。

复合期权有两个执行价格与两个到期日，作为标的资产的期权与复合期权各有一个。假设现在为 t_0 时刻，投资者拥有一份复合期权，使其有权利在 t_1 时刻以 x 的价格购买一份执行价格为 K 的欧式看涨期权。标的看涨期权将在 $T>t_1$ 时点到期。图 18-1 比较分析了复合期权执行的时间与在 T 时点到期的普通看涨期权的执行时间。

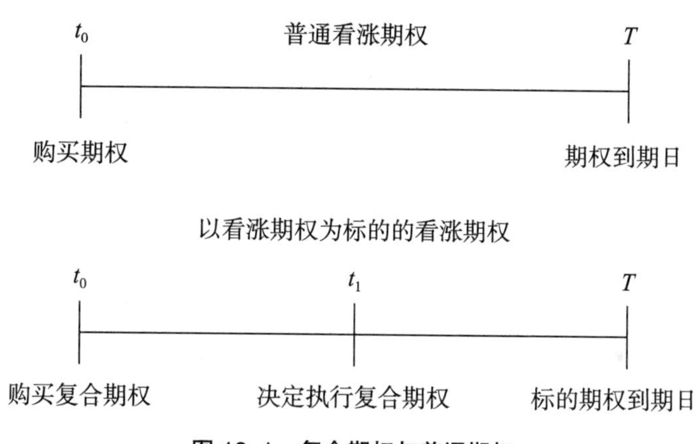

图 18-1 复合期权与普通期权

若我们在 t_1 时刻执行复合期权，则我们获得的收益就是到了 t_1 时刻的普通看涨期权的价格 $C(S, K, T-t_1)$。在 T 时刻，期权的价值为 $\max(0, S_T-K)$，与执行价格为 K 的普通看涨期权一致。在 t_1 时刻，复合期权到期，其价值为：

$$\max\left[C\left(S_{t_1},K,T-t_1\right)-x,0\right] \tag{18.8}$$

只有当 t_1 时刻的资产价格足够高，使看涨期权的价值超过复合期权的执行价格 x 时，复合期权才会被执行。设当资产的价格高于 S^* 时，复合期权会被执行。则 S^* 满足：

$$C\left(S^*,K,T-t_1\right)=x \tag{18.9}$$

对任意 $S_{t_1}>S^*$，复合期权被执行。

由此可见，为了使终期 T 复合期权的价值不等于 0，需满足以下两个条件：第一，在 t_1

时刻必须有 $S_{t_1} > S^*$，这样执行复合期权才有意义。第二，在 T 时刻 $S_T > K$，即最终执行标的期权有利可图。由于这两个条件都必须满足，因此复合期权的价格公式中包含一个双变量正态分布，这就是复合期权属于多因子期权的原因。

复合期权的基本类型有四种，分别是基于一个看涨期权的看涨期权（Call On Call）；基于一个看涨期权的看跌期权（Put On Call）；基于一个看跌期权的看涨期权（Call On Put）；以及基于一个看跌期权的看跌期权（Put On Put）。

18.4.2　复合期权的平价关系

复合期权价格之间也存在着一定的平价关系。假设我们买入一份基于股票看涨期权的看涨期权，并卖出一份基于同一看涨期权的看跌期权，执行价格、标的期权、到期日均相同。复合期权到期时，可以支付 x 的执行价格获得标的期权。若股价很高，则我们选择执行复合看涨期权；若股价很低，复合看跌期权的买方会行权，我们必须支付 x 购进标的期权。因此，基于看涨期权的看涨期权、基于看涨期权的看跌期权，与执行价格的现值三种资产的组合，就等价于直接持有一个标的看涨期权。因此有：

$$CallOnCall(S,K,x,\sigma,r,t_1,T) - PutOnCall(S,K,x,\sigma,r,t_1,T) + xe^{-rt} = C(S,K,\sigma,r,T) \quad (18.10)$$

复合看跌期权也有类似的关系。

18.4.3　复合期权的应用

在前一节中我们用障碍期权取代普通期权进行汇率套期保值成功地降低了套期保值的成本。复合期权为这种汇率的套期保值提供了一种新的选择。我们可以购买一份基于看跌期权的看涨期权，而非开始就买进普通看跌期权或障碍看跌期权。这样的做法为投资者提供了可以在一段时间内静观其变的机会。

比如我们买进有效期为 3 个月的基于看跌期权的看涨期权。首先我们需弄清楚若汇率仍为 0.9，一份执行价格为 0.9，3 个月期看跌期权的价格是多少。由布莱克 – 斯科尔斯公式可以求出为 0.0146（表 15-4 中可见，6 个月期的期权价格为 0.0188）。

现在我们可以用复合期权的定价公式对一份基于看跌期权的看涨期权进行定价，设执行价格为 0.0146，可得复合看涨期权的价格为 0.0093。也就是说，我们可以购买一份复合期权，让我们拥有以 0.0146 的价格购买一份 3 月期看跌期权的权利，支付的费用仅为 0.0093，不到我们直接买进 6 月期同样执行价格的普通看跌期权的 2/3。若汇率上升，我们不需执行期权并且节省了期权费。

18.5 数值期权与指数期权

18.5.1 数值期权

由布莱克－斯科尔斯公式知，期权到期时，$S_t > K$ 的风险中性概率为 $\Phi\left(\omega-\sigma\sqrt{t}\right)$。因此，一份 $S_t > K$ 在时支付 P，其他情况不支付的“现金或不付看涨期权（cash-or-nothing）”的价格为：

$$CashCall\left(S,K,\sigma,r,t\right)=Pe^{-rt}\Phi\left(\omega-\sigma\sqrt{t}\right) \tag{18.11}$$

一份在 $S_t < K$ 时支付 P，其他情况不支付的“现金或不付看涨期权 (cash-or-nothing)”的价格为：

$$CashPut\left(S,K,\sigma,r,t\right)=Pe^{-rt}\Phi\left(\sigma\sqrt{t}-\omega\right) \tag{18.12}$$

一份在 $S_t < K$ 时获得一单位资产，其他情况不支付的“资产或不付看涨期权（asset-or-nothing）”的价格为布莱克－斯科尔斯公式的第一项：

$$AssetCall\left(S,K,\sigma,r,t\right)=S\Phi\left(\omega\right) \tag{18.13}$$

一份在 $S_t < K$ 时获得一单位资产，其他情况不支付的“资产或不付看涨期权（asset-or-nothing）”的价格为布莱克－斯科尔斯公式的第一项：

$$AssetPut\left(S,K,\sigma,r,t\right)=S\Phi\left(-\omega\right) \tag{18.14}$$

18.5.2 指数期权

指数看涨期权到期的支付不再是 $\left[S\left(t\right)-K\right]^{+}$ 的线性形式，而是 $\left[S^{\alpha}\left(t\right)-K\right]^{+}$ 的非线性形式，α 称为指数参数。

以 $C_{\alpha}\left(S,t,K,\sigma,r\right)$ 表示一个指数看涨期权的风险中性价值，其中指数参数为 α，到期日为 t，执行价格为 K，无风险利率为 r，标的证券的价格为 S，证券价格服从波动率为 α 的几何布朗运动。用 $C(S, t, K, \alpha, r)$ 表示普通看涨期权的价格，并令 X 为以 $\left(r-\sigma^{2}/2\right)$t 为均值，以 $\sigma^{2}t$ 为方差的正态随机变量。因为 e^{X} 与 $S(t)/s$ 具有相同的概率分布，所以得出：

$$e^{rt}C\left(S,t,K,\sigma,r\right)=E\left\{\left[S\left(t\right)-K\right]^{+}\right\}=E\left[\left(Se^{X}-K\right)^{+}\right] \tag{18.15}$$

另外，由于$\left[S(t)/S\right]^{\alpha}=S^{\alpha}(t)/S^{\alpha}$和$\mathrm{e}^{\alpha X}$具有相同的概率分布，又可得到：

$$E\left\{\left[S^{\alpha}(t)-K\right]^{+}\right\}=E\left[\left(S^{\alpha}\mathrm{e}^{\alpha X}-K\right)^{+}\right] \tag{18.16}$$

而αX是以$\alpha\left(r-\sigma^{2}/2\right)t$为均值，以$\alpha^{2}\sigma^{2}t$为方差的正态随机变量。因此由式（18.15），若：

$$r_{\alpha}-\frac{\sigma_{\alpha}^{2}}{2}=\alpha\left(r-\frac{\sigma^{2}}{2}\right)t,\quad \sigma_{\alpha}^{2}=\alpha^{2}\sigma^{2}$$

那么，有：

$$\mathrm{e}^{r_{\alpha}t}C\left(s^{\alpha},t,K,\sigma_{\alpha},r_{\alpha}\right)=E\left[\left(S^{\alpha}\mathrm{e}^{\alpha X}-K\right)^{+}\right]$$

因此，由式（15.16）可得：

$$\begin{aligned}
\mathrm{e}^{-rt}E\left\{\left[S^{\alpha}(t)-K\right]^{+}\right\}&=\mathrm{e}^{-rt}\mathrm{e}^{r_{\alpha}t}C\left(s^{\alpha},t,K,\sigma_{\alpha},r_{\alpha}\right)\\
&=\exp\left\{\left[\alpha\left(r-\frac{\sigma^{2}}{2}\right)+\frac{\alpha^{2}\sigma^{2}}{2}-r\right]t\right\}C\left(s^{\alpha},t,K,\alpha\sigma,r_{\alpha}\right)\\
&=\exp\left[(\alpha-1)\left(r+\alpha\sigma^{2}/2\right)t\right]C\left(s^{\alpha},t,K,\alpha\sigma,r_{\alpha}\right)
\end{aligned}$$

即：

$$C_{\alpha}\left(S,t,K,\sigma,r\right)=\exp\left[(\alpha-1)\left(r+\alpha\sigma^{2}/2\right)t\right]C\left(s^{\alpha},t,K,\alpha\sigma,r_{\alpha}\right) \tag{18.17}$$

其中：

$$r_{\alpha}=\alpha\left(r-\frac{\sigma^{2}}{2}\right)t+\frac{\alpha^{2}\sigma^{2}}{2} \tag{18.18}$$

式（15.17）和式（15.18）就是指数看涨期权解析定价公式。我们同样可以推导指数看跌期权以及有固定收益率的标的资产等的非线性支付期权的定价公式。

18.6　奇异期权的定价方法

对于普通期权，特别是欧式期权，自从布莱克－斯科尔斯模型之后，人们推导出了很多在各种情况下期权定价的解析解。从上一节我们看到，奇异期权有些也可以推导出解析解。但是，由于奇异期权的多样性，大多数奇异期权的定价没有或难以推导其解析解。这样，在实践中，人们更多采用模拟近似的方法或前面我们曾用过的多期二叉树、三叉树模型等方法为奇异期权近似定价。

18.6.1 蒙特卡罗模拟

假设需要估计某个随机变量 Y 的期望值 θ，即：

$$\theta = E(Y)$$

并且假设能够产生与 Y 具有相同概率分布的独立随机变量的值。每产生一个这样的值，就称完成了一次模拟。假设进行了 k 次模拟，产生了 k 个值 $Y_1, Y_2, \cdots, Y_k$，如果令：

$$\bar{Y} = \frac{1}{k}\sum_{i=1}^{k} Y_i$$

是它们的代数平均值，那么 $\bar{Y}$ 就可以当做 θ 的一个估计值。它的期望和方差如下。对于期望，有：

$$E(\bar{Y}) = \frac{1}{k}\sum_{i=1}^{k} E(Y_i) = \theta$$

令：

$$v^2 = Var(Y)$$

可以得到：

$$Var(\bar{Y}) = Var\left(\frac{1}{k}\sum_{i=1}^{k} Y_i\right) = \frac{1}{k^2} Var\left(\sum_{i=1}^{k} Y_i\right) = \frac{1}{k^2}\sum_{i=1}^{k} Var(Y_i) = v^2 / k$$

根据中心极限定理，对于取值很大的 k，$\bar{Y}$ 具有近似正态分布。当 k 很大时，其方差很小，$\bar{Y}$ 就是 θ 的一个很好的估计值。这种估计期望值的方法就称为蒙特卡罗模拟。

18.6.2 奇异期权价格的蒙特卡罗模拟法

假设名义利率为 r，证券的价格服从风险中性几何布朗运动。就是说，它服从一个具有方差参数为 σ^2，漂移参数 μ 的几何布朗运动，其中，有：

$$\mu = r - \sigma^2 / 2$$

令 $S_d(i)$ 表示证券在第 i 日末的价格，并令：

$$X(i) = \ln\left[\frac{S_d(i)}{S_d(i-1)}\right]$$

在几何布朗运动的情形下，$X(1),\cdots,X(n)$是独立的正态随机变量，每一个都具有均值μ/N和方差σ^2/N，N是一年中交易日的天数。因此，通过产生n个具有这样均值和方差的独立正态随机变量，就可以构造一个具有n个收盘价的序列，它与由风险中性几何布朗运动模型产生的价格具有相同的概率。（大多数计算机语言和几乎所有的电子制表软件都有内嵌的应用程序来产生标准正态随机变量；将这些值乘以$\sigma/\sqrt{N}$，再加上μ/N，就可以得到想要的正态随机变量。）

假设要计算一个下敲入障碍期权的价值。这个期权的执行价格为K，障碍值为H，股票初始值为$S(0)=s$，到期日是在n个交易日末。首先产生n个均值为μ/N、方差为σ^2/N的独立正态随机变量，令它们分别等于$X(1),\cdots,X(n)$，然后从以下的等式中决定收盘价序列：

$$
\begin{aligned}
S_d(0)&=s\\
S_d(1)&=S_d(0)\mathrm{e}^{X(1)}\\
S_d(2)&=S_d(1)\mathrm{e}^{X(2)}\\
&\vdots\\
S_d(i)&=S_d(i-1)\mathrm{e}^{X(i)}\\
&\vdots\\
S_d(n)&=S_d(n-1)\mathrm{e}^{X(n)}
\end{aligned}
$$

对于这些价格，如果其中有一个收盘价低于障碍值H，就令I等于1，否则等于0，即

$$
I=\begin{cases}1, & \text{如果对某个 } i=1,\cdots,n \text{ 有 } S_d(i)<H\\ 0, & \text{如果对所有的 } i=1,\cdots,n \text{ 有 } S_d(i)\geqslant H\end{cases}
$$

因为下敲入看涨期权只有当$I=1$时才被激活并存在，所以到期日n时的支付在0时刻的现值为：

$$
\text{下敲入看涨期权的支付现值}=\mathrm{e}^{-rn/N}I\left[S_d(n)-K\right]^+
$$

记这个值为Y_1，重复这个过程$k-1$次，得到$Y_1,Y_2,\cdots,Y_k$，这是k个这种现值的集合。这样，就可以将它们的平均值作为这个障碍期权的价值的估计值。

亚式期权的价格可以通过类似的方法得到。与前面一样，首先产生$X(1),\cdots,X(n)$的值，再利用它们计算$S_d(1),S_d(2),\cdots,S_d(n)$。假设平均值的计算方法为算术平均。对于执行价格为$K$的平均价格看涨期权，最终的支付依赖于收盘价的平均值，

$$
Y=\mathrm{e}^{-rn/N}\left[\sum_{i=1}^{n}\frac{S_d(i)}{n}-K\right]^+
$$

对于平均执行价格看涨期权，有：

$$Y = e^{-rn/N}\left[S_d(n) - \sum_{i=1}^{n}\frac{S_d(i)}{n}\right]^+$$

将它们的平均值作为期权价格的估计值就可以了。

当然，我们这里介绍的是最简单的蒙特卡罗模拟定价方法，实践中，还有一些行之有效的改进技术以简化工作或提高结果的精确度，有兴趣的读者可以查阅进一步的资料。

18.6.3 奇异期权价格的二叉树模型近似

多期二叉树模型也可以用来有效地确定某些奇异期权的风险中性几何布朗运动价格。考虑一个下敲出障碍看涨期权。假设期权的标的证券的初始价格为 s，执行价格为 K，到期时间为 $t = n/N$（其中 n 为到期天数，N 是一年中的交易天数），障碍值为 $H(H<s)$。首先选择一个整数 j，令 $m = nj, t_k = kt/m(k = 0,1,\cdots m)$。也就是将每一天视为由 j 个时间段组成，利用 m 期二叉树模型进行近似模拟。假设：

$$S(t_{k+1}) = \begin{cases} uS(t_k), & \text{以概率}p \\ dS(t_k), & \text{以概率}1-p \end{cases}$$

其中：

$$u = e^{\sigma\sqrt{t/m}},\quad d = e^{-\sigma\sqrt{t/m}}$$

$$p = \frac{1 + rt/m - d}{u - d}$$

如果前 k 个价格变化中有 i 个是上升的，$k-i$ 个是下降的，那么在 t_k 时刻的价格为：

$$S(t_k) = u^i d^{k-i} s$$

令 $V_k(i)$ 表示障碍看涨期权的期望支付值，这里假设在 t_k 时刻该期权仍然生存并且标的证券价格为 $S(t_k) = u^i d^{k-i} s$。这样，就可以逆向倒推计算出期权的价格。

我们从下面的等式开始：

$$V_m(i) = (u^i d^{m-i} s - K)^+, i = 0,1,\cdots,m$$

首先确定 $V_m(0)$ 的值，然后重复使用以下的方程（开始时令 $k = m-1$，然后在每次迭代后 k 的值减 1）：

$$V_k(i) = e^{-rt}\left[pV_{k+1}(i+1) + (1-p)W_{k+1}(i)\right], \tag{18.19}$$

其中，有：

$$W_{k+1}(i)=\begin{cases}0,\ 如果u^i d^{k+1-i}s<H,\ j整除k+1\\ V_{k+1}(i),\ 其他\end{cases}$$

之所以这样定义 $W_{k+1}(i)$，是因为如果 j 整除 $k+1$，那么 $k+1$ 时期的标的证券价格就是一个收盘价。如果它比障碍值小，期权就敲出作废了。

可以使用类似的步骤得到下敲入看涨期权的风险中性价格。或者，在得出下敲出看涨期权价格的情况下，利用前面讲的下敲入看涨期权和下敲出看涨期权的平价关系式（18.20），即：

$$D_i(s,t,K)+D_o(s,t,K)=C(s,t,K) \tag{18.20}$$

来得到具有相同参数的下敲入看涨期权的价格。

其他奇异期权的风险中性价格也可以通过多期二叉树模型来近似。不过，计算量可能会很大。一般说来，对于绝大多数路径依赖型奇异期权，蒙特卡罗模拟的方法更加适用。当然，奇异期权的定价还有其他的近似方法可资使用，在实践中，总是哪种方法更适合哪类产品就使用那种方法。奇异期权变化多端、特性各异，而其关键的问题就是定价。在现实中，设计一款新型的期权并非难事，但是设计出既能够满足市场需求，又能方便定价及其对冲操作的期权则不是一件容易的事情。

本章小结

1. 奇异期权是将标准化的普通期权的合约形式进行变换得到的，是为了克服标准化期权风险收益特征缺乏灵活性的缺陷，通过改变普通期权到期收益的特征、附加期权激活或终止机制，将单一标的资产扩展到多种标的资产等的创新活动而创新出来的。本书将奇异期权分为路径依赖型、时间依赖型、极值依赖型、支付修正型与多因子型五类期权，并重点介绍了亚式期权、障碍期权、复合期权，以及数值与指数期权，并介绍了奇异期权定价的基本思路和做法。

2. 奇异期权具有普通期权所不具备的灵活性，可以满足市场参与者个性化的市场需求，更多地表现出场外金融工具的特性。因此，除部分奇异期权在交易所内交易外，大多数奇异期权是场外交易的金融产品，奇异期权的使用者包括大公司、金融机构、基金公司、投资银行等。

3. 亚式期权属于路径依赖型期权，障碍期权是极值依赖型期权，复合期权是多因子期权，而数值期权和指数期权是支付修正型期权。

4. 数值期权、指数期权等少数奇异期权能推导出解析解，但对大多数奇异期权而言，都很难推导出解析解。即使获得复杂的解析解，定价公式的实用性也会受到限制。因此，对奇异期权的定价一般的思路是采用蒙特卡罗模拟、二叉树、三叉树模型等近似求解方法。

习 题

1. 当计算价格平均值的分期增加时，使用平均价格期权与平均执行价格期权，期权的价格发生怎样的变化？解释其原因。

2. 试举出一种用亚式期权套期保值优于普通期权套期保值的例子。

3. 用障碍期权进行套期保值有哪些优势？

4. 举例说明复合期权的应用。

5. 假设 c_1 和 p_1 分别是执行价格为 K、期限为 t 的欧式平均价格看涨期权与欧式平均价格看跌期权的价格，c_2 和 p_2 分别是执行价格为 K、期限为 t 的欧式平均执行价格看涨期权与欧式平均执行价格看跌期权的价格，c_3 和 p_3 分别是执行价格为 K、期限为 t 的普通欧式看涨期权与普通欧式看跌期权的价格。试证明：$c_1+c_2-c_3=p_1+p_2-p_3$。

6. 解释为什么当障碍水平大于执行价格时，下敲出看跌期权的价值为 0。

7. 欧式看涨看跌期权与欧式看跌看跌期权的平价关系是什么？

8. 一份资产或不付看涨期权标的证券的当前价格为 38 元，价格波动率为 32%，到期期限 6 个月，市场无风险利率为 6%。计算其价格。

9. 请解释如何利用多期二叉树模型来估计一个美式下敲出看涨期权的风险中性价格。

第十九章　信用风险与信用衍生产品

信用风险的防范一直是银行等金融机构保证安全经营的重要课题。伴随各种金融工具的产生，防范信用风险的手段也日益丰富。20世纪90年代后，伴随着金融自由化和金融创新的浪潮，信用衍生工具产生并开始广泛应用于金融产品的信用风险管理中。时至今日，信用衍生工具已经成为衍生金融产品市场最为活跃的金融产品之一。通过本章的学习，我们可以了解信用风险的性质和特征，以及信用衍生产品的发展现状，并掌握一些主要的信用衍生产品的原理及其功能和操作过程。

19.1　信用风险与信用风险管理进程

信用风险对于银行等金融机构，以及债券的发行人、债券的投资者都有着重要的意义。在对信用风险的管理上，人们在多年的实践中也探索出了很多方法，但是这些方法都各有其适用条件和局限性，信用风险的识别、测度、控制等都有待进一步推进和提高。在本节中，我们主要介绍什么是信用风险，如何测度信用风险，信用风险对相关机构和参与者的影响以及信用风险管理的演进。

19.1.1　信用风险及其测度

与市场风险不同，信用风险不是因市场价格变动带来的风险，而是指由借款人违约的可能性带来的风险。违约包括借款人不能承担借款责任，如不能按时偿还利息，甚至于不能按时偿还本金。信用风险不一定是由于债务人故意违约而造成。债务人违约有多种原因，可能是债务人经营失败、破产而无力还债造成违约。因此，信用风险也可以说是多种风险复合而成的一种风险。举例来说，信用风险极易受到经济周期和行业周期的影响。处于经济扩张期时，信用风险降低，因为较强的盈利能力使总体违约概率下降。而在经济紧缩时，信用风险会显著增加，这是因为借款人收入恶化导致其很难偿还贷款或者偿付利息。行业风险与经济周期相关性不大，这种风险随某一行业的具体情况而变化。比较典型的例子如石棉行业。由于石棉对人体有害，假如与石棉相关的产品都受到了起诉，整个行业经营受困，则会造成该行业的生产厂商还款能力降低，信用风险增大。

体现信用风险程度大小的主要指标有借款者的信用等级、借贷资金的信用价差以及债务的市场价格。其中信用价差体现在公司借款时所需支付的利率与国债利率之差。因为通常意义上国债被认为是没有违约风险的，所以其他债券利率高于国债利率的部分就被称为信用价差。当借款人被银行或者债券市场认为违约可能性比较大时，所要求的信用价差就会增大。因此，随着一家公司信用风险的加大，银行和债券投资人索要的信用价差随之增加，增加的额度必须要满足债权或者贷款不能按期偿付的预期损失。

现实中，采用最广泛的信用风险评估方法是信用等级法。国际最知名的两家信用评级机构是美国的标准普尔公司和穆迪公司。两种信用评级的方法大同小异。以标准普尔为例，它是通过综合企业风险、竞争优势、企业多元化、企业规模及市场份额、管理团队、企业内部问题、企业经营状况、会计报表质量、财政金融政策、利润率、资本结构、表外融资、现金流分析、财务机动性等多方面因素，对企业进行信用等级划分的（表 19–1）。

表 19–1　标准普尔的长期和短期信用等级及评述

长期信用等级	评述	短期信用等级	评述
AAA	清偿能力很强，风险很小	A–1	清偿能力最强，风险最小
AA	清偿能力较强，风险小	A–2	清偿能力较强，尽管有时会受内部条件和外部环境影响，但风险较小
A	清偿能力强，有时会受经营环境和其他内外部条件不良变化的影响，但是风险较小	A–3	清偿能力一般，比较容易受到内部条件和外部环境影响，有一定的风险
BBB	有一定的清偿能力，但易受经营环境和其他内外部条件不良变化的影响，风险程度一般	B	清偿能力不稳定，具有投机性
BB	清偿能力较弱，风险相对越来越大，对经营环境和其他内外部条件变化较为敏感，容易受到冲击，具有较大的不确定性	C	清偿能力强
B	清偿能力弱，风险相对越来越大，对经营环境和其他内外部条件较为敏感，容易受到冲击，具有较大的不确定性	D	不能按期还本付息
CCC	清偿能力较弱，风险相对越来越大，对经营环境和其他内外部条件较为敏感，容易受到冲击，具有较大的不确定性		
CC	清偿能力很弱，风险相对越来越大，对经营环境和其他内外部条件较为敏感，容易受到冲击，具有较大的不确定性		
C	濒临破产，债务清偿能力低		
D	为破产倒闭的金融机构		

资料来源：根据美国标准普尔公司《企业信用评级》归纳总结。

有许多例子可以说明，信用风险对债券等金融资产的发行者、投资者以及银行等金融机构的经营活动等的影响尤其严重。首先是债券的发行者。信用风险对于债券发行者的发行成本是至关重要的。因为一种债券的发行者在债券发行前遇到了债务纠纷就会导致其发行成本增加。或者，发行的时候遇到经济衰退也会导致信用风险溢价平均水平的上升。其次，对于债券的投资者。投资人对于单个债券的风险暴露随着该债券信用风险的降低而减少。一只债券信用等级下降或是风险溢价增加都会减少该债券的实际价值。与此同时，持有公司债券的共同基金将会受到信用风险溢价平均水平上升而导致所持资产组合价值下降的风险。最后，对于商业银行。作为以发放贷款为主要资产业务的商业银行，时时面临着借款人违约的风险。信用风险是银行经营中的主要风险。大部分的商业贷款在签订贷款合同时就已经确认了信用风险溢价，因此在贷款期间发生客户信用风险增加则无法再度调高信用风险溢价水平。

多年来，业界和研究人员对信用风险的识别、测度、控制进行了很多研究。在对信用风险的测度上，古典理论所采用的传统统计方法，被银行、信用评级机构等广为使用。如违约概率就是首先由评级机构提出来的，Altman 等描述了预测单个企业违约概率的技术，并将其运用于说明信用等级上升和下降的可能性。后来资产组合方法也被运用其中，从理论化的角度寻找具有信用风险的马科维茨有效边界。

随着学术界对发展新的理论以及模型化市场风险的研究，一系列应用数学和物理学知识的引入使得信用风险的测度有了新的发展。从数学方面，随机微分方法被引入进来。随机微分允许将时空细化为无限小的点，进而可以从不确定性中得到一个确定的解。在金融学理论方面，关于信用风险的理性预期理论是以金融经济学为基础的，该理论早在 1974 年就作为或有要求权分析法的一个应用而被发展出来，这已经成为现代信用风险理论的基础。Merton 提出了信用风险的结构模型，即应用或有要求权（期权定价）的分析方法，简单地说，就是利用期权定价的方法来估计固定收益工具的违约风险利差。信用风险来源于潜在的违约，当公司资产价格下降到了某个阀值以下时，即资产价值低于负债余额的面值时便发生潜在的违约。该模型利用经济关系解释潜在的违约实践并给出经济违约的清晰定义，同时把违约事件与标准的期权定价密切相连，从而使得结构模型成为易于定价的框架，整个公式取决于资产价值的演变过程，违约事件是不确定的随机事件，将两个要求权持有人的价值联系在一起，用实际市场数据推断参数。随后该模型不断被深化，如 Crouhy 和 Galai 推导了 Merton 模型，他们将 Merton 公式中的各项作了重新安排，得出可以将卖出期权的价值分解成两部分——以公司在债务到期时破产为条件的预期损失和破产事件的预期概率。而且，回收率在这里是内生决定的随机变量，而非如先前模型所假设的那样是外生的固定变量。由于这种方法完全依赖于公司价值和两类权益人之间的套利关系，因此，可以将信用风险和违约的可能性直接表示为股票价值的函数。

信用风险定价的简化型模型绕过公司的财务基础，直接对市场价格或价差进行处理。这个方法通过外生定义的违约率和回收率，把有违约风险的债券的定价或价差直接与无风险债券连在一起。在这种方法中，信用期限结构不是根据公司财务基础或宏观经济因素推导而出，而是直接从市场数据中获得，在数学上这种方法更易于实施，但是不如企业价值方法那么直观。

商业银行等金融机构常使用抵押资产、计提损失准备金、积极资产负债管理等传统方法降低所承担的信用风险。随着信用风险定价方法的不断完善，信用风险管理方法也在不断演进。最近十几年，一个广为采用的方法是将有信用风险的资产出售，即银行可以采取资产证券化的方式来管理信用风险。通过将信用风险部分转移给新的所有者来化解信用风险。而最新使用的方法就是信用衍生工具了。

19.1.2 信用风险管理的演进

管理信用风险的方法在不断发展，传统的方法集中于信用限额和资产分散化。对于信用限额我们举例来说明。例如，银行的管理人员在考虑借款人财务状况，如收入、利润率、负债率、应收账款的情况来决定是否放款。然后，管理人员可以采取贷款合同条款来限制信用风险。如控制贷款规模、规定还款时间表、对高风险的贷款要求抵押或者循环贷款。一个共同基金投资于公司债券也要通过相同的分析方法，只不过没有相同的借款合同。第二种传统的管理信用风险的方法就是通过贷款给不同的借款人以分散信用风险。信用风险分散的原则是风险补偿，也就是俗称的“不把所有的鸡蛋放在同一个篮子里”。举例来说，有两个同在一个公园的商贩，一个卖冰激凌，另外一个出售雨伞。在阳光灿烂的好天气，卖冰激凌的销售收入就会多，相反，卖雨伞的收入不怎么好；如果下雨的话，无疑是对卖雨伞的商人有利而对冰淇淋商人不利的。一个商人收入增加的同时另外一个商人收入就会减少。因此两个商人的收入是负相关的。这一个原则也同样适用于银行贷款，影响不同行业企业违约的因素是不同的。相对于银行来讲，建立一个由不同贷款种类构成的资产组合就可以使银行减少其收入的变动。一些贷款的收入可以抵补另外一些贷款的损失从而减少银行的损失。贷款对象分散化主要有两种方法，即传统的随机组合管理和科学的量化组合管理。随机组合管理是指，组合管理者对组合的信用集中风险只进行定性管理，根据自己的方式确定分类方式并从中选择。这种选择通常是随机的。量化组合管理是指，运用资产组合理论和相关的定量模型对各种资产组合进行分析，根据其各自的风险—收益特征和相互之间的相关性，组成在一定风险水平上期望收益最高的有效组合。主要方法为风险计量法。该方法是一种对资产组合风险进行评估的工具，适用于由于债务人资信质量变化而引起的资产组合价值变动的风险管理。

然而信用限制和资产分散化都是管理信用风险的初级方法，其减少和分散信用风险的机会都是有期限度。例如，一些小银行由于地域的限制只能依赖于当地的经济。同样汽车金融公司也面临着有限的分散信用风险的机会。虽然一家汽车金融公司可以通过不同的借款者分散一部分信用风险，但是经济周期的波动会影响所有的借款人。因此在这种情况下通过分散借款人来分散风险是不现实的。

最近十几年来，管理信用风险的主要方法为将含有信用风险的资产出售。这种方法是通过证券化的方式，将含有信用风险的资产售出，通过将信用风险转移给新的所有者来化解信用风险。资产证券化是将有信用风险的债券或金融资产组成一个资产池，并将其出售给其他金融机构和投资者。从投资者角度而言，通过投资多个贷款或债券组合可以使信用风险降低，同时通过投资这样的债券也可以帮助调整投资者的投资组合，减少风险。资产证券化其本质在于将贷款、应收账款等含有信用风险的资产转换为可转让工具的过程，核心在于贷款中的风险与收益要素的分离与重组，使其定价和重新配置更为有效，从而使参与各方均受益。例如，汽车金融公司可将其贷款打包并且等分后转让给其他的金融机构。对于一个投资者，购买一部分打包的资产是有吸引力的，大量分散的贷款是能够降低总的信用风险的。另外打包贷款的收益来源与投资者的收益来源并不相关，这也同样地分散了投资的信用风险。对于汽车金融公司来讲，出售贷款消除了公司贷款的信用风险。

银行可以利用贷款出售市场，用同样的方法来管理信用风险，当一笔贷款发放后银行可以将这一贷款出售给其他银行或者机构投资者。一个普遍的出售贷款的例子是，当一家银行提供给接管公司一份短期融资后，银行会很快地将贷款转卖给其他投资者。这一策略对银行是非常有吸引力的。因为银行可以在得到一笔收益后将信用风险转移出去。偶尔银行也会给单一的接管者大量的贷款，于是信用风险就显得尤为重要了。

资产证券化和贷款出售的市场为管理信用风险提供了有价值的工具，但是资产证券化的方式仅仅适用于还款时间标准化和信用风险特征相同的贷款，如住房抵押贷款和汽车贷款，而对商业贷款和企业贷款使用这种方法就比较困难，因为银行很难将这些贷款通过资产证券化的方式转让给机构投资者。在这种情况下，一种更有前途的管理信用风险的工具产生了，这就是信用衍生产品。

19.2 信用衍生产品概述

信用衍生工具的第一笔交易由信孚银行（Bankers Trust）和瑞士信贷银行金融产品部（CSFP）于 1993 年在日本做成，交易对象是偿还价值取决于具体违约事件的票据。在 20 世纪 90 年代后期以及接下来的十几年，信用衍生产品市场迅速增长。时至今日，信用衍生产品已成为全球第三大场外金融衍生产品。信用衍生产品之所以有如此飞速的发展，原因主要包括以下几个方面：首先，银行一直希望有更多的手段解决信用风险过于集中的问题；其次，信用风险管理技术的发展和监管倾向在不断变化，克服、防范信用风险工具的效率不足和流动性不足问题一直是市场比较迫切的需求；再次，传统衍生产品的收益率普遍下降等因素也促进了信用衍生产品这种创新性金融产品的发展。信用衍生产品市场的参与者非常广泛，包括投资银行、商业银行、保险公司、固定收益投资者、高收益市场基金、新兴市场基金以及一些非金融性的公司等。

19.2.1 信用衍生产品的定义

信用衍生产品是国际互换和衍生品协会（ISDA）为了描述这种新型场外交易合约于1992年创造的新名词，确切地讲它是一种使信用风险从其他风险类型中分离出来，并从一方转让给另一方的金融合约。实质上，信用衍生产品是将信用风险从其他风险中剥离出来，以一定的成本转移给其他的机构投资者，从而达到降低自身信用风险暴露水平的目的。与此同时，信用衍生产品也使得信用风险独立的成为传统金融市场上新型的可流通、可交易的投资产品。信用衍生产品包括：信用违约互换、总收益互换、信用期权、信用关联票据，等等。当前交易量最多、交易最广泛的信用衍生产品应属信用违约互换和总收益互换产品。信用衍生产品的交易比较集中，一些大型金融机构在其中发挥着举足轻重的作用。

19.2.2 信用衍生产品的特性

信用衍生产品的特性可以归纳为以下几方面：

第一，表外性。信用衍生产品在交易者的资产负债表上并无反映，属于表外项目。

第二，债务不变性。在信用衍生产品交易中，基础资产仍然保留在保护买方的资产负债表内，保护买方无须出售或消除该项资产。因此，信用衍生产品处理的只是债务的结构成分，对原债务人的债权债务关系没有任何影响。

第三，可交易性。信用衍生产品将信用风险从市场风险等其他风险中分离出来，在市场上独立地进行交易，实现了信用风险交易的市场化，从而克服了传统的信用保险、担保等信用工具不可交易的薄弱环节。

第四，保密性。信用衍生产品交易是在风险转嫁方（多为银行等金融机构）与借款人之外的第三方之间进行，无需得到借款人的许可，也不必通知借款人，从而保持了银行对客户记录的机密性和商业秘密，使得银行可在无需破坏银行与借款者良好关系的前提下管理贷款信用风险。

第五，低成本性。一方面，对于保护买方而言，不需要实际运作贷款或债券资产，使得操作成本大大降低；另一方面，由于信用衍生产品交易的保密性，保护买方可以对借款人保守机密，简化了法律程序和其他一些相关程序。

第六，可塑性。信用衍生产品具有“量身订制”的特点。在交易对象、期限、金额、结构等方面，信用衍生产品可以满足客户的不同需求。无论是风险转嫁方还是投资者，都可以利用这一新型金融工具来合成新的具有特定风险和收益结构的产品，以分散风险或获取收益。这正是信用衍生产品的灵活性所在。

第七，杠杆性。对于利用信用衍生产品来赚取收益的投资者（即保护卖方）而言，不必实际占用资金就可以得到一笔在传统贷款市场上难以取得的合意资产组合，因而该产品具有很强的杠杆性。

19.2.3 信用衍生产品的功能

对冲信用风险是信用衍生产品的基本功能，这也是该金融创新工具诞生的原动力。除此之外，信用衍生产品还在套利、产品重构、价格发现等方面具有不可忽视的作用。

（1）套利

用信用衍生产品进行的套利可以是监管套利（regulatory arbitrage），也可以是融资套利（funding arbitrage）。1988 年，《巴塞尔协议》对银行业的资本充足率做出了统一规定，即银行的总资本不得低于风险加权后资产总额的 8%。对于不同的资产，该协议规定了不同的风险权重，而风险权重视交易对手而定。这样，银行可通过信用衍生产品交易实现交易对手的转换，改变资产的风险权重，节约资本并提高资本收益率。这种合理利用监管制度进行的套利就是监管套利。2006 年的《新巴塞尔协议》对 1988 年的协议进行了修订。根据新协议，商业银行可以通过采取一些降低信用风险的技术，如担保和信用衍生产品等，将风险转移出去，并认可了这些风险转移手段能降低相应资产的风险权重。这些规定也为银行创造了监管套利的机会。

在融资方面，规模较大、信用等级较高的银行往往比规模较小、信用等级较低的银行有比较优势，因此，信用等级较低的小银行往往难以直接获得高质量借款人的贷款资产。信用衍生产品则可以将低筹资成本的银行的比较优势"租"给高筹资成本的投资者，这些小银行通过出售信用保护间接进入高质量贷款市场，从而获得合意的贷款组合。这种操作实现的套利即为融资套利。除此之外，保险公司、证券公司、投资基金等机构投资者也可利用信用衍生产品交易以低融资成本获得一笔贷款或债券的收益，而不必直接持有信贷资产。

（2）产品重构

一方面，由于信用衍生产品在交易对象、期限、金额、结构等方面具有极强的可塑性，投资者可通过信用衍生产品交易进行在现货市场上难以实现的投资，从而创造出理想的风险收益结构。另一方面，银行可通过购买信用风险敞口，实现跨地域、跨行业的合意贷款组合。尤其值得一提的是，对于固定收益投资者而言，信用衍生产品的出现便利了固定收益投资者将信用风险进行分解（分解成违约风险和信用差价风险），然后根据自己持有资产的风险特征，按照特定的战略实行管理，将不愿承担的信用风险对冲掉，同时承担一些愿意承担的信用风险以增加收益。

（3）价格发现

信用衍生产品的市场交易价格实质上是在既定的信息披露条件下，交易双方对基础资产的信用风险的直接定价。通过与在市场上公开交易的基础资产的信用差价相比较，投资者还可以得到信用风险价值的另一个直接的市场参考。信用衍生产品的逐渐标准化和普及化会大大增强信用风险定价的透明度和准确性，有利于信用风险的市场定价机制的形成。

19.3 几种主要的信用衍生产品

19.3.1 信用违约互换

信用违约互换（credit default swap, CDS）又称信贷违约互换，贷款违约保险，是目前全球交易最为广泛的信用衍生产品。国际互换和衍生品协会（ISDA）于 1998 年开发出标准化的信用违约互换合约，随后，CDS 交易得到快速发展。信用违约互换的出现解决了信用风险的流动性问题，使得信用风险可以像市场风险一样进行交易，从而转移担保方风险，同时也降低了企业发行债券的难度和成本。

信用违约互换是银行或金融机构通过向交易对手每年支付一定的费用，将银行的信贷资产或所持债券等一系列基础资产或参照信用资产的信用风险剥离，同时转移这些资产因信用事件而产生的潜在损失。信用互换的基本原理是，寻求保护的买方（protection buyer）定期支付固定金额或前期费用给保护提供方（protection writer），作为交换，一旦发生作为第三方（reference credit）的信用事件，信用互换的卖方将向买方进行支付或有偿付款。信用事件由法律定义，典型的包括：破产、到期未付以及重组、不能履行到期的支付义务等。信用互换的交易结构如图 19-1 所示。

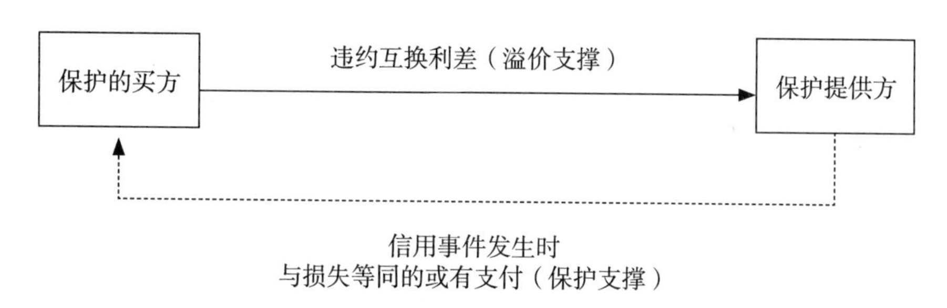

图 19-1 信用违约互换结构

信用保护持续到某一特定的到期日。对于这一保护，保护买方定期向保护卖方支付费用，直到信用事件发生或到期。这一费用也被称为“溢价支撑（premium leg）”。实际的支付额取决于 CDS 利差以及经基准惯例（通常 360 天）调整的频次。

在合约的到期日前如果发生信用事件，那么保护卖方向保护买方进行支付，这被称为 CDS 的“保护支撑（protection leg）”。这一支付额等于参照实体资产价格对应的保护面值与合约面值的差额，用以补偿保护买方的损失。

【例 19-1】

假定银行 A 对公司 X 有一个信贷敞口，然而它担心由于 X 的某个项目其信用等级可能会下降，信贷违约风险即将发生，同时它又不想中止与X的关系，于是它就和金融机构B协商完成一个信用违约互换。银行A定期支付给金融机构B固定的费用，而银行B则承诺在公司X发生信用事件时，支付给银行A一定的补偿。于是，银行A通过信用违约互换合约将对公司X的信用风险转移给了B，并限定了在公司X发生信用违约时的损失，同时也可以将资本投入到收益率较高的新领域。而B在获得对公司X信用敞口的同时，也赚取了一笔信用贴水。由此可见，信用违约互换剥离了信贷资产的内在信用风险。

有两种方式可以结算保护支撑，即实物结算与现金结算。具体选择哪种方式应在合约初始阶段作出规定。在这两种结算方式中，广泛采用的是实物结算。实物结算需要保护买方交割参照实体对应的债务，作为交换，保护卖方交割相应的现金。现金交割是对实物交割的替代，它在标准的CDS交易中很少使用，但在分档CDO中大量使用。在现金结算中，由保护卖方支付保护买方的现金额等于面值减去参照资产的回收率。计算回收率时参照做市商报价或者是违约发生后一段时期内可观察到的市场价格。

在国际上，信用违约互换的主要交易者包括：银行、保险公司和投资基金，交易的目的是为了减少信贷集中的风险和使资产配置更加合理化。到目前为止，信用违约互换已经成为各大金融投资机构减少信贷集中风险的主要手段。前已述及，过去银行主要通过贷款出售来管理信贷集中风险，但这种方法会损害多年来建立的银行和客户的良好关系，银行可能会因此丧失以后对该客户的贷款机会以及其他一些业务，如获利颇丰的咨询业务等。利用信用违约互换，通过与信用保护者签订信用互换合同，银行可以在客户不知道的情况下将贷款的信用风险转移，可以避免这种不利影响。在信用违约互换的交易中，银行通常是购买信用违约互换合约的一方，而出售者多为投资基金。对于投资基金来讲，信用违约互换产品给其带来的好处是可以间接投资于银行信贷资产。我们知道，在风险调整的基础上贷款优于几乎所有其他的资产类别，也就是说贷款超过各种债券、股票，拥有高超额收益和低风险的特点。例如，美国贷款的夏普比率在所有资产中是最高的。这样进行信用违约互换产品交易就使一直渴望进入贷款市场的投资基金可以绕开管制参与银行信贷市场的交易，同时投资基金的加入也增加了信贷市场的流动性和效率。

信用违约互换与其他的互换类金融工具一样可以被提前终止。虽然违约互换不可以被自由转让，但是是可以被出售的。投资者可以根据互换的当前市场价值，与原先对手终止互换交易，或将该互换出售给一个愿意接受的对手。

对于信用保护买方来讲，考虑参照信用方和信用保护卖方之间的违约相关性也是十分重要的。因为我们不能保证在参照信用方违约之后，信用保护的卖方就一定会按照条约进行支付，因为它们也同样存在信用风险。因此，贷款方（信用保护买方）就要综合考虑借款人的违约可能性、保护卖方的违约可能性以及二者之间的违约相关性。举例来说，如果某银行向一家石油化工企业贷款，然后再与另一家石油化工企业进行违约互换交易。如果石油行业不景气，则可能导致借款者和信用保护卖方均不能支付，银行造成损失。但还有一种情况，就是作为借款者的石油公司经营不善，导致作为保护卖方的石油公司大范围占有市场份额。这样，这份互换协议就有意义了。因此，在确定相关性时，不仅要考虑行业因素，还要综合观察两家公司的经营状况，进行比较确定。

我们再介绍一种违约替代互换。银行 A 对公司 M 贷款 500 万元，银行 B 对公司 N 也贷款 500 万元，这样就会存在风险过于集中的问题。于是两家银行间可以达成协议，如果公司 M 违约，则银行 B 将支付给银行 A 250 万元，同理，公司 N 违约，银行 A 支付给银行 B 250 万元。这样实际上是两家银行共同担负了两家公司的信用风险，达到了资产的分散化。

19.3.2 总收益互换

总收益互换（total return swap, TRS）是指互换的卖方（信用保护卖方）在协议期间将参照资产的总收益转移给互换的买方（信用保护买方），总收益可以包括本金、利息、预付费用以及因资产价格的有利变化而带来的资本利得。作为交换，信用保护的买方则承诺向互换的卖方交付协议资产增值的特定比例，通常是 LIBOR 向上加点，以及因资产价格不利变化带来的资本亏损。总收益互换在不使协议资产变现的情况下，实现了信用风险和市场风险的共同转移，其交易结构如图 19-2 所示。无论是在信用违约互换中，还是总收益互换中，风险的承担者都无须增加自己的资产负债表规模，而是作为表外业务加以处理。

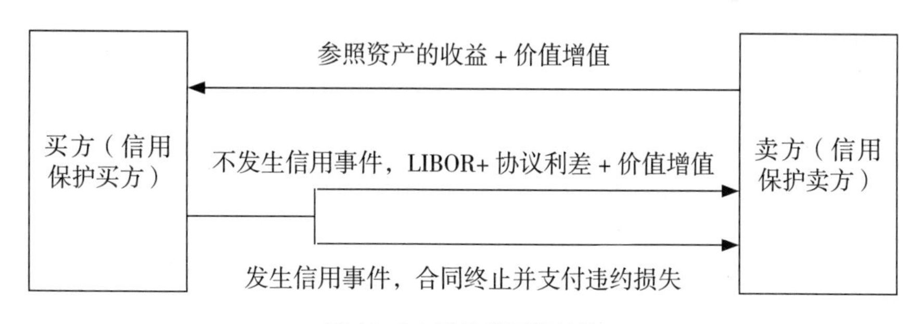

图 19-2　总收益互换结构

总收益互换与信用违约互换的区别在于，信用违约互换的现金交换只与参考实体是否发生信用事件挂钩，而总收益互换的交易双方除了会转移因参照资产违约带来的损失之外，市场的利率风险也同样会在交易双方间转移。总收益互换的出现使投资者在不拥有参照资产所有权的情况下获得该资产的全部收益成为可能，因此总收益互换也可被视为合成债券。投资者通过购买总收益互换间接获得参照资产收益而非直接购买参照资产的原因很多，例如税收因素、会计因素、监管因素，等等。此外，通过总收益互换“合成持有”参照资产可能会比直接持有参照资产更加容易，尤其是当标的资产市场较少、流动性较差的时候。

在一些情况下，参照资产的所有权可能会在总收益互换交易达成的同时转移给互换的买方，但双方会再签署一份互换协议，约定在总收益互换终止之时参照资产的所有权转移回卖方。这类特殊的总收益互换可以理解成是“合成回购协议”。

银行可以对其发放的贷款进行总收益互换。这样做对银行有两个好处：首先，它可以使银行在保证客户财物记录机密性的情况下分散贷款的信用风险；其次，进行互换交易的管理成本低于贷款出售的成本。

此外，总收益互换中还可以加入买权和卖权，以形成标的资产收益率的封顶和保底产品。交易中的融资方可以对浮动利率用封顶或保底来控制融资成本。

19.3.3 信用期权

信用期权也是一种在信用等级发生不利变化时对冲信用风险的信用衍生产品。最容易理解信用期权的方法是把它看成汽车保险，所有的车主交一定的费用购买汽车保险以保护他们的损失。如果车没有受到任何损失则车主将不会得到保险公司的补偿；但是如果汽车受到损伤，则保险公司将给车主以补偿。信用期权也提供相类似的对冲功能。这些信用期权允许投资者为了保证资产的信用风险等级而购买保险。例如，一个债券的投资者可以购买保险以保证他拥有的公司债券的价值不降低。如果投资者有某公司 500 万元的债券，为了防范债券等级下降导致债券价值下跌引发损失，投资者决定购买一个敲定价格为 500 万美元的卖出期权合约并付出期权费 4 000 美元，此时投资者已经把债券信用等级下跌所引发的最大损失锁定。如果债券果然与投资者的预测相同，信用等级下降，投资者可以行使期权。相反，债券信用等级良好或者上升投资者则不会履行期权，其损失只不过是事先支付的期权费而已。信用期权赋予了投资者锁定信用风险的权力，使套期保值的方法能够应用在信用风险管理上。

信用期权总体可以分为两类。第一类是期权买方（比如银行）向卖方买入一份看跌期权，这就保证了如果金融资产价值下跌并低于协定价格时，期权买方可以要求期权卖方按协定价格购买这份金融资产，从而使买方减少损失。一旦行使信用期权，买方的盈利通过用协定价格减去债务市场价格来确定。而协定价格的确定方法是，将金融资产现金流的现值按照无风险利率再加上信用差价进行贴现。信用差价的概念我们在前面已经介绍过，可以用公式对其进行更直观的表述：信用差价 = 债券等金融资产的收益 − 相对的无风险证券的收益（多指美国国债的收益）。第二类则是一种看涨期权，这种看涨期权是以信用差价作为协定价格的。若市场信用差价大于协定价格，期权买方（银行）有权以协定价格向期权卖方交割金融资产，卖方支付的价格高于基准的收益差价等于协定价格。

下面我们通过 ABC 债券的信用差价看跌期权的例子进一步说明（参见表 19-2）

表 19-2　ABC 债券的信用差价看跌期权

ABC 债券的信用差价看跌期权（债券于 1998 年 11 月 14 日发行，2023 年 12 月 13 日到期）

项　目	内　　容
差价看跌期权的买方	银行
差价看跌期权的卖方	投资者
名义本金	1 000 万美元
结算日	当天
期权行权日	一年后的今天
基础指数	ABC 债券，2023 年 12 月 13 日到期
参考美国国库券	2023 年 8 月到期的美国国库券的卖价为 6.25%
指数信用差价	在期权行使日两天前的美国东部时间中午 12:00，利用基础指数的平价买入价（即买入价减去应计利息和任何未支付利息）减去参考美国国库券的卖出收益的基础指数的到期收益
目前差价	1.95%
差价看跌期权的敲定价	2.05%（平价远期敲定价）
看跌期权支付	名义本金 ×max［有效期 ×（指数信用差价 - 2.05%），0］
平均期限	8 年
期权费	名义本金的 1.25%，由银行在结算日向投资者支付

我们再来介绍一种信用价差远期合约。它其实是看涨期权和看跌期权的叠加。而且，除了基础指标是价差之外，其他构成要件与标准的远期合约极为相似。我们举例说明。假设投资者在时间 t_0 签署一份远期合约，合约约定在未来时刻 t_1 以一个固定价格购入一份浮动利率债券，而债券自身的到期日要晚于 t_1，设其为 t_2。则如果信用价差增大，债券价格将下降。反之，信用价差减小，则债券价格上涨，但投资者还是要以确定的价格买入债券。

19.3.4　信用联结票据

信用联结票据（credit-linked note，CLN）是由银行或其他金融机构发行的一种债务工具，是以信用互换为基础资产的信用衍生产品。由于信用互换属于衍生产品，所以在市场上有相当多的投资机构被禁止对其进行投资。于是这些被管制的投资机构便希望通过购买以信用互换为基础的债券或票据来绕开管制以对衍生品进行间接投资。在这些投资需求的推动下，信用联结票据市场在 20 世纪 90 年代得以发展起来。在这个市场上，投资人可以自由地购买以信用互换为基础支付利息及偿还本金的票据或债券。信用联结票据的利息是与基准市场价格和信用互换相联系的。如果在债券的有效期内信用互换没有发生违约事件，在到期日投资者可以获得利息和本金的偿付。相反，如果违约事件发生，债券的发行方会停止向投资者支付债券利息，并返还给投资者相当于票面价值减去有偿付款的余额。我们用图 19-3 反映信用联结票据的现金流情况。

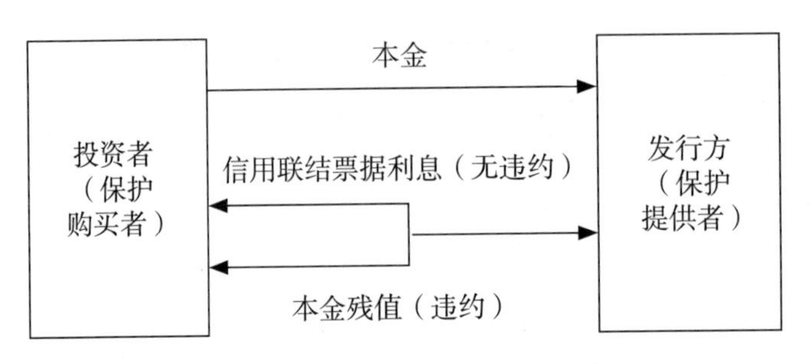

图 19-3　信用联结票据的现金流情况

银行可以利用信用联结票据来对冲公司贷款的信用风险。同时，信用联结票据还可以作为一种融资手段，因为其还为发行银行带来了现金收入。从某种意义上来说，信用联结票据是对银行资产的一种重组。但是，同其他信用衍生产品一样，贷款本身还保留在银行的账户上。

随着信用联结票据的发展，出现了专门从事信用联结票据业务的金融机构。这些金融机构通常以 SPV（special-purpose vehicle）的形式发行信用联结票据，发行的收入可以用于购买安全性较高的资产，例如，国库券或者货币市场资产。有信用风险对冲需求的机构可以同 SPV 的发行者签署一种纯粹的信用互换合约。当违约事件发生时，SPV 的发行者负责向购买者赔偿违约资产的损失，这一支付过程由发行 SPV 的机构所购买的安全性资产作保证。对于 SPV 的发行者来说，这一交易过程不存在什么风险，它实质上是位于信用保护的需求者（例如，有信用风险对冲需求的银行）和信用保护的提供者之间的中介机构。SPV 的购买者是信用保护的提供者，其收入就是安全性资产的利息以及 SPV 发行者从信用风险对冲机构那里收取的一部分费用。具体的交易过程如图 19-4 所示。

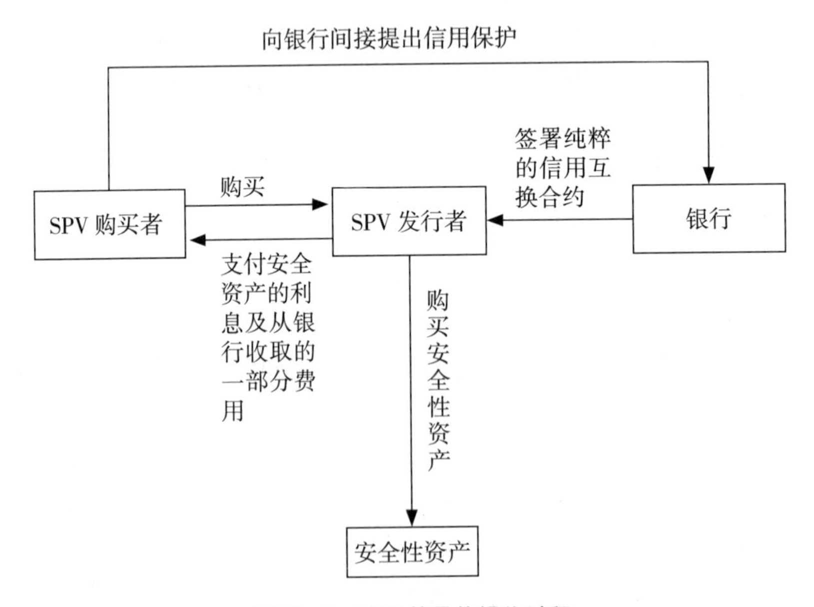

图 19-4　SPV 的具体操作过程

19.4 信用衍生产品在中国

2010 年 9 月 23 日，中国银行间市场交易商协会发布了《银行间市场信用风险缓释工具试点业务指引》，正式启动了中国版的信用风险缓释工具（credit risk mitigation, CRM），包括信用风险缓释合约（Credit Risk Mitigation Agreement, CRMA）和信用风险缓释凭证（Credit Risk Mitigation Warrant, CRMW）两类产品，填补了中国信用衍生产品市场的空白。略显遗憾的是，由于当时中国金融市场所处的历史发展阶段的产品结构等原因，信用衍生产品的需求较为薄弱，中国信用衍生产品市场的发展并未得到迅速发展。

近年来，中国债券市场从规模、债券品种，市场参与者数量等方面都发展迅速，截至 2016 年 6 月底，中国债券市场托管量达到 57 万亿元。在市场大幅扩容的同时集中和积累了一定规模的信用风险敞口，债券市场的风险结构也从单一的利率风险转变为了利率风险和信用风险并存。2014 年以后债券违约时有发生，市场波动加剧，不良贷款率提高，信用事件频发。面对庞大的信用债市场规模以及逐步复杂的风险结构，市场对于信用风险管理工具的需求也在不断加大。

在最初两款信用缓释工具交易并不活跃的情况下，2016 年 9 月 23 日，中国银行间市场交易商协会发布《银行间市场信用风险缓释工具试点业务规则》和《中国场外信用衍生产品交易基本术语与使用规则（2016 年版）》。业务规则在原有两款产品的基础上，新增信用违约互换（CDS）和信用联结票据（CLN）两类信用缓释工具。新增的信用缓释工具在整体的产品设计上取得了重大进展，从单一债务扩展到了对参考实体的债务族进行保护，并与商业银行等金融机构的监管法规要求进行了有效衔接；在具体交易要素的设计上，借鉴了国际通行标准，并根据中国的实际情况进行了调整，采用了一系列的标准化安排；在风险管理上，对市场参与者的适当性、杠杆比例也给予了明确约束。同年 11 月 1 日，首批 CDS 交易落地。自此，中国信用风险缓释工具市场再度扬帆起航。表 19-3 是 2016 年版 4 款信用风险缓释工具的对比，读者可据此更清晰地认识我国的信用缓释工具产品。

表 19-3　我国银行间市场信用风险缓释工具

项目	信用风险缓释合约（CRMA）	信用风险缓释凭证（CRMW）	信用违约互换（CDS）	信用联结票据（CLN）
类型	合约类	凭证类	合约类	凭证类
定义	交易双方达成的，约定在未来一定期限内，信用保护买方按照约定的标准和方式向信用保护卖方支付信用保护费用，由信用保护卖方就约定的标的债务向信用保护买方提供信用风险保护的金融合约	由标的实体以外的机构创设的、为凭证持有人就标的债务提供信用风险保护的、可交易流通的有价凭证	交易双方达成的，约定在未来一定期限内，信用保护买方按照约定的标准和方式向信用保护卖方支付信用保护费用，由信用保护卖方就约定一个或多个参考实体向信用保护买方提供信用风险保护的金融合约	由创设机构向投资人创设的、投资人的投资回报与参考实体信用状况挂钩的、附有现金担保的信用衍生产品

（续表）

项目	信用风险缓释合约(CRMA)	信用风险缓释凭证(CRMW)	信用违约互换(CDS)	信用联结票据(CLN)
债务种类	仅为参考债务，可以为债券、贷款或其他债务	仅为参考债务，可以为债券、贷款或其他债务	参考实体的一揽子债务，但目前仅限于非金融企业债务融资工具	参考实体的一揽子债务，但目前仅限于非金融企业债务融资工具
债务特征	无	无	参考实体所负债务的一项或多项特征，包括但不限于一般债务、次级债务、交易流通、本币或外币等特征	参考实体所负债务的一项或多项特征，包括但不限于一般债务、次级债务、交易流通、本币或外币等特征
参考债务	标的债务	标的债务	交易有效约定中参考实体的一项或多项债务	交易有效约定中参考实体的一项或多项债务
可交付债务	标的债务	标的债务	由债务种类、债务特征、参考债务等框出的一揽子债务	由债务种类、债务特征、参考债务等框出的一揽子债务

本章小结

1. 信用风险是指借款人违约的可能性，违约包括借款人不能承担借款责任，如不能偿还利息或者不能按时还款。体现信用风险程度大小的主要指标有借款者的信用等级、借贷资金的信用价差以及债务的市场价格。现实中，采用最广泛的信用风险评估方法是信用等级法，传统的统计技术被广为使用。

2. 管理信用风险的方法集中于信用限额和资产分散化。最近十年来管理信用风险的主要方法为将含有信用风险的资产出售，也就是采取资产证券化的方式出售信用资产，减少信用风险敞口。近年来信用衍生产品不断发展，成为信用风险管理的又一选择。

3. 信用衍生产品是国际互换和衍生品协会为了描述这种新型场外交易合约于 1992 年创造的新名词，确切地讲，它是一种使信用风险从其他风险类型中分离出来，并从一方转让给另一方的金融合约。实质上，信用衍生产品是将信用风险从其他风险中剥离出来，以一定的成本转移给其他的机构投资者，从而达到降低自身信用风险暴露水平的目的。

4. 信用违约互换是指银行或金融机构通过向交易对手每年支付一定的费用，将银行的信贷资产和所持债券等一些基础资产或参照信用资产的信用风险剥离，同时转移这些资产因信用事件而产生的潜在损失。

5. 总收益互换是指投资者接受原先属于银行的贷款或证券（一般是债券）的全部风险和现

金流（包括利息和手续费等），同时支付给银行一个固定的收益。这个固定的收益一般是伦敦同业银行拆借 (LIBOR) 加上或减去一定的息差。

6. 信用期权总体可以分为两类。第一类是指期权买方（银行）向卖方买入一份看跌期权；第二类是一种看涨期权，这种看涨期权是以信用差价作为协定价格的。

7. 信用联结票据是由银行或其他金融机构发行的一种债务工具，是以信用互换为基础资产的信用衍生产品。

习 题

1. 查阅相关资料，了解我国当前信用衍生产品的市场情况。
2. 解释信用衍生产品的基本概念和原理
3. 什么是信用违约互换?
4. 信用违约互换的基本机制是怎样的?
5. 总收益互换的交易机制是怎样的? 其与信用违约互换的最大区别在哪里?
6. 信用衍生产品的功能主要有哪些?
7. 试解释信用联结票据得以发展起来的原因。

教师反馈及教辅申请表

北京大学出版社本着“教材优先、学术为本”的出版宗旨，竭诚为广大高等院校师生服务。为更有针对性地提供服务，请您按照以下步骤在微信后台提交教辅申请，我们会在1~2 个工作日内将配套教辅资料，发送到您的邮箱。

◎手机扫描下方二维码，或直接微信搜索公众号“北京大学经管书苑”，进行关注；

◎点击菜单栏“在线申请”—“教辅申请”，出现如右下界面：

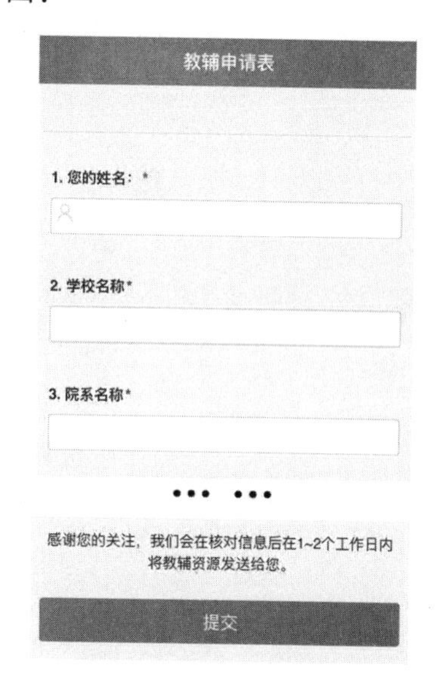

◎将表格上的信息填写准确、完整后，点击提交；

◎信息核对无误后，教辅资源会及时发送给您；如果填写有问题，工作人员会同您联系。

温馨提示：如果您不使用微信，您可以通过下方的联系方式（任选其一），将您的姓名、院校、邮箱及教材使用信息反馈给我们，工作人员会同您进一步联系。

我们的联系方式：

通信地址：北京大学出版社经济与管理图书事业部北京市海淀区成府路 205 号，100871

联 系 人：周莹

电　　话：010-62767312 / 62757146

电了邮件： em@pup.cn

QQ：5520 63295（推荐使用）

微信：北京大学经管书苑（pupembook）

网址：www.pup.cn